职业院校教师培训与继续教育丛书

课程建设
与专业建设

主编◎王文槿　徐　涵

中国人民大学出版社
·北京·

图书在版编目（CIP）数据

课程建设与专业建设/王文槿，徐涵主编．－－北京：
中国人民大学出版社，2024.1
（职业院校教师培训与继续教育丛书）
ISBN 978-7-300-31058-9

Ⅰ.①课… Ⅱ.①王… ②徐… Ⅲ.①职业教育－课
程建设－教学参考资料 Ⅳ.①G712.3

中国版本图书馆 CIP 数据核字（2022）第 176545 号

职业院校教师培训与继续教育丛书
课程建设与专业建设
主　编　王文槿　徐　涵
Kecheng Jianshe yu Zhuanye Jianshe

出版发行	中国人民大学出版社			
社　　址	北京中关村大街 31 号		**邮政编码**	100080
电　　话	010 - 62511242（总编室）		010 - 62511770（质管部）	
	010 - 82501766（邮购部）		010 - 62514148（门市部）	
	010 - 62515195（发行公司）		010 - 62515275（盗版举报）	
网　　址	http://www.crup.com.cn			
经　　销	新华书店			
印　　刷	涿州市星河印刷有限公司			
开　　本	787 mm×1092 mm　1/16		**版　　次**	2024 年 1 月第 1 版
印　　张	25.75		**印　　次**	2024 年 1 月第 1 次印刷
字　　数	590 000		**定　　价**	88.00 元

"职业院校教师培训与继续教育丛书"
编 委 会

《课程建设与专业建设》
编写组

主　编　王文槿　徐　涵
副主编　贾清水　熊发涯　许　远
编　委　（按照姓氏笔画排序）
　　　　马　荣　马西牛　王宝龙
　　　　刘小维　刘婷婷　闫毅平
　　　　李　赛　李丽虹　张培恩
　　　　陈　亮　苗银凤　黄睿豪

修炼师德师风，提升教师职业能力，是建设现代化的职业教育体系的重要基础条件。

进入新时代以来，习近平总书记对职业教育工作作出的重要指示，为贯彻新理念、构建新格局，提高职业院校教师队伍素质指明了方向。习近平总书记在主持中共中央政治局第五次集体学习时强调，要把加强教师队伍建设作为建设教育强国最重要的基础工作来抓，专门指出要"加强师德师风建设，引导广大教师坚定理想信念、陶冶道德情操、涵养扎实学识、勤修仁爱之心"。这一精辟凝练的表述，丰富了"四有"好老师重要论述的思想内涵，为"四有"好老师怎样练成提供了清晰可循的方向和路径。

新时代十年来，一系列法律法规政策的出台为职业教育师资队伍特色发展提供了坚实的法律和制度保障。2022年修订的《职业教育法》以法律形式确立了"国家保障职业教育教师的权利，提高其专业素质与社会地位""国家建立健全职业教育教师培养培训体系""鼓励行业组织、企业共同参与职业教育教师培养培训"等基础性制度。《中共中央　国务院关于全面深化新时代教师队伍建设改革的意见》等一系列关于教师队伍建设的大政方针的实施，《教育部　财政部关于实施职业院校教师素质提高计划（2021—2025年）的通知》等具体举措的出台，有利于加快建成一支师德高尚、素质优良、技艺精湛、结构合理、专兼结合的高素质专业化的"双师型"教师队伍。

由于产教融合的跨界教育特征，职业教育教师面临着更为繁重的自身学习任务，广大教师唯有持续修炼、加大学习，才能跟上时代发展。例如，国际工程教育学会提出的国际工程教师（International Engineering Educator）能力框架就颇具代表性，其提出的能力结构主要涵盖七项内容：第一，教育学、社会学、心理学及伦理学等跨学科知识和能力；第二，教学法与学科能力；第三，评估能力；第四，组织管理能力；第五，口头交流、书面表达与社会化能力；第六，自我反思与自主发展能力；第七，工程专业技术能力。在我国，各类职业院校的教师们面临以下情况：第一，学情复杂、生源多样化，社会学习者不断增多，学习者对技能学习的需求日益多样化；第二，国际技能赛事标准越来越多地被引入职业院校教学中，需求侧驱动的人才培养标准更迭加速；第三，随着数字产业化、产业数字化、生态友好、节能环保观念的深入发展，数字技能、绿色技能在各专（职）业中的占比不断加大，应用场景不断丰富，原有的教育理念、方法和技术手段不断被更新。

通过终身学习促进专业化发展，将成为职业院校教师职业能力提升的必由之路，将成为教师践行工匠精神、修成工匠之师的必然之路。广大职业院校教师要持续更新观念，适应"三教"改革的新要求，努力提升课程实施能力、理论和实践教学水平、课程教材开发能力、科研能力、信息化应用能力、创新创业教育能力，为推动高质量发展和人才强国战略实施继续努力工作，为建设知识型、技能型、创新型劳动者大军贡献更多的智慧和力量。

本书是"职业院校教师培训与继续教育丛书"中的一本，系根据《教育部 财政部关于实施职业院校教师素质提高计划（2021—2025 年）的通知》有关要求组织编写。全书分为职业教育课程建设、职业院校专业定位与专业建设两个部分，包括职业教育课程建设概述、职业教育课程开发、职业院校课程标准制定、课程开发的中国实践、课程开发的国际经验借鉴、职业院校专业定位、职业院校专业建设七个模块，全面、系统地介绍了职业教育教学设计、课程实施、教学方法的有关内容。本书内容跨度大、综合性强、实践性强，适合职业院校教师培训使用，也可供职业院校从事一线教学、教学管理、教学研究的教师和相关管理者参考借鉴，还可供职业技术师范院校相关专业教学使用。

本书由王文槿（教育部职业技术教育中心研究所课程教学研究室原副主任、中国职业技术学会培训交流部原主任）、徐涵（沈阳师范大学教授）担任主编，贾清水（北京信息职业技术学院副院长、副教授）、熊发涯（黄冈职业技术学院副院长、教授）、许远（人力资源和社会保障部职业技能鉴定中心编审）担任副主编。各模块编写分工如下：模块一，徐涵、马荣（黑龙江省民政职业技术学校）等；模块二，许远、王宝龙（天津轻工职业技术学院）、李赛（陕西工商职业学院）；模块三，王文槿、马西牛（陕西财经职业技术学院）、李丽虹（中国人民大学出版社）；模块四，张培恩（天津职业技术师范大学高职部，同时参与模块一单元二、单元三、单元四的部分编写工作）、刘婷婷（天津职业技术师范大学）；模块五，闫毅平（北京市工贸技师学院）、黄睿豪（上海市工业技术学校）；模块六，熊发涯、刘小维（辽宁何氏医学院）；模块七，贾清水、陈亮（北京电子科技职业学院）。全书由张元、许远、赵文平做了多轮修改、统稿，苗银凤（《中国培训》杂志编辑部）做了案例加工整理。

期待"职业院校教师培训与继续教育丛书"的出版能对广大职业院校教师坚定理想信念、修炼师德师风、提升职业能力、修成工匠之师有所裨益，相信通过全社会各方面不懈的努力，在未来，一批批"双师型"教学创新团队将不断涌现，教师参与企业实践和企业技术技能人员兼职任教将成为常态，适应新时代需要的职业院校教师队伍将日益壮大。

"职业院校教师培训与继续教育丛书"编委会

2023 年 12 月

目　录

第一部分　职业教育课程建设

第二部分　职业院校专业定位与专业建设

第一部分
职业教育课程建设

- 模块一　职业教育课程建设概述
- 模块二　职业教育课程开发
- 模块三　职业院校课程标准制定
- 模块四　课程开发的中国实践
- 模块五　课程开发的国际经验借鉴

模块一　职业教育课程建设概述

模块导读

　　本模块旨在让学习者对我国改革开放以来职业教育课程建设的总体情况有一个基本的了解，为后续模块的学习提供基本的理解视角。本模块的主要内容包括：一是厘清课程与专业的基本内涵，明确课程与专业之间的内在关系。二是从课程目标、课程结构、课程内容、课程实施等维度阐释我国职业教育课程政策的发展变化。三是梳理了我国职业教育课程建设的历程，并概要介绍了在我国职业教育课程建设过程中具有代表性的五种典型模式，即：借鉴德国"双元制"经验，进行综合课程体系的实践探索；借鉴 CBE 课程模式，进行模块化课程体系的探索；借鉴德国学习领域课程模式，进行工作过程系统化课程模式的探索；"宽基础、活模块"课程模式的探索以及项目课程的实践探索。四是总结了我国职业教育课程建设取得的主要成就，分析了课程建设中存在的主要问题，并提出了进一步推进课程建设的具体建议。

单元一　课程与专业

培训目标

- ◆ 能够说明课程与职业教育课程的基本内涵
- ◆ 能够说明专业的基本内涵
- ◆ 能够阐释课程与专业的基本关系

导入案例

水土不服的引进课程教材

2010 年，为学习借鉴德国先进职业教育经验，我国某出版机构引进了一套"计算机应用技术"教材，该套教材有 6 个分册，包含高职《计算机应用基础》等。

引进者认为"计算机应用基础"是支撑高等职业教育的一门计算机公共基础课程，影响力大，受益面广。我国的《计算机应用基础》教材普遍存在着学科体系强、内容偏深偏难、没有以工作过程为导向等情况。如果能借鉴德国教材的精华，无疑会对学生更好地学习本课程带来很大的帮助。

然而这一套教材在国内推广的情况很差："几乎没有学校选用这套教材。教材的内容并不符合中国的国情，而且学校也没有那么多学时，买六本教材共需要 400 多元，学生负担重。学完后还是要参加国内的计算机等级考试，德国教材的内容和国内的考试大纲差距很大。"出版社的编辑一直在抱怨，"完全是水土不服啊！"

分析： 在一次总结分析会上，某专家一针见血地指出：对于国外优质教育资源，比如说课程和教材，我们本着拿来主义，单纯地照搬行吗？答案是否定的，国外教材的编写背景、学生的学习基础、载体源自的企业环境等都与国内的情况存在着差异，尤其是课程大纲和考核标准上的差距更是巨大。而且，"计算机应用基础"作为高职院校的公共课程，要对高职专业教学进行有效支撑，教会学生利用计算机这个信息工具进行工作、学习、生活。职业教育的专业和课程的改革是需要顶层设计的，要从人才培养目标、能力体系结构改起，然后才能改课程。而这套引进教材的最大问题就是在国内不具备与德国类似的职业教育环境、条件下，试图推动一门孤立的引进课程，照搬带来的后果就是水土不服。

一、课程与职业教育课程

课程，这个概念经常出现在教育领域和学校生活中，人们似乎在认识和理解上也没有太多的分歧和误解。但是，要为它下一个科学而简明的定义就不那么容易了。从古代学者到现代课程论专家，都颇费心思地从不同角度进行探索和论述，至今仍然是众说纷纭。可以说，在教育领域中，"课程"仍是个意义复杂、歧义颇多的概念。要研究课程理论和实践、课程开发、课程设计、课程实施和课程评价等，都必须对课程这一概念的含义有一个清晰的认识。

在我国，"课程"一词源于唐代。唐代学者孔颖达在其《五经正义》中有一条注疏，写道："维护课程，必君子监之。"到了宋朝，著名学者、教育学家朱熹在其《朱子全书·论学》中频频论及课程，诸如"宽着期限，谨着课程……小立课程，大作功夫"等。他所说的"课程"，即指"功课及其历程"，恰是今日课程论中课程的最基本含义。1985 年出版的《中国大百科全书·教育》对课程的定义即为"课业及其进程"，可以说与朱熹的概念是一脉相承的。显然，这个定义是从学习的视角来说的。

在西方国家，英国著名教育家斯宾塞于 1859 年发表的一篇论文最早使用 Curriculum（课程）一词，意指"教学内容的系统组织"，该词源于拉丁语 Currere。因此，西方国家最早的课程定义是"course of study"（学习的进程）。可见，西方国家最早的"课程"定义，也是从学的视角来审视的。

可是，后来的许多课程论者往往偏离了这个视角，多从"教"的视角来论述课程这个概念，就越来越复杂了。

(一) "课程" 概念梳理

有人统计，关于"课程"的定义，已达百余种。本书稍加梳理归纳，以见端倪。

(1) "学科"说。《辞海》（教育、心理分册）认为，课程是"科学的科目。可以指一个科学的科目，也可以指学校的或一个专业的全部教学科目，或指一组教学科目"。《中国大百科全书·教育》（1985 年版）则认为课程有广义和狭义之分，"广义指所有科目（教学科目）的总和"，"狭义指一门学科"。美国课程论专家菲尼克斯曾说："一切的课程内容应当从学术（学问）中引申出来。""唯有学术（学问）中所包含的知识才是课程的适当内容。"

这种课程定义把课程内容与课程活动过程割裂开来，并片面地强调学科内容，其最大问题是把课程视为外在于学习者的静态学问，无视学习者的直接经验，否认了学习者在学习过程中自我生成、自我构建的创造性学习。

(2) "经验"说。这种课程定义把课程视为学习者在教师指导下或通过自己的努力获得的经验或体验。著名教学论专家卡斯威尔、坎贝尔、福谢依等均认为课程是学习者在教师或学校指导下"获得的一切经验"。

这种定义的特点是把学生的直接经验置于课程的中心位置，消解了内容与过程的割裂。但是，却忽视了间接经验的学习，忽视了对人类几千年积累的科学文化遗产的继承。事实上，学生的学习不可能样样都通过亲历来完成。

(3) "内容"说。包括"教育内容"说。《中国大百科全书·教育》指出，有的学者认为"课程是教学内容和进程的总和"。这种观点仅从教学角度观察、理解和描述课程，既不全面，也未真实揭示课程的本质属性。"教育内容"说比"教学内容"说有所拓宽和进步，认为课程是"教育内容的总和"，但仍忽略了课程目标、学习方式、学习空间等课程组成要素，仍不够全面、不够准确。

(4) "总和"说。有的学者认为，课程可以理解为"实现各级学校的教学目标而规定的教学科目及其目的、内容、范围、分量和进程的总和"。这种观点可视为"学科"说和"内容"说的综合，但是，也没有准确而简明地概括出课程的本质属性。

(5) "计划"说。持这种观念者认为课程是"学校的生活和计划"，"是一种学习和计划"或"育人方案"。还有的认为，课程是学校提供给"学生得以合乎毕业资格、获得证书或者进入专业或职业领域"的一般性的总体计划。这种观点把课程看做是教学过程之前或教学情境之外的事物，把课程计划、目标与课程实施过程、手段等割裂开来，片面地突出了前者，忽略了学习者的直接经验。

（6）"目标"说。如课程论专家奥利沃认为课程是"一组行为目标"。约翰逊认为课程是"一系列有组织的、有意识的学习结果"等。这种说法的缺陷和"计划"说类似。

（7）"活动"说。有的学者认为课程即是"计划形态的学习活动"，但是，他也认为其见解需要一系列诠释或说明。

（8）"课业进程"说。有的著作认为课程即是"课业及其进程"，其中的"课业"容易被误解为"课程的作业"，所以，也不够准确，不能全部揭示课程的本质属性。

（二）课程概念的新发展

关于课程的定义，不能停在就"课程"而论课程的怪圈里，而要从教育的大背景中来考虑。所以，"课程"应定义为"学习领域及其历程"。其中，"课"即学习领域，"程"即历程、进程、过程等，以历程最为贴切。这个定义可以涵盖上述观点和见解，并言简意赅地揭示出课程的本质属性，而且又回归到最初定义"课程"的视角，即从"学"或"学习者"的角度来定义"课程"。这个课程定义涵盖了"学科"说和"经验"说，把继承性学习和创造性学习、间接经验学习和直接经验学习、理论知识学习和实践训练结合起来、统合起来；同时，这个定义也包含了"内容"说、"总和"说、"活动"说、"课业进程"说，因为"学习领域及其历程"不但包含了这些观点或见解，而且清晰地揭示了课程的本质属性。纵观课程理论的发展，20世纪70年代以来，课程内涵发生了一些明显的变化，归纳起来，出现了以下一些新的趋势。

1. 从强调学科内容到凸显学习者的经验或体验

职业教育界越来越清醒地认识到过分强调学科内容，往往会使课程成为控制学习者的工具，不利于发挥学习者的主体性、积极性和创造性。为了切实保证和促进学习者的充分发展，必须把学习者的发展置于课程的中心，越来越重视学习者活生生的亲历的经验或体验。这种趋势在高等技术教育中就更为明显、更为迫切。高等职业技术教育，作为培养高技能型人才的教育，其职业（专业）课程理念更应注重课程内涵发展的这个趋势。同时，学科类课程也要加强教学改革，加强内容的针对性，加强启发式、互动式教学，使高职学生尝试"独立"探索、建构知识的经验或体验。

2. 从强调课程目标、计划到关注课程过程的价值

过于强调课程的目标、计划，必然会把课程实施过程中的非预期性因素、教学生成和教育价值排斥于课程之外。人的本质属性是创造性。只有充分关注，并随时利用出现的创造性、非预期性因素的创造性价值，才能最佳地实现累积的育人价值。因此，应该把目标、计划整合到具体的、现实的教学情境中，以促进学习者主体性和教师主导型的创造性的发挥。

3. 从强调教材为单一教学内容到注重师生、教材、媒体、环境多因素的整合

片面地强调教材作为课程唯一的内容，甚至作为目标、计划，会导致把教材等同于课程的曲解。注重把课程看作学习者的经验、经历，强调课程过程方面的价值，必然会

把课程视为师生、教材、媒体、环境持续互动、相互作用的动态情境,从而使课程成为一种可变动的"生态系统",更有利于学习者的可持续发展。

4. 从只重视显性课程,到显性、隐性课程并重

所谓显性课程,是指学校有计划、有组织地实施的课程,而隐性课程则是指学生从学习环境(校园环境、职业环境、社会大环境和人文体系)中获得的非预期或非计划的知识、智慧、价值观念、情感、意向和态度等。隐性课程是影响学习者发展的重要因素。为了培养新型职业人才,必须谋求这两类课程的和谐统一,充分发挥隐性课程的积极作用,同时,尽可能地减少其负面的影响。

5. 从只重视校内课程,到注重校内外课程的整合

现代社会,信息渠道越来越多样,越来越发达畅通,使得社会变革速度空前加快。在这种背景下,课程的变革已不能局限于学校内部,"封闭式管理"显得苍白无力,只能谋求校内外课程的整合、互补。高等职业教育和社会职业领域密切相关,尤其要重视校内外课程的整合。

6. 课程的教学过程和活动方式从"以教为中心"到"以学为中心"

在课程教学中,师生角色真正做到"以学生为主体,以教师为主导",由单一的传授式变为生动活泼的互动式,从强迫的灌入式变为主动的内化式。

7. 课程的设计由强调统一化、标准化到强调个性化、特色化

育人也是一种创造性的活动。人,既有共性,又有个性。课程设计应遵循这一规律。固然,统一化、标准化可以为课程教育带来许多方便,促进学习者共性的发展。但只强调统一化、标准化,就会导致忽视个性的发展,违背人的天性,压制人的创造性。比如,标准化考试能体现学习评价的"公平性",但是它不能发现人才的最本质属性——创造性,甚至不能考核出人才的智能高低和特点,它可以用作社会上大规模挑选人才的初试或进行某种评价,但用在学校课程的学习评价上,就不一定合适,它不利于发现、发展学生的创造性。当然,课程设计统一化、标准化也不利于教师实施创造性的教学。因此,应提倡课程设计和课程实施的个性化、特色化。

(三) 职业教育课程的定义与特点

1. 定义

根据一般课程论,结合职业教育培训的具体特点,我们将职业教育课程定义为:职业技术学校和培训机构为实现特定培养目标而选择的教育和训练内容及其安排的总和。从这一定义出发,对于职业教育课程在理论上可理解为:

(1)一系列体现职业教育培训目的和学校培养目标的课程方案,包括课程原则、目标、类型、模式等;

(2)一系列指导、帮助教学和训练活动的书面文件或媒体,包括教学计划、课程标准、教材和计算机辅助教学(CAI)软件等。

而在职业教育实践中，我们对职业教育课程的通俗理解往往是：

（1）职业学校为某个专业开设的全部教学科目（类似于"专业"的概念）；

（2）一门教学科目。

当学校领导或教师向外界介绍学校课程时，他们总是列举在教学计划上设立的全部科目，此时他们对"课程"持第一种理解。当任课教师考虑自己所教"课程"的内容、学时数和授课进程安排时，或者当学生谈到各门"课程"的学习难易程度和成绩时，此时他们对课程持第二种理解。

2. 特点

课程是学校教育的特有载体。早期的课程都是以理论知识为基础内容，与职业几乎没有什么联系。行会中虽然也有学徒制形式的职业教育活动，但这种职教活动只是经验的、综合的、随意的传承，有内容并无课程。伴随学徒制的解体和近代学校职业教育的产生，就要求开发面向职业的课程，即职业教育课程，简称为职业课程。因此，职业教育课程是将人们导向职业体系的课程[①]。

普通教育存在的基础是学术体系和理论知识，采用的是学科课程模式，课程的本质特征是学术性、学科性。而职业教育存在的基础是工作体系，即职业领域的工作体系，其职业课程的本质特征就应是职业性。美国教育学家芬奇（C. R. Finch）等人在论述职业教育课程的基本特点时，认为职业教育课程的基本特点包含定向性（Orientation）、针对性（Focus）、适应性（Justification）、学校教育目标（In-school Success Standards）、校外实践教育目标（Out-of-school Success Standards）、学校与社会的关系（School-Work Place Community Relationships）、政府参与（Federal Involvement）、反应快（Responsiveness）、昂贵性（Expense）。何清儒指出，职业教育课程的特点是：包括活动经验，达到预定目标，具有可伸缩度[②]。意即"职业课程除文字知识外，应包括一切能应付职业需要的活动经验，目的是养成工作技能，达到预定目标，量度及期限的大小、长短，均可按科目性质，加以伸缩"。

由于工作体系相对于学术体系独立存在，职业教育就必须形成其特有的课程模式。徐国庆等人根据学徒制职业教育的特点和工业革命以来职业教育的发展，总结了职业教育课程的演进路线，如图1-1所示。[③]

可以看出，职业教育的课程在寻求自身的系统化方式的过程中，正在探索出一条不同于学问化的方式：20世纪70年代国际劳工组织开始着手开发MES（Module of Employable Skill）课程，80—90年代英国、澳大利亚、加拿大等国流行CBE（Competence-based Education）课程，90年代后期以来德国一直致力于开发行动导向的学习领域课程，这三种课程模式是继俄罗斯制后世界职业教育课程的发展的三个典型阶段。其逻辑路径便是对职业能力的理解的不同：MES的职业能力是基本操作技能；CBE课程追求的是外显的、标准化的、片面化的知识和技能；学习领域课程则关注复杂工作情境

① 中国就业培训技术指导中心. 职业课程 [M]. 北京：北京师范大学出版社，2010.
② 何清儒. 职业教育学//米靖. 二十世纪中国职业教育学名著选编 [M]. 北京：教育科学出版社，2011.
③ 徐国庆. 职业教育课程论 [M]. 上海：上海教育出版社，2008.

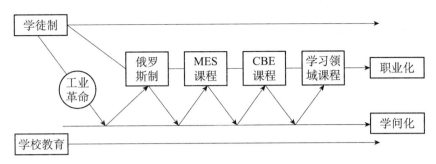

图 1-1　职业教育课程研究路线

下做出判断、采取行动、解决问题的能力。进入 21 世纪后，全球化的进程加快、知识经济和技术进步带来的新的劳动力市场需求，使得"职业能力"的内涵持续发生变化，这正是本课题研究的关注点之一，下文将详细论述。

（四）职业教育课程的功能

1. 经济功能

与其他课程相比，职业课程与经济的联系紧密，它的发展受社会经济的影响也最为明显。职业课程的经济功能主要表现为：通过提高劳动者的职业素质和技术水平，进而推动经济的发展；通过培养适合经济需求的各类人才，为经济持续和稳定发展提供良好的背景和基础。目前，由于科学技术飞速发展，人类经济生活发生了重大变化，职业课程的经济功能逐渐成为主导功能。

2. 政治功能

政治是一个社会统治阶级的意识形态的反映。职业课程在受社会政治影响的同时，也发挥着巨大的政治功能。主要表现为职业课程担负着传递一定的政治意识、促进政治社会化的功能。现代国家通过各种传播媒介对公民施加政治影响形成国民一定的政治素质而实现政治社会化，学校教育是政治社会化中最系统和最有力的手段。通过职业课程的设置，把一定社会中的占统治地位的政治意识传递、输入到教育主体中，把受教育者培养成一个符合一定社会价值标准的人；通过职业道德教育，使受教育者树立正确的人生观、价值观，热爱本行业、本岗位，树立远大的理想，从而实现职业教育的政治功能。

3. 文化功能

职业课程对社会文化具有传播和选择、引领改善的作用。社会现代化进程中，社会文化选择适应时代要求，从单一意识形态中进行的稳定选择走向多元文化中的定向选择，从注重传统文化传承走向关注科学技术发展前沿，从阶段性的选择走向终身学习环境下的持久选择。社会文化选择的走向为职业在文化选择中发挥优势开辟了广阔天地。

（1）文化传播和文化选择。

教育处于传统文化、主流文化和外来文化交汇与冲突的中心。职业课程以其独特的地位和优越的条件在文化的传播与文化的选择中起着重要作用。

首先，职业课程受社会政治、经济的约束，是在主流文化价值观指导下进行文化选择，并通过多种多样的课程和教学活动传播主流文化的价值观和社会进步需求的知识技能，推动着社会文化良性地正向演进。

其次，职业课程是大众教育的产物，职业教育面对的又是年轻的学生，职业课程的文化选择功能就更有意义。这方面职业课程的独特优势表现在：一是职业课程的教育内容富于时代性，贴近社会现实，符合社会文化的发展趋势。二是职业课程的主流价值观念合乎社会文化选择的标准。职业课程对年轻学生文化选择能力具有很强的提升作用，强化了他们对社会先进文化的选择能力。三是职业课程面向大众，面向基层，具有广泛性、普适性的特点，更宜于传播主流文化。同时数量巨大、分布广阔的高素质的高职学生，用他们的科技精神、时代气息成为社会文化选择中十分活跃的力量。

（2）文化引领和文化改善。

职业课程作为工业社会的产物，它和发达的工业化国家的教育和文化有着千丝万缕的联系。职业课程的时代性，正在于它能及时引进最新技术、最新观念和方法。这些引进立足于中国国情，进行择优吸收，创造性改造，可以高起点改进我国的职业课程。同时也因课程的传播，改善着社会文化。近年来，社会对技术的重视，对技能型人才的重视，对职业整合转换的认识，都得益于高职教育发展对社会文化的影响。

职业课程的引领作用还表现在对企业文化的引领作用中。企业文化是一个多层次的文化系统，它包括以经营观念、市场观念、竞争观念、效益观念和人才观念为内容的企业价值观，还包括以目标意识、质量意识、责任意识、亲和意识、归属意识为内涵的企业精神。职业课程应该向学生传授先进企业文化，使学生成为先进企业文化的承载者和建设者，不仅增强了学生在企业的适应性，也引领了先进企业文化的建设方向。

4. 科技进步功能

科技进步，是指在经济发展过程中，用较少的投入获得更多的经济效益所要采取的科技措施及科学管理。职业课程内容融入了新产品、新技术、新工艺、新材料，为培养科技进步所需要的科技人才和熟练劳动者奠定了基础。当今世界国际上争夺军事、经济优势的斗争，集中表现为争夺技术优势和人才优势，从而使提高劳动者素质，培养人才，成为世界各国发展经济的一项重要国策。现代科学技术在世界各国发展的历史表明，一个国家如果缺乏受过良好教育的科技人才，将是阻碍其经济与社会发展的极重要因素，建立一支训练有素、生气蓬勃的科技队伍，是保证其经济发展立于不败之地的重要措施。在当代国际市场激烈的竞争中，我们只有在劳动力素质、专业技术人才以及高科技人才上拥有优势，才能拥有产品优势和市场竞争优势。

5. 职业获得功能

劳动是人的全部社会活动的核心部分，人的完善和全面发展无疑必须以劳动能力的完善和发展为核心内容。职业课程具有传授职业的知识、技能以及从事某种职业所应具有的特殊态度、行为和特征的功能，并且要继续发展所有在基础教育中已经形成的、为社会所认同的个性特征，从而使学生获得某种职业资格和职业角色。

6. 形成正确职业观的功能

真正完善的职业课程不仅给人以从业技能，还把人的职业生活方式作为一个整体来对待。在这种情况下，最为重要的是使人对职业有个正确的态度，明确人对职业究竟要求什么。人可能对职业抱有各种不同的态度，有的人把职业视为获取收入的手段，所以希望得到更多的经济报酬。也有人认为，只要从事自己喜好的工作，收入多少并不计较。还有的人只愿为社会多做贡献，即使报酬不多，也心甘情愿。人们对职业的态度，在很大程度上取决于人们的职业观。职业技术教育担负着引导、培养人的正确职业观的任务。特别是对处于职业的探索时期和职业观的发展阶段的青少年，更为重要。

职业课程的实施不仅通过理论教学，而且通过以实践为导向的教育，让学生在学校期间就到工作地点实习、体验今后的职业生活，从而增进对职业的深层了解，产生更浓厚的兴趣，逐步进入职业的成熟。将这种被激发起的热爱本职业、本岗位的感情和乐于投入的愿望和热爱祖国、努力服务、自觉奉献的精神联系起来，就更能认清自己所要从事的职业在社会经济发展中的作用和价值，增强光荣感和责任感。

人们的职业观虽因人而异，但从客观上也是时代的产物。人们在把职业看作是谋生手段的同时，追求对社会以至对人类的贡献；期望通过职业劳动，充分发挥个人的职业才能使社会得到更好的服务。职业将标志着一个人的价值、尊严、成就和欢乐。

职业课程的实施使年轻人懂得一个道理：怀着理想和希望而劳动、去就业，会感受到生活的美好以及人生的意义，进而会为了实现自己的理想和希望而不断进步，克服在职业生涯中的艰难与挫折，以自己的意志、自己的责任心顽强地生活。

（五）职业教育课程观的历史演进

1. 前工业化阶段（经验体系，无自觉的职业教育课程观）

人类自原始社会起，由于自然环境十分恶劣，再加上社会生产力低下，为了生存和延续，老一辈人将生产实践活动中的知识、技能和经验传递给下一代，因此人类最早的教育活动是职业性的教育活动。职业教育培训的最初形态是学徒制，它与工业革命以前的手工生产技术相适应。这是一种经验技术，只限于具体生产过程中的个体经验和技艺，其传授只能在直接的生产过程中个别地、缓慢地进行。由于当时的生产作业缺乏分工，徒弟可以学到整个生产过程中所有工序的技能，并从师傅那里接受从读、写、算直至道德品质等范围广泛的教育。就其约定俗成的教育和培训内容来看，涉及范围虽广，但含有很多不确定因素，内容之间往往无结构性的内在联系；至于培训方式和标准则更取决于个别师傅的主观意志。因而严格地说，学徒制形态的职业教育培训没有形成课程，更谈不上自觉的课程观。如果说那些不确定的教育和培训内容在事实上已构成了课程，那么这种课程也只能称为随机的课程。

2. 工业化阶段（学科体系，知识本位的职业教育课程观）

18 世纪 60 年代，以蒸汽动力为标志的工业革命改变了社会的生产技术体系，机器技术取代了以往发展十分缓慢的手工技术，或者说，"科学的技术"开始代替"经验的技术"，而这种大工业生产技术的传授已不是传统的学徒制所能承担的。于是学校职业教育培训逐渐取代学徒制职业教育培训，成为社会上主导性的职业教育培训力量，而且学校职业教育培训被列入正规的学校教育制度之中。

19世纪70年代，人类进入电力时代，由于工业的高度机械化和电气化，企业内部的劳动分工越来越细，技术人才结构也进一步分化，职业教育培训层次也随之分化，而且职业教育培训的形态也有所变化。自19世纪末和20世纪初，德国、美国等工业发达国家相继采用学校和企业共同参与职业教育培训过程的合作教育的形式培养中、初级技术人才。合作教育顺应了生产技术发展对人才素质提出的新要求，它使职业教育培训紧密联系企业的生产实践，更加重视具体的职业规范和现场操作训练，由此产生了职业教育课程模式由学科中心向活动中心的转移。特别是博比特关于课程编制的"活动分析"方法对职业教育课程产生了直接而又深远的影响。这时的职业教育课程观已开始承认职业教育课程也是"学习者学习活动的总体"，于是，实践性的活动课程不仅成为正规课程，而且在培养技术工人类人才的职业教育课程计划中获得了支配地位。职业教育课程不再优先满足学科的需要，它首先必须满足企业的需要或职业实践活动的需要。

20世纪40年代，第二次世界大战以后，新科技革命极大地推进了科技与经济以及人类生活的联系。教育作为科技再生产的载体并为科技服务，能够有效地推进社会经济的发展，已得到世界各国的重视。发展职业教育，提高劳动者职业能力和技术水平，为经济发展各个领域和层次输送高水平劳动者，已在世界范围内达成共识。

然而，由于学校职业教育培训的历史比科学文化教育晚得多，职业教育课程刚出现时容易受普教课程的影响，往往以学科知识体系为本位，强调知识的传授和记忆，注重理论的系统性。20世纪60年代以前，世界各国职业教育大多是以职业学校形态为主的，职业学校以系统传授职业知识为基础，以实践为辅，其教学形式也过多依赖课堂教学对知识的传授。这种知识本位的职业教育课程观仅把学科性教学科目看作是正规课程，生产实习等实践性课程处于非正规的从属地位。这些实践性课程缺乏内容的科学组织性。在制订教学计划时，往往脱离企业的生产实际，在很大程度上把学科的需要作为出发点。由于其轻视实践的天然缺陷，无法实现技术技能隐性知识的转化，导致工人的实际技术操作能力的缺失，不能很好满足市场的需求。这种知识本位的课程观至今仍有一定的影响。

3. 工业化末期（职业体系，能力本位的课程观）

20世纪70年代以后，针对知识本位培养的人才普遍缺乏技术能力的弊端，职业教育课程开始以具体的岗位为着眼点，以培养劳动力职业岗位能力为目标，对传统的课程模式进行了改革。以北美国家的能力本位职业教育培训为代表的新的职业教育观念逐渐风靡全球。能力本位以全面分析职业角色活动为出发点，以提供培训对象履行岗位职责所需要的能力为基本原则，其核心是如何使学员具备从事某一种具体职业所必需的实际能力。它是以从事某一具体职业所必须具备的能力为出发点来确定培养目标，设计教学内容、方法和过程，评估教学效果的一种教学思想和实践模式。能力本位的职业教育课程观以获得岗位操作能力为目标，提倡以能力为基础的职业教育体系，与知识本位的职业教育观相比，能力本位职业观对职业教育的本质属性——职业性、就业导向性和职业教育的特殊规律的认识上迈出了一大步；而且，能力本位的职业教育课程观发挥了巨大改造现实的力量，并在缩短职业教育与经济发展的距离、有效培养就业人才、推行多元化办学模式等方面显示出比知识本位更强大的优势。

但基于能力本位的职业培训课程开发法（DACUM）却不是完美的，仍存在诸多问题：一方面，DACUM 课程虽注重实践技能技术的培训，采用模块化的教学形式，各子模块以技能点为主，通过若干子模块的学习完成某项工作能力的学习，但事实上，采用这种方法后，由于对技能点的割裂和零散学习，学员只是掌握了各个分散的技能，缺乏工作过程的完整性和隐性知识的掌握，并没有真正具备全面的职业能力；另一方面，由于企业的功利性，注重培训的时效性和成本，使学员仅仅学到目前该企业急需的技术，学员的素质和综合能力以及职业适应力和迁移能力没有得到应有的锻炼，随着产业结构和工具的改变将面临失业的危机。这些问题的提出推动着职业教育向着更加关注受教育者职业生涯的方向转变。

4. 信息化阶段（人本体系，综合职业能力课程观）

二战后，以电子计算机技术为标志的高科技开始出现。特别是自 20 世纪 70 年代末，世界各工业发达国家逐步进入高科技产业化时期，这是社会生产技术体系又一次质的飞跃。高科技时代对劳动者的素质提出了全新要求，它要求劳动者具有关于现代化生产技术系统的广阔的知识背景，有较强的适应新思想、新方法和自我提高业务水平的能力，并具有正确的职业道德观和强烈的职业责任感。职业教育课程也只有发生变革才能与之相适应。也就是说，职业教育课程不仅要满足社会和企业的需要，而且要满足学习者个体适应在劳动力市场中参与就业竞争的需要，以及职业陶冶、试探和发展等多种需要。职业教育课程的设计和编制进一步规范、科学，系统的程序化的职业分析方法得到普遍采用。课程开发设计的参与者包括企业界人士和学校教师等，由于职业教育课程的实施对象已经不局限于学校和准备就业的青年，取而代之的是，职业教育课程贯穿于就业前职业教育培训和就业后职业教育培训的全过程之中，因而职业教育课程模式必然趋向综合化、个性化和多样化。于是，职业教育课程观的发展进入全新的阶段。

20 世纪 90 年代后，社会和人类生活水平进一步发展，"终身教育"或"终身学习"的观念深入人心，人们对于职业有了全新的认识，工作岗位的转换以及失业后再就业已经成为普遍的现象，在一个固定工作岗位待一辈子反而成为难以想象的事情。在新的就业观念下，职业教育已成为贯穿于个人职业发展全过程的教育与培训，正规教育和非正规教育的界限被淡化，人们从狭隘的职教观上升为开放的职教观。教育的目的由单纯的就业目的发展为促进个人的全面发展，提高综合能力。于是，以能力为基础，以提高学生职业素养、职业道德、社会道德以及综合素质的综合职业能力课程观代替了能力本位的职业教育课程观。

终身教育指导下的综合职业能力课程观强调尊重学生的个性发展，鼓励学生主动学习、实践和参与考核评价，注重培养学生的学习能力、解决问题能力、创新能力和创业能力。为此，教师的角色也要发生相应的变化，要由知识的传授者和主导者逐渐向学习的引导者和学生的辅导者转换。职业教育课程的教学内容将更为侧重整体性和完整性，基于工作过程导向的课程也将成为一种需要。在新的世纪，对于人的发展的关注必将会在职业教育的发展中起到重要的指导作用。

5. 智能化阶段（新职业体系，双核并重的课程观）

工作任务作为连接工作领域和教育领域的核心元素，始终是职业教育课程开发的关键点所在。在新的技术条件和劳动组织方式的推动下，我们所处的工作本身正在发生根本的变化，任务本身越来越具有项目特征。随着工业4.0的推进，这一趋势还将继续增强。这意味着新时代的职业教育课程模式将发生根本性的转向。当代工作任务的显著特征是系统性的增强。当前正在进行的第四次工业革命的核心特征是基于大数据和物联网的智能化、小批量生产，其战略目标是充分利用信息技术、网络空间虚拟系统以及信息物理系统相结合的手段，实现制造业向智能化转型，生产技术发展的基本趋势是用机器动作代替人的动作。随着设备自动化水平的越来越高，对人的动作要求变得越来越简单，且生产效率越来越高。智能化的基本信念是，凡是有规律的动作都能用机器来代替，很多国家甚至已经出现了无人工厂、无人商店。

但是对人的动作的要求越来越简单，并不是对员工的能力要求越来越简单，大家担心的所谓"机器换人""大量失业"的现象没有出现。一方面，复杂生产系统本身就需要大量从事系统安装、调试、运行、维护的技术人员，"知识密集型服务行业发展"尤其迅速，吸纳了大量的高素质劳动者。新的职业结构的工作模式有个共同的特征，那就是工作任务的系统化，这种职业要求员工胜任的工作任务不再是片段式的，而是整体式的，所以"一站式服务""一条龙服务""个性化服务"等成为热宠。另一方面，在短期内像厨师、园艺师、牙医、家庭健康护理员等职业不会被机器代替，因为这些职业所涉及的思维能力、识别能力和复杂的沟通能力都很难被机器取代。

因此，智能化时代的职业教育课程将会是核心能力、核心素养并重，越来越注重适应工作世界的发展需要；强调学校本位的学习和工作本位的学习整合（因为学习已经成为工作的一部分）；关注学习者多样化的生涯发展需求。

总之，智能化时代的职业教育将越来越重视"人"本身，促进个体全面自由发展，防止因狭窄的具体工作技能培训而使受教育者成为片面发展的人，尤其强调学习者的本体地位，使个人不断发展进步并提升职业综合职业素养。

可以预见，智能化时代使得"工作任务"的内涵发生了巨大变化，工作任务成为一个完整的工作过程，其显著特征是"系统性"，也就是"项目化"。而从学生本体出发的、以学习者需求为导向的"新职业主义"理念的盛兴，迫切需要职业教育课程关注个体生涯发展，重视核心能力、核心素养的培养，培养通用型人才。"智能化"与"新职业主义"深刻影响智能化时代职业教育课程开发的理念与实施路径，要求职业教育面向范围更广的岗位群进行人才培养，从个体生涯发展的角度设计、重视核心能力的培养等构成了智能化时代的职业教育课程开发的基本思路。

6. 总结

以上关于职业教育课程观及其历史演变的简略回顾及展望充分说明：

第一，社会生产技术体系的进步是决定职业教育课程发展和变革的主要源泉，而教育科学理论特别是课程理论也将对职业教育课程产生直接影响。因此，我们要想进行职业教育课程改革并保证改革取得成功，就必须密切关注社会生产技术的变化，认真学习和研究课程理论，掌握课程发展的一般规律和课程设计、编制的科学方法。

第二，职业教育课程不同于学科课程。职业教育课程的特征及其课程观要求把教育的普遍规律和职业教育培训的特殊规律结合起来。

因此，现代职业教育课程是从职业导向的总原则出发，综合考虑社会需求、学科结构和个性发展三大因素，普遍采取职业活动中心模式和螺旋上升式结构，对学科课程和活动课程以及在此基础上衍生出的许多课程类型，如综合课程、核心课程、模块课程等进行改革，赋予其职业教育培训的特色，以强化课程的教学效果。

二、专业与职业教育的专业

（一）职业教育的专业

《现代汉语词典》认为，专业是根据科学分工或生产部门的分工把学业分成的门类。我国学校里所称的"专业"大体相当于《国际教育标准分类》的课程计划（Program）或美国高等学校的主修（Major）。与普通高等教育按照学科体系设置专业不同，职业教育的专业是以职业所需要的各项专门能力为原则设立的。可以说，职业教育的专业是根据社会职业岗位对人才的需求和学校教育规律与培养的可能所设置的培养人才的学业门类。职业教育的专业分类方法较多，有的依据技术构成划分，如电子工程、机械制造等，一个专业相当于一项生产活动中独立应用的技术类型；有的依据职业（岗位）划分，例如护士、会计等，一个专业相当于一个（或一类）职业活动。

（二）专业目录

职业教育的专业目录，是指政府教育行政部门、人力资源和社会保障行政部门确定的高等职业院校、各类中等职业学校培养各种专门人才的分类目录。专业目录规定专业的划分、专业名称及所属门类，反映培养人才的业务规格和就业方向，是国家有关行政部门规划职业教育发展、设置与调整专业、实施人才培养、安排招生、指导毕业生就业、进行教育统计和信息处理等工作的重要依据，是国家有关行政部门对职业教育进行行政管理和各类职业院校教学工作的一个基本文件。专业目录具有以下作用：

（1）为家长、学生入学选择专业和毕业就业提供指南；

（2）为人才市场、劳动力市场进行人才交流、劳动力交流以及用人部门和单位对各类专门人才在选择、使用、管理上提供标准；

（3）为学校在人才培养的分类规格和质量标准方面提供规范；

（4）为学校与学校之间、学校与企业之间、学校与社会之间的信息交流提供依据。

（三）职业教育专业的基本特征

1. 经济性

职业学校的主要任务是为经济建设培养人才，因此学校的专业必须坚持市场需求原则，学校在设置与调整专业时，首先要对当地资源优势、产业结构、经济发展规划、劳动力素质和人才需求状况等要素进行综合分析和研究，要以区域内的经济结构、产业结构和技术结构调整与发展需要以及当地劳动力市场对相应层次、规格人才的实际需求为导向决定专业设置。因此，专业设置既要以市场需求为导向，根据当地产业政策的要求和产业结构、技术结构的变化开设经济发展、社会进步需要的专业，又要从受教育者的需要考虑，满足学生个人的要求。事实上，就是要考虑招生和就业两个市场。

2. 职业性

职业性表现在：专业的培养目标和职业对从业者职业资格要求的一致性。专业教学实施过程（尤其是实践教学）和职业劳动过程、工作环境、职业情境具有一致性。专业的社会声望和职业的社会声望具有一致性。

首先，职业教育的专业知识和技能是根据一定社会职业需要的能力来组织的，这些知识和技能具有鲜明的职业性，反映了具体的一个或几个职业的工作任务及操作程序，工作过程中使用的材料、工具与设备，劳动场所、劳动者本人应具备的职业能力等方面的知识。

其次，职业分析是职业教育专业设置的基础，所谓职业分析，就是对所覆盖的职业岗位群或技术领域对相关层次人才所应具备的职责、职业技能进行具体化描述，以此确定专业所应满足的具体需要。职业分析最重要的是要求具体、明确，要有业界人士参与，要客观。

3. 专门性

职业教育的专业的课程是对某个专门领域的知识和技能进行系统归纳和组织的结果。因此职业教育的专业的教学内容既要以职业能力为本位，又要为学生的专业发展奠定基础，就是要使学生在该专门领域内的专业水平和职业技能都得到发展。

（四）专业的作用和价值

对于院校来说，专业是人才培养的载体，也是学生报考的选择点，有品牌的作用和价值。从职业教育的本质属性来说，专业是学校教育与社会职业的衔接点，有岗位能力培养载体的作用和价值。从高职教育办学方向来说，专业是社会、企业与学校的结合点，有服务、示范和合作的作用和价值。从学校的社会影响方面来说，专业是社会评价学校的评价点，是政府评估学校的关键点，是学校办学特色的闪光点，有院校评价考量作用和价值。总之，专业是学校的品牌。因此，打造品牌专业是创办学特色、育优质人才的需要。目前，不同地区有建设示范专业和品牌专业的提法。通常认为示范专业和品牌专业有相同的地方也有区别，主要区别是示范专业要得到政府命名和专家认可，而品牌专业要得到社会及企业的公认。

三、课程与专业之间的关系

课程与专业（本书中如无特别指出，均指职业教育的专业）这两个概念有不同的定义和内涵，厘清二者之间的关系，对于认识和做好专业和课程建设非常重要。

（一）领域不同

专业和课程分属本质不同的两个领域，它们的发展分别遵循社会劳动市场人才供需的规律和人才培养的教育学规律。课程是按教育学规律对学科知识的传播、改造和拓展。专业可以理解为课程的组合形式，即课程是构成专业的要素，课程支撑着专业。

职业学校的专业是学校根据科学的发展、学科的分类和社会职业的分工而设置的培养专门人才的学科方案和计划的总称。专业以学科为依托，学科为专业建设提供发展的最新成果，离开了学科体系，专业也就丧失了其存在的合理性依据。以一门学科为依托，可以组成若干专业，在不同学科之间也可以组成跨学科专业。学科是专业的基础，专业主要为学科承担人才培养的任务，学科建设的水平直接关系到人才的培养质量。

课程属于教育学范畴。课程按照教育学规律对学科知识进行遴选、剪裁、组合，成为综合、完整、全面的知识结构，与学科探索和发明新知识的主要任务不同，课程主要服务于对知识的高效传递和对合格人才的培养。课程由学科知识构成，同时，学科要根据课程的要求加强学科研究方向；专业是课程的组织形式，课程是构成专业的要素。学科的发展是课程建设的基础，课程是学科与专业的联系中介。

（二）功能不同

1. 专业建设强调人才培养

专业建设是以提高教学质量为核心，出发点和归宿是人才培养。专业建设涉及多方面的内容，主要包括制定专业培养目标和规格、确定专业设置的口径、制订专业人才培养计划等，具体表现在专业的教学内容、课程体系、教学方法上。

（1）专业的教学内容，既要注重学科知识的科学性、系统性，又要注重专业内容的适应性、发展性，保证既有专业的基础理论，又要解决专业调整和发展中的新问题。

（2）课程体系是专业建设中的重要载体，必须从多方面着手构建：提炼基础课程使之结构化、简约化；提高专业课起点，增加高、精、尖的专业知识；开设通识课程，拓宽学生的知识视野；增加选修课，增强学生的自我设计能力；加强实践课，突出对学生的知识应用能力与实践操作能力的培养。

（3）在教学方法上，要把培养学生接受新知识的能力、分析问题解决问题的能力和创新能力作为改进教学方法的出发点和归宿。

2. 课程建设强调教学实施

课程建设是实现教育目的和目标、保证教学质量的基本单元，课程改革是整个教育改革的关键突破口。课程建设是从学校的培养目标和学科的发展出发，依据教育规律对课程的实施条件与方法，按照一定的质量标准而进行管理、改革的一项系统工程。课程建设的目的是优化课程结构与教学条件，推动教学改革，提高教育教学质量。其基本要求主要包括师资队伍建设、教学大纲建设、教材建设、教学方法改革、教学手段改革、考核办法改革等六个方面的内容。具体来讲，通过课程建设要达到"六个一"目标：建设一套革新的教学大纲、一套适用的教材和教学参考资料、一套科学的教学方法、一套规范严格的考试方法、一套适应课程特点的现代化教学手段和一支高水准的师资队伍，以加强基础课程建设为重点，理论课程与实践课程并重，以教学质量的检查评估为手段，促进教学质量的提高。

综上，专业和课程建设必须根据各自的任务，理清建设思路，突出建设重点，明确建设措施，集中力量进行建设。

（三）地位不同

在我国的职业院校，专业调控和决定课程。课程为课业及其进程，从这一定义出发，课程不单单指一门或几门课，它是指根据职业教育目标（专业目标）而选择和设置的若干课程及课程计划。然而对课程更为直接影响和制约的是专业，专业对课程起调控作用。职业教育是一种专门化教育。这种专门化教育具有很强的专业性，对课程有着影响和制约作用。这种影响和制约构成的相互间的联系是客观存在的。一是表现为结构层次的从属上。课程与专业是不平等的。课程只充当构建专业的素材，始终受到专业的制约，处于从属地位；专业则可以根据各个时期的培养目标和社会的需求情况，对课程进行增删，具有自主性。二是时空关系的先后上。课程只能依据专业而设置，即先设专业，后设课程。

（四）课程对专业建设的作用

在职业教育中，课程的发展对专业建设有推动作用。例如：每个专业都有相应的核心课程（一般为6～8门）。核心课程所涉及的技术技能变化可以推动专业的发展进步，或导致专业的调整甚至取消（合并）。再如，核心课程相近的专业可以组成专业群，统筹考虑专业群的建设，合理利用好现有的教学条件、师资条件等。核心课程相同而其他课程不同的专业，可以按照专业方向进行管理，以突出特色。

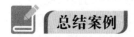 **总结案例**

美国职业教育课程设置的特点

（一）注重职业性课程与普通教育课程交叉渗透

美国职业教育不仅要求学生学习专门的职业性课程，职业课程也不仅在职业学校才设立，而是与普通教育课程呈交叉渗透的趋势。职业教育课程设置交叉，普通教育课程、职业性课程与学术性课程相融。主要表现在：第一，建立融职业教育、普通教育和大学预备教育为一体的基础教育体系，在不同阶段开设相应的职业教育课程。从小学到中学的 12 年内分职业了解、职业探索、职业准备三个阶段进行连贯的职业教育。职业了解阶段培养儿童的职业意识和正确的职业观念；职业探索阶段引导学生做尝试性的职业选择。职业准备阶段则实现职业教育的分流。准备就业的，集中学习一门职业性课程，以掌握职业技能为主，为就业做准备；准备升学的则把学术性课程与职业性课程结合起来学习。这样就实现了职业教育和普通教育的沟通，加强教育与现实的联系。第二，在普通高中开设职业性课程，职业高中开设普通性课程，并注重开设融合普通性、职业性和学术性的综合课程，实现了普通教育与职业教育的衔接与融合。美国的普通高中大部分开设了职业性课程，没开设的也有一些基础课程与职业技术有紧密联系。而在职业学校中，由于许多雇主抱怨从职业学校毕业的学生缺乏数学、英语等基本技能，缺乏良好的工作习惯，不肯安心工作，缺乏沟通能力、适应能力等，因此职业学校越来越注重普通性课程的开设。同时，为了加强职业教育中的学术内容，使职业学校的学生有足够的理论基础以应对技术变化，为解决问题和革新技术做好准备，为了增强普通教育的学术性和职业性，既可以为学生进入大学做准备，又加强学校教育与未来工作的联系，增强学生的学习动机，美国的普通高中和职业学校都开设了融合普通性、职业性与学术性的综合课程，以提高学生各方面能力。

（二）灵活多样

美国职业教育课程设置在形式上灵活，在内容上包罗万象，人们可以通过多种形式，灵活自由地来获取各种职业知识和技能。首先体现在课程设置的形式非常灵活。美国职业技术学校课程设置主要有以下几种形式：一是副学士学位，一般为两年，学生毕业后可转入大学（学院）继续深造；二是职业培训证书课，分两年制、一年制和不到一年制的短期培训课，重在就业的岗位知识和技术技能培训；三是学徒培训课，学徒可在职业技术学校选择适合自己的专业接受培训。其次体现在课程设置所涉及的专业领域非常宽泛。美国职业技术学校课程设置与 300 多个职业有关，专业领域主要包括八大类：农业综合企业、工商业、市场与销售、建筑与工程制图、家庭经济、公共卫生、服务行业和技术培训。专业课程五花八门，但都是应社会职业技术就业市场所需而发展起来的，如牙模型师、护理、卡车驾驶、酒水、飞机驾驶、艺术图形设计、珠宝鉴定、会计、按摩、糕点师、厨师等专业课程。

（三）职业教育课程设置与人才市场需求联系紧密

首先，聘请工商界人士担任学校顾问，帮助学校设计和更新课程。美国职业技术教育重视与工商企业界的合作关系。美国职业技术学校与企业之间是一种互惠互利的供需关系，企业向学校提供人才需求资讯和设备资源，学校为企业培训技术人才。各学校聘请工商界人士担任学校顾问，帮助学校设计和更新课程、评价检查学校的教学活动、向学校提供资讯，学校则经常向企业了解其岗位需求和社会最需要的专业，作为学校调整和设置专业和课程的参考。

其次，职业技术教育面向岗位工作需要，强调实践性课程的开设。美国职业技术教育强调针对职业岗位的实际，在做中学、在学中做，边做边学，教、学、做合一，手、口、脑并用。上课、实验、校外实习中的实践性比重都被特别强调。校外实习强调顶班劳动和实际操作，强调真刀真枪地解决实际问题，由于他们重视把教学与实践融为一体，使学生的理论、实践融会贯通，提高了毕业生上岗的适应能力。

再次，注重将学生的就业工作与学校的课程设置改革联系起来。职业技术教育和就业联系紧密，毕业生的就业状况直接影响到学校的办学效益。美国职业技术学校重视及时了解毕业生就业状况及所学专业和从事职业的情况，为以后职业培训计划及改革课程设置和教学评估提供资讯，为学生就业提供更好的指导。

（四）职业性课程比重较大，并随社会、经济的发展而不断调整

美国强调职业技术教育课程设置应适应学生"应知、应会"的要求，除了开设综合课程外，还要开设技术性课程，并且技术性课程比例不断上升。基础课与技术课之比达到38：62，理论课与实践课之比在53：47，课程教学内容从实际需要出发来安排，不同专业之间在课程设置、周学时、讲授内容方面都有差别。基础理论课教学宽而浅，强调实用，突出职业性。美国的职业教育中职业性课程的比重无可置疑地被摆在了核心位置，这是与工业经济时代对职业工人的要求相联系的。目前由于知识经济时代的来临，市场对技术工人的要求已经不同，经济和技术的发展向职业教育提出了严峻的挑战，人们从事任何职业都应具备现代人的五种能力和三种素质。五种能力是：（1）合理利用和支配时间、经费、设备、人力的能力；（2）处理好人际关系，作为集体一员和谐地参与工作，能与背景不同的人共事的能力；（3）获取信息并利用信息的能力；（4）综合与系统分析的能力；（5）运用各种技术的能力和阅读、书写、表达、运算技能。三种素质是：（1）创造性思维、批判性思维；（2）确定、分析和解决问题；（3）诚实、敬业、集体责任感等个人品质要求。职业技术教育培养的人才应能适应劳动力市场对人才的需求。美国职业学校全部活动都要紧紧围绕培养学生的上述能力进行组织，课程设置中越来越注重对学生基本素质的培养，加强公共基础课的开设，以应对时代发展变化对人才素质的新要求。

📖 **课后思考**

1. 请总结职业教育课程的发展趋势。

2. 有人认为："专业就是指一个专业中所有课程构成的体系。"这种说法对否？请说明职业教育课程与专业之间的联系与区别。

单元二　我国职业教育课程政策的演进

▶ **培训目标**

◆ 能够阐述改革开放以来不同时期职业教育课程政策的内容

◆ 能够分析我国职业教育课程政策的发展变化及其原因

◆ 能够客观认识我国职业教育课程政策的不足

📠 导入案例

高职公共课改革历程回顾

我国高职院校的公共基础课程发展情况，可分为四个阶段。

第一阶段：照搬本科，"压缩饼干"。在高职教育开办之初，课程体系照搬普通高等教育模式，以理论教学为主，公共基础课程设置较多，没有准确把握高职院校培养高素质技术技能人才的定位。

第二阶段：必需够用，大幅删减。《教育部关于加强高职高专教育人才培养工作的意见》（教高〔2000〕2号）指出："基础理论教学要以应用为目的，以必需、够用为度，以讲清概念、强化应用为教学重点"，这一论述，对专业教学改革尤其是教学内容的选择与设计给出了原则导向。同时，随着招生就业压力的增大，以及用人单位对学生实用性技能的重视，不少职业院校走向另一个极端——片面强调学生职业技能培养，而忽视人文素质培育，许多学校和学者提出了公共课教学以"必需、够用"为度的说法，但实际上很难把握什么是必需、什么是够用，这样的观点必然将公共基础课放在次要位置。

第三阶段：落实立德树人根本任务，加强文化基础教育。随着《国务院关于加快发展现代职业教育的决定》（国发〔2014〕19号）的颁布，现代职业教育建设深入推进，作为国民教育体系的一部分，职业教育更加注重立德树人、全面育人、加强文化基础教育、强化人文素养教育。作为人力资源开发体系的一部分，职业教育将更加注重促进就业创业，加强职业核心能力培养，推动产业文化、工业文化、企业文化与职业教育的融合，对接国际标准，提高技能培养水平，大力提倡质量意识、环保意识、安全意识、绿色道德等。于是，教育部印发《关于深化职业教育教学改革全面提高人才培养质量的若干意见》（教职成〔2015〕6号），提出要落实立德树人根本任务，加强文化基础教育。发挥人文学科的独特育人优势，加强公共基础课与专业课间的相互融通和配合，注重学生文化素质、科学素养、综合职业能力和可持续发展能力的培养，为学生实现更高质量就业和职业生涯更好发展奠定基础。高等职业学校要按照教育部相关教学文件要求，规范公共基础课课程设置与教学实施，面向全体学生开设创新创业教育专门课程群。

第四阶段：规范人才培养全过程，坚持标准引领、规范开设。2019年，根据《国家职业教育改革实施方案》的要求，教育部印发了《教育部关于职业院校专业人才培养方案制订与实施工作的指导意见》（教职成〔2019〕13号）。意见提出要规范课程设置，其中关于高职公共课的主要精神有以下三条：

一是严格按照国家有关规定开齐开足公共基础课程。高等职业学校应当将思想政治理论课、体育、军事课、心理健康教育等课程列为公共基础必修课程，并将马克思主义理论类课程、党史国史、中华优秀传统文化、职业发展与就业指导、创新创业教育、信息技术、语文、数学、外语、健康教育、美育课程、职业素养等列为必修课或限定选修课。

二是全面推动习近平新时代中国特色社会主义思想进课程，高等职业学校按规定统一使用马克思主义理论研究和建设工程思政课、专业课教材。结合实习实训强化劳动教育，明确劳动教育时间，弘扬劳动精神、劳模精神，教育引导学生崇尚劳动、尊重劳动。推动中华优秀传统文化融入教育教学，加强革命文化和社会主义先进文化教育。深化体育、美育教学改革，促进学生身心健康，提高学生审美和人文素养。

三是根据有关文件规定开设关于国家安全教育、节能减排、绿色环保、金融知识、社会责任、人口资源、海洋科学、管理等人文素养、科学素养方面的选修课程、拓展课程或专题讲座（活动），并将有关知识融入专业教学和社会实践中。学校还应当组织开展劳动实践、创新创业实践、志愿服务及其他社会公益活动。

分析：可以看出，高职公共课从简单地照搬本科开设方案到被打着"必需、够用"的旗号大幅度删减，又到 2015 年提出要落实立德树人根本任务，加强文化基础教育，再到 2019 年提出要规范课程设置，严格按照国家有关规定开齐开足公共基础课程，全面推动习近平新时代中国特色社会主义思想进课程，根据有关文件规定开设选修课程。2021 年，《教育部办公厅关于印发高等职业教育专科英语、信息技术课程标准（2021 年版）的通知》（教职成厅函〔2021〕4 号）正式印发实施。可见，课程的改革与国家职业教育政策的变化息息相关。

一、改革开放至 20 世纪 80 年代末的职业教育课程政策

改革开放初期，为了实现党和国家的工作重心向经济建设转移，改变我国中等教育结构单一化的局面，加快恢复与发展职业教育，从国家层面上制定了有关发展职业教育的政策，并对职业教育课程提出了一些要求，主要体现在以下几个方面。

（一）课程目标：由重视学习科学文化知识转向强调训练职业技能

改革开放初期，职业教育贯彻"教育为无产阶级政治服务"的方针，1979 年教育部在《全日制中等专业学校工作条例》中指出："职业教育的基本任务在于培养社会主义革命和社会主义建设所需要的有社会主义觉悟、有文化的各种专业人才，为提高整个中华民族的科学文化水平，实现新时期的总任务而奋斗。"这表明：改革开放初期，职业教育的主要目的在于提高整个民族的科学文化水平，反映在课程上，也就是科学文化知识占据主体地位，在课程目标方面表现出了重视学生学习科学文化知识，突出了科学知识对于提升中华民族的文化素养、适应社会主义四化建设的重要意义。

虽然改革开放初期的职业教育得到了恢复和发展，但是重视学习科学文化知识的职业教育无法适应社会主义现代化建设的需要。实质上，社会主义现代化建设迫切需要掌握一定技术和技能的劳动者。为了适应社会主义现代化建设的需要，1985 年《中共中央关于教育体制改革的决定》指出"中等职业教育要着重职业技能的训练，以适应长期广泛就业，进行技术革新和继续进修的需要"，这将职业教育的课程目标定位到了职业技能的训练上。着重职业技能的训练，既能够满足经济社会发展、科技进步和企

业生产方式转变对劳动者素质所提出的要求，又能够满足学生就业及今后职业发展的需求，同时，为正在恢复中的中等职业教育的课程定位提供了依据，将中等职业教育与普通高中的课程目标区分开来，使中等职业教育的课程价值取向由知识本位向技能本位转变。

（二）课程结构：文化课开始转向为专业课服务

改革开放初期，教育部在关于《全日制中等专业学校工作条例》中对文化课程的程度提出了要求，指出"学生要在具有相当高中文化水平的基础上学习专业知识"。在三年的学习过程中，前两年以学习普通高中的主要课程为主，后一年再学习专业知识。这与当时中等职业学校以提高中华民族的科学文化水平，要求学生以学文化为主的目标是一致的。文化课程在整个课程体系中占据主体地位。

20 世纪 80 年代中期，针对当时职业教育普教化模式，提出了文化课为专业课服务的思想。[①] 1986 年，国家教委《关于制订职业高级中学（三年制）教学计划的意见》和《关于制定和修订全日制普通中等专业学校（四年制）教学计划的意见（试行）》中，分别指出"职业高级中学着重职业技能的训练，文化基础教育适当配合"和"普通课要适当配合专业基础课和专业课的需要"。这两份文件对中等职业教育文化课程进行了重新定位，即文化课是学习专业课和提高文化素养的基础。文化课开始转向为专业课服务。同时，上述的两份文件还指出：三年制职业高级中学的政治课、文化课与专业课、实习的课时比例，工科为 4：6，文科为 5：5；四年制普通中等专业学校普通课、基础课和专业课的课时比例为 45：35：20。可见，中等职业教育课程改革领域，在政策上已经提出文化课为专业课服务的理念，但在课程实践中，文化课仍占据主体地位。

（三）课程内容：科学文化为主，遵循"少而精"的原则

1979 年，教育部颁布的《全日制中等专业学校工作条例》指出：中等专业学校的课程内容要反映现代科学技术水平，学生以学习科学文化为主。同年，在教育部颁布的《关于中等专业学校工科专业二年制教学计划安排的几点意见》中指出：中等专业学校的课程内容要从实际出发，认真进行精选，深度和广度要适当，避免内容偏多、偏深。1981 年教育部颁布的《关于制定中等专业学校普通课及技术基础课教学大纲的几项原则》，指出：课程内容应从全国多数中等专业学校的实际出发进行精选，遵循"少而精"的原则，做到要求合理、分量适当，符合我国社会主义现代化建设的实际，不要片面地求多、求新、求深。

1. 课程内容反映现代科学技术水平，以学习科学文化为主

改革开放初期，我国建设社会主义四个现代化的关键在于科学技术，职业教育的主要任务是培养适应社会主义四化建设需要的中初级技术技能人才，提高整个中华民族的科学文化水平。职业教育的课程内容要紧随现代科学技术水平的发展而发展，用最先进

---

① 徐涵 . 关于我国职业教育课程改革的思考［J］. 职业技术教育，2005（31）.

的科学技术知识充实课程内容，体现出职业教育课程内容前沿性、应用性、科学性等特征。这样做的目的是使学生了解专业范围内最新的科学技术成就和发展趋向，以适应我国四个现代化建设的要求。

2. 课程内容选择遵循"少而精"的原则，做到难度适中、分量适当

改革开放初期，中等专业学校没有统一的教材，一些课程采用的是普通专科院校的教材，课程内容的深度和广度都超越了中等职业学校学生的接受范围。课程内容选择的"少而精"原则是指中等职业学校课程内容的选择要依据学生的认知水平，在课程内容的广度和深度上要缩小范围、降低难度，但是在质量上要精益求精，重点在于课程内容的实践性、应用性，而不在于知识的系统性和完整性。

（四）课程实施：加强基础理论教学和实践教学

1. 加强基础理论和基本知识的教学

1979 年，教育部在《全日制中等专业学校工作条例》中指出"中等专业学校的教学要切实加强基础理论和基本知识的教学，克服轻视理论、轻视书本知识的错误观点"。同年，教育部在《关于中等专业学校工科专业二年制教学计划安排的几点意见》中，再次提出"中等专业学校的教学必须注意加强基础理论教学"。两份文件都表现出了国家对中等职业学校基础理论教学的重视。

基础理论和基本知识的教学受到如此重视，一是因为社会主义四个现代化建设对教育提出了新的任务，即适应四化建设的需要，提高整个中华民族的科学文化水平；二是因为中等职业教育的毕业生主要在基层单位从事业务技术工作，对基础理论知识有一定的要求；三是职业教育一直未从普通教育的影子中走出来，课程仍以学科中心课程为主，极其重视知识的系统性和科学性。

2. 加强实践性教学环节

实践性教学与理论教学相对，是一种安排在实训基地或校办工厂，通过实际操作而进行的教学活动形式。1981 年，教育部在《关于制定中等专业学校普通课及技术基础课教学大纲的几项原则》中，首次提出"要适当提高实践环节在总学时中的比重"。1986 年，国家教委在《关于制定和修订全日制普通中等专业学校（四年制）教学计划的意见（试行）》和《关于制订职业高级中学（三年制）教学计划的意见》中，提出"要加强实践性教学环节"。

首先，要保证实践教学的时间。1986 年的两份文件规定了实践性教学的课时数，其中，四年制普通中等专业学校理科专业的实践教学为 30～50 周，文科专业不少于 20 周；三年制职业高级中学工科专业为 25～40 周，文科专业为 15～25 周。与之前相比，实践教学所占课时比重略有提高。其次，创造条件，让学生较多地接触生产和社会实际，如利用假期组织学生参加勤工俭学和社会实践活动。上述文件可以反映出国家已意识到实践性教学对中等职业教育的重要性，并在课程实施中开始将重心转向实践教学。

二、20世纪90年代的职业教育课程政策

20世纪90年代是我国实现社会主义现代化建设的关键时期，随着我国工业化的推进、经济增长方式的转变和高新技术的兴起，技术密集型产业已经成为社会的主导产业，经济领域中的科学技术水平逐步提高，随之而来的是行业企业对劳动者的素质提出了新的要求。虽然，这一阶段我国职业教育的规模有了较大的发展，在经济社会发展中起到了重要作用，据统计，中等职业教育招生数从1990年的246.63万人增加到了1999年的473.27万人[①]，但是以学科课程为主体的职业教育与技术技能人才的培养、经济结构调整和产业升级的迫切要求不相适应，劳动者的素质无法满足高新技术发展的需求。为了主动适应经济建设和社会发展的需求，主动适应科技进步、高新技术产业对劳动者的素质要求，国家在政策上对职业教育课程提出了新的要求。

（一）课程目标：重视培养学生的职业能力

为了培养适应21世纪社会主义现代化建设要求的高素质技术技能人才，20世纪90年代中期开始，在国家政策上对职业教育的培养目标提出了新的要求。1996年，《职业教育法》第四条明确规定"实施职业教育必须贯彻国家教育方针，对受教育者进行思想政治教育和职业道德教育，传授职业知识，培养职业技能，进行职业指导，全面提高受教育者的素质"。1998年，国家教委在《面向21世纪深化职业教育教学改革的原则意见》中提出"职业教育要培养同二十一世纪我国社会主义现代化建设要求适应的，具备综合职业能力和全面素质的，直接在生产、服务、技术和管理第一线工作的应用型人才"。课程是实现培养目标的载体，这意味着要求职业教育课程应以培养综合职业能力和全面素质为目标。在国家政策上，将培养学生的职业能力摆在了更加突出的位置，职业教育课程目标的价值取向逐渐由知识本位向能力本位转变。

（二）课程结构：文化课为专业课服务

继20世纪80年代中期，在国家政策上提出文化课为专业课服务的理念之后，1991年劳动部《关于开展技工学校评估工作的通知》中，首次明确提出职业学校的"教学工作要坚持文化、技术理论课为专业课服务"的原则。课时比例由原来的文化课和专业课、实习的比例，工科类4∶6，文科类5∶5，调整为工农医类3∶3∶4，文科类4∶3∶3，技能较强的专业或工种为2.5∶2.5∶5。由此可见，与20世纪80年代中期相比，文化课的比重有所下调。实质上，文化课是职校生学习专业课和提高自身素养的基础，专业课则是掌握专业知识与技能的课程。由于职业教育具有职业定向性，因此，职业学校的课程应以专业课为主体。然而，一直以来，职业学校的课程深受普通教育的影响，注重学科知识的系统性和完整性，并强调学生对文化知识的学习，导致学生与实际工作相互脱

---

① 申家龙.20世纪90年代以来我国中等职业教育发展实证研究［J］.河南职业技术师范学院学报（职业教育版），2006（5）.

离，实践能力薄弱。20 世纪 90 年代初期，随着科学技术现代化步伐的加快，工艺技术逐渐更新，致使经济建设和社会发展对具有一定专业性和技术性的劳动者的需求越来越大。因此，职业学校要以专业教育为主，以专业课为核心，根据专业需要学习必要的文化基础知识。

（三）课程设置：适应岗位工作对人才培养规格的要求

20 世纪 90 年代初期，随着我国经济体制由计划经济向市场经济转型，社会主义现代化建设的进一步深入，产业结构逐步由劳动密集型向技术密集型转变，新的技术、工艺和设备逐渐被引进，致使经济社会对人才规格提出了更高的要求。面对这一趋势，国家对职业教育的课程设置提出了新的政策导向。

1990 年，国家教委《关于制订职业高级中学（三年制）教学计划的意见》的通知中提出"职业高级中学的课程设置，必须保证合乎本专业、工种培养目标的要求"。

1993 年劳动部《关于深化技工学校教育改革的决定》提出：技工学校的课程设置要以《国家职业技能标准》或《工人技术等级标准》为基本依据，理论课课程设置要适应操作技能培训的需要。换言之，中等职业教育课程应与职业世界中的工作岗位对接，课程设置要符合岗位职业技能或技术等级的标准，使职校生在上岗前就达到相关工作岗位的技术等级，具有一定的岗位胜任力。也就是说，在政策上开始将课程设置与从业人员的职业资格相联系。

这一时期的政策是对 20 世纪 80 年代中期《中共中央关于教育体制改革的决定》的继承与发展，职业教育课程设置应适应市场需求，与产业结构、就业结构和技术结构相协调。此时，以服务为宗旨、以就业为导向的职业教育理念开始孕育。

（四）课程内容：引进先进的知识和技能，增强实用性

20 世纪 90 年代，我国中等职业教育课程依旧是学科本位的单科分段式课程为主。这种以理论知识为重心的学科课程强调知识的系统性和完整性，往往对课程实践性的规范化要求不够，这与中等职业教育培养具有专业技术和技能的劳动者的目标相违背。因此，1991 年国务院《关于大力发展职业技术教育的决定》提出"教学安排中要注意增强适应性、实用性和灵活性"。这就要求职业教育要改变传统的过分强调学科体系的课程模式，重视课程的实践性，课程内容要紧密结合专业培养目标，反映经济建设和社会发展对知识和技能的要求，引进生产、服务和技术领域的先进知识和技能，以适应就业和技术革新对劳动者素质的新要求。

（五）课程实施：突出实践教学，加强技能训练

为了实现职业教育的培养目标，保证教学质量以及提高技术技能人才的素质，20 世纪 90 年代初期，国家在政策上提出了要强化职业教育的实践性教学，加强技能训练。1990 年国家教委《关于制订职业高级中学（三年制）教学计划的意见》和 1991 年国务院《关于大力发展职业技术教育的决定》中提出：中等职业教育要贯彻理论与实践相结合的原则，突出实践性教学环节，加强职业技能训练。

20 世纪 90 年代初期，职业技能训练薄弱是职业教育普遍存在的问题之一。职业技能训练主要由实践性教学实现，因此，突出实践性教学环节，加强职业技能训练是提升职校生技能水平的关键。这一时期，突出实践性教学环节主要体现在加大实践性教学的课时比例，1990 年国家教委在《关于制订职业高级中学（三年制）教学计划的意见》中将理论教学总学时数从原来的工科类 2 400～2 850 学时、文科类 2 850～3 150 学时，调整为工农医类 1 800～2 100 学时，文科类 2 100～2 400 学时，技能较强的专业或工种为 1 500～1 800 学时。理论教学时数的下调意味着实践教学时数的上升。突出职业技能的培养才能体现职业教育课程的实践性与应用性，才能适应社会主义现代化建设对技术技能人才的素质要求。

三、2000 年以来的职业教育课程政策

21 世纪初是我国实现现代化、经济社会全面发展的重要时期。在工业化、信息化、城镇化、国际化的背景下，国家大力推进经济发展模式转变、新农村城镇化建设和新型工业化的进程，促进产业转型升级、行业技术创新，加快现代制造业和现代服务业发展，而这一目标的实现不仅需要大量的创新型人才，而且需要数以亿计的高素质劳动者和技术技能型人才。因此，国家把职业教育作为人力资源开发的重要手段，2000 年以来国家先后召开了三次全国职业教育工作会议，并出台了一系列关于职业教育发展的政策，明确了新世纪我国职业教育发展的指导思想、目标、任务和重点发展领域，其中涉及的职业教育课程政策主要体现在以下几个方面。

（一）指导方针："服务发展，促进就业"

职业教育课程改革的指导方针由"以服务为宗旨，就业为导向"，转向"服务发展，促进就业"。

新世纪初，随着我国高等教育大众化的进程，青年的失业问题成为社会关注的焦点，如何能够培养出满足经济界需求的各级各类人才成为当时急需解决的问题。在这样的背景下，2005 年《国务院关于大力发展职业教育的决定》中明确提出："坚持'以服务为宗旨、以就业为导向'的职业教育办学方针"，"促进职业教育教学与生产实践、技术推广、社会服务紧密结合，积极开展订单培养"，"推动职业院校更好地面向社会、面向市场办学"。在这一方针的指导下，各级各类职业院校开始进行就业导向的职业教育课程改革，根据企业需求、工作岗位需求确定课程目标、选择教学内容，在很大程度上解决了职业院校课程脱离职业世界的问题，但同时也产生了一定的负面影响，部分学校在就业导向思想的指导下，出现了片面强调企业需求，而忽视学生需求的现状，使得职业教育的工具性特征凸显，促进人的全面发展的教育性特征不足。[①] 针对职业教育实践中出现的偏差，国家开始在政策上进行调整。2014 年《国务院关于加快发展现代职业教育的决定》中明确提出"坚持以立德树人为根本，以服务发展为宗旨，以促进就业为导

---

① 徐涵. 就业导向的职业教育反思 [J]. 教育与职业，2006 (15).

向"，"深化产教融合、校企合作，培养数以亿计的高素质劳动者和技术技能人才"，并且明确指出，这里的服务发展指的是"服务经济社会发展和人的全面发展"，也就是说职业教育的人才培养不仅要考虑经济社会发展的需要，同时要考虑人的全面发展的需要。这表明职业教育课程改革的方针已由"以服务为宗旨，就业为导向"，转向"服务发展，促进就业"。

（二）课程目标：越来越重视培养学生的综合职业能力

课程目标是教育目的的体现，是培养目标的具体表现形式。新世纪，经济全球化和社会信息化的快速发展带来了社会生活与生产方式的巨大变化，信息技术在企业得到了较为广泛的应用，企业生产的自动化程度越来越高，促进了企业由传统的生产方式向精益生产方式转变，这就对员工的素质提出了更高的要求，要求企业员工不仅要具有很强的专业能力，而且要具备良好的跨专业能力，如合作能力、沟通能力、创造性地解决现场问题的能力，等等。因此，21世纪以来国家在职业教育课程政策的导向上越来越重视对学生综合职业能力的培养。

2000年《教育部关于制定中等职业学校教学计划的原则意见》指出：中等职业教育要培养学生的创新精神和实践能力，使学生掌握必需的文化基础知识、专业知识和熟练的职业技能，具有适应职业变化的能力。这一课程目标强调学生在适应职业世界中的岗位需求的同时，要具有一定的创新能力。课程目标以"社会本位"为主要价值取向，同时也体现出对学生个体潜能的关注。

2002年《国务院关于大力推进职业教育改革与发展的决定》指出："认真贯彻党的教育方针，全面实施素质教育。"2008年《教育部关于进一步深化中等职业教育教学改革的若干意见》再次重申中等职业教育的课程要以全面培养学生的综合素质和职业能力，提高其就业创业能力为目标。这表明国家将学生的综合素质放在了更加突出的位置，随着"以人为本"理念的提出，国家也开始倡导职业教育要关注学生综合素质，重视学生的个性化发展。职业教育课程开始兼顾"人本位"的价值取向，课程的个体价值正逐渐受到关注。21世纪以来，尽管国家在政策层面一直强调"职业能力"与"综合素养"并重，然而，在职业教育实践中，人们更多地关注学生职业岗位能力的培养，将学生的综合素养放在了次要位置，忽视了学生职业道德和人文素养的教育，这显然与职业教育服务学生全面发展的宗旨相违背。

因此，2014年《国务院关于加快发展现代职业教育的决定》再次重申职业教育要"全面实施素质教育，科学合理设置课程，将职业道德、人文素养教育贯穿培养全过程"。全面实施素质教育的政策要求我们在职业教育改革发展的过程中将职业道德和人文素养教育融合到职业学校人才培养的全过程，并作为学校教育教学工作的核心任务。

（三）课程设置：兼顾学生需要和社会需求

2000年和2009年教育部《关于制定中等职业学校教学计划的原则意见》中均明确指出：中等职业教育应根据学生提高全面素质和综合职业能力以及继续学习的实际需要

设置课程；文化课程设置应与培养目标相适应，注重学生能力的培养，加强与学生生活、专业和社会实践的紧密联系；专业课程应按照相应的职业岗位（群）的知识、能力要求设置。这一政策要求：

一是职业教育课程设置应体现学生的需求，课程设置要以满足学生素质和能力的提高，以及可持续发展的需要为基本依据。

二是文化课程的设置要加强与学生生活、专业和社会实践的联系。也就是说职业学校的文化课程内容要突出生活性，课程内容应来源于生活、贴近生活，将生活中实用的内容纳入职业教育课程，突出职业教育课程在学生生活中的应用价值；职业学校的文化课程内容要突出职业性，要围绕职业活动来组织，并服务于专业课程学习的需要；职业学校的文化课程内容要突出社会性，要与经济社会发展对人才培养规格的要求相符合，满足社会发展的需求。

三是专业课程要按照相应职业岗位或岗位群的需求进行设置。职业学校专业课程的设置要以工作任务为中心，课程内容的选取以岗位工作对知识和能力的需求为主要依据。也就是说职业学校要重视课程内容的职业性和实践性，课程内容要密切联系经济社会的发展，满足企业岗位对劳动者的素质要求。

（四）课程内容：与职业技能标准相衔接

随着就业准入制度和职业资格证书制度的逐步完善，国家在职业院校推行"双证书"制度，并在政策上对职业学校的课程内容提出了新的要求。2000年《教育部关于全面推进素质教育、深化中等职业教育教学改革的意见》指出"中等职业教育的教学内容应与职业资格标准相适应，以提高学生的职业能力"。2004年《教育部等七部门关于进一步加强职业教育工作的若干意见》指出"加强专业教育相关课程内容与职业标准的相互沟通与衔接"。2009年《教育部关于制定中等职业学校教学计划的原则意见》指出"课程内容要紧密联系生产劳动实际和社会实践，突出应用性和实践性，并注意与相关职业资格考核要求相结合"。2010年《国家中长期教育改革和发展规划纲要（2010—2020年）》指出"推进职业学校专业课程内容和职业标准相衔接"。2014年《国务院关于加快发展现代职业教育的决定》和教育部等六部委关于印发《现代职业教育体系建设规划（2014—2020年）的通知》再次明确：为了适应经济发展、产业升级和技术进步需要，职业学校的课程要建立国家职业标准与专业教学标准联动开发机制，推进专业课程内容与职业标准相衔接。这些政策对课程内容的新要求有一个共通性，即职业学校的课程内容应与职业（资格）标准相适应或相衔接。2014年的政策文件中更是首次提出建立国家职业标准与专业教学标准联动开发机制。2019年以后，随着《国家职业教育改革实施方案》的推行，以及职业资格证书制度改革后新的技能人才等级评价制度的建立，职业技能等级的要求融入到职业院校专业教学中去，成为职业院校课程的应有之义，"课程融合"成为学校课程改革的一个显著方向。

（五）课程实施：加强实践教学，积极探索理实一体化教学

1. 加强实践教学

新时期，国家对职业教育课程实施的政策导向强调加强实践性教学。2000 年《教育部关于全面推进素质教育、深化中等职业教育教学改革的意见》和 2002 年《国务院关于大力推进职业教育改革与发展的决定》提出：我国中等职业教育要加强实验、实习、职业技能训练等实践性课程和教学环节，提高学生的职业能力和创业能力。2008 年《教育部关于进一步深化中等职业教育教学改革的若干意见》提出中等职业教育"要高度重视实践和实训教学环节，突出'做中学、做中教'的职业教育教学特色"。2014 年《国务院关于加快发展现代职业教育的决定》提出"强化教学、学习、实训相融合的教育教学活动""加大实习实训在教学中的比重"。这些政策文件均强调实践教学对于职业教育课程实施的重要意义。

这一时期，国家对实践性教学的重视，主要体现在：一是加大实践教学比例。新时期，在国家职业教育政策中规定，中等职业教育专业课程的比重占总学时的三分之二，其中，实践教学比例占专业课时比重的 50%，顶岗实习累计总学时要达到一学年左右，高等职业院校学生实习实训时间不少于半年。二是加强实训基地建设。2002 年《国务院关于大力推进职业教育改革与发展的决定》指出"改善教学条件，加强校内外实验实习基地建设。职业学校要加强与相关企事业单位的共建和合作，利用其设施、设备等条件开展实践教学。职业学校相对集中的地区应建设一批可共享的实验和训练基地"。2005 年《国务院关于大力发展职业教育的决定》再次提出"继续实施职业教育实训基地建设计划，在重点专业领域建成 2 000 个专业门类齐全、装备水平较高、优质资源共享的职业教育实训基地"。这为加强实践性教学提供了基础保障。

2. 积极探索理实一体化教学

2009 年《教育部关于制定中等职业学校教学计划的原则意见》指出中等职业学校"要在加强专业实践课程教学、完善专业实践课程体系的同时，积极探索专业理论课程与专业实践课程的一体化教学"。理实一体化教学是将理论教学与实践教学融合为一体的教学方式，其目的在于使理论教学与实践教学交替进行，以便学生能够较好地理解理论知识，并指导实践操作，从而提高实践动手能力。

（六）小结

通过上述分析，我们发现：21 世纪以来，随着经济社会发展对技术技能人才素质要求的提高，职业教育课程改革方针由"以服务为宗旨，就业为导向"，转向了"服务发展，促进就业"。国家在政策上提出职业教育课程要注重全面提高学生的综合素质，课程设置同时兼顾经济社会发展和学生全面发展的需要。职业教育课程在关注社会价值的同时，也兼顾个体价值，除了提高受教育者的职业能力，为经济社会培养所需的技术技能人才之外，也开始注重培养受教育者的职业意识、职业态度等职业素养，关注受教育者的职业适应能力、创新能力、继续学习能力的发展，以促进受教育者全面、和谐、可

持续发展。但是，通过对职业教育课程政策的分析，我们仍可以发现当前我国职业教育课程政策的一些不足之处，主要体现在：

首先，在课程政策中职业教育课程的个体价值体现不足。尽管职业教育课程的个体价值在课程政策中有所体现，并在课程目标和课程设置的政策导向上给予了一定程度的关注，但是如何实现课程的个体价值，在课程的政策上缺乏引导。今后需要积极地朝这一方向引导：一是在职业教育课程的设计上，应以促进受教育者的全面发展为出发点；二是在课程目标和课程实施过程中应更关注受教育者个性化和主体性的发展，使职业教育课程的个体价值能够更好地体现。

其次，职业教育课程的人文价值在课程政策中未得以充分的体现。职业教育课程的人文价值是指职业教育课程要全面考虑受教育者人文素养的发展。人文素养是指"以人的综合发展为目标，追求'真'、'善'、'美'，关注人们的生存价值"。在职业教育课程政策的引导下，当前职业教育课程更多地体现为培养受教育者职业技能或职业素养的意义，而将人的内在品质放在了次要的位置。在经济社会快速发展的今天，关注和培养人的全面发展已是各级各类教育的根本任务。因此，职业教育课程在关注受教育者职业角色培养的同时，也应该关注人文素养的培养。职业教育课程政策应积极地引导职业教育课程在设计时，更多地关注受教育者人文素养的发展。

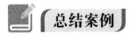 **总结案例**

当代世界职业教育课程改革的趋势

任何事物都是在不断地改革与发展中前进的，职业教育课程也是如此。影响职业教育课程的因素大致可以分为外因与内因两大部分：外因主要是指社会经济的发展、科技的进步、文化的变迁等；内因是指心理学教育学领域的新进展、新教学方法与教学手段的采用、职业教育体系的完善程度、职业学校设施、师资水平等。其中，对职业教育课程影响最大的是社会经济与科技的发展。

（一）指导思想的多元化

影响职业教育课程设置主要有三个因素：知识、社会、个人。三者相应地形成三种职业教育课程指导思想：知识本位的指导思想、能力本位的指导思想、人格本位的指导思想。

知识本位的教育课程观，强调知识的系统性与完整性。虽然有一定的道理，但却不能用来指导职业教育课程设置，因为它的出发点与职业教育的定位不一致。能力本位的职业教育指导思想是对知识本位职业教育指导思想的一种否定，它的出发点是社会需求，满足工商业等用人部门对人才的需求，它要求把工作岗位的职业资格与职业教育机构的培养目标结构联结起来，并用能力分析表的方法把岗位所需能力一一分解，而后按照这个能力分析表来进行职业技术教育。它更多的是追求能力的培养，而非知识的传授；知识的传授是为能力服务的。由于它更多地关注个体生存所必须具有的劳动技能，而忽略了人类品质、内在精神的培养，忽略了对作为社会中的人的更广泛、更深层次的理解，只看到了人作为劳动力的功能，而忽略了人本身的角色，因而具有工具主义的倾向。教育的任务不仅仅是要培养一个劳动者，还要培养一个社会中的人，教育的功能之一就是要使他能够承担起这个社会的角色。能力本位则对人的发展、人的自我完善不够重视，尽管提出了综合能力观等新的观念，但其出发点决定着它所谓"人的发展"的完善不过是职业教育对社会所需人才类型的一种新的变化，若从教育是造就一个全面发展的人这一点来看，它的局限性是很明显的。近年来，人们对能力本位的研究增多，认为它对于职业培训是有益、有效的，但对于正规的职业教育而言未免有些狭隘。

针对能力本位导向的职业课程思想的不足，有的学者主张职业教育要培养完整的"人格"，提出"人格本位"导向的职业教育课程指导思想。它是以完善劳动者个体人格、提高劳动者个体素质为目的，认为职业教育所培养的学生不仅应具有必备的知识与技能，而且还必须具有健康的职业心理和职业伦理，能把市场经济条件下的失业视为常态，面对新知识、新技术含量的急剧增加与变化，用终身化的教育思想，积极生存与发展的精神和自主创业的意识，去对待和迎接现实的和未来的职业生涯。

经过以上的分析，我们可以看出，随着职业教育的发展，人们对职业教育认识的深入，对职业教育有了更多的了解。各种课程模式都有优势和不足之处，必须多元整合，不同类型的职业教育课程模式之间相互借鉴，互相吸收优点，在社会、个人、知识三者之间坚持辩证统一，这样才能更好地指导职业教育的实践。

（二）结构的模块化

影响职业教育课程结构模块化的主要因素有以下两个。

1. 不断增加课程内容

随着科学技术加速向前发展，人类知识积累总量正在以每几年翻一番的速度增加，社会工作岗位的内涵也在不断地发生着变化，大量的教学内容涌进职业教育课程视野，如技术、环境、企业管理、创业教育、创新教育、信息教育、休闲等。这些新增加的内容对于已有的课程结构造成了极大的冲击。在这种情况下，学校要保证教育质量，就必须开发出相对稳定的课程，以便于学校组织力量实施。如何才能在保证课程稳定的前提下及时添加或删除课程内容呢？课程内容模块化结构的引入解决了这个问题。

模块课程模式具有很强的开放性，十分有利于学校课程改革更新，可及时删减陈旧重复的内容，吸取最新科技成果，调整课程重心，保持课程的最佳适用性。模块化结构把课程内容划分成若干个模块，用这些模块的不同组合来满足不同的教学需要。当新内容加入时，只不过是增加了一个课程模块，而不会对职业教育课程的整体产生重大影响，从而有利于保证职业教育课程的稳定与高质量实施。专业课程模块由于目标明确，内容短小，也便于灵活组合成适合新需要的课程。变化比较小的基础课程模块也得以保持其课程内容的系统性、完整性与稳定性。

2. 个性化教学的必然

在教育过程中，学生的主体地位日益受到重视，以学生为中心来组织课程已成为课程发展的必然趋势。一方面，模块化的课程结构灵活，可采用不同的学习方式，在时间上也可以集中进行。在职人员也可以随时返回学校选择自己工作所需要的课程模块进行学习。另一方面，电脑与网络技术在教学中的运用，给传统的教学带来了革命性的变化，使个性化教学成为可能。学生可根据自己的认知能力水平、兴趣爱好、时间等来选择受教育的方式与途径，选择学习进度。

（三）技术前瞻化

在当今时代，教育过程本身所带有的滞后性变得更加突出，如何使教育跟上社会发展的步伐是整个教育系统所面临的难题。毕业生不仅要面对现实，还要展望未来。职业教育需要从发展的角度来开发课程，使课程具有一定的前瞻性，不仅着眼于学生当前的需求，还要考虑到未来的需求。课程内容完全受社会当前需要制约，社会需要就增设或保留，社会不需要就删去。这是与整个社会就业大环境的变化紧密相连的。由于职业岗位的流动性加强，人们已不可能一辈子从事某一种职业，那种在学校里仅仅培养针对一种工作岗位的能力已不能满足受教育者的需求，职业教育必须为学生在今后顺利地进行职业更换做准备。学校不但应使学生在职业生涯阶梯上稳定地迈出第一步，而且，应使其能继续发展，以获得更大成功，也就是说学校应着眼于学生的整个职业生涯。随着终身教育体系的完善，学生可以在不同的人生阶段随时入学。为了做到这一点，在职业准备教育阶段要考虑为继续学习打好基础，做好知识与技能方面的准备。职业教育课程会越来越重视基础学科的系统性，加强基本技能的训练，重视学习方法的传授。培养学生思考问题、解决问题的能力，以利于不同阶段教育的衔接。

（四）课程国际化

国际化犹如一股潮流在全球涌动，它的影响渗透到各个方面，职业教育课程也被卷入这股洪流中。职业教育课程融入国际化的趋势主要表现在两个方面。

1. 职业教育课程在国际范围内日渐趋同

国际上职业教育信息的便利交流，使各国在职业教育课程上的某些做法被其他国家所借鉴，并根据各国国情加以"本土化"，使之更加适应本国国情。随着国际交往的日益频繁，国与国之间在职业教育课程上的做法将会趋同，但由于国情的不同，又会保持本国特色。如当前的能力本位课程模式，世界上许多国家都引进了这种课程模式，但不同国家的能力本位课程模式又不完全一致。

2. 国际性课程出现

网络技术的发展不仅使各国内部不同职业学校之间的课程交流得到了进一步的发展，也使不同国家不同职业学校之间的职业教育课程交流成为可能。目前，已经出现了新式课堂——全球课堂（Globe Class），处于世界不同地方的学生通过互联网在一起上课。随着职业教育专业建设的需要，国际合作及教育资源的优化组合，跨国界的职业课程将进入我们的视野，成为职业教育课程的有机组成部分。

（五）国家干预加强化

世界职业教育课程发展的经验表明国家对职业教育课程的干预将会越来越大，这是历史的必然，国家对职业教育课程的干预主要体现在以下几方面。

1. 国家立法

要求社会各方参与职业教育课程的建设与实施。较普通教育而言，职业教育对教育资源的要求更多。这需要以立法的形式要求国家加大对职业教育的投资，要求企业与学校的实训进行配合，协调与监管社会各方面参与到职业教育课程建设中去。

2. 国家在参与课程编制与实施的机构之间建立起沟通桥梁

社会用人单位参与到职业教育课程的编制与实施中已是必然的趋势，那么，如何在职业教育机构与社会用人单位之间建立一条沟通途径，把社会对人才的需求及时反馈到职业教育课程中来，日益成为一个重要的课题。目前是各个学校自行其是，主动进行社会需求调查：为课程编制与实施获取必要的信息，这种单方面的行动显然是力不从心。为社会培养人才不只是职业学校的事，也是整个社会的事，为了更有效地在职业教育与社会需求之间进行沟通与交流，及时传递各种必要的信息，国家有义务在参与课程编制与实施的机构之间建立桥梁，创设条件使各种交流更加有效，更好地促进职业教育的发展。同时，这样的机构也便于国际上同类组织的交往，这对于一个日益国际化的世界来说是必不可少的。

3. 国家颁布课程标准

质量是职业教育的生命线。为了保证职业教育的质量，国家制定了某一行业的课程标准，对每一行业提出了较为一致的要求，形成国家层次上的课程框架。这一课程框架的实施与推广则分权到各个地方，使其根据自己的实际情况具体实施。国家最终通过职业资格证书考试的形式，对各地的教育质量加以控制。

总之，周围环境在变化，职业教育课程也在不断变化，这是一个渐进的持续不断的过程。正是由于这种革新变化，职业教育课程才具有生命力，才能跟上时代的发展步伐。职业教育课程的发展趋势是——改革不息，发展不止。

课后思考

1. 请简述改革开放以来不同时期职业教育课程政策的内容，并分析我国职业教育课程政策的发展变化及其原因。

2. 试论述当前世界职业教育课程政策的改革趋势。

单元三 我国职业教育课程建设历程与典型模式

培训目标

◆ 能够分析我国职业教育课程建设的发展历程

◆ 能够说明5种典型的职业教育课程模式的基本特征

◆ 比较分析5种典型的职业教育课程模式的异同

导入案例

德国双元制下的教学模式在中国的困境

两次世界大战重创德国经济和社会发展，德国作为战败国，在一片废墟中能够快速崛起，职业教育功不可没，高素质的劳工队伍是德国经济发展的强力支柱，这已经是国际社会公认的定论。

德国双元制教育是一种国家安排下的教育制度，双元制教育模式的成功成为德国经济腾飞的秘密武器，德国能够在战后用了不到50年的时间发展成世界第四大经济体，双元制教育居功至伟。

双元制教育模式是德国职业教育的重要特征，双元培养是在国家法律的规定制度的安排下实施的。学生的学习分为两大部分，学校一元，企业一元，企业招生，校企联合培养，学校执行教学大纲，企业执行培养条例，教学大纲和培养条例是国家制定的，学校和企业都是职业教育的执行层面，校企双元主体培养，重在企业。

中国从1984年开始引进德国双元制教育模式，在全国许多职业院校试点实践，天津中德应用技术大学更是中德两国政府牵头合作的试点院校。但双元制在中国30余年的实践，一直未能找到一个普适性的落地方案，双元制在德国实行得很好，为什么到中国就水土不服了呢？关键原因在于：

1. 教育立法不同

德国双元制模式是法律安排，双元主体育人由法律强制保障，不存在"学校热、企业冷"的问题。中国职业教育校企双元育人没有法律的强制保障，企业参与办学是利益驱动的，在劳动力供应充足时代，企业是没有育人意愿的。

2. 校企双方主体地位不同

德国双元制与我国职业教育比较，最大的区别在于德国的双元制教育中，企业是主导性的办学主体，掌握办学主动权，尤其是在招生上：选择双元制教育的学生必须在取得中学毕业证后，通过劳动部门和个人选择一家企业，由企业面试招收学徒后，在行会的监督下按照法律规定签订学徒培训合同。学徒得到培训资格后，由企业选择职业学校，将学徒送到学校登记，获得理论学习资格。对于具备资质的大企业，比如西门子，企业内部有自己独立的培训场所，对于中小企业，可以先将学徒送到培训中心，然后几个企业联合将所有学徒送到某一个指定的学校。

3. 学生身份不同

学生本质上是学徒，是以企业的学徒身份，进入学校开始学习的学生。但是，学生在毕业后，有自由选择企业就业的权利。

4. 办学主体不同

双元制教育模式，企业一元，学校一元，从表面上看是双主体办学，但无论是从招生，学生在校企学习时间的比例，还是主导权等方面来看，企业都在双元制教育模式中占据主导的位置。企业在双元制教育中有办学资格。这有别于我国的职业教育，即便是深度融合的校企合作也无法摆脱学校的主导地位。我国的企业不具备招生权，更遑论办学资格。

分析：任何一种成功的模式都有适合其成长的土壤，离开了具体条件，不加鉴别地生搬硬套注定不会成功。这就是为什么德国双元制在中国难以落地的原因。

我国传统的职业教育课程模式深受普通教育的影响，缺乏职业教育的特色，主要体现在：一是在课程结构上，实行"文化课、专业基础课、专业课"三段式课程结构，致使学生接触职业世界较晚，不能理解自己所学与未来所从事的职业的关系，不利于学生职业能力的形成。二是课程设置以学科课程为主体，关注的是学生知识体系的建构，强调的是知识体系自身的完整性、系统性，尽管学科课程有利于教师组织教学，有利于学生学科知识的掌握，但却缺乏与工作世界的联系，不利于学生对技术知识和工作过程知识的掌握，而这两类知识却是职业教育内容的核心。为了改变这种状况，建构具有职业教育特色的课程体系，自改革开放以来我国在职业教育的课程建设上进行了大量的实践探索，为构建具有中国特色的职业教育模式奠定了坚实的基础。

一、我国职业教育课程建设的发展历史

回顾职业教育课程建设走过的四十年的历程，可以划分为三个阶段，即"拿来主义"阶段、"国外经验，本土化探索"阶段和"借鉴国外经验的基础上，创建中国特色"阶段。各个阶段之间并没有明显的时间分水岭，而是相互交错的。

（一）"拿来主义"阶段（20 世纪 80 年代初期至 90 年代初期）

改革开放初期，职业教育得到迅速的恢复与发展，但所采用的课程模式仍然是计划经济体制下的传统的课程体系，与市场经济对技术人才的素质要求有较大的差距。为了满足经济社会发展的需要，就必须重新审视过去的模式，并在此基础之上进行改革，这就迫切需要先进经验和示范模式的指导。20 世纪 80 年代初期，我国教育界和经济界首先对具有国际影响力的德国双元制产生了浓厚的兴趣，并开始引进德国职业教育经验、进行改革传统职教模式的探索和典型试验。20 世纪 80 年代末，随着对外交流的不断深入，国人开始把目光投向更加广泛的国际社会，并且把发达国家各具特色的先进的职业教育模式陆续引入国内，如加拿大的 CBE、国际劳工组织的 MES 等，并在职业院校进行了程度不同的典型试验。

在最初的学习国外经验的过程中，基本上采取的是"拿来主义"的原则。比较典型的是：从 1983 年开始，中国与德国在技术合作的框架内建立的 30 余个冠以双元制模式的企业培训中心或职业学校，这些职业教育机构进行的基本上是"原型"模式的改革试验。在该类改革模式中，德方提供实验经费、教学设备、教学文件，并派遣专家；中方则按照德国的培训条例、教学计划和课程方案开展教学活动，其教学组织形式及教学方法也基本上采用引进的德国原型。这可称为"原型"的典型试验。尽管它与德国双元制模式的真正原型仍有区别（最突出的一点在于德国的实训教学完全由企业承担，这在我国却无法实现，我们的实训的基本立足点仍在学校内），但在课程模式、教学内容、教学方式与方法等方面基本上采用了原型模式。原型模式的改革探索对教师的素质和教学条件的要求很高，因此，其改革经验很难在国内其他职业院校推广，尽管如此，原型模式中的某些元素，如注重学生职业能力的培养、关注企业的需求等对我国职业教育课程领域的改革产生了深刻的影响。

（二）"国外经验，本土化探索"阶段（20 世纪 80 年代末—90 年代末）

为了在更广的范围内学习国外的先进经验，推进职业教育的改革进程，我国的职业

教育理论界和实践界开始了"国外经验，本土化的探索"历程。例如：20世纪90年代教育部职业技术教育中心研究所、上海职业技术教育研究所和辽宁职业技术教育研究所在部分城市的中等职业学校开展的机械类、电类、农业类及工商管理类的借鉴德国双元制经验的典型试验；20世纪90年代各职业院校开展的CBE课程模式的试验以及20世纪90年代末中国职业技术教育学会培训部推行的英国BTEC（Business & Technology Education Council）课程模式的试验等均属于这一类型。该类型的实践探索关注的是如何使国外经验的核心精神，如校企合作、能力本位在中国的土壤上生长，注重根据中国的实际对原型经验进行本土化的改造。在该类模式的探索中，国外先进经验的核心理念在课程模式的改革中均有不同程度的体现，如模块化的课程、综合性的课程等对中国本土化课程模式的构建产生了深刻的影响。

（三）"借鉴与创新"相结合阶段（20世纪90年代中后期以来）

随着职业教育课程改革实践的丰富与职业教育课程理论研究的深入，20世纪90年代中后期以来，我国职业教育课程模式的构建进入"借鉴国外经验的基础上，创建中国特色"的阶段。如：20世纪90年代由蒋乃平提出的"宽基础，活模块"课程模式，21世纪初由上海市推行的"项目课程"，以及在借鉴德国学习领域课程的基础上创建的工作过程系统化课程模式等均属于这一类型。这类模式的主要特征是在广泛吸收国际先进经验的基础上，创建符合中国实际的自主模式，为建构具有中国特色的职业教育模式奠定了坚实的基础。

二、改革开放以来国内课程开发的重要理论与实践探索

改革开放后，我国许多职业教育专业课程事实上只是普通教育专业学科内容的简化，然后添加部分实践课程，形成了传统的学科式课程模式。20世纪90年代中期以来，我国职业教育课程模式的构建开始尝试职业分析导向、能力本位课程模式的实践，为建构具有中国特色的职业教育课程模式奠定了基础。

（一）"三段式"课程的开发

"三段式"课程模式将课程分为基础课、专业基础课、专业课三类，或分为公共基础课、专业基础课、专业课和专业方向课四类，是一种学科系统化的课程。其特点是文化、专业理论与实践课程并列，重视文化基础知识，实践课单独设课，文化课、专业理论课、专业实践课各自系统化，先学理论，再学实践。其优点是学科逻辑性、系统性很强，有利于学习者建构知识体系。其缺点是教学以间接经验为主，某种程度上加深了学科间的分离，不利于分析解决实际问题，无法满足对技术技能型人才培养的要求，是我国职业教育发展初期存在的课程模式。

（二）"宽基础、活模块"课程模式

"宽基础、活模块"课程模式是在借鉴双元制、CBE、MES等发达国家经验的基础

上，结合我国国情和职业教育的实际研发的课程模式。该课程模式由"宽基础"和"活模块"两段构成。第一阶段为"宽基础"阶段，即教学内容不针对具体岗位，而是集合了一群相关专业所需的知识和技能，为今后的转岗和继续学习奠定基础；第二阶段称为"活模块"阶段，是在学生选好模块后，进行就业岗位针对性训练，强调以"问题为中心"的课程综合化。

(三) 多元整合课程模式

多元整合课程模式是华东师大黄克孝教授在对现有各种课程模式进行比较分析的基础上，试图"集各家所长，整合成一个最优化的课程模式"。其操作构想是：采取模块化的组合形式、阶段化的进程安排，实现个性化的学习。多元整合的现代职教课程观以培养综合职业能力为目标，实施课程内容综合化，把传统学科式的基础课、专业基础课、专业课改造成适应职业教育特点的"基础、定向、专长"的三段式课程。实施以学生为主体的弹性学习制度，让学生在一定程度上可以灵活选择课程。

(四) 职业能力系统化课程

就业导向的职业能力系统化课程及其开发方法（VOCSCUM）是 2004 年由北京联合大学高林、鲍洁和时任科学出版社编辑的许远等人牵头开展的教学改革课题的研究成果。在遵循能力为本的理念下，以培养技术技能型人才为目标，以任务驱动和行动导向设计课程；在教学过程中，注重以技术技能为基础的经验性知识和工作过程性知识的学习。在能力培养上，分为职业专门技术能力和职业关键能力。其课程结构分为宏观专业课程、中观链式课程和微观单元课程三个层次。

(五) 实践导向的项目课程开发

受国外有关课程改革思想的启示，在对我国传统职业教育课程模式反思的基础上，有学者提出职业教育课程的逻辑核心应当是工作实践，应从工作结构而不是学科结构中获得职业教育课程结构，而技术知识的实践性决定了职业教育课程必须以实践为中心，从而提出建立实践导向的职业教育课程。

项目课程是"以工作任务为课程设置与内容选择的参照点，以项目为单位组织内容并以项目活动为主要学习方式的课程模式"。在设计上解构了传统的学科课程模式，在理论层面上有效探索了目标、组织与实施等问题。但该模式的实施需要较高的环境要求，一是需要高素质复合型的师资队伍和较好的实训教学条件，二是要求学校与企业之间密切合作。因此，难以进行大范围的试验与推广。

(六) 工作过程系统化课程探索

21 世纪初，我国开始把以工作过程为导向的课程系统引入职业教育领域。2003 年，教育部等部委联合启动"技能型紧缺人才培养培训工程"，首次提出"工作过程系统化"的概念。自 2007 年 6 月，教育部多次组织示范校教师赴德国学习培训，结合示范校的课程改革，开始了对基于工作过程课程开发的研究与探索。

工作过程系统化的课程吸收了模块课程的灵活性、项目课程的一体化优点，并力图实现从经验层面向策略层面能力的发展，关注如何在满足社会需求的同时重视学生的个性需要，以及如何在就业导向的目标下实现人的可持续发展，进而探索职业教育的本质属性等问题。

三、我国职业教育课程建设中涌现的五种典型模式

在我国近 30 年的课程改革实践中，产生了丰富多彩且各具特色的课程模式与课程方案，其中对我国职业教育课程建设产生较大影响的主要有以下几种。

（一）借鉴德国"双元制"经验，进行综合课程体系的实践探索

20 世纪 80 年代中期开始，我国在不同层面上进行了多种形式的借鉴德国职业教育经验，改革传统职教模式的探索和典型试验，主要有三种类型：

一是中国与德国在技术合作的框架内建立的冠以双元制模式的企业培训中心或职业学校所开展的双元制模式的典型试验；二是在教育部和地方政府的支持下，由苏州、无锡、常州、沈阳、芜湖、沙市（现为沙市区）等六个城市开展的区域性的借鉴双元制经验的探索；三是在三个职业教育研究所[①]指导下，由多所职业学校开展的借鉴德国双元制经验的典型试验。

在上述三类典型试验中，无论是从试验规模，还是从试验效果看，影响最大的是由三个职业教育研究所指导开展的典型试验。该典型试验从 1993 年开始，直至 2000 年结束，其主要成果体现在以下四个方面：与企业合作共同确立了以职业能力为导向的培养目标，加宽了专业学习面，增强了学生的适应能力，并强化了环保意识和关键能力的培养；打破了原有学科体系，精减了课程门类，围绕培养目标设置综合化的课程；确立了"职业基础培训、专业培训、职业岗位培训"新的三段式课程结构；引入了以学生为中心的教学方法，对以讲授法为核心的传统教学进行了改革。

该典型试验尽管对促进我国职业教育课程领域的改革产生了深远的影响，但要在中国推广双元制课程也有较大困难，体现在：一是师资队伍难以适应，教师习惯传授式的理论教学，缺乏运用灵活多样的教学方法组织教学的经验，难以接受打破学科体系的课程模式；教师职业实践经验较少，实践能力欠缺。二是强化实践能力培养必须加强实践教学，在普遍缺乏企业支持的情况下解决教学设备设施投入问题成为一个巨大的挑战，包括建立可行的产教结合和资源共享的模式。三是教学辅助材料和媒体缺乏是阻碍采用新教学模式的另一障碍。

（二）借鉴 CBE 课程模式，进行模块化课程体系的探索

20 世纪 90 年代加拿大的 CBE 模式被引入我国，它的课程模式的理念及其开发方法

---

① 1991 年，德国政府通过德国技术合作公司，支持中国政府建立了三个职业教育研究机构，即教育部职业教育中心研究所、上海职业技术教育研究所和辽宁职业技术教育研究所。三个研究所的核心任务之一是借鉴德国职业教育经验，促进中国职业教育的改革。

迅速被我国职教界所接受，并在全国多个省份的职业院校进行了改革实验。其中以 20 世纪 90 年代上海市借鉴 CBE 课程模式进行的名为"10181 工程"的课程改革影响较大。CBE 以其对"工作任务胜任力"的突出强调，以及从工作岗位能力需要出发开发课程的特有思想，对职业教育发展产生了很大的影响。特别是该模式的课程开发方法对我国职业教育课程建设的影响较大。

CBE 的课程模式是以职业分析为基础，目的是识别出从事某一岗位工作所需要的知识、技能、能力，从而为职业教育的课程建构提供客观基础，其结果就是著名的 DACUM 表。这种课程开发方法在很大程度上改善了职业教育内容脱离生产实际的问题，这也是该模式在我国得以迅速推广的原因所在。但这种方法本身也存在明显的弱点：一是把劳动科学中的工作活动分析简单地移植到了课程开发中的工作分析中，使得对职业教育具有重要意义的工作的内在联系，在课程开发的工作分析的过程中消失了。在职业分析过程中，将所观察的工作行为分解为具体的能力点，而这种由单项能力组合成综合能力的研究方式，忽视了人类劳动的整体特性和经验成分；二是缺乏职业教育课程内容组合方式的理论依据，致使人们在具体的实践中，虽然运用职业分析的方法，确定了某种职业岗位所需知识与技能，但对这些内容进行组合时，由于没有相应的对这些知识与技能进行序列化的标准，又导致人们按学科体系对这些内容进行组合，这也是为什么在我国大规模的 CBE 教学改革的实践中，按照 DACUM 方法进行的课程开发，几乎没有见到教学设计的成功案例。[①] 尽管如此，通过借鉴 CBE 课程模式的改革，职业院校的教师接受"职业教育应以培养学生的职业能力为核心，而这一目标的实现必须打破传统的学科课程体系，构建体现职业教育特色的模块化的课程"的基本理念。这为进一步推进我国职业教育课程改革奠定了基础。

（三）借鉴德国学习领域课程模式，进行工作过程系统化课程模式的探索

学习领域是 20 世纪 90 年代德国职教界为扭转传统的"双元制"的"一元"——职业学校教育与"另一元"——企业的职业培训相脱离，偏离职业实践和滞后科技发展，根据新时期行业、企业对技术工人提出的新要求所开发的跨学科的综合课程方案。1996 年德国各州文教部长联席会建议以"学习领域"取代在职业学校中实施多年的以分科为基础的课程，其目的是使"双元制"的一元——职业学校的教学与双元制的另一元——企业的职业培训更好地协调合作，培养满足企业需要的高素质技术工人。随后，在德国各州开展了广泛的"学习领域"典型实验，并在几年试点实验的基础上于 2003 年在德国全面推开，成为德国"双元制"中的职业学校一元的新的课程模式。

学习领域课程于 21 世纪初被介绍到中国，并对中国 21 世纪以来职业教育的课程改革产生了深远影响，特别是自 2006 年国家开始进行高职示范校建设以来，借鉴德国学习领域课程经验，探索工作过程系统化课程模式就成为中国课程改革的主要模式。与传统的专业系统化课程相比，工作过程系统化课程模式具有自身的基本特征，主要体现在：

---

① 徐涵．关于我国职业教育课程改革的思考［J］．职业技术教育，2005（31）．

1. 强调培养学生的建构或参与建构工作世界的能力

20世纪80年代以前，企业基本上采取的是传统的科学管理模式，在这种管理模式下的企业具有严格的多层的管理机制，技术工人只需按照上级的指令完成工作任务即可，因此传统的职业教育注重培养学生对企业、对工作岗位的适应能力。但随着现代企业制度的发展，企业的管理模式呈现扁平式的发展趋势，许多过去由中层管理者承担的任务下放至基层，成为技术工人的业务范畴，同时，由于技术的发展，许多领域的工作需要跨专业领域的技术工人共同合作完成，这就对技术工人提出了更高的素质要求，仅有适应工作世界的能力是远远不够的，还必须具有一定的解决现场问题的能力、合作能力、创新精神和社会责任感等。

因此，工作过程系统化课程不仅培养学生适应工作世界的能力，更重要的是强调从经济的、社会的和生态的负责的角度培养学生具有参与或共同参与建构工作世界的能力，也就是一定的创新能力，以适应技术发展和企业劳动组织方式变革。

2. 以典型工作任务为依据，设置课程

把通过"典型工作任务分析"确定的"典型工作任务"作为学习的科目，并按照从新手成长为专家的能力成长规律，把教学内容归为以下四大学习范畴：

一是入门和概括性知识，主要阐释该职业的主要工作内容是什么。该学习范畴主要是帮助学生建立与职业任务之间的联系，要让学生尽早地知道他的职业的工作内容是什么；能够获得定向和概括性的知识，以便能够在本职业中快速成长，并使过去的经验和知识职业化。

二是关联性知识，主要是指揭示事物的相关性知识。该学习范畴主要是帮助学生系统地理解工作任务，促进学生建立一个整体化的职业概念，揭示为什么事物是这样联系而不是那样联系的。

三是具体知识和功能性知识，一方面指的是关于总体技术系统的效果和功能原理的系统化知识，另一方面指某些设备及其部件中的零件和特别的工作过程的具体知识和特殊知识。该学习范畴主要是帮助学生完善系统能力，主要阐明为什么具体的工作是这样的，它是怎样运作的。

四是以经验为基础的专业系统化知识，主要包括用来解决相类似问题的知识、对问题发展的预先判断、高水平的专业理论知识和实践能力以及前期工作经验积累的直觉等。该学习范畴主要是发展学生解决无法预知问题的能力，阐明如何专业系统化地解释事物和解决具体问题。

3. 工作过程系统化课程方案的实施是以行动为导向的[①]

工作过程系统化课程的教学目标及教学内容要求教学的实施必须以行动为导向，因为只有在行动中，在工作过程中学生才能有效地获取工作过程知识，获得建构或参与建构工作世界的能力。以行动为导向的教学不仅重视教学的目的，而且更加重视教学的过

---

① 徐涵. 学习领域课程方案的基本特征［J］. 教育发展研究，2008（3）：71.

程，它所要达到的教学目标是培养学生的职业行动能力。行动导向的教学具有两个显著的特征：

一是强调行动的完整性。行动导向教学不仅仅指在行动中进行教学，更重要的是在一种完整的、综合的行动中进行思考与学习，也就是说要按照"信息、计划、决策、实施、检查、评估"完整的行动方式来进行教学。

二是体现学生的主体性。在行动导向教学中，从信息的收集、计划的制订、方案的选择、目标的实施、信息的反馈到成果的评估，学生参与整个过程的每个环节，成为学习活动中的主人。

（四）"宽基础、活模块"课程模式的探索

"宽基础、活模块"课程模式是在借鉴双元制、CBE、MES等发达国家职业教育经验的基础上，结合我国国情和职业教育实际研发的具有中国特色的职业教育课程模式。该模式以终身教育思想为指导，强调为学生的发展打基础，使学生具有继续学习的能力、职业转换和职业适应能力。该模式强调不仅要培养学生的专业能力，而且重视对学生的方法能力和社会能力的培养；该模式认为所培养的学生应是生产一线的中级技术人员，同时具备继续学习的基础，使学生适应技术进步和职业变换的需要。其主要特点为：

一是"宽基础"面向职业群。强调所学内容并不针对某一特定工种，而是集合了一群相关职业所必备的知识和技能，并以这些知识和技能为载体，注重在一个职业群中转岗、晋升的基础，注重通用职业技能的训练。"宽基础"由四大板块，即德育文化类板块、工具类板块、社会能力类板块和职业群专业类板块组成。德育文化类板块由德育、数学、语文等科目组成；工具类板块指外语和计算机两科；社会能力类板块由公关能力训练和职业指导与创业教育两门课程所构成，通过这两门课程的实施希望能够提高学生的社会能力；职业群专业类板块是由一组针对一个职业群必备的专业基础知识和技能的模块构成，是毕业生在一个职业群中就业、转岗和晋升的基础。

二是"活模块"面向工作岗位。侧重强化从业能力，强调以就业为导向，注重针对性、实用性，追求教学内容与职业资格对应。学习内容既考虑就业方向，也注重学生个性，更着重对应职业标准的强化训练，强调以"问题为中心"的课程综合化。

"宽基础、活模块"两阶式的课程结构在一定程度上解决了传统职业教育专业覆盖面窄、适应性差的问题。但是，在"宽基础、活模块"的课程模式中，教学内容的结构和建构方式并没有发生根本性的改变。职业学校的教育教学过程与企业的真实生产经营过程之间的联系很少被考虑到。我们只要仔细分析"宽基础、活模块"的课程模式就会发现，该模式是把传统的各类课程归类于不同的模块之中，而具体课程的主体内容仍然是按照学科的知识体系构建的，课程改革的核心问题，如依据什么选择教学内容、所选择的教学内容按照什么标准和方式进行组合等没有得到根本解决。

（五）项目课程的实践探索

项目课程是我国学者徐国庆于21世纪初期，针对职业教育课程存在的理论与实践

分离、课程内容学问化等一系列问题，在项目教学的基础上，借鉴国际先进职业教育理念而提出的基于工作任务的课程模式，是目前我国职业教育典型的课程模式之一。该模式在上海、江苏、浙江等经济发达地区得以广泛推广与运用。

项目课程中的"项目"指的是有结构的项目，即具有相对独立性的客观存在的工作任务模块。因此，项目课程是指以工作任务为中心选择、组织课程内容，并以完成工作任务为主要学习方式的课程模式，其目的在于加强课程内容与工作之间的相关性，整合理论与实践，提高学生职业能力培养的效率。[①] 项目课程具有以下基本特征：

1. 以工作任务为参照系，跨学科设置课程

学科课程是以学科边界划分课程，课程门类的划分是以知识之间的区分为边界，并且按照知识本身的逻辑关系组织课程内容。而项目课程是按照工作任务的相关性进行课程设置，课程门类的划分则是以工作任务之间的区分为边界，并以工作任务为中心选择和组织内容的课程。

2. 以典型产品或服务为载体整合理论和实践教学内容

项目课程以典型产品或服务为载体使工作任务具体化，通过完成典型产品或服务学习相关的理论知识和实践技能，这种课程设计的思路，不仅可以增强学生对教学内容的直观感，而且可以通过所获得的"结果"来增强学生的成就动机。

3. 推行项目教学法

推行行动导向教学，以学生为主体的项目教学法、案例教学法等成为实施项目课程的主要教学方法。

 **总结案例**

新职业主义与新的"项目课程"理论
对职业教育课程改革的影响

20世纪70年代以来，面对世界社会政治、经济和文化的急剧变化，"新职业主义"作为一种教育理念，极大地促进了世界先进国家职业教育的发展。进入21世纪，尤其是进入以智能化为代表的第四次工业革命的兴起，对工作世界中的职业内容和要求产生变化与挑战，促使职业教育的课程面临新一轮的改革。

美国学者盖力（L. Gale）和波尔（G. Pol）在《能力：定义与理论框架》一书中提出："能力是与职位或工作角色联系在一起的。胜任一定工作角色所必需的知识、技能、判断力、态度和价值观的整合就是能力。"这一观点辩证地将个体的一般素质与具体工作情境联系起来。新职业主义认同这种能力整合的观点，强调个人的经验与具体工作情景的联系，提出任何教学活动都应该在有意义的"情境"中进行。新职业主义强调普通教育和职业教育的融合与交流，强调需扩大学生毕业时的就业宽度，为学生的持续发展

[①]　徐国庆．基于工作任务的职业教育项目课程研究［J］．职业技术教育，2005（22）．

奠定基础。新职业主义的核心理论框架包括：整合学术教育和职业教育的内容、强调核心技能的培养、提倡情境教学、加强职业教育与企业界的合作等。新职业主义时代特征下，随着技术革新和全球化竞争的激烈加剧，工作领域出现了一些新的变化趋势，如工作中知识含量比重增长，工作不断增加高技能劳动力需求，职业分工出现两极化，小批量、柔性化生产方式促使工作生产组织内部发生变化，等等。职业教育要顺应这些时代变化与挑战，特别是在职业教育课程开发过程中，注意整合理论与实践教学、增强任务的系统性，在职业能力中渗透职业素养，根据职业变化确定课程目标和内容以及按照模块形式组合课程。

新职业主义倡导尊重"人的价值"，认为在职业教育中应该重视对劳动者智慧的启发，使之成为全面发展的人。他们认为，职业教育不能完全按照雇主的要求和劳动力市场的需求来办学，否则会"误入歧途"，因为雇主往往会因为利益的驱动而使学生过早定岗实习以减少成本，职业教育局限于职业技能的培训会漠视劳动者可持续发展的需求。基于此，应该将劳动者培养成全面发展的、智力型的技术工人，既要帮助学生具有获取自己喜爱、专业性生产行业职位的技能，又具有满足终身学习需要的学术水准，以顺利实现工作岗位转换与可持续发展的能力。新职业主义对我国职业教育的启示主要有以下几点：一是建立利益相关者的利益平衡机制，增强职业教育发展的持久动力；二是超越"基于工作过程"的课程模式，增强学生全面发展的可能性；三是采用体验反思型的教学方式，增强学生自主学习的能力。

那么，支撑智能化时代职业教育课程理论的核心概念是什么？我们面临一些选择，比如上面所使用的"工作过程系统化"，还有一个重要选择是"项目"。相比之下，"项目"是一个更加合适的概念：一是相对"工作过程系统化"，"项目"这一概念不仅包含了工作任务的连续性这一性质，同时它还包含了工作任务的整体性这一性质。连续性是在同一平面发生的，而整体性既包括了同一平面的整体性，也包含了不同平面之间的整体性。"工作过程系统化"这一概念无法支持我们对更加复杂的任务进行立体式分析，"项目"这一概念则完全可以。二是"项目"这一概念可以支撑智能化时代对任务进行拆分的基本原则，即以实际项目为边界对任务进行拆分，而"工作过程系统化"这一概念则不具备这一功能，它只是告诉了我们职业教育的课程设计要考虑任务之间的关联。然而不管智能化时代工作任务具有何种程度的整体性，要根据任务设计职业教育课程，建立人才培养的循序渐进过程，就必须坚持任务分析这一技术。

因此，我们可以把适合智能化时代的职业教育课程模式称为项目课程。这种项目课程已超越了过去10年对职业教育项目课程的定位。以往只是把项目课程定位在为了实施做中学教学模式而建立的一种职业教育课程模式，而现在所讨论的项目课程，是基于智能化时代任务的项目化特征的一种职业教育课程模式，这种课程模式不仅要求在实施性课程体系设计这个环节充分运用项目载体，而且要求在职业教育课程开发的源头，即工作任务与职业能力分析这个环节便充分考虑任务的项目化特征，并以这一概念为任务与能力分析技术的核心支撑框架。

在当前，如果不对任务进行项目化定位，是无法真正界定清楚许多职业能力的具体水平的。比如汽车发动机维修这一任务，如果不界定出维修的具体项目，只是笼统地描述"能维修汽车发动机",如何能描述出不同水平维修能力的具体差距？这里产生了两个容易混淆的概念,即作为实施性课程设计载体的项目与任务分析阶段的项目。这是目前许多教师在开发项目课程时所遇到的最大困惑的根源。事实上,任务分析阶段的项目并非真正的项目,它仍然是任务,只不过它是具有项目性质的任务。它与作为载体的项目的本质区别在于,后者是完全可实施的,其目标与内容极为具体和明确,而具有项目性质的任务仍然只是对岗位职责的一种概括化描述。区分这两个概念,不仅仅是为了在课程开发中不要产生内容的混淆,更是提示我们,尽管这两个层面都有项目概念,然而职业教育课程开发中必须明确区分这两个过程,即对岗位的任务与能力的分析与基于分析结果的课程设计,如果缺少前一阶段,后一阶段的设计便完全丧失了依据,这并非职业教育所追求的项目课程,这种项目课程还很可能导致职业教育教学过程的随意性。

因此,职业教育项目课程这一概念提出的背景应归纳为两个方面:一是智能化时代工作任务的性质的变化;二是实现做中学教学模式的需要。只有从这两个方面综合考虑,才能全面理解职业教育项目课程内涵的三个方面。

1. 项目课程是以任务和项目的有机结合为设计框架的课程模式

它既不是对学科课程的教学法改造,也不是直接依据项目开发的课程,而是基于项目化任务的一种课程模式。这种课程模式开发过程的核心技术环节是确定任务与项目的具体结合方式,不同专业的具体课程形式是任务与项目这两个概念结合的结果,结合程度不同,会使职业教育课程呈现出不同形态。

2. 项目课程是基于理论与实践一体化的课程模式

项目课程也不能理解为理论知识学习全部结束后,为了训练学生的实践能力而开发的一种课程,而是以任务和项目这两个关键要素为核心逻辑纽带所开发的职业教育课程体系。在这种课程体系中,很可能还存在纯粹理论课程,但这种理论课程是为了完善项目课程学习的需要而设置的,而不是像传统的学科课程体系那样,把理论课程作为整个课程体系的出发点。以项目和任务为整个课程体系的逻辑纽带,必然意味着课程设计的理论与实践一体化。

3. 项目课程是以做中学为基本学习方式的课程模式

项目课程主张以典型产品或服务为载体进行教学,但这只是项目课程的表现形式,在理解项目课程的本质时我们更要充分理解作为其理论基础的"做中学",否则很可能有了"做"却没有"学"。"做中学"的"做"不仅仅是为了训练学生技能,更是期望通过"做"发展学生具有综合性质的职业能力,这意味着项目课程把"做"与"学"、"理论"与"实践"的关系颠倒了过来。传统教学模式是先让学生进行知识积累,然后通过应用所积累的知识形成能力;而"做中学"是让各种学习要素在"做"的过程中发生,"做"成了学的手段,而不是学的结果。

分析:"工作任务"是职业教育课程理论的核心概念。从今天的观点来看,我们不仅要借助这一关键性概念进行职业教育课程开发,还要探索不同技术条件与生产组织方式下任务的具体形式,这样才能对职业教育课程有更为深刻的认识,从而开发出更加合适的课程体系。技术条件与生产组织方式会影响到员工的工作模式,而工作模式是决定任务含义的关键性因素,深化对智能化时代人们的工作模式的研究,继而阐明工作任务的具体性质及其结构，是未来职业教育课程理论研究的重要课题。

资料来源：徐国庆. 从任务到项目：职业教育课程模式发展的逻辑 [J]. 机械职业教育，2016 (3).

课后思考

1. 试分析我国职业教育课程建设的发展历程。
2. 介绍五种典型模式的基本特征，比较分析五种课程模式的异同。

单元四　我国职业教育课程建设的成就与建议

▶ 培训目标

◆ 能够阐释我国改革开放以来职业教育课程建设取得的主要成就

◆ 能够分析职业教育课程建设中存在的主要问题

◆ 能够提出如何推动职业教育课程建设的具体建议

导入案例

课程教材开发以什么为准？

前些年，某出版社组织了一次高职旅游管理专业教材开发会，有10余所职业院校的旅游院校负责人和教师参加。会议请来了旅游管理专业教学标准制定的专家来解读教育部门新颁布的专业教学标准，并阐述了8门核心课程的确定原则、课程主要内容等。与会人员对专家的介绍表示赞许，于是出版社胡编辑提议大家按照8门核心课程的主要内容来开发教材，并请大家畅所欲言，发表意见。老师们的话匣子一打开，各种各样的观点就产生了碰撞：

来自南京某国家示范性职业院校的张老师（旅游系主任）说，我们学校旅游专业建设水平很高，专业教学标准中规定的内容太简单了，如果按照这样的要求编教材，本校将无法使用。

来自山西某职业院校旅游系刘老师说，我们学校旅游专业招生量很大，但是我们现在课程改革还没到那一步，实际教学中还是采用学科式教学为主，专业教学标准中规定的那些课程我们师资条件达不到，如果那样编教材，老师胜任不了，也用不了书。

来自广西某职业院校的王老师发言提到，我们学校依托著名旅游城市，每年招生数量很大。但专业教学标准中提到的某些职业资格证书在我们那里学生考不了，而且我们的校企合作做得很好，希望把广西的有关特色内容纳入。所以如果要按照专业教学标准来开发教材，本校老师也不想参加教材编写。

其他老师也都一一发言，有的老师提出自己在旅游系教学这么多年，第一次听说"专业教学标准"和"国家职业分类大典"，也没见过这些规定的文本，并且表示教材编写要考虑学校的实际情况，最好是开发符合各校实际情况的校本教材。

出版社的胡编辑很郁闷，这几乎要让他希望按照专业教学标准编写核心课程教材的原定方案落空。如果你是胡编辑，该怎么办？应该如何去说服这些老师呢？

分析：这说明，几年前广大职业院校的教师对国家职业分类大典、国家职业技能标准、专业教学标准的认知程度还不高。原因是当年国家职业教育教学标准还处于起步探索阶段，质量有待提高。经过多年持续建设，我国职业教育领域基本形成了由专业目录、专业教学标准、课程教学标准、顶岗实习标准、专业仪器设备装备规范5个部分构成的国家教学标准体系。具有中国特色、比较系统的职业教育国家教学标准体系框架现已基本形成。尤其是《教育部关于职业院校专业人才培养方案制订与实施工作的指导意见》（教职成〔2019〕13号）中明确规定"专业教学标准是开展专业教学的基本文件，是明确培养目标、组织实施教学、规范教学管理的基本依据"。可见专业教学标准是职业院校专业教学的起点要求，按照其中规定的专业核心课程来开发教材的思路是正确的。

改革开放以来，大力发展职业教育已经成为国家战略，在这一背景下，职业教育课程建设成为推动职业教育发展的核心任务之一。改革开放40多年来，在国家课程政策的引导下，各地各级职业院校进行了大量的改革实践与探索，旨在建立基于职业能力培养的课程体系，提高职业教育人才培养质量。

一、我国职业教育课程改革的主要成就

（一）颁布了国家专业教学标准

专业教学标准是开展专业教学的基本文件，是明确培养目标与规格、组织实施教学、规范教学管理、加强专业建设、开发教材和学习资源的基本依据，是评估教育教学质量的主要标尺，同时也是社会用人单位选用职业院校毕业生的重要参考。

长期以来，我国在职业教育专业教学方面一直没有国家统一的标准要求，致使职业院校在实施专业教学中无标准可循，人才培养水平参差不齐，难以很好地满足经济社会发展对技术技能人才的需求。近年来，人们逐渐认识到专业教学标准在人才培养中的重要意义。教育部于2010年和2012年先后启动了高等职业学校专业教学标准和中等职业学校专业教学标准的建设工作，委托行业职业教育教学指导委员会（以下简称行指委）组织开发国家专业教学标准，并于2012年12月发布了首批涉及18个专业大类410个高等职业学校专业的教学标准，2014年5月颁布了涉及14个专业大类95个中等职业学校专业的教学标准。国家专业教学标准的颁布与实施改变了多年来职业院校专业教学没有国家标准的现状，对于加强职业院校专业建设和课程建设、全面提高职业教育质量具有重要意义。

国家专业教学标准在专业名称、专业代码、招生对象、学制与学历、就业面向、培养目标与规格、职业证书、课程体系与核心课程、专业办学基本条件和教学建议以及继

续专业学习深造建议等方面提出了具体要求，为职业院校的人才培养工作提供了基本依据。国家专业教学标准具有三个显著的特点：

一是构建以培养职业能力为目标的课程体系。专业教学标准要求遵循技术技能人才的成长规律，以职业分析为依据，对接职业标准，突破学科化体系框架，合理设置课程，强化专业课程的实践性和职业性。

二是倡导以学生为主体的教学方式方法。专业教学标准推行基于企业工作实际的项目教学、案例教学、场景教学、模拟教学等教学模式，倡导启发式、探究式、讨论式、参与式教学，加强"教、学、做"一体化，促进知识与技能相结合、理论与实践相统一。

三是促进中高职衔接和技术技能人才系统培养。专业教学标准一方面注重中等和高等职业教育在培养目标、专业内涵、教学内容等方面的延续与衔接，另一方面明确本专业毕业生继续学习的方式和接受更高层次教育的专业面向，促进中高职衔接和学生继续学习通道的建立。

（二）初步形成了能力本位的课程体系

从我国目前的职业教育课程建设趋势看，课程体系正逐步从传统的学科本位向能力本位转变，注重对学生综合职业能力的培养。

从实践情况看，各地区及中、高等职业院校都在积极进行基于职业能力培养的课程改革，并结合本地区及学校的实际情况探索具有区域特点和学校特色的课程体系。如：上海市提出构建以能力为本位、以职业实践为主线、以项目课程为主体的模块化的专业课程体系；浙江省提出优化选择性课程体系，课程体系由核心课程模块（公共必修课程和专业必修课程）和自选课程模块（限定选修课程和自由选修课程）组成，为学生提供可自主选择的多样化课程方案；四川省提出构建以就业为导向、以能力为本位，突出职业综合能力培养的专业课程体系；等等。很多职业院校在课程改革的实践中也形成了自身的特色，如：武汉船舶职业技术学院提出校企共建基于岗位基本能力、岗位核心能力、职业素质能力的模块化课程体系；上海市大众工业学校数控技术应用专业基于职业岗位群的分层，构建了三个层次技能人才培养的课程体系，即岗位就业技能人才、复合型技能人才和专业特长技能人才的课程体系；等等。各职业院校在课程体系改革上，突出以能力为本位，体现出以工作过程为导向、以模块化为形式、与职业技能等级证书（职业资格证书）相融通等特点。

（三）行业企业在课程改革中的作用初步得以显现

从目前的课程建设实践看，行业企业人员参与课程开发的方式主要有以下几种：

一是参与职业院校人才培养方案的论证。这是目前我国行业企业参与课程开发最普遍的一种形式。目前，在许多职业院校仍然由学校专业教师来开发人才培养方案，行业企业人员并不参与人才培养方案的具体开发过程。为使教师开发的人才培养方案能够体现行业企业的需求，学校通常的做法是在制定完成人才培养方案后，请部分行业企业人员根据行业企业需要对人才培养方案提出修改建议。

二是参与职业分析。职业分析是课程开发的关键环节之一，目前部分职业院校在课程改革过程中，邀请行业企业人员参与职业分析工作，为课程体系和课程内容的改革提供基本依据。如：重庆市旅游学校在开展行业调研的基础上，通过职业分析工作会，在课程专家引导下，采用头脑风暴法，各位行业专家结合自己所在酒店的岗位设置与任务分工，进行了工作岗位、工作领域、工作任务以及职业技能的分析，在广泛研讨的基础上达成共识，并从工作领域、工作任务、职业能力三个方面，详细制定出高星级饭店运营与管理专业的工作任务与职业能力分析表，并以此为依据确立了"酒店中餐服务""酒店西餐服务""酒店客房服务""酒店前厅服务""酒店服务礼仪""酒水知识与服务技能""茶艺与茶文化"等7门核心专业课程及其课程内容。

三是参与课程资源的开发与建设。在部分职业院校的课程改革过程中，行业企业人员不仅参加职业分析工作，还参与具体的课程资源开发，使课程内容更加贴近实际的工作需要。如：滨州职业学院在遵循"理论够用、突出技能"原则的基础上，与企业合作积极推进课程开发，学校会计专业先后与山东某会计师事务所、上海浦东发展银行等多家企业合作开发"审计实务""企业支付结算操作办法""票据技术操作""纳税申报技术""零售业营销技术""企业结算操作办法""会计电算化"等专业课程。

（四）推行以学生为主体的教学方法

在课程建设的实践中，职业院校都十分注重对教学方法进行改革，倡导从传统的以教师为主体的教学方式向以学生为主体的教学方式转变。以学生为主体的教学方式，一方面能够调动职业院校学生学习的积极性；另一方面，能够更好地将理论教学与实践教学相结合，更好地促进学生在专业能力、方法能力和社会能力等方面的提升。有调查研究表明：项目教学、案例教学、小组教学等以学生为主体的教学方法已成为部分职业院校教师开展教学的主要方法之一。[①]

（五）建立资源库，丰富课程资源

资源库是职业院校专业建设、课程改革及教材开发等方面的重要成果的体现形式，主要表现为课件、电子教案、教学案例、视频、动画、试题、学习软件等课程资源，能够起到优化课堂教学模式、提高教学效率、激发学生学习兴趣、提升教学质量等作用。

2003年教育部启动了高等职业教育国家精品课建设项目，截至2010年共立项建设1 022门国家精品课程；2010年教育部又启动了高等职业教育专业教学资源库建设项目，建设的主要内容是在示范高等职业院校专业建设与课程改革实践成果的基础上，选择数控技术等与国家产业规划及社会经济发展联系紧密、布点量大的50个左右的专业，建设代表国家水平、具有高等职业教育特色的标志性、共享型专业教学资源库，为高职院校的专业教学和学生的自主学习提供优质资源。

国家精品课程等国家级专业教学资源通过国家精品课程资源网面向全社会发布，省

---

① 徐涵. 工作过程导向的职业教育理论与实证研究 ［M］. 北京：商务印书馆，2013：201－212，207－208.

级精品课程等省级专业教学资源通过各省精品课程网站面向社会发布；有些校级精品课程也会通过学校的网络平台面向社会发布。各职业院校在课程改革中也都在积极进行资源库建设，旨在为课程的实施提供丰富的课程资源。如广州市工贸技术学院由专业教师和企业实践专家共同建设完成了与理实一体化课程相配套的视频、动画、课件、图片、试题库等一系列数字化教学资源；成都铁路卫生学校组建了由教学经验丰富的一线教师和临床经验丰富的护理人员共同参与的课程开发团队，开发建成了由虚拟实训教学软件、电子教案、试题库、行业标准、实训项目方案、教学案例、技能竞赛方案等组成的"护理专业公共资源"和"护理操作技术"精品课程教学资源库。学校资源库的建设，推进了学校教学质量的提高，主要体现在：一是为教师提供了优质的教学资源，教师可以针对不同的教学对象、教学目标，利用资源库中丰富的素材来进行教学；二是为学生提供了良好的学习资源，教学资源库为学生的自主学习、探究学习提供了可能，拓展了学生的学习时间和空间，并且满足了学生个性化学习的需要。

二、我国职业教育课程建设中存在的主要问题

（一）国家专业教学标准尚不完善

专业教学标准是对"培养什么人，怎样培养人"的基本要求。开发具有中国特色的职业教育专业教学标准，是提升职业教育质量的基本保障，对促进职业教育课程改革具有重要的指导意义。然而，目前国家专业教学标准尚不完善，主要体现在：一是国家专业教学标准尚不能覆盖所有的专业。二是目前我国的国家职业标准体系尚不完善，使得国家专业教学标准的制定缺乏依据。三是尽管国家颁布的《高等职业学校专业教学标准》和《中等职业学校专业教学标准》确立了培养学生的职业能力的目标，体现了突破学科体系、强化其职业性的特点，为职业院校的专业教学提供了基本指导，但在文本中却缺少核心专业课程的具体课程标准，未能为课程的实施提供具体的指导。四是还没有形成国家专业教学标准的制定与修订的有效机制。同时，与职业标准的联动开发还很不够，不能反映新职业、新业态的能力需求。

（二）公共基础课程改革滞后

传统上，中国的职业教育课程体系由公共基础课、专业基础课、专业课三部分组成。多年来，课程改革主要集中在专业基础课和专业课，尤其是专业课的改革上，对公共基础课的改革关注不够，主要体现在：一是许多职业院校只进行专业课和专业基础课的改革，公共基础课在学校课程改革的过程中被边缘化。二是部分职业院校不考虑公共基础课自身的特点与规律，片面地要求按照专业课程改革的方式对公共基础课进行所谓的项目化改造，但很多公共基础课的内容是没有办法改造成项目化课程的。为了完成课改任务，许多教师只在课程的形式上做文章，将原有学科课程中的章节改为项目课程中的项目和任务，而课程内容没有发生任何改变，致使公共基础课的改革流于形式。同时，也由于学校不考虑公共基础课程的自身特点，盲目要求教师对公共基础课程进行项

目化改造，教师对课程改革也产生抵触情绪。三是部分职业院校过度强调学生实践技能的培养，大幅压缩公共基础课的学时，致使教师和学生认为公共基础课无足轻重，削弱了公共基础课在人才培养中的地位与作用。

（三）行业企业参与课程开发的程度仍然有限

课程开发的质量始终影响着课程改革实施的效果。20 世纪 90 年代以前，我国的职业教育课程开发基本上沿用的是普通教育的学科课程的开发方法，所开发出来的课程通常远离工作世界，难以满足企业的需求。产生该问题的主要原因就在于行业企业没有参与职业院校的课程开发。21 世纪以来，虽然行业企业开始参与职业院校的课程开发，但参与程度仍然有限。相关研究表明[①]：尽管几乎所有的职业院校都表示，行业企业参与学校的课程开发，但参与程度却大不相同。除了少部分国家示范性职业院校外，绝大多数职业院校的课程开发仍然是以专业教师为主体，行业企业人员主要以参加专业建设指导委员会或课程建设委员会的形式，对学校制定的人才培养方案进行论证，提出修改建议；或者以行业企业专家的身份对教师开发的课程标准进行审定，提出修改意见。也就是说，行业企业人员并不直接参与具体的课程开发，只是对教师们开发的人才培养方案或课程标准提出修改建议。造成这种状况的原因有两点：一是职业学校很难请到行业企业人员来参加一周左右的课程开发工作会；二是职业学校经费不足，没有能力支付行业企业人员进行课程开发的费用。

（四）职业院校教师的素质不能满足课程改革的需要

任何课程改革最终都是通过教师实施的，因此职业院校教师素质的高低在很大程度上决定着课程改革的成效。尽管国家高度重视职业院校师资队伍的建设，实施职业院校教师素质提升计划，通过国家级和省级师资培训项目为职业院校教师提供了大量接受培训的机会，这些培训项目为教师们提供的培训内容主要集中在以下三个领域：一是现代职业教育理论方面的培训，如现代职业教育的基本特征、发达国家职业教育的先进经验、职业教育课程开发方法与技术、能力本位职业教育、行动导向教学技术与方法、课程资源的开发与建设等；二是专业领域的理论与技术方面的培训，主要培训专业领域的新技术、新方法，以及专业领域未来的发展趋势；三是企业实践培训，安排教师到企业进行为期 1～2 个月的企业实践，让教师了解企业的生产过程。尽管这些培训项目的实施在很大程度上提高了广大教师的理论素养和实践能力，但总体上职业院校教师的素质仍不能满足课程改革实践的需要，主要体现在以下几个方面：

首先，职业院校教师普遍缺乏行业企业背景，实践经验不足。相关研究表明[②]：职业院校教师的构成主体是高校毕业生，主要从普通高等学校毕业生中直接聘用，从行业企业引进的教师数量非常有限，多数职业院校仅有不到 10% 的教师具有行业企业背景。

其次，多数职业院校教师没有经过师范教育的训练，缺乏必要的教育学、心理学知

---

①②　徐涵. 山西省职业能力建设调研报告［R］. 太原，2014：6－7，12.

识。主要体现在：一是缺乏开展教育实验方面的基本素养，在课程改革中的实验研究阶段，许多教师及基层实践工作者并没有掌握教育实验研究的基本方法、步骤及所需控制的因素[①]，从而影响课程改革的深入实施。这主要是因为职业学校教师在职前教育阶段没有接受过这方面的训练与教育。二是缺乏课程开发与教学设计能力。多数教师没有掌握课程开发的技术与方法，很难根据专业教学的需要，开发具有教育意义的学习情境或教学项目。相关研究也表明：职业院校教师认为自身最应该提升的能力排在前三位的是教学情境设计能力、解决实际问题能力和教学方法的运用能力[②]。这表明教师最需要提升的能力是教学情境设计能力，也从另一个角度说明了教师的教学情境设计能力不足，而教学情境设计能力是课程开发能力的具体体现。

（五）职业院校的教学条件不能完全满足能力本位的课程实施

能力本位的课程实施需要相应的教学条件的支撑。21世纪以来国家和各级地方政府不断加大对职业教育的经费投入，但仍然不能满足课程改革的实际需要。相关研究显示：只有近30％的学生认为学校的实验实训设备和条件能完全满足或较好地满足教学的实际需要[③]。由此可见，目前学校仍需进一步加强教学条件和教学资源的建设，为能力本位课程的实施提供基本保障。

三、推进职业教育课程建设的建议

（一）进一步完善国家专业教学标准

专业教学标准是保证人才培养质量的纲领性教学文件，专业教学标准的实施，对于加强职业院校专业建设，推进职业教育课程与教学改革，创新人才培养模式，全面提高教育质量具有十分重要的意义。

首先，建立并完善统一的国家职业标准。目前我国只有部分职业开发了国家职业标准，而且更新缓慢，职业标准的许多内容已经陈旧、过时。因此，建议国家人力资源和社会保障部组织相关力量，开发并更新国家职业标准，为国家专业教学标准的制定与更新提供基本依据。

其次，研制与职业标准相对接的课程标准。课程标准是教师实施教学的基本依据。要实现职业教育课程内容与职业需求相适应，需要研制与职业标准相对接的课程标准。专业基础课程和核心专业课程属于国家确立的主导性、稳定性课程，应由国家委托行指委组织相关力量统一研制；对于具有行业特色、区域特色和学校特色的专业课程，可以由行业、地方和学校组织相关力量研制具有自身特色的课程标准。课程标准研制的主体应由利益相关方组成。

再次，完善国家专业教学标准的制定与修订的工作机制。建议成立国家层面的专业

---

① 叶肇芳. 关于职业教育课程改革的思考 [J]. 职教论坛，2001 (5)：10.
② 徐涵. 工作过程导向的职业教育理论与实证研究 [M]. 北京：商务印书馆，2013：201-212，207-208.
③ 徐涵. 广东省世界银行职业教育贷款项目受益人评估报告 [R]. 广州，2014.

教学标准开发指导委员会，负责对行指委的专业教学标准开发工作的指导、监督与管理，如制订统一的工作流程与规范，明确行业企业参加专业教学标准开发的具体责任、参与的方式及途径，编制专业教学标准开发的指导手册等，对行指委的开发行为进行引导与约束，以提高国家专业教学标准的权威性和科学性。同时，建立国家专业教学标准的修订完善机制。一是要根据中高等职业教育新增专业情况，开发新专业的国家专业教学标准；二是要根据技术发展水平以及职业标准的发展变化情况及时更新、修订国家专业教学标准。

（二）积极推进公共基础课改革

将公共基础课纳入职业教育课程改革的整体设计中，根据公共基础课的特点进行改革。公共基础课一方面承担着培养合格社会公民的任务，另一方面为学生的专业学习和职业生涯的发展提供准备。因此，公共基础课的改革可以从以下方面入手：一是要为所有学生成为合格的社会公民提供基本的文化素养教育课程模块；二是要根据专业学习的需要，为不同专业的学生设计体现专业特点的公共基础课模块，为专业课程的学习提供相关知识与基础；三是根据学生兴趣和发展的需要为学生提供多样化的可供选择的公共基础课模块，为学生的职业生涯发展和个性化发展提供支持。

（三）建立行业、企业参与的课程开发机制

课程开发是一项涉及政府、学校、行业、企业多方利益主体的复杂系统工程，能否成功运行，与能否建立与之相适应的长效课程开发机制有密切关系。目前中国职业教育课程开发主要以学校为主体，行业、企业参与课程开发的程度不足，而职业院校自身固有的局限性导致在课程开发的过程中难以有效把握行业、企业的相关需求。因此，建立行业、企业参与的课程开发机制已经成为职业教育课程改革的现实需要。

从国家层面，一是要出台支持政策进一步发挥行指委在职业教育课程开发和人才培养中的作用；二是要进一步完善行指委参与课程开发的工作机制，提高行业企业参与职业教育课程开发的程度。

从职业院校层面，可以从以下两方面入手：一是建立行业企业参与的课程开发团队。要实现职业教育的课程内容与职场对接，满足区域经济对技术技能人才的素质要求，职业院校需要在国家专业教学标准的基础上进行课程的二次开发。这就要组建由行业企业参与的课程开发团队，参与课程开发的行业企业人员应是来自生产一线的专家型的实践工作者，具有丰富的行业企业工作经验，了解企业的生产经营过程，这样才能明确界定职场的工作要求。在课程开发的不同阶段行业企业人员起着不同的作用，在职业分析阶段，行业企业人员应成为主体，这样才能保证职业分析结果的相对科学准确，为课程体系的建立提供科学的依据；在课程分析和教学分析阶段，行业企业人员应成为重要的合作者参与其中，帮助教师和课程专家将职业分析的结果转化为课程体系和课程内容。二是建立行业企业人员参与课程开发的工作机制。课程开发团队要建立定期沟通交流制度，解决课程建设过程中出现的各种问题，充分发挥行业、企业在课程开发、论证、评价等方面的重要作用；专业教师要加强与行业企业人员的合作，双方共同开发具

体的课程与教学资源；职业院校要为参与课程开发的行业企业人员提供必要的经济报酬。

（四）针对不同的教师群体提供有针对性的培训项目

教师是课程改革的主体，加强对教师的培训有利于课程改革的推进与实施。一是重点加强对专业带头人的培养。专业带头人负责专业的建设与发展，其素质的提高能带动整个团队的提升。专业带头人接受培训后，可以对本专业的教师进行再培训，带领本专业教师共同进行专业建设与课程开发，进而起到事半功倍的作用。二是为不同教师群体提供有针对性的培训。在培训内容上，针对不同类型的教师要提供有针对性的培训课程。例如对于有企业实践经验的教师要着重加强教学方法、教学设计以及教学研究方面的培训；针对缺乏职业实践的教师要着重加强职业技能、实践能力方面的培训。在培训方式上，要提供更多的参与式、体验式的培训，使教师在参与、体验的过程中提高能力与素质。例如聘请专家用参与式的培训方法进行关于课程开发技术、教学设计、教学研究等方面的培训，让教师在"做"的过程中掌握相关的技术与方法。三是加强教师团队的建设。加强教师之间的沟通、交流与合作，形成学习型教师团队，共同探讨课程改革中存在的具体问题，共同完善课程改革方案，共同开发课程与教学资源，实现教师之间经验共享，从而提高教师的整体水平。

（五）加强职业学校的教学条件建设

良好的办学条件是职业学校办学的重要保障，也是课程改革有效进行的物质基础。能力本位课程的实施需要与之相适应的教学条件作为保障。一是要建立理实一体化的专业教室。理实一体化教学已经成为实施能力本位课程的主要教学方式，这就要求学校对传统的教学场所进行改造与完善，建立一体化的专业教室，为理实一体化教学的实施提供物质保障。二是建立生产性实训基地或模拟仿真实训中心。通过校企合作的方式，引进企业资金，利用企业的先进设备与资源，校企共建实验室、实训基地；或者引企入校，校企共建生产车间以及大师工作室等多种形式的生产性实训基地，为学生提供尽可能真实的工作环境，使学生在学校就能体验到真实的职场氛围。

 **总结案例**

<h2 style="text-align:center">改革开放以来我国职业教育课程体系的
建构与发展趋势</h2>

职业教育的课程及其教学是在一个与学科体系有着本质区别的体系中运行的。改革开放以来，在职业教育各项基本建设推进的同时，课程建设历程开启，随着对内涵建设的重要意义的认识日益提升，课程建设也越来越受到重视，逐步探索具有区域特点、学校特色的课程体系。

（一）课程目标

1979 年，教育部《全日制中等专业学校工作条例》强调职业教育主要学习科学文化知识，提升文化素养。1985 年，《中共中央关于教育体制改革的决定》将职业教育的课程目标定位到注重职业技能的训练上。随着社会主义市场经济的深入发展和对外开放程度的提高，职业教育的课程目标呈现多样化趋势。21 世纪以来，国家在职业教育课程政策导向上越来越重视对学生的综合职业能力和素养的培育。国家在系列政策文件中逐步阐明：职业教育的课程目标要以培养学生的创新精神和实践能力为重点，全面培养学生的综合素质和职业能力，提高学生的就业和创业能力，并在关注职业学校学生的综合素质培养的同时，重视学生的个性化发展。

（二）课程内容

课程内容是课程的主体。教育部 1979 年《全日制中等专业学校工作条例》提出"学生要具有相当高中文化水平的基础上学习专业知识"，成为持续至今中等职业学校文化基础课程内容改革的底线。1998 年，石伟平在《职教课程内容开发研究》一文中提出课程内容开发这一表述，主要体现为课程内容的选择、确立、组织与评价等。姜大源认为，课程内容可分为陈述性知识和程序性知识两大类，并主张职业教育课程内容应以程序性知识为主，陈述性知识为辅。黄克孝提出课程内容必须适应当时、当地所属的特定行业、职业的要求。在课程内容的选择方面，蒋乃平建议从职业活动的需要和受教育者个人生存发展的需要的角度考虑课程内容选择。但"不论选择什么样的课程内容，它都必须构成严密的内在结构"。如何选择、组织并改造建立职业教育特色的课程等，成为我国职业教育实践长期致力于研究解决的问题。

针对我国职业教育课程内容存在的"重视原理，缺乏应用性""过于关注客观需要，忽视了人的发展"等问题，国家在政策上对职业学校的课程内容提出了新的要求，在多个文件中明确指出要推进职业学校专业课程内容和职业标准的衔接。2010 年《国家中长期教育改革与发展规划纲要（2010—2020 年）》指出"推进职业学校专业课程内容和职业标准相衔接"。2014 年《国务院关于加快发展现代职业教育的决定》首次提出要建立国家职业标准与专业教学标准联动开发机制，为课程内容与职业标准的衔接提供了制度上的保证。

（三）课程结构

课程结构是课程内部各要素、各成分、各部门之间合乎规律的组织形式。"它解决的主要问题是根据课程目标设计什么课程，如何设置这些课程等。"课程结构依据其决定主体，可划分为国家课程、地方课程和校本课程；依据学生能否选择，可划分为必修课程和选修课程；依据其表现形式，可划分为显性课程和隐性课程。

随着职业技术教育内涵的拓展，对课程概念和形式的理解也更加丰富。传统上，技术教育偏重于理论课程的学习；职业教育则以实践课程为主，强调生产实习。而随着高新技术的发展，技术创新与应用既需要职业教育课程又需要技术教育课程，职业技术教育的课程结构在不同时期、不同地区、不同层次乃至不同院校呈多元化发展的趋势。

（四）课程实施

课程实施是将选择并组织好的课程内容付诸实践的过程，也是课程建设过程中的重要一环。课程能否顺利有效地实施，与教师的课程实施能力的强弱直接相关。课程实施能力是教师在其课程实施中所表现出来的综合素质，不仅仅表现为教师的教学能力，还应包括教师对课程的认识、实践、创生和反思评价能力。

职业教育在培养对象、培养目标、培养内容、培养方式等方面存在着特殊性，使得职业教育课程实施问题变得更加复杂。课程实施主体包括了学校、企业、教师和学生；实施过程则涵盖教学组织安排、方法选择、教学情境设计和课程评价等；从实施中所涉及的因素来看，还受到观念、制度和环境等方面的影响。

（五）课程管理

课程管理既包括对课程编制、课程实施和课程评价等课程活动的管理，又包括对课程文件（如专业标准、课程标准）和课程资源（如专业教学设备、教材）的管理。我国实行的是三级课程管理体系，目前从我国课程管理体系发展现状来看，相关的制度体系建设尚不够健全；在管理体制上，课程管理的方式主要还是沿用传统的管理形式，以行政指令方式为主；在权责分工方面，各级管理机构与主体的权责义务也缺少明确的界定和规范。因此需要进一步推动课程管理的体制机制改革，创新课程管理方式等。

（六）课程评价

随着我国课程改革的逐步深入，政府和学界开始关注职业教育课程的质量保障问题。其一，在政策导向和制度建设上，2011年，《教育部关于充分发挥行业指导作用 推进职业教育改革发展的意见》要求"逐步建立以行业企业为主导的职业教育第三方评价机制"。2014年，《国务院关于加快发展现代职业教育的决定》提出"加强行业指导、评价和服务"。其二，在评价过程和标准建设方面，我国教育行政部门对职业院校的评价大多仅停留在专业评价上，对课程如何评价缺乏通盘考虑和安排，更没有进行专门的组织和规划。其三，在评价目标与实施方法上，我国职业教育课程评价活动大多采用的是校外专家评价模式，评价目的主要是评定绩效，缺乏对具体问题的诊断，难以有效提高课程质量，也不利于一线教师的参与评价或自我评价。因此，目前亟待研究开发真正符合课程评价层级的有职业教育特色的评价模式、实施策略与方法。

课后思考

1. 阐释我国改革开放以来职业教育课程建设取得的主要成就。

2. 分析当前职业教育课程建设中存在的主要问题，并提出如何推动职业教育课程建的具体建议。

模块二 职业教育课程开发

模块导读

本模块旨在使学习者了解职业教育课程开发的基本流程，能够运用相应的开发技术与方法进行职业教育的课程开发。本模块的主要内容包括：一是介绍了课程开发人员的构成及素质要求，阐释了课程开发的基本流程及每个步骤所要解决的问题；二是介绍了如何开展专业调研，开展专业调研的目的、调研的内容及具体的调研方法；三是介绍了如何开展职业分析，如何运用国家职业标准进行二次职业分析，确定职业能力标准；四是阐释了如何依据职业分析的结果，重构专业课程体系。

单元一 课程开发概述

培训目标

◆ 了解课程开发的主要流程
◆ 了解课程开发人员的构成及素质要求
◆ 能够说明课程开发的基本原则

导入案例

混乱的术语

小李是某高职院校教务处的管理人员。在实际工作中他经常听说各种各样与"课程"有关的术语，诸如课程编制、课程设计、课程设置、课程规划等，还经常和"课程开发"混同使用。小李实在是弄不懂这些概念的确切关系。

分析：为了更加科学严谨，兹将上述概念进行辨析和界定。

（1）课程设计与课程编制：二者基本同义，是对一门课程的目标、结构、教学内容和进程、组织形式及教材等要素进行设计和编制。二者的区别在于课程设计注重的是进程的设计，而课程编制注重的是所形成的设计结果，如课程方案（教学计划）、课程标准（教学大纲）和课程实施方案（教学进程表）等。

（2）课程规划与课程设置：课程规划一般特指课程开发的初期阶段，诸如拟订课程开发的工作计划，成立课程开发团队等。而课程设置则指具体的课程安排和各课程教学时数的设定。

（3）课程开发：除了包括课程目标、内容、活动、方法、资源以及媒介、环境、媒体、时间、人员、权限、程序、规范等各因素外，还应包括各因素之间的关系和交互作用，特别是包含了课程决策的互动和协商。因此课程开发的重点是强调课程产生和建构的过程性以及动态性。

一、课程开发

黄克孝认为，课程开发是设计课程工程的第一个领域，它是在一定的教育宗旨及其课程观指导下，系统完整地规划编制一个或一类课程的一连串作业过程。其任务是把社会发展的客观要求、知识增长的课程趋势、学生成长的客观需要转化为具有适当水准、适当内容且具有结构优化、功能优越的新课程。

钟启泉认为，所谓的课程开发是借助教育计划，对新课程进行研究、设置、实施和评价，以改进课程功能的活动的总称。亦即课程开发是新课程的编订、实施、检验、改进、再编制、再实施、再检验……这一连串过程的整体，类似于课程改革的概念。

张华指出，课程开发是决定课程的过程及其所依据的各种理念取向。

综上，课程开发是指产生一个完整的课程或产生一系列完整课程的过程。在《教育学大词典》中，课程开发指的是使课程功能适应文化、社会、科学及人际关系需求的持续不断的课程改进活动。可见课程开发是一种时间活动，是一个持续动态的建构新课程或改革原有课程的分析、规划、设计、实施和评价的实践活动的全过程。目前比较公认的课程开发概念，是指在一定课程观指导下，产生或构建一系列课程方案与课程文件的全过程，即包括课程调研分析、课程编制、课程设计、课程实施、课程评价等环节。

职业教育课程开发是指创制一个或一系列完整的职业教育课程的整个过程。在此过程中，课程开发者将比较抽象的教育方针、教育目的、培养目标、职业能力规格要求以及学生本人对学校或培训机构提出的教育或训练需求等转化为比较具体的、可操作的课程方案和课程文件，从而使教学工作者能够根据这种课程开发结果方便地设计教学策略，有计划、有步骤地实施和评价教学活动。由此可见，课程开发是整个职业教育过程系统中至关重要的环节。

在不同的职业教育培训管理体制和职业教育课程观指导下，职业教育课程开发的步骤、方法、参与者乃至结果形式均不相同，也就是说职业教育课程开发的模式是不一样的，而模式的不同有时会直接影响到课程的质量，继而影响到教育目的和目标的实现。

二、职业课程开发的基本要素

在实际工作中，课程开发主要指专业人才培养方案、教学标准（教学大纲）和教材的编写，是对专业人才培养方案、教学标准（教学大纲）和教材所应达到的目标、选择的内容、采取的结构、评价的标准进行的整体设计。一般来说，课程开发包括四个阶段：确定课程目标、选择课程内容、组织课程内容和实施课程评价。这是课程开发最常用的模式。决定或制约职业课程开发的三个基本要素是：社会需求、学科体系、个性发展。

（一）社会需求

社会需求是课程开发的前提，在课程开发中起着主导作用。社会需求体现了在一定的社会制度、政治制度、经济制度及与之相应的教育制度下教育的培养目标和任务。这是决定课程开发的最直接的因素。根据社会需求，将国家总的教育目的具体化为课程的教育目标、教学目标和相关的内容，是课程开发的首要任务。作为教育与经济的结合点、以培养生产和社会服务第一线的应用型人才为目标的职业教育培训，社会需求在课程开发中占有更重要的地位。职业课程要满足社会需求，主要表现为满足经济发展的需求、职业岗位能力和资格的需求等。

（二）学科体系

学科体系对与职业课程开发起着重要的制约和支撑作用。学科体系体现了人类的集体智慧，作为需要继承的文化遗产，它是人类历史经验的总和；作为不断发展的科学体系，它是人类最新成就的总和。学科体系具有逻辑严密、简约的特点，但并不一定符合学生的认知过程，也与职业活动的逻辑顺序不同。因此，职业课程的开发要根据需要，从中选择最需要的内容，并按照适当的体系（例如学科体系、工程技术体系、职业体系）去组织这些内容。

（三）个性发展

个性发展是课程开发的纽带，在课程开发中起着核心作用。一方面要根据同年龄段学生已有的经验及其思维特征，按照认知的心理顺序，培养个体社会活动的基本经验；另一方面也要根据学生不同的兴趣和需要，为不同个体能力的发展创造条件。

三、职业教育课程开发的基本模式

职业教育的发展与改革最终都会归结到课程的发展与改革。从课程论和教学论的角度考虑，建立职业教育培训的课程模式，必须正确处理以下几个关系：

第一，职业发展规律与职教发展规律的关系：主要指根据经济及社会发展的需求进行的职业分析与职业划分如何向专业设置、课程设置转换，实际的职业能力又如何向课程的教学目标、教学内容转换；

第二，教育普遍性与职教特殊性的关系：主要指如何紧密围绕职业教育的培养目标即应用型职业人才的培养来设计符合职教特点的具体的课程体系（包括课程的组织与结构），在这一过程中又如何遵循教育学、教育心理学的普遍规律；

第三，实践技能与理论知识的关系：主要指如何确定和优化技能课程与知识课程（包括普通文化课程）的比例关系，如何针对不同的职业在设计课程类型时综合考虑技能与知识、动作技能与心智技能的因果关系及其联系。

职业课程开发是指创制一个完整的职业课程的整个过程。在此过程中，课程开发者将比较抽象的教育方针、教育目的、培养目标、职业能力规格要求以及学生本人对学校或培训机构提出的教育或训练需求等转化为比较具体的、可操作的课程方案和课程文件，从而使教学工作者能够根据这种课程开发结果方便地设计教学策略，有计划、有步骤地实施和评价教学活动。由此可见，课程开发是整个教育过程系统中至关重要的环节。

在不同的职业教育培训管理体制和职业课程观指导下，职业课程开发的步骤、方法、参与者乃至结果形式均不相同，采用系统法，我们可以把职业课程开发这一系统分解为两个子系统。

第一个子系统（简称目标子系统）涉及课程目标与课程内容的选择、确定及其出发点和正确性，第二个子系统（简称实施子系统）则为课程内容与课程目标的组织、实施及其评价和改进。如果将两个领域中各自的问题进行分析、综合并按顺序排列，那么课程开发模式可以用两个相切圆（表示子系统）表示。如图 2-1 所示。

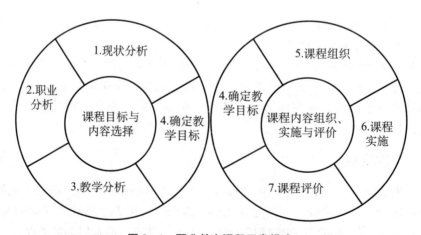

图 2-1　职业教育课程开发模式

（一）现状分析

现状分析主要由职业院校的教师负责实施，通过对某一专业对应的职业领域、岗位

（群）所需的技术技能型人才的调研数据进行梳理分析、取舍，明确专业定位、职业面向、培养目标以及培养规格。现状分析采用社会调查的方式，从定性分析的角度分析现状，即寻求社会对教育已取得的成就与同期望取得的成就之间的差异，以便在宏观上把握课程开发的方向和趋势。实际上是对课程目标的选择。

这一步需要做的事情是：一要确定社会需求，如劳动力市场条件、教育决策方向、专家意见；二要了解教学对象，如学生的学习需求、已有的教育基础、学习的兴趣特点；三要保障外部条件，如确保国家职业教育法及职业资格证书制度的严肃性，包括具体的学历资格以及相应的职业资格标准的确定，考核办法及证书的发放，职业课程与其他各类教育之间的相互衔接。其主导问题为：课程开发应该满足什么样的需求？课程应该针对哪些教育对象？怎样保证国家的认可并寻求国家或产业界的支持？

对社会需求进行调查，应涵盖以下几个方面：

1. 课程内容需求调查

一是了解经济发展的趋势和规划，把握产业结构调整所出现的新的职业及新的就业机会，如经济社会发展中出现的物业管理、金融证券、租赁保险、广告营销等；二是了解劳动生产结构的变化对原有职业岗位提出的需要改进的职业能力；三是了解新科技、新设备、新工艺和新材料的采用对劳动者提出的新的智能要求，如跨职业的通用技术和技能的应用、新技术的适应性。

课程内容需求的资料十分广泛，它们包括国家和地区的经济发展政策、教育发展战略、劳动力市场供求状况、各重要技术行业的职责、工作性质、工作内涵和工作条件等。收集这些资料的主要方法是调查和咨询。为保证调查工作顺利、有效地进行，各项调查须遵循一定的程式或步骤，如拟定调查大纲、落实调查对象、设计调查表格、实施调查、撰写调查报告等。对于收集到的各种资料，还必须评估其正确性、完整性和实用性，若发现所得资料不正确或不完整，则需要重新进行调查。

2. 课程现状分析研究

一是对课程的受益者即用人部门如产业、行业或企业界进行调查，了解学生的能力水平、所学内容在工作中的实用性以及对课程的意见；二是对课程的编制者和实施者即教育教学专家和教师进行调查，研究分析课程理论发展的情况以及教学和管理中存在的问题；三是对课程的使用者即学生进行调查，了解入学水平、愿意接受的学习方式、就业机会、今后再学习的可能性。

3. 课程数据收集整理

一是人口统计数据信息，如同年龄段就学和就业的情况；二是劳动力市场信息，如就业需求的变化趋势，急需人才的数量与种类，新出现的社会职业的数量，产业结构调整率；三是原有课程的反馈信息，如课程的改革面和开出率，毕业生的专业对口、专业大类对口以及整体就业率。

（二）职业分析

职业分析主要由来自行业企业生产一线的实践型专家、职业院校的骨干教师和专业带头人，在课程专家的指导下对某一专业对应的职业领域、岗位（群）的工作内容及要求进行陈述、整理和分类，确定工作任务及其职业能力要求。

这一步要采用系统工程中定量化系统分析的方式对职业工作进行分析，从定量分析的角度在微观上确定与课程开发有关的职业活动的内容。实际上是对课程内容范围的选择和界定。职业分析包括两个层次：

1. 职业专业分析

目的是确定专业划分、专业设置及专业培养目标。

职业教育培训一般偏重于按工作岗位的规范要求来设置各种专业或工种，如电气自动化、机械模具、工业会计、护士等，这与普通高等教育通常以学科为基础设置专业，如物理学、经济学、中医学等有所不同。我国教育行政部门、人力资源和社会保障部门一般提供一份专业目录，对各校的专业设置起一定的指导和协调作用，学校享有一定的专业设置权利。故而尽管政府部门与学校各自的出发点可能有所不同，但它们都关心如何根据国家宏观的经济、教育发展需要，学校微观的师资、设备等资源条件以及学生个人的职业理想、兴趣等需求决定专业设置。在此决策过程中，还应遵循诸如适应一定时期内社会经济体制、产业结构和职业结构的稳定和发展的需要，适应社会在客观实际中对专业的业务服务面"宽窄并存"的需要等原则。专业设置合理与否，直接影响到政府对职业教育培训的宏观投资效益，影响到毕业生的就业状况和岗位适应性等。因此，专业设置十分重要。同时，专业设置也是下一步对职业工作开展分析的重要前提。

2. 职业能力分析

即对专业所覆盖的职业岗位或岗位群的工作职责进行分析，以确定职业所需要的综合职业能力。

在决定专业设置后，着手进行职业能力分析，以便最终以此分析结果决定课程内容等。职业能力分析的工作由企事业各方面的专家，包括生产、服务或社会工作第一线的优秀劳动者或长期从事职业专业教育的教师共同完成。

（三）教学分析

教学分析的主要任务是把职业工作的能力要求与培养具备这些能力要求的学生的教学联系起来。简言之，教学分析是联系职业工作能力与教学要求的纽带。作为课程开发工作最重要的环节，教学分析要在综合能力与专项能力的基础上划分教学单元，即确定课程单元所需传授的专业知识、职业技能和劳动态度。其主导问题是：为获得职业必需的综合能力和专项能力，应该掌握由哪些基本的知识、技能和态度构成的课程内容？如何从教育教学的角度，即采用什么样的教学理论来归并、划分这内容并加以阐述？

首先要由课程开发人员，主要是有经验的专业教师和教育专家，将一系列的专项能力转化为教学单元（或模块），并将专项职业能力目标转化为教学目标，将相关的知识技能转化为具体的学习、训练内容。在转化中要提高概括性，同时减少重复，避免遗漏。每一教学单元应包括相应的知识、技能、态度及考核标准。转化的关键是对单元（或模块）的教学目标的描述。如前所述，单元（或模块）的教学目标是可操作性目标，应采用包括活动、条件、标准三要素的表达方式加以描述，尽量做到行为化，可观察，可测量。这将形成由一系列与职业专项能力相对应的教学单元（或模块）组成的教学目标与教学内容体系。

然后，将教学单元（或模块）按照专业目录规定的业务标准，科技进步及劳动方式优化提出的新的知识、技能和能力要求，学生个性发展和未来继续学习的必要准备，以及原有相同或相近专业的教学经验分为三类：第一类是基础性（共通性）的，包括普通文化和职业通用基础性的内容，如语言能力、计算能力、外语和计算机应用能力、职业道德等；第二类是职业专业基础性的，即同类专业通用的知识、技能，如专业基础理论与专业技能，以上两类多为具有可迁移性的内容；第三类是职业专业特殊性的，主要是针对职业专长要求的知识与技能。

教学分析还包括对教学对象（学生）和师资、设备等教学条件进行分析，从而确定教学策略。由于职业教育培训的教学对象在文化科学基础、工作经历、学习意向和学习兴趣等方面有较大差异，因而有必要对学生状况进行分析，以便使课程开发结果能够照顾到不同学生的实际情况，体现因材施教的原则。根据国内外职业课程改革的趋势，今后的职业课程计划将出现以下几个新的特点：

（1）更加体现因材施教的原则，教学计划中课程的设置、安排，乃至于教学制度将趋于弹性化、模块化，在统一毕业（修业）基本标准的前提下，更具有选择性，让具有不同兴趣、需要和学习能力的学生自主选择。

（2）教学计划除了反映理论与实践两大比例结构关系外，还应反映文化基础知识、专业技术基础知识、职业技能或能力、职业道德素养等方面的比例结构关系，以及必修课与选修课之间的比例关系等。

（3）在各科目的进程安排上遵守学习心理学原理，从而使某些不需要许多预备性基础知识便能十分容易掌握的专业知识、技能性科目适当地提前开设，以便增进学生的专业（工种）兴趣和感性认识，激发学习动机，并有助于促进理论与实践的结合。

（4）特定职业教育培训层次的教学计划必须考虑到与高一级层次与低一级层次的教学计划的衔接，从而减少不必要的重复学习。

（四）确定教学目标

这一步最重要的是教学目标的描述。教学目标的描述应与相应的职业资格的要求一致。这里的教学目标是指教学单元（或模块）的目标。这些教学目标是分层次和类别的，并且是可操作的目标，即必须描述可观察得到的学习终点行为，必须列举实现学习终点行为的条件，必须给定学习终点行为的评价标准。由各种层次和类别的目标组成的教学目标体系是课程组织和实施的基础。其主导问题为：通过课程可以实现什么目标？应该传授哪些知识（认知领域）、技能（动作技能领域）、态度（情感领域）？怎样使教学目标的描述既能突出重点并且规范？

到此为止，第一子系统基本上是采用分析方法的系统。从现在开始的第二子系统将对分析系统的结果进行综合。分析系统以教学目标及其所包括的所有教学内容为结果，综合系统以教学目标及其所包括的所有教学内容为导向。所以，在这里，教学目标是两个子系统的重合处，亦即分析圆的出口与综合圆的入口的切点。教学目标既是分析圆的输出，又是综合圆的输入。

课程编制将由入口开始一步步地实现，即解决现状与期望的差异，将期望通过实践转换为现实，并由实践检验。所以，联系两大子系统的纽带为学习目标的同一性。

（五）课程组织

包括课程结构开发、课程内容开发、课程方案制定、课程资源开发。

1. 课程结构开发

课程结构开发是在课程专家的指导下，骨干教师和专业带头人根据职业分析的结果，将工作任务转换成专业课程体系。如果来自企业的生产一线的专家型实践者能够共同参与更为理想。课程结构开发是针对整个专业的各门课程而言的，通过对课程内容排序，即将所有教学单元按其基础或通用、专业基础或职业通用、专业或职业专长的性质和功能，在整体结构上进行安排。对于职业培训教材，可以按照职业技能等级的高低、职业功能（典型工作任务）来设计课程结构，如果该培训课程已有相关的国家职业技能标准、行业企业评价规范、专项职业能力考核规范，可参照执行。对于职业学校的专业课程，则要确定本专业的公共基础课、专业基础课、专业核心课、专业拓展课安排等。如国家颁布了该专业的专业教学标准，可参照执行。

2. 课程内容开发

课程内容开发是在课程专家的指导下，骨干教师和专业带头人立足职业分析结果，明确科目课程教学目标，构建学习性任务，明确学习产出和评价标准，确定学习内容，形成具体科目的课程标准。

课程标准（教学大纲）是与教学计划配套的课程文件，它根据前面的职业分析、教学分析和课程设计的结果，根据各单元课程在教学计划中的地位和任务，以及各单元课程之间的相互联系而编制。教学大纲是编制教材、装备教学设施、配套师资、组织教学以及评价教学效果的依据。因此，教学大纲与教学计划一样是重要的课程文件，必须认真编制。

课程标准作为最基本的教学文件，编写要做到科学、规范，具有可操作性。这里要将组成课程的每一教学单元（或模块）的知识、技能和态度尽量按照相应的专项能力在实际职业工作中出现的频度、内容的难度和掌握的程度进行排序。关于课程标准的具体内容见本书模块三。

3. 课程方案制定

课程方案（即教学计划，是人才培养方案的部分）制定，就是要对各门课程及教学活动，按总体修业年限进行安排。课程方案可按照职业或专业编制。课程方案是进行职业教育和职业培训的重要课程文件。它一般要在总体上明确规定某一专业（职业）的招生对象、学习年限、培养目标、科目设置和各科目的时数分配等。课程方案能集中地反映出课程设计阶段所制定的各项课程原则，也反映出课程的类型、模式以及各科目之间具体的结构比例关系等。它为进一步编制教学大纲提供依据。正式的课程方案（教学计划）和课程标准（教学大纲）等文件要经权威的专家会议审议，修改后由主管部门审定批准方可实施。

4. 课程资源开发

教学资源开发是在课程专家的指导下，专业带头人带领专业教师依据科目课程标准，选择教材或开发校本教材及辅助教学资源。编写职业教育或职业培训教材是其中的核心工作。

教材包括以下四部分：第一，学生使用的教材，即通常意义上的教科书；第二，与之对应的教学参考书，习题集，实验、实习指导书；第三，与之配套的挂图、模型、标本、实物、实验工具及音像资料、计算机软件等；第四，教师自选或自编的补充读物或选修材料。

要实现教学大纲所规定的各项课程目标，教师与学生都离不开教材这一重要的教学内容载体。教材编写得好坏，会在很大程度上影响教学质量的高低。教材总是根据教学大纲编写的，其编写涉及教材内容的选择和组织两大问题。

（1）教材内容的选择。

首先要从工作岗位的实际需要出发，选择最基本的和最必需的内容，以培养学生的基本业务能力；其次，要选择一定的新知识、新工艺，反映科技发展的新趋势，以培养学生的适应与发展能力；再次，要注意让学生掌握科学的思维方法，以利于发展学生的智力；最后，通过选择某些内容培养学生严谨的工作作风、负责的职业态度和敏感的安全意识等。

（2）教材内容的组织。

教材内容选定后，应予以合理组织，以便学生学习。一般课程论认为，教材的组织方式有三种。

1）逻辑式，即按照知识的内在逻辑顺序或者职业活动的内在逻辑顺序组织内容。这是一种传统的组织方式。其优点是可使学生获得系统的知识，了解职业工作的全貌，还可培养学生整理知识的方法，其缺点在于以知识为本位，不顾及学习的难易，故较难适应学生的需要、兴趣和能力等。

2）心理式，它以学生的经验作为教材组织的出发点，逐渐扩大内容范围，使之适应学生的能力、经验和兴趣。这种以学习者为中心的组织方式的优点在于重视学生的经验和心理特点，便于学生学习，但其缺点是不重视学科、技术、职业本身的系统性，很难提供给学生系统的知识。

3）逻辑、心理交融式，它兼具前两种方式的特点，顾及学科体系、技术体系、职业体系与学习者两方面的需要和情况。因职业课程在培养目标、教学内容等方面的特殊性，其教材的编写适宜于采用逻辑、心理交融式。

（六）课程实施

课程实施是在课程专家的指导下，专业带头人带领专业教师按照课程的特点和要求，合理安排教学方法和考核评价方法，明确教学条件（如师资、教学设备和教学场所）和课程资源，这也是实现课程目标的关键。具体的课程实施主要是选择教学策略，更多地涉及教学论的问题。包括要对课堂教学、实验教学、技能实训、企业实习、作业练习所涉及的学生、教材、教具、设备、设施、教学地点等妥善地加以规划、组织、协调，制订相应的课时计划、设备使用计划以及教案等。课程实施可根据学生经验、教师水平、学科逻辑、心理顺序、教学方法、教学形式和教学手段的种类，采取与职业活动有关的学科的内在逻辑顺序或职业活动的自然顺序相结合的形式进行。其主导问题是：采取什么样的教学组织形式？传授专业知识和职业技能的正确方法是什么？是否有足够的教材、教具、工件、工位、材料、专业教室等？

（七）课程评价

课程评价指检查课程实施的结果和进程，检查课程内容与课程目标的同一性。课程评价的结果不仅取决于学生参加考试及评估的结果，而且取决于上述第一子系统，即课程目标与课程内容的选择、确定及其理由分析（分析圆），以及第二子系统，即课程目标与课程内容的组织、实施及其结果评价（综合圆）过程的正确与否。因此，课程需要不断进行改进。其主导问题是：课程结束后学生获得什么学习成果？导致学习成果产生缺陷的原因是课程设计、课程实施方式的问题，还是教学对象，即学生本身的问题？

上述七个方面和两大子系统的模式，比较规范地描述了课程开发和课程实施的整体现象。当然，这种模式并非十分完善，还有很多其他类型的课程开发模式。实际上这是一种以目标模式为主，吸收了过程模式和环境模式的长处的课程开发模式。在进行课程开发时，并不需要严格按七大步骤划分，可根据具体情况加以归并。

四、课程开发人员的构成及基本素质要求

（一）课程开发人员的构成

在课程开发的不同阶段，课程开发的主体有所不同。现状分析阶段以职业院校的专业教师为主体，行业企业人员参加；职业分析阶段以生产一线的专家型的实践者为主体，专业教师参与，课程专家伴随指导；教学分析阶段（包括课程结构开发、课程内容开发、教材开发及教学实施分析），以教学一线的专家型的教师为主体，生产一线的专家型的实践者参与，课程专家伴随指导。不同类型的开发人员在课程开发中的作用见表 2-1，供参考。

表 2－1　课程开发关键环节中开发人员的作用

程序	主体	过程	结果
现状分析	职业院校教师	对某一专业对应的职业领域、岗位（群）所需的技术技能人才的调研数据进行梳理分析、取舍	专业定位、培养目标、职业面向及人才培养规格
职业分析	行业企业生产一线的实践型专家、骨干专业教师、专业带头人、课程专家	对某一专业对应的职业领域、岗位（群）的工作内容及要求进行陈述、整理和分类	工作任务及其职业能力要求
课程结构开发	骨干专业教师、专业带头人、课程专家	立足职业分析结果，将工作任务模块转换成专业课程体系	专业课程体系
课程内容开发	专业骨干教师、专业带头人、课程专家	立足职业分析结果，明确科目课程教学目标，构建学习性任务，明确学习产出和评价标准，确定学习内容	科目课程标准
教学资源开发	专业带头人、专业教师、课程专家	依据科目课程标准，选择教材或开发校本教材和辅助教学资源	校本教材教学资源
教学实施分析	专业带头人、专业教师、课程专家	按照课程的特点和要求，合理安排教学方法和考核评价方法，明确教学条件（如师资、教学设备和教学场所）和课程资源	教学实施建议

（二）课程开发人员的基本素质要求

1. 生产一线的专家型实践者应具备的条件

● 具有丰富的职业经验，了解企业的不同部门，并参与过革新项目；

● 在工艺先进的工作岗位上工作，在灵活的劳动组织下工作；

● 其专业劳动的任务是完整的并不断地更新，有继续设计的可能性；

● 其专业劳动与他最初的培训有紧密的关系，并在他的职业领域里不断地接受继续教育；

● 能够从未来的和专业的角度描述、评价现实的专业劳动并能把包含在专业劳动中的职业工作任务系统化；

● 具有较好的语言表达能力、较强的责任心和团队合作精神。

2. 专业教师应具备的基本条件

● 接受过本专业或相关专业的系统学习（最好是本专业或相关专业的硕士毕业）；

● 从事本专业教学工作 5 年以上；

● 具有与本专业相关的实践工作经验，对企业的生产经营过程有一定的了解；

- 具有较好的语言表达能力、较强的责任心和团队合作精神。

3. 课程专家应具备的基本条件

- 熟悉工作过程系统化课程理论和能力本位课程理论；
- 掌握课程开发的技术、手段和方法；
- 具备主持人的基本素质。

五、课程开发的层次

按照课程开发的主体和对象来区分，可分为国家开发课程、地方开发课程、学校（或学校与企业）开发课程、教师开发课程，可分别简称为国家课程、地方课程、校本课程和师本课程。教师在备课中进行的课程二次开发可称为师本课程。

（1）国家课程，由国家教育主管部门主持、主导开发的课程。如我国高等教育和高职教育的政治理论和思想道德教育课程，常简称为"两课"，即为国家开发课程。

（2）地方课程，即由省、市地方政府教育主管部门组织开发的课程。

（3）校本课程，由学校组织的课程团队开发的、具有学校特色的课程。现在高职院校各自开发的职业课程多属于这类课程。

在现实课程开发中，上述三个层次是互相关联的，换言之，有的课程可以逐层逐级开发，可以自上而下开发，也可以自下而上开发。只有这样，才能不断地创新。职业院校的"双证课程"正处在全面创新发展的时期，应当鼓励、激励各个开发主体树立开发意识，以积极的心态，投入到课程开发的大潮中来。

 **总结案例**

美国的生涯与技术教育共同核心标准开发流程

在美国，生涯与技术教育共同核心标准（Common Career Technical Core，CCTC）是国家层面出台的指导职业教育教学的纲领性文件，CCTC标准由美国各州生涯与技术教育联盟主任协会和国家生涯与技术教育基金会（National Career Technical Education Foundation，NCTEF）于2012年6月共同颁布。

CCTC侧重于对"学习期望"的描述，是一套严格的、高质量的职业教育基准，各州可以自愿采用。CCTC并不是针对特定的职业技能，而是针对整个学习项目的期望而确定的，对学生在完成多学科的学习项目之后应该掌握的知识与技能以及具备的职业素养做出了规定，专注于可携带能力和核心能力的培养。

美国在CCTC标准开发过程中参与主体十分广泛，主要体现在能够开发在线网络调查工具、充分收集各工作组以及公众的反馈意见，具有较高的公众参与度，同时还有相应的软件平台开发公司提供标准开发过程中的技术支持（见图2-2）。

CCTC主要内容包括12条生涯准备实践（类似于我国的职业核心能力要求，作为各个专业集群的一个通用能力标准，其是CCTC中单独设立的一个文件，在内容上涉及知

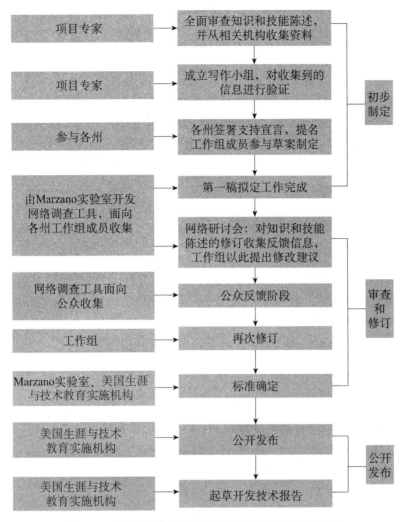

图 2 - 2　美国生涯与技术教育共同核心标准开发流程

识、技能和情感态度各个维度）以及一套针对 16 个生涯集群（类似于行业通用能力，对应于专业大类）及其相对应的 79 个生涯路径（类似于职业特定能力，对应于专业）的内容标准。

12 条生涯准备实践为：

1. 成为负责任且有贡献的公民和雇员

2. 合理运用学术和技术技能

3. 关注个人健康和财务状况

4. 明确、有效、理性的沟通

5. 注重决策的环境、社会和经济因素

6. 具备创造力和创新力

7. 使用有效且可靠的研究策略

8. 运用批判性思维理解问题、解决问题

9. 示范正直的领导和有效的管理

10. 制订与个人目标一致的教育计划和职业生涯路径

11. 借助科技提高生产率

12. 有效的团队工作和跨文化能力

CCTC 的显著特点就是其标准内容、表现要素、样本指标的三级结构，表述在层次上逐级细化，每一项标准内容都能够最终聚焦到某一专业领域的某一个具体指标项目上。

为了更好地实施标准，NASDCTEc 联合第三方 Global Skills X-Change 公司启动了一项 CCTC 一致性研究项目。该公司制定了一套一致性研究评估方案，目的是将各州现有的生涯与技术教育标准与 CCTC 的生涯准备实践和内容标准进行比较分析，审查两者之间的一致性程度。

综合上述，美国 CCTC 标准开发的特点如下：

（一）开发过程中实现多元主体的广泛参与

CCTC 是由 42 个州共同参与，参考 K12、中学后、商业和工业界 3 500 多名代表的意见，并在经过国家十年认可的职业集群知识和技能基础上形成的。在该标准制定的第二阶段，存在一个公众反馈期，这一阶段美国 CCTC 工作组会向公众通报该标准的背景、开发进程、迄今取得的进展以及回答公众对这一过程的任何问题。CCTC 虽然作为生涯与技术教育的一项标准，但其开发过程并不局限于行业企业或职业教育本身，而是面向社会公众集思广益，这一过程不仅能提高公众对标准的价值认同，有利于标准的进一步推广和实施，而且有利于提高标准在制定过程中的科学性和适应性。

（二）职业能力标准的分层化设定

美国 CCTC 的三部分内容，充分展现出了分层化能力标准设置的体系结构。在进行职业能力设置时，将核心能力标准、行业通用能力标准、职业特定能力标准置于不同模块当中，体现出了由整个职业生涯到行业再逐渐聚焦到职业的设置特点。这种设定方式关注学生可携带能力以及核心能力的培养，使学生具有由单一工种向复合工种转变的适应能力，从而提高学生在整个职业生涯阶段的核心竞争力；也能加强教师对于整个行业能力需求的整体认知，在教学时更加注重各科目之间的关联性；同时还可以避免在标准制定过程中存在的重复表述现象。

（三）标准内容三级结构的呈现方式

CCTC 的内容在表述形式上，都呈现三级结构，每条内容到最后都能逐级细化到具体操作对象上。指向具体，可以让职业教育的教学实践更加具有针对性，不存在模糊定义现象，也为各个地区在实施标准过程中留下了足够的伸缩余地，能够使各地教师根据教学情况，自由地对学生标准所能达到的程度进行选择，根据本地区情况有的放矢地开展标准的执行工作。

（四）信息化手段辅助标准的开发

在 CCTC 制定过程中，美国生涯与技术教育实施机构 NASDCTEc 邀请 Marzano 研究实验室作为协助，该实验室为这次标准的制定开发了一项网络调查工具，主要用来收集工作组、其他相关部门和公众对于该标准在制定过程中的反馈意见。该调查工具为每个职业集群创建了一个独特的调查链接，并通过一个安全的在线门户为 CCTC 工作组成员提供了每次调查的链接。

在数据收集上，采用在线平台模式确保了各州在时间和经费紧张的情况下最大限度地参与标准的制定，有效节约了时间成本以及各项经费的花销，并且确保了在标准制定过程中人员参与的广泛性。此外，在一致性研究项目的开展过程中，美国 NASDCTEc 与 Global SkillsX-Change 公司进行合作。由该公司为一致性研究开发的对比工具，也为该项目的开展提供了科学的辅助工具。可见，利用信息化手段辅助标准开发是美国能够高效开发该标准的重要因素之一。

（五）标准开发技术和内容充分公开

美国 NASDCTEc 针对生涯与技术教育专门设立了一个网站，其主要作用是：为了维护高质量的生涯与技术教育制定相应的政策和法律；支持各州发展和实施相关政策；支持和推广发展高质量生涯与技术教育的相关项目等。在网站首页，有专门针对生涯与技术教育标准的一个板块，包括了与 CCTC 相关的全部内容，包括标准的内容、标准开发过程、一致性研究开发过程、对于标准的支持声音等。通过对该网站上相关文件的阅读，可以清楚了解到标准从提议开始到公布再到实施的全部信息。

分析： CCTC 建立在原有的生涯集群与生涯路径知识和技能陈述的基础上，其开发技术方案（含框架基础、开发程序、标准内容等）较为成熟。对比中美两国专业教学标准的开发基础可以看到，两国标准都是建立在原有的职业框架基础之上，并且职业框架均呈现层级结构，逐级细化。目的都是想让职业分类能够覆盖社会更多的工作岗位，并为职业教育相关教学项目的开展提供框架基础。而且对于这一框架，两国也会随着经济社会的发展和社会职业的更替而不断更新。

资料来源：马君，郭湘婕. 美国 CCTC 标准与我国职业学校专业教学标准的比较与启示 ［J］. 职业技术教育，2019（16）.

课后思考

1. 请叙述课程开发的主要流程和基本原则。
2. 请说明课程开发人员的构成及其素质要求。

单元二　专（职）业调研和需求分析

培训目标

◆ 准确理解专（职）业调研的目的
◆ 知道专业调研的主要内容
◆ 能够设计专业调研问卷和访谈提纲
◆ 能够对调研数据进行统计分析和处理，并撰写专业调研报告

导入案例

<h3 style="text-align:center">××××专业用人单位调查问卷</h3>

尊敬的领导：您好！

首先感谢贵单位长期以来对我院专业建设及毕业生就业工作的大力支持，我们谨代表××学院××系向您表示敬意，感谢您拨冗接受调查。

我们向您保证此次调查所得数据资料将只作为学院专业建设之用，不涉及任何商业用途，对于您填写的全部资料，我们承诺严格保密！在此向您表示衷心的感谢！

请在相应选项的□内打"√"或在横线上填写相关内容。

××职业技术学院××系（公章）
2020 年 4 月 15 日

贵单位名称：＿＿＿＿＿＿＿＿＿＿＿

您的职务：＿＿＿＿＿＿＿＿＿＿

1. 贵单位的企业类型

□ 国有大中型企业　　□ 民营大中型企业　　□ 外资企业　　□ 民营小微企业

□ 其他＿＿＿＿＿

2. 贵单位人员总数＿＿＿＿＿人。

3. 贵单位从事××××工作人员人数＿＿＿＿＿人。

4. 贵单位从事××××工作人员的学历情况：

研究生＿＿＿＿＿人，本科＿＿＿＿＿人，大专（高职）＿＿＿＿＿人，中专＿＿＿＿＿人，其他＿＿＿＿＿人。

5. 贵单位从事××××工作人员的年龄情况：

20～25 岁＿＿＿＿＿人，26～30 岁＿＿＿＿＿人，30～35 岁＿＿＿＿＿人，36～40 岁＿＿＿＿＿人，41 岁以上＿＿＿＿＿人。

6. 贵单位新进大专（高职）毕业生月收入大致为：

□ 800～1 500 元　　□ 1 500～2 000 元　　□ 2 000～3 000 元

□ 3 000～5 000 元　　□ 其他

7. 您认为×××专业对应职业岗位有（可多选）

□ ×××　　　　□ ×××　　　　□ ×××　　　　□ ×××

□ 其他

8. 您认为×××专业高职毕业生需要具备的职业资格证书有（可多选）：

□ ×××　　　　□ ×××　　　　□ ×××　　　　□ 其他证书

9. 贵单位对高职层次人才需求：

□ 很需要　　　　□ 比较需要　　　　□ 一般　　　　□ 少量需要

□ 不需要

10. 贵单位今后五年对×××专业大专（高职）层次人才需求量约为：＿＿＿＿＿

11. 贵单位近三年已接收我院×××专业高职毕业生的数量：

□ 无　　　　□ 1 人　　　　□ 2 人　　　　□ 3 人

□ 4人及以上

12. 您对我院毕业生比较满意的方面是（可多选）：

□ 适岗能力　　　　□ 社交能力　　　　□ 管理能力　　　　□ 稳定性好

□ 敬业精神　　　　□ 应变能力　　　　□ 其他_____

13. 贵单位愿意与我院建立比较长期的办学方面的合作吗？

□ 愿意　　　　　　□ 不愿意　　　　　□ 用人时再联系　　□ 无所谓

14. 贵单位招聘高职毕业生主要看（可多选）：

□ 学习成绩好　　　□ 专业技能熟练　　□ 综合职业素养　　□ 劳动态度

□ 其他_____

15. 贵单位认为大专（高职）学生当前最需要加强（可多选）：

□ 加强职业行为规范的训练　　　　□ 加强语言表达和沟通能力的训练

□ 加强个人品德修养　　　　　　　□ 转变就业观念

□ 加强专业知识的深入学习　　　　□ 加强团队意识的训练

□ 增加实践动手能力　　　　　　　□ 强化职业道德意识

□ 加强管理能力训练　　　　　　　□ 增加企业锻炼经历

16. 您对我院毕业生还有哪些要求和建议？

_____

　　分析：本案例最大的问题：一是没有解决专业定位的问题，通过这个问卷并不能获得关于专业对应的职业岗位（群）所需要的核心知识、技能和情感态度方面的信息。二是问卷中关于主观态度方面的问题（12题、14题和15题）都设计成了多选题，不能够获得准确信息。

　　职业教育的课程开发摆脱学术化、经验化的轨道，就必须从职业领域人才需求分析着手，开展行业、企业、就业市场调研，做好人才需求分析和预测，而做好分析和预测的前提是对该专业（职业）的有关调查。

　　有关专业（职业）调查主要是要解决以下问题：

　　（1）本专业（职业）人才需求状况；

　　（2）本专业（职业）工作岗位定位；

　　（3）本专业培养目标及培养规格（或本职业的能力要求）。

　　专业（职业）调查的内容主要包括：

　　（1）该专业（职业）的人员主要在哪些行业就业？有关行业发展现状与趋势如何？行业从业人员基本情况如何？

　　（3）本专业对应的职业岗位及其素质要求（重点内容）；

　　（4）本专业（职业）对应的职业资格证书；

　　（5）毕业生就业岗位分布情况；

　　（6）毕业生对专业教学情况的反馈；

　　（7）职业院校开设同类专业的情况。

一、职业调查分析

职业调查应对某个职业的就业方向、就业形势、未来发展趋势做出分析。职业调查一般由行业协会进行，可作为职业标准制定的参考向国家人力资源社会保障有关部门提交。某个区域的职业调查分析报告可由地方性行业协会主持开展，但因地方性行业协会一般不具有调查的能力，所以在实际工作中也有交给职业院校承担的。

◎ 案例

物联网安装调试员就业景气现状分析报告

一、产生背景

随着科技的发展和技术的进步，"知识型社会"的概念已经深入人心，信息化使生活发生了翻天覆地的变化。共享单车，二维码支付，智能咖啡机，用手机跟踪快件信息……事实上物联网已经进入了我们每一个人的日常生活，而这，只是物联网时代刚刚拉开的序幕。

现如今，人们已经不满足于享受"随时"的快捷和"随地"的便利，而更希望"随物"的自由——人与物体的智能连接与互动，让人们可以自由地感知身边的物体甚至与之交流。作为互联网的延伸与拓展，物联网（Internet of Things，IOT）从开始的不被人理解到今天的广泛认可，经历了从萌芽到成熟的不同阶段。物联网旨在构建"物物相连的互联网"，将分离的物理世界和信息空间有效互连，进行信息交换和通信，构建了一个涵盖人与物的网络信息系统，从而使智慧的设施与产品进入人们的生产生活之中。物联网代表了未来网络的发展趋势与方向，是现代信息技术发展到一定阶段后出现的一种聚合性应用与技术提升。

随着工业物联网、智能家居、智慧城市等物联网产业的兴起，需要大量具备 RFID、嵌入式、网络、传感技术知识，能够完成物联网产品的检查与维修、设备及附件的部署与组装调试、网络的检测与连接、配置数据参数以及网络环境的运行维护等工作的技术型和操作型人才。因此，为了能够更好地运用物联网产品为生产生活服务，熟练物联网相关技术的操作人员至关重要，他们是物联网产业发展的中坚力量。

二、职业定义

物联网安装调试员的定义：利用检测仪器和专用工具，安装、配置、调试物联网产品与设备的人员。其工作任务就是要搭建数据互联的信息网络，通过电子标签将真实的物体上网连接，并通过对各类设备的调试，实现中心计算机对机器、设备、人员集中管理、控制，构成自动化操控系统，完成物联网体系建设，实现物与物的相连，包括：

（1）产品和设备检查，检测物联网设备、感知模块、控制模块的质量；

（2）组装物联网设备及相关附件，选择位置进行安装与固定；

（3）连接物联网设备电路，实现设备供电；

（4）建立物联网设备与设备、设备与网络的连接，检测连接状态；

（5）调整设备安装距离，优化物联网网络布局；

（6）配置物联网网关和短距传输模块参数；

（7）预防和解决物联网产品和网络系统中的网络瘫痪、中断等事件，确保物联网产品及网络的正常运行。

三、就业方向

物联网将现实世界数字化，通过数字信息的建设和使用拉近物与物之间的关系，其涵盖规模十分广泛，工业、农业、能源、建设、服务业等各个领域都为物联网安装调试员提供了就业岗位和方向。物联网安装调试员主要的工作包括以下两方面：

（一）物联网产品设备的安装与运维

智慧农业、智能家居、智慧交通、智慧医疗等智慧产业都涉及运用大量的物联网传感器、射频设备、电子标签等产品设备，完成对环境信息的采集、数据的识别与处理等工作，因此对掌握物联网技术、熟悉物联网产品安装和运维的调试人员有大量的需求。

（二）物联网网络的调试与管理

物联网技术同样为物流、建筑、工业生产和能源行业提供了新的发展方向，通过智能设备的运用提升了生产效率，带动了传统产业的升级。物联网网络的建设为物流链条、工业生产线、能源输送等提供了生产监测、信息收集、流程管控等工作方式和手段，因此在私有物联网、共有物联网、社区物联网、混合物联网的网络部署、调试和管理工作上也对技术人员的知识和能力提出了新的要求。

四、当前就业形式分析

目前，我国物联网已初步形成了完整的产业体系，具备了一定的技术、产业和应用基础，物联网在行业领域的应用逐步广泛深入，在公共市场的应用开始显现。调查显示，2018 年我国物联网业务收入比上年增长 72.9%，从事物联网及相关行业的从业人员超过 200 万，并据预测在未来五年，物联网人才需求量将达到 1 000 万人以上。物联网安装调试员是熟练操作物联网产品、构建物联网网络，并运用物联网技术实现生产生活的信息化、智能化，实现"物物相联"的一线操作人员。2019 年 3 月，北京物联网学会针对物联网产业发展情况及相关岗位就业情况，针对成员单位物联网网络、产品安装调试相关技术人员做出调查与分析，得到以下结果：

（一）行业分析

近年来，智能制造业、智慧农业、智能家居、智能交通与车联网、智能物流以及消费者物联网产业等成为物联网人才需求的重点领域，其涉及的物联网产品设备数量众多且类型广泛，因此也是物联网安装调试员主要的就业领域。其中，阿里巴巴、百度作为最早布局物联网产业的企业，拥有大量从事物联网网络安装与设备调试的人员，美的、格力、海尔作为传统家电行业向智能家居产业转型的代表，对物联网安装调试员的需求也与日俱增。如图 2-3 所示。

（二）年龄层分析

物联网作为一项新兴产业，要求从业人员必须具有相应的计算机操作知识和互联网网络技术，并拥有对新知识、新技术、新理论保持不断学习的意识和能力。物联网安装调试从业人员的来源主要有两个方面：第一是大中专院校、职业技术院校等物联网及相

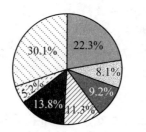

图 2-3　就业人群行业分析

关专业毕业的学员；第二是原先从事信息、电子产品安装调试等工作，通过学习物联网知识，向物联网安装调试岗位转变的人员。因而，85%以上的从业人员在 40 岁以下，总体结构呈现年轻化，该职业是物联网、信息技术、电子信息工程等专业毕业生就业的新选择，也是能力升级、职业发展的新途径。如图 2-4 所示。

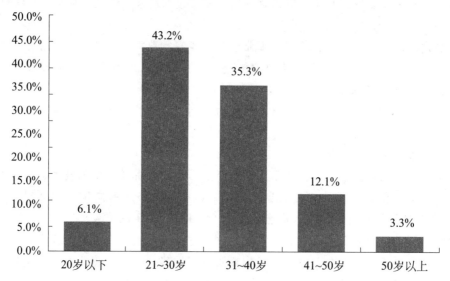

图 2-4　就业人群年龄层分析

（三）企业性质分析

现如今，民营企业在物联网技术的发展中布局最早，发展也相对较快，物联网设备产品运用程度也最高，从物联网人才所在的用人单位的性质来看，民营企业最多，占比39.8%，其次是国有企业，占比23.5%，事业单位仅占3.6%，政府机关/非营利机构占1.2%。但随着我国近年来众多物联网相关政策的出台，中国制造 2025 及工业 4.0 计划的实施，国有大中型企业逐渐向物联网产业投入资金，未来应当会有更多的岗位就业机会出现在国有企业中。另外，值得注意的是包含自由职业、自主创业在内的其他行业就业人数占比为31.9%，因此在"大众创业、全民创新"的环境下，自主创业也成为物联网安装调试人员择业的重要领域。如图 2-5 所示。

（四）就业地域分析

我国物联网产业发展环境已经初步形成，但由于相关标准、技术以及产业发展对策不够成熟，当前主要采取重点地区率先试点、其他地区逐步跟进的方法来推动其发展，

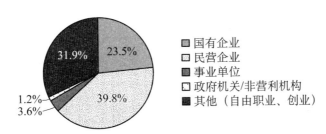

图 2-5 就业人群企业性质分析

在试点地区建立一批重点项目来推动关键技术的研发和应用。我国经济发达的省市如北京、上海、江苏、浙江、山东、广东等都已制定了物联网产业发展布局规划，全面加快了发展试点的步伐。因此，在物联网相关职业设置、相关岗位就业的问题上，还是主要以一二线大城市、经济发达地区，以及例如无锡、杭州等物联网产业试点地区为主。但随着物联网产业的不断发展，尤其是 5G 技术在北京、雄安、沈阳、青岛、杭州、福州等 18 个城市试点工作的开展，包含二三线城市在内的越来越多的地区也纷纷结合本地自身的特点，在积极谋划地区物联网产业的布局试点规划，进而对物联网相关工作的需求量日趋增长，需求范围也日趋广泛，各地物联网安装调试人员的就业形势也将越来越好。如图 2-6 所示。

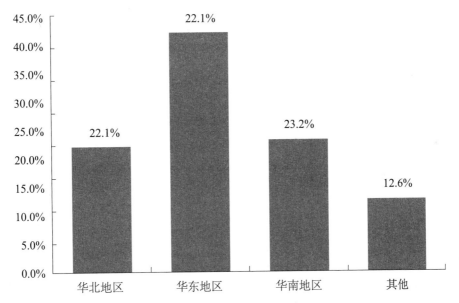

图 2-6 就业人群地域分析

（五）薪资水平分析

在薪资水平方面，由于物联网的概念被社会逐渐接受，越来越多的企业开始重视物联网的发展，进而也提升了物联网相关岗位的薪资水平。从整体上看，北京、深圳、杭州以及华东、华南地区由于物联网产业发展较为成熟，负责物联网安装调试的相关人员平均薪资与传统电子产品、网际网络运维人员相比较高，其他地区则成持平状态。如图 2-7 所示。

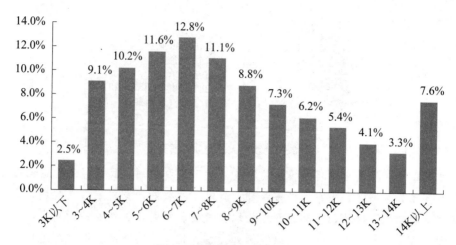

图 2-7　就业人群薪资分析

五、未来市场发展

物联网被"十三五"规划列为七大战略新兴产业之一，是引领中国经济华丽转身的主要力量。

物联网产业在我国长期处于快速发展的阶段，一方面得益于我国政策支持下物联网产业的蓬勃发展。我国《"十三五"国家战略性新兴产业发展规划》中明确指出，实施网络强国战略，加快建设"数字中国"，推动物联网、云计算和人工智能等技术向各行业全面融合渗透，构建万物互联、融合创新、智能协同、安全可控的新一代信息技术产业体系，推动基于现有各类通信网络实现物联网集约部署。另一方面，则是由于越来越多的企业开始在物联网领域频频布局。阿里巴巴在 2018 年宣布将全面进军物联网领域，物联网被确立为阿里集团继电商、金融、物流、云计算后新的主赛道。随后，百度也宣布百度云 ABC＋IoT 赋能物联网行业落地。美的、格力、海尔作为中国家电厂商三巨头也早已紧跟时代步伐，全面布局物联网，在智能家居、智慧物流和工业互联网入手。与此同时，华为发布了全球首款 3GPP 标准商用 5G 终端和首款 3GPP 标准商用芯片"Balong 5G01"，全面展现了华为在 5G 领域的全球领导地位，计划通过 5G 产品及标准的建立，促进我国物联网产业发展。

物联网安装调试员顺应技术发展潮流而生，必将成为最具吸引力的新兴职业。

六、专家观点

麻省理工学院的执行理事和麻省理工学院自动识别中心的创始人凯文·阿什顿认为：顾名思义，物联网，就是基于实物的互联网，它的出现离不开无线通信、智能移动设备、大数据、处理器、传感器等领域在过去十年间的快速发展。进入物联网时代后，中国成为一个后起之秀，通过物联网中国超越了韩国，成为第三大的高技术出口，然后超越了德国，成为第二大的高级出口国。中国不断崛起，在物联网时代下，中国是最重要的国家，也最重要的经济体，中国成为全世界的供应商，也成为世界上最高超的物联网使用者。

北京科技大学首席教授、物联网与电子工程系主任王志良认为：当前，"知识性社会"的概念已经深入人心。互联网进入人类日常生活已 20 余载，使人们的生活发生了翻天覆地的变化。现如今，人们已经不满足于享受"随时"的快捷和"随地"的便利，而更希望"随物"的自由，即人与物体的智能连接与互动，让人们可以自由地感知身边的物体甚至与之交流。

加快发展物联网是构建国际竞争新优势、建设创新型国家的战略选择，物联网技术涵盖面广、关联度搞、辐射力强，对带动技术创新有着重要的作用。我国在物联网发展环境上有别人不具备的优势，网络规模和市场容量都是得天独厚的，如果做好了，产生的经济效益会远远大于外国。

物联网的大力发展为人才就业、人才培养提供了机遇和方向。因此，应该注重培养物联网高级技术人才，制定激励措施，形成主要由市场配置人才资源、促进人才流动的机制，营造人才脱颖而出的环境，满足产业不断发发展的需要。

七、典型案例

（一）潘秋实：在学习物联网知识的过程中就受到了企业的青睐

在最初接触物联网的时候，和大多数人一样，潘秋实对待这一新兴技术的态度也是复杂的。他一方面对飞速发展的物联网产业充满希望，另一方面也对包罗万象的物联网知识充满疑问。在经过对物联网操作技术、单片机安装、安卓编程以及云平台搭建等知识的学习之后，之前所有的疑虑纷纷化解，并在学习期间通过自己的知识和技术，制作或改进了众多产品，其个人的技术和产品成果获得了多家企业的青睐。2017 年，潘秋实和他的团队结合 NB-IoT、Lora 和传感器技术设计并制作了物联网综合实验箱，进而又运用 Java 编写安卓 App 和使用 ThinkPHP 框架搭建云平台，构建了一个无人超市的客户端，作为模型提供给相关物联网企业，并顺利推向了市场，使企业获得了良好的经济效益。

（二）侯春梅：通过学习物联网安装、调试与运维技术，实现了自身的华丽转变

学习物联网安装调试和运行维护的技术对于侯春梅来说不仅仅是给了她一份令人羡慕的工作这么简单，更多的是它使这个曾经"弱不禁风"的小姑娘完成了一次的华丽转变。在学习物联网技术的时候，侯春梅作为班里唯一的女生，用自己的努力诠释了"巾帼不让须眉"的意义，成绩第一的她还积极参加物联网智能家居产品安装与维护技能大赛，在多个赛事中展现了自己的风采。2017 年，在技能大赛中崭露头角的侯春梅收到了物联网企业的邀请，获得了一份令人羡慕的职业，以物联网安装调试技能导师的身份给新学员们讲授物联网安装调试与运维技术。2019 年，侯春梅作为指导教师再次走上了物联网产品安装与维护的国家级技能大赛，带领自己的学员和团队去争取新的成绩。

（三）王金全：在雄安新区实践智慧城市研发的探索者

王金全，现就职于中国移动雄安产业研究院智慧城市研发中心。从开始学习物联网知识到现在，他一直坚持走在技术钻研和知识探索之路，从夯实计算机、通信基础课程再到动手实践、搭建物联网应用，对于物联网产品的编程实现、设备调试与系统部署有着越来越丰富的经验。毕业之后，他先是在互联网公司从事一线工作，提升了自己的软件架构设计和编程实战能力，之后回到故乡雄安参与智慧城市的研发。依托中国移动在通信领域的优质平台，充分发挥自己的经验，参与了中移超脑、边缘计算、雄安大数据等多个智慧城市相关项目。王金全表示，物联网技术是新兴技术的代表，也是雄安新区的代表性产业之一，此时此刻能将自己的知识和经验参与到新区的建设中去，这是物联网人最大的价值。

（四）李青娟：我国第一批高校物联网专业技术学生，见证物联网产品高速发展

2011 年，作为我国高校物联网专业第一批入学新生，李青娟开始了一场长达 8 年的

物联网学习与研究。物联网产业飞速发展，行业逐步成熟，她所学习、研究和从事的物联网技术也从简单的单片机逐步发展到智能处理。在无线传感网、大数据、云计算、单片机、RFID等丰富多彩的物联网技术和产品领域中，李青娟参与了每一项知识理论的研究和技能的实践，一步一步脚踏实地地完成各项工作，并在国内外各类物联网期刊上发布了自己的技术成果。作为物联网技术发展的亲历者，她认为物联网的发展主要体现在各类产品的不断研发和成功面世，因此不管是针对高层的研发者，还是基层的技术员，都应该高度重视产品的安装、调试和运维工作，只有建设和维护好物联网产品体系，才能实现不依赖人工操作的真正意义的物联网，实现准确、及时、有效的服务，而这也是所有物联网从业人员的一贯目标。

（五）胡文强：物联网产品经理，涉足消费市场领域

与大部分学习物联网安装调试技术的学员不同，胡文强最终选择成为一名市场端的物联网产品经理。对他而言，物联网产品和技术的普及和推广与研发和安装同样重要。随着物联网的发展异常迅猛，各种新兴技术层出不穷，物联网技术产业也在逐步扩大和完善。在学习中完成了知识和技能的积累后，走向物联网消费市场端，立足于物联网产品的发展和推广，同样也是物联网专业技术人员重要的就业领域之一。丰富的物联网理论知识和娴熟的安装、调试、运维技术使胡文强顺利加入了一家做安全和云计算的公司，开始在探索物联网产品市场化、物联网生态构建以及行业物联网方案纵深。他知道万物互联的时代即将到来，也希望能融入这个时代，在合适的位置上，做出一份应有的贡献。

资料来源：北京物联网协会．物联网安装调试员就业景气现状分析报告．中国培训，2019（9）．

二、专业调查分析

（一）调研目的

通过调研，要了解行业企业对专业人才所需的知识、能力、素质要求，针对学校人才培养现状，为本次职业学校专业人才培养方案编制工作提供基本依据。

（二）调研框架

1. 调研对象

主要包括行业企业及职业学校两类主体。

2. 总体要求

通过企业调研，搞清相应行业的人才结构现状，行业企业人才需求状况，企业职业岗位设置，职业岗位对员工知识、能力、素质的要求，相应的职业资格（或职业技能等级证书）要求。通过学校调研，了解现行专业教学标准的使用情况，学校对现行专业教学标准的意见与建议，学生就业现状，学生就业跟踪中反映出教学当中的问题等，为制定高等职业学校专业教学标准提供比较全面、客观的依据。

3. 调研范围

对用人企业，重点调查行业的骨干企业或主流企业。对职业学校，调查我国东、

中、西部地区的高等职业学校，注意把握一般院校和"示范校"的比例。

4. 重点调研内容

（1）行业发展调查。

①相关行业发展规划要求，例如，可以国民经济和社会发展"十四五"规划为依据。

②相关行业发展现状（行业经济增长方式转变及国际化发展趋势）、行业人才结构现状及需求、高等职业教育供求状况。

③相关行业文化传承、技术技能型从业人员职业道德素养需求状况。

（2）企业调研。

重点调研专业对应的相关企业技术型岗位群所涵盖的技术进步变化情况（工艺、设备、材料等），管理型岗位群所涵盖的管理方式变化情况（业态变化、管理内容变化、管理流程变化），服务型岗位群的能力需求变化情况（业态变化、服务内容变化、服务方式变化等）等内容，重点研究岗位群需求变化提出的专业培养目标变化要求，以及岗位职业能力的变化情况。

（3）学校调研。

①现行学校专业开设情况和存在的问题等。

②学校教学基本情况，如教学团队、教学设施、教材及图书、数字化（网络）资料等学习资源、教学方法、教学组织形式、教学评价、考核、教学管理情况。

③招生、就业情况，如生源情况、专业就业率、对口就业率等。

（4）毕业生调研。

对本专业课程设置、职业能力实训等教学过程与效果的意见和建议。

（三）基本要求

可以采用直接调研、间接调研、材料收集等形式，要求对调研结果进行分析，并形成相应的研究报告。从企业、学校、专业调研出发，分析专业对应职业的职业标准和实际需求，确定职业能力，填写专业与职业能力分析表（见表 2-2）。

表 2-2 专业与职业能力分析表

专业	对应职业	职业能力
		1.1.1
		1.1.2
		……
		1.2.1
		……
		……
	……	……

企业调查要兼顾地域的发达欠发达、规模的大中小、技术岗位、管理岗位或服务岗位。调查企业数不少于 10 个。

学校调查要兼顾地域的发达与欠发达，示范校、骨干校与普通校等。学校数量不少于 20 所。

调研报告作为专业教学标准的附件内容，字数要求在 10 000～15 000 字。

三、调研的方法

专业（职业）调研，除了充分利用文献法，在文献能提供的数据之外，还可以开展问卷调查和访谈调查。

（一）问卷调查法

问卷调查法是研究者通过事先设计好的问卷来获取有关信息和资料的一种方法。研究者以书面形式给出一系列与研究目的有关的问题，让被调查者做出回答，通过对问题答案的回收、整理和分析，获取有关信息。

1. 问卷调查的一般程序

问卷调查的一般程序包括摸底探索、设计调查问卷、选择调查对象、分发问卷、回收和审查问卷。在完成问卷调查的一般程序的基础上，调查者就可以对问卷调查结果进行统计分析和理论研究。

（1）摸底探索。调查问卷设计之前，要先熟悉、了解调查问题和被调查对象的基本情况，以便对问卷设计和问卷调查遇到的各种问题有一个初步的考虑。具体的做法是对少量的对象，围绕所要调查的问题进行初步的结构式访谈，通过交谈可以避免在设计问卷时出现许多含糊的问题以及不符合客观实际的问题。

（2）设计调查问卷。包括明确问卷调查的目的，估计可能的阻碍调查的因素；确定问卷内容；具体编制问卷，设计问卷初稿；问卷的试用及修改，这一环节很重要，因为问卷一旦实施，发现错误就无法弥补，因此在正式调查之前，一般需要进行小样本的试探性调查，以便了解问题是否全面、清楚，能否满足调查需要。根据试用情况对问卷进行修订完善。

（3）选择调查对象。问卷调查的对象可以用抽样的方法选择，也可以把有限范围内（如学校的合作企业）的全部成员当作调查对象。

（4）分发问卷。分发问卷有多种形式，如派人发送、邮局寄送、电话访问或登门访问等。问卷的发放需要注意两个问题：一是要有利于提高问卷的填答质量，二是要有利于提高问卷的回收率。

（5）回收和审查问卷。问卷回收时应当场粗略检查填写的质量，是否有漏填或明显的错误，以便能及时纠正。对回收的每一份问卷进行严格审查，剔除无效问卷，以保证调查结论的可靠性和科学性。

2. 问卷设计的方法

（1）问卷的一般结构。

问卷的一般结构包括标题、封面信、指导语、问题与答案、编码与其他资料。

①标题是调查内容的高度概括。

②封面信是致被调查者的一封短信。它的作用在于向被调查者介绍和说明调查的目的、调查单位或调查者的身份、调查的大致内容、调查对象的选取办法和对结果的保密措施、致谢语等。

③指导语是用来解释和指导被调查者填写问卷的一组说明。指导语应该明确答题的具体要求和注意事项。

④问题与答案是问卷的主题部分，是问卷设计的主要内容。问卷问题从形式上看，分为开放型问题和封闭型问题。开放型问题，只提出问题，不为回答者提供具体答案，由答题者根据自己情况自由填写；封闭型问题，是在提出问题的同时，给出若干具体答案，要求答题者根据实际情况进行选择。

⑤编码与其他资料。对于样本数量较大的调查问卷，为了便于计算机的汇总、分类和统计，一般设计编码栏。编码就是给每个问题及其答案边上数码，一般放在问题的右边，编码的序号与问题的序号一致。

（2）问题与答案的设计。

问卷的正文主要是要调查的问题及答案。开放型问题是一种自由作答的问题，对答案没有限制，适合于回答那些答案类型很多或者事先无法确定各种可能答案的问题。开放型回答比封闭型回答能够提供更多的信息，有时候还会发现一些具有启发性的回答。但是开放型回答的标准化程度低，整理和分析比较困难。封闭型问题主要包括以下几种具体形式：

①填空式，即在问题后的横线上或括号内填写问题的方式，如：

您毕业的专业是：（　　　　）

②两项式，即只有两种答案可供选择的回答方式，如：

您的性别是：☐ 男　　☐ 女

③选择式，即列出多种答案，由被调查者自由选择一项或多项的回答方式，如：

贵单位的企业类型是：
☐ 国有大中型企业　　☐ 民营大中型企业　　☐ 外资企业
☐ 民营小微企业　　　☐ 其他_____

④顺序式，即列出若干种答案，由被调查者给出各种答案排列先后的回答方法，如：

您认为影响课程改革的主要因素是：
（请选择三项并按照先后次序排列）
☐ 教师改革的意愿及能力　　☐ 学生的先前学习基础
☐ 学校的政策导向　　☐ 校企合作的程度　　☐ 学校的实训条件
☐ 其他_____

⑤等级式，即列出不同的等级答案，由被调查者根据自己的意愿或感觉选择答案的回答方式。如：

您认为校企合作对人才培养质量的作用是：

☐ 非常大　☐ 比较大　☐ 一般　☐ 比较小　☐ 没有作用

⑥矩阵式，即将同类的几个问题和答案排列成一个矩阵，由被调查者对比着进行回答的方式。这种回答方式适用于同类问题、同类回答方式的一组定序问题。如：

贵单位对我院毕业生下列素质的满意度是：

团队合作能力　☐ 非常满意　☐ 比较满意　☐ 一般　☐ 不太满意　☐ 不满意
沟通能力　☐ 非常满意　☐ 比较满意　☐ 一般　☐ 不太满意　☐ 不满意
解决问题能力　☐ 非常满意　☐ 比较满意　☐ 一般　☐ 不太满意　☐ 不满意
创新能力　☐ 非常满意　☐ 比较满意　☐ 一般　☐ 不太满意　☐ 不满意
责任感　☐ 非常满意　☐ 比较满意　☐ 一般　☐ 不太满意　☐ 不满意
企业的忠诚度　☐ 非常满意　☐ 比较满意　☐ 一般　☐ 不太满意　☐ 不满意

封闭型问题的答案是预先设计的、标准化的，有利于被调查者正确理解和回答问题，节约回答时间，提高问卷的回复率，有利于对回答进行统计和定量研究。但封闭型问题的回答方式比较机械、没有弹性，难以适应复杂的情况，同时容易导致对问题任意填写，降低回答的真实性和可靠性。

答案的设计首先要保证答案具有穷尽性和互斥性。一方面，我们所列的答案要能包括所有的回答，不能有遗漏。但是有些问题的答案如果全部列出，是十分困难的，这时可以列出"其他"一项供作答。另一方面所列答案之间不能重叠或包含。其次，答案要与问题匹配。答案的设计要考虑与提出的问题的意思吻合和匹配。再次，语言简单易懂。

（3）问题的语言与提问方式。

首先，要与研究的目的与任务相一致。问卷里所提的问题必须与该课题研究的目的和假设相关，并且所列项目要有较好的覆盖面，能够全面反映所要收集的信息。

其次，要避免双重含义的问题。双重含义的问题就是在一个问题中询问了两件事情，或者一句话中实际上询问了两个问题。比如：您的父母是教师吗？

最后，问题要尽量简短、清晰；不用否定形式提问，容易造成误解；不问回答者可能不知道的问题；不直接问敏感性问题。

问卷调查是专业调研通常采用的方法，要设计用人单位和毕业生两种问卷。问卷的设计要围绕着所要调查专业的职业面向、职业能力要求展开。

（二）访谈调查法

访谈是访谈者直接向受访者提问的资料收集方式，访谈可以面对面进行，也可以通过电话进行。访谈调查法是指通过与研究对象交谈收集所需资料的调查方法。访谈一般以面对面的个别访谈为主，也可采用小型座谈会、调查会的形式进行团体访谈，还可以通过电话进行访谈，访谈调查法适用于向被访者了解其对某一事物的意见、态度、评价等方面的信息。访谈调查的内容既有事实的调查，也有意见的征询。访谈调查法被广泛运用于教育调查、心理咨询、征求意见等；由于需要投入较多的人力、物力、财力和时间，大规模访谈调查受到一定限制，它适用于调查的问题比较深入、调查的对象差别较大、调查的样本较小或者调查的场所不易接近等情况。

1. 访谈调查法的分类

（1）按访谈员对访谈的控制程度可以分为结构式访谈与非结构式访谈。

结构式访谈也称为标准式访谈，要求访谈员按事先设计好的提纲依次向被访者提问并要求被访者按规定标准进行回答。它的显著特点是访谈提纲的标准化，可以把访谈过程的随意性控制到最小程度，能够比较完整地收集到研究所需的资料。这类访谈有统一的调查表或访谈问卷。由于结构性访谈采用共同的标准程序，信息指向明确，谈话误差小，故能以样本推断总体，便于对不同对象的回答进行比较分析。这种访谈常用于正式的、较大范围的调查，相当于面对面提问的问卷调查。结构性访谈的最大优点是便于对访谈结果进行统计和定量分析，便于对不同被访者的回答进行比较研究。但是这种访谈缺乏弹性，难以对社会问题进行深入探讨，不利于发挥访谈者和被访者的积极性、主动性。

非结构式访谈也称为自由访谈。非结构性访谈事先不制定完整的调查问卷和详细的访谈提纲，也不规定标准的访谈程序，而是由访谈员按一个粗线条的访谈提纲或某一主题，与被访者交谈，这种访谈能根据访谈员的需要灵活地转换主题，交换提问方式和顺序，追问重要线索。所以这种访谈收集到的资料深入、丰富，通常质的研究采用这种非结构性的深层访谈。非结构性访谈有助于充分发挥访者和被访者的主动性、积极性，有利于适应千变万化的客观情况，有利于对社会问题的深入探讨。

（2）按调查对象数量多少可以分为个别访谈和集体访谈。

个别访谈是指访谈者对被访谈对象逐一进行的单独访谈，有利于被访者详细、真实地表达其看法，访谈内容更易深入。

集体访谈是指由一名或多名访谈员亲自召集调查对象，就需要调查的内容征求意见的调查方式。这种调查可以集思广益、相互启发，可以在较短的时间内收集到较广泛和全面的信息。集体访谈要求访谈员有较娴熟的访谈能力和组织会议的能力。

（3）按人员接触情况分为直接访谈和间接访谈。

直接访谈是指双方以面对面的直接交流来获取信息资料的访谈方式，有助于了解更深层次的问题。

间接访谈是指访谈员借助一定的工具向被访者收集材料，包括电话访谈和网上访谈。电话访谈可以节省时间和费用，提高访谈效率，但不如面对面访谈那样灵活、有弹性，不能观察被访者的非语言行为等。网上访谈时访谈员与被访者用文字而非语言进行交流的调查方式，可以节省时间和费用，由于访谈是用书面语言进行的，便于资料的收集和日后的分析。

2. 访谈调查的一般过程

访谈过程一般分为准备阶段、访谈阶段和结束阶段。

（1）准备阶段。

实施访谈调查，首先要做好访谈的准备工作，制订访谈计划，选择适当的访谈形式，设计好访谈提纲或访谈调查表，以及记录表格，选择访谈对象，初步了解被访者的情况，选好访谈的时间、地点和场合。

（2）访谈阶段。

首先做自我介绍与访谈介绍，说明访谈目的，强调本调研的重要性，请被访者支持与配合，并承诺为其保密。其次，按计划进行访谈。访谈员按访谈计划中确定的访谈内容、访谈方式、问题顺序进入访谈，以保证访谈获得成效。

在访谈过程中，提问要清楚明确，让被访者一听就明白；要耐心听取回答，不要给予任何评价，访谈员要对所提出的问题保持客观、公正的立场，不能给予任何暗示，尤其是涉及不同观点或有争议的问题，访谈员更应该保持中立的态度，不要做否定或肯定的评价；注意非语言交流，访谈员要善于察言观色，分析和利用有关身体语言信息，如访谈过程中被访者连连点头，表达的是赞成、同意，频频看表意味着希望尽快结束访谈等；认真做好访谈记录，不能加入访谈员本人的主观意见，对不太清楚的回答做标记，以便在追问中进一步提问；访谈后及时整理分析访谈记录。

（3）结束阶段。

把握访谈结束的时机，访谈结束时不要忘了对被访者的支持与合作表示感谢。

3. 访谈的方法与技巧

（1）引导和追询。

访谈过程中除了提出问题和听取回答外，有时还需要引导和追询。

引导不是提出新问题，而是帮助被访者正确理解和回答已经提出的问题，引导是提问的延伸与补充。在下列情况下需要引导：当被访者对所提问题理解不正确、答非所问、文不对题的时候；当被访者顾虑重重、吞吞吐吐、欲言又止的时候；当被访者一时语塞、对所提问题一时想不起来的时候；当被访者口若悬河、滔滔不绝，又漫无边际、离题太远的时候；当访谈过程被迫中断、又重新开始的时候，等等。总之，当访谈遇到障碍不能顺利进行下去或偏离原定计划的时候，需要及时引导。引导方法如下：如果被访者对问题理解不正确，就应该用对方听得懂的语言对问题做出解释和说明；如果被访者有顾虑，就应该摸清是什么顾虑，然后对症下药，消除顾虑；如果被访者的回答离题太远，就应当采取适当方式，有礼貌地把话题引上正轨。

追询不同于提问，也不同于引导，它不是提出新的问题，也不是排除回答中的障碍，而是为了使被访者更真实、具体、准确、完整地回答问题。下列情况下需要追询：当被访者明显说谎不肯吐露真情的时候；当被访者的回答前后矛盾、不能自圆其说的时候；当被访者的回答含糊不清、模棱两可的时候；当被访者的回答过于笼统、很不准确的时候；当被访者的回答残缺不全、不够完整的时候；等等。总之，当被访者没有真实、具体、完整地说明问题的时候，就要追询。追询有多种方法：正面追寻，即直接指出回答不真实、不具体、不准确、不完整的地方，请对方补充回答；侧面追寻，即换一个侧面、一个角度、一个提法来追问相同的问题；有系统追询，即何时、何地、何人、何因、何果等系统地追询下去；补充追询，即只追询那些没有搞清的、需要补充回答的问题；等等。

（2）记录。

访谈过程中要随问、随听、随记，以免遗忘有关信息；尽量记录被访者的原话，少做概括性的记录；访谈表上要写明被访者的姓名、访谈日期、时间、地点等资料。

访谈调查法是进行专业调研的主要方法之一。用人单位访谈提纲的设计要围绕着用人单位对调研专业的技术技能人才的需求情况展开。为确立调研专业的专业定位，明确调研专业的培养目标提供依据。同类院校同类专业访谈提纲的设计要围绕着调研专业的专业定位、人才培养目标与培养规格、课程体系等展开，为调研专业的课程开发提供基础材料。

四、调研的结论

通过对调研数据与信息的分析与整理，应得出调研结论，对于专业调研而言，应该包括：专业的职业面向、培养目标、培养规格（调研专业对应的职业岗位的知识要求、技能要求以及情感态度要求）、需要具备的职业资格（职业技能等级证书）、课程改革的主要建议，等等。总之，通过专业调研的结果分析，必须明确该专业的专业定位，即该专业的人才培养目标、职业面向及培养规格等。

◎ 案例

某中等职业学校旅游服务与管理专业的专业定位

一、产生背景

随着科技的发展和技术的进步，"知识型社会"的概念已经深入人心，互联网和电子计算机技术进入人们的日常生活已经20余载，使生活发生了翻天覆地的变化。共享单车，二维码支付，智能咖啡机，用手机跟踪快件信息……事实上，物联网已经进入了我们每一个人的日常生活，而这，只是物联网时代刚刚拉开的序幕。

一、培养目标

本专业坚持立德树人，面向旅行社、旅游景区、展览场馆、文博院馆、旅游信息咨询中心等行业企业，培养身心健康，具有良好的职业素养，专门从事旅行社服务及其他旅游企业服务工作，具有较强就业能力和一定创业能力的高素质劳动者和技能型人才。

二、职业范围

职业范围见表2-3。

表2-3 旅游服务与管理专业对应职业范围

序号	对应职业（岗位）	职业资格证书举例	发证机构
1	导游员	导游资格证书	国家旅游局
2	景区讲解员	景区讲解员（初级）	地方旅游行政主管部门
3	展览讲解员	展览讲解员（初级）	人力资源和社会保障部

三、培养规格

本专业培养的人才应具有以下专业知识、技能及职业素养。

1. 专业知识和技能

（1）通用专业知识和技能

①掌握必要的旅游业知识，达到岗位服务要求

②掌握旅行社运营知识，熟悉各部门分工，能胜任旅行社基层岗位

③掌握旅游政策法规知识，能在工作中有效运用

④掌握服务心理学知识，能与客人有效沟通并获得认可

⑤掌握汉语相关知识，能使用标准普通话进行服务，普通话达到二级乙等级以上水平

⑥掌握常用旅游英语知识，能进行常用旅游英语口语表达

⑦掌握现代办公设备技术，能使用岗位设备和业务软件

⑧取得导游、旅游计调师、景区讲解员、展览讲解员等1种或2种职业资格证书

（2）旅行社导游方向专业知识和技能

①掌握旅行社导游服务相关的业务知识，能开展带团业务

②掌握旅行社导游服务相关的人文知识，能在工作中有效运用

③掌握旅游应急处理知识，能处理旅游突发事件

（3）旅行社计调、外联方向专业知识和技能

①掌握旅行社计调、外联、网点的业务知识，能开展岗位业务

②掌握旅游电子商务知识，能熟练运用计算机网络技术开展工作

③掌握旅游产品知识，能开展业务洽谈，能采购、组合、销售产品

2．职业素养

（1）具有良好的职业道德，能自觉遵守行业法规、规范和企业规章制度

（2）具有主动、热情、甘愿奉献的服务意识，诚实守信、爱岗敬业

（3）具有良好的旅游行业行为规范、礼仪素养和美学素养

（4）具有良好的人际沟通能力和团队协作精神

（5）具有安全生产的意识，节约资源，倡导绿色消费

（6）具有适应行业变化、自我提升的潜质和继续学习的能力

总结案例

山东省××职业学院专业调研报告模板

一、调研基本要求

（一）总体思路

（二）调研内容

1．区域行业发展状况，重点是根据国家、省、市及行业改革与发展"十二五"规划，分析确定对接行业企业发展动态与趋势。

2．企业人才结构现状与人才需求状况

3．职业岗位对从业人员的知识及能力要求

4．全省同类专业分布情况

5．毕业生就业状况及就业岗位发展调查分析

6．毕业生对培养过程的意见和要求

7．用人单位对毕业生质量的反馈

（三）调研方式

1．问卷调查

2．电话访谈

3．焦点组访谈

4．文献、网站评阅

5．现场调研

6．专题调研

（四）调研范围

1．国家级、省级、县级行业协会，出口产品监管部门

2．区域内对口企业

3．区域内相关产品销售市场

4．省内各市人才交流中心

5．省内同类院校

（五）调研对象

1．行业专家、行业协会及管理部门相关人员

2．生产企业负责人、总工程师及部门主管、检测与认证机构相关人员

3．生产企业的车间主任、技术人员、工段长、操作工，相关产品市场销售人员

调研企业的基本情况如表 2－4 所示。

表 2－4　调研企业的基本情况

企业名称	企业体制背景				所属行业	访谈对象	企业基本状况
	国有	民营	外资	其他			

4．专业历届毕业生与在校生

5．用人单位企业负责人、人事主管、车间主任等

6．同类专业同行

（六）调研过程

历时三年，2017—2019 年。主要内容包括调研内容、访谈对象、访谈方式、取得效果，最终形成调研报告，制定专业人才培养方案。

二、专业人才需求调研

（一）人才需求的宏观背景

分析山东省、济南市的经济社会和人才的"十二五"发展规划，掌握区域经济、行业企业经济发展框架和人才规划战略，分析发展和需求状况。

（二）行业发展现状与趋势

1．行业调研过程与方法

2．行业现状数据

3．区域行业发展优势

4. 区域行业发展制约因素分析

（三）行业从业人员基本情况

1. 调研过程与方法

2. 从业人员现状数据

3. 从业人员状况分析

（四）企业用人的素质与能力要求

1. 调研过程与方法

2. 企业用人数据

3. 企业用人的素质与能力要求分析（见表 2-5）

表 2-5　企业从业人员的基本能力要求统计

序号	能力	评价维度			
		很重要	重要	不重要	说不清
1					
2					
3					
…					

（五）专业人才需求调查

主要确定各类人才需求量。

（六）毕业生与用人单位反馈

1. 用人单位对毕业生质量评价

对毕业生社会能力、专业能力和方法能力进行调研分析，确定毕业生总体评价状况（见表 2-6）。

表 2-6　毕业生质量评价表

评价项目		评价维度			
		好（%）	较好（%）	一般（%）	差（%）
社会能力	××能力				
	……				
专业能力	××能力				
	……				
方法能力	××能力				
	……				

2. 毕业生反馈信息（见表 2-7）

表 2-7　近四届毕业生工作岗位发展情况统计表

就业岗位	2014 级	2013 级	2012 级	2011 级
普通操作类				
技能操作类				
技术类				
管理类				
自主创业				

3. 专业招生与就业岗位的地区分布情况（见表2-8）

表2-8 专业招生与就业布点情况

地市	2013届		2012届		2011届	
	就业	生源	就业	生源	就业	生源
济南						
青岛						
……						

4. 在校生学习调研

三、山东省高职院校同类专业现状调研

全省高职院校同类专业布点及招生人数状况及分析（见表2-9）。

表2-9 山东省高职院校××类专业布点及招生人数统计表

地市	学校数量	院校名称	专业名称	人数	比例
济南					
青岛					
……					

四、专业培养目标定位分析

（一）就业岗位分析（见表2-10）

表2-10 典型就业岗位、要求描述及所占比例

序号	岗位类	分岗位	岗位描述	比例
1		××		
		……		
2		××		
		……		

（二）岗位工作任务与职业能力分析（见表2-11）

表2-11 典型工作任务、工作过程、能力与素质要求

典型工作任务	工作过程	能力与素质要求
××		
××		
××		
……		

（三）培养目标

五、专业教学改革及人才培养方案制定建议

附件：1. 企业问卷调查表（见表 2-12）

      2. 专业调研电话记录表（见表 2-13）

      3. 企业岗位结构调研表（见表 2-14）

      4. 职业发展经历调研（见表 2-15）

      5. 毕业生质量反馈用人单位调查表（见表 2-16）

      6. 毕业生调查表（见表 2-17）

表 2-12　企业问卷调查表

	单位名称	（盖章）			
	单位地址及邮编				
	单位性质	□ 党政机关　□ 科研院所　□ 学校　□ 部队 □ 国有企业　□ 民营（合资）企业　□ 其他				
单位基本情况	填表人		职务		
	E-mail		联系电话		
	主要产品				
	人员结构	总人数_____　其中：本科及以上_____人，大专_____人，高中及中专_____人，高中以下_____人				
	技能人才培养途径	从学校招收毕业生_____人，占_____%；企业自主培养_____人，占_____%；从社会招聘人员_____人，占_____%；其他途径_____人，占_____%。				
人才需求					
	问卷内容	很重要	重要	不重要	很不重要
人才能力需求	……				
	……				
	……				
	……				
	……				
	……				

表 2-13　专业调研电话记录表

企业名称			
企业概况			
调研内容			
访谈人		职务/岗位	
谈话记录			记录人： 年　月　日

表 2-14　企业岗位结构调研表

公司名称				
部门	岗位设置	人数	岗位描述	职责与任务

表 2 - 15　职业发展经历调研

姓名		工作单位			
毕业学校		毕业时间			
学历/学位		专业		工种/技能等级	
联系方式 （电话、邮箱、通信地址）					
目前工作岗位		工作年限			

职业经历	时间	单位、部门	所从事工作及职务

体会及建议	

表 2－16　毕业生质量反馈用人单位调查表

单位名称	（盖章）	
单位地址及邮编		
单位性质	□ 党政机关□ 科研院所□ 学校□ 国有企业□ 民营（合资）企业□ 其他	
E-mail		联系电话
近五年接受我校××专业毕业生就业岗位及人数	岗位 1 名称　　　人数 岗位 2 名称　　　人数 岗位 3 名称　　　人数 岗位 4 名称　　　人数	薪酬（元/月） 薪酬（元/月） 薪酬（元/月） 薪酬（元/月）

1. 您对我校毕业生的专业能力的总体评价如何？
   A. 能解决工作中碰到的技术问题　　　　B. 能解决工作中碰到的一般技术问题
   C. 要在技术人员的指导下解决技术问题　D. 无法解决工作中碰到的技术问题
2. 您认为我校毕业生××技能（核心技能）运用的程度如何？
   A. 可以熟练运用××　　　　　　　　　B. 能运用××
   C. 仅能简单运用××　　　　　　　　　D. 不具备××的基本技能
3. 您认为我校毕业生对××等几种技能（核心技能）掌握得如何？
   A. 能操作三种以上　　　　　　　　　　B. 能操作两种以上
   C. 只能操作一种　　　　　　　　　　　D. 不能操作
4. 我校毕业生在操作自动化程度高的××设备时能做到：
   A. 熟悉××系统，并能熟练操作设备　　B. 只熟悉硬件设备，能操作设备
   C. 在别人指导下能操作设备　　　　　　D. 不能操作设备
5. 您认为我校毕业生的产品或工艺设计能力如何？
   A. 能设计复杂的产品或工艺　　　　　　B. 能设计一般的产品或工艺
   C. 能设计很简单的产品或工艺　　　　　D. 不具备设计能力
6. 面对首次接触的机器设备，我校毕业生能做到：
   A. 能看懂中文和英文说明书，并可以按照说明书独立调试、操作设备
   B. 能看懂中文说明书，并可以按照说明书独立调试、操作设备
   C. 能看懂中文说明书，能简单操作设备
   D. 需要在他人指导下才能操作设备
7. 您认为我校毕业生在校期间所掌握的专业技能与生产一线的技术要求差距大吗？
   A. 无差距　　　　　　　　　　　　　　B. 差距很小
   C. 有一定差距　　　　　　　　　　　　D. 差距很大
8. 我校毕业生在岗位操作中由于操作失误造成的产品不合格现象多吗？
   A. 基本不出现　　　　　　　　　　　　B. 偶尔出现
   C. 较多出现　　　　　　　　　　　　　D. 经常出现
9. 我校毕业生经过多长时间后能进行岗位独立操作？
   A. 一个月内　　　　　　　　　　　　　B. 三个月内
   C. 半年内　　　　　　　　　　　　　　D. 半年以上
10. 我校毕业生在完成某项工作时候是否有计划？
    A. 能够制订较详细的计划　　　　　　　B. 能够制订简单的计划
    C. 偶尔会制订计划　　　　　　　　　　D. 不制订计划
11. 您认为我校毕业生在工作岗位上是否坚持学习？
    A. 积极主动参加安排的学习　　　　　　B. 乐意参加安排的学习
    C. 对安排的学习无所谓　　　　　　　　D. 不愿意参加安排的学习
12. 在工作中遇到问题时，我校毕业生会选择哪种处理方式？
    A. 会综合运用各种方法解决问题　　　　B. 会查找资料解决
    C. 会向其他人请教解决　　　　　　　　D. 对问题表现得束手无策

13. 在完成一项任务后，我校毕业生会对完成的工作进行评价并改进吗？
    A. 对完成任务过程和结果进行正确评价并认真改进
    B. 对完成任务过程和结果进行评价并改进
    C. 对完成任务过程和结果进行评价但很少改进
    D. 没有对完成任务进行总结的意识

14. 我校毕业生在自身素质提高方面的态度是：
    A. 主动、积极   B. 被动、消极
    C. 无所谓   D. 认为没有必要

15. 在完成任务过程中，我校学生给您的印象是：
    A. 刻苦、好钻研   B. 灵活
    C. 一般   D. 呆板

16. 我校毕业生能否将学校学习的知识运用到工作中？
    A. 能灵活运用   B. 能运用
    C. 不会运用   D. 学生认为学校知识与工作之间有差距

17. 在从事新任务时，我校毕业生能否吸取以往的经验和教训？
    A. 能吸取并能运用   B. 能吸取但运用较少
    C. 能考虑到但不运用   D. 从来不考虑

18. 在完成任务中，我校毕业生在方法上是否有创新意识？
    A. 经常有   B. 有时有
    C. 很少有   D. 没有

19. 我校毕业生在听取意见时：
    A. 在分析的基础上乐于接受，并感谢他人的帮助
    B. 对别人的意见乐于接受，而不多分析
    C. 正确的乐于接受，不正确的予以反驳
    D. 总是找理由给予回击

20. 我校毕业生在帮助他人方面表现如何？
    A. 当同事有困难、有需要时主动给予帮助，热心公益活动
    B. 对同事比较关心，但不参加公益活动
    C. 从不帮助同事，也不参加公益活动
    D. 既不帮助同事也不参加公益活动，对活动组织者进行冷嘲热讽

21. 我校毕业生在待人处事上能做到：
    A. 待人有礼貌，能主动打招呼   B. 遇到长辈、领导能主动打招呼
    C. 对待领导与员工两种态度   D. 待人没有礼貌，不分长幼，经常欺负弱者

22. 我校毕业生在对待利益上：
    A. 不计得失，无私奉献   B. 随大流
    C. 斤斤计较   D. 爱占小便宜

23. 我校毕业生在工作上会做到建言献策吗？
    A. 为单位的发展多次主动提出建设性意见 B. 偶尔主动提出建设性意见
    C. 从来不提建设性意见   D. 经常发表有损单位的言论

24. 我校毕业生在对待单位工作安排上表现为：
    A. 服从单位工作安排，工作业绩较好   B. 服从工作安排，工作业绩一般
    C. 不满工作安排，但能完成工作   D. 不满工作安排，工作消极不配合

25. 我校毕业生在工作中的工作状态表现为：
    A. 工作积极主动，不怕吃苦   B. 工作认真，吃苦程度一般
    C. 工作较认真，怕吃苦   D. 工作极不认真，又怕吃苦

26. 我校毕业生的跳槽情况：
    A. 从未跳槽   B. 跳槽 1 次
    C. 跳槽 3 次   D. 跳槽 3 次以上

27. 我校毕业生在遵守规章方面表现如何？
   A. 从不因个人事务影响工作，工作时间从不串岗或做私事，遵守作息时间，从不迟到早退
   B. 偶尔因个人事务影响工作，但能事先予以说明，工作时间有时串岗或做私事，有时有迟到早退
   C. 经常因个人事务影响工作，工作时间经常串岗或做私事，迟到早退现象较多
   D. 常常旷工
28. 我校毕业生在工作中生产成本意识如何？
   A. 成本意识强，能节约材料和能源　　　　B. 成本意识一般，材料能源有浪费现象
   C. 无成本意识，材料能源有一定浪费　　　D. 浪费严重
29. 我校毕业生在工作中能做到爱护设备吗？
   A. 仪器设备清洁完好，每天下班前都做好仪器设备的保养工作
   B. 仪器设备维护较好，经常性做好仪器设备的保养工作
   C. 仪器设备维护不好，使用时才做仪器设备的保养工作
   D. 基本不做必要的仪器设备保养
30. 您认为我校毕业生最缺乏的是：
   A. 独立解决实际问题的能力　　　　　　　B. 与人主动沟通
   C. 对岗位工作的热情　　　　　　　　　　D. 做事仔细、认真

填表人（签名）_____　　　　职务_____　　　　填表时间_____

表 2-17　毕业生调查表

姓名		毕业专业	
联系电话		毕业时间	
E-mail		QQ	
您现工作单位/地址			
您毕业后从事过的工作岗位	第一年	第二年	
	月薪（元）	月薪（元）	
	第三年	第四年	
	月薪（元）	月薪（元）	
您认为在校期间获得最有用的证书（可多选）	列举专业证书，如××证书……		
您认为学校教学设置与管理在哪些方面需要进一步加强（可多选）	教学队伍□　　　校外实训基地□　　　教学过程管理□ 实训设施□　　　职业资格培训□　　　课程网站建设□ 课程体系□　　　教材编写与选用□　　　其他_____		
您认为在校期间应加强培养的能力（可多选）	列举专业能力，如××能力……		
根据您的工作体会，您认为应加强的课程（可多选）	列举专业课程，如××课程……		
您认为本专业应重点加强的职业素质（可多选）	职业道德□　　　创新能力□　　　专业业务知识与技能□ 外语水平□　　　吃苦精神□　　　事业心与责任感□ 团队协作精神□　　计算机应用能力□　　组织管理能力□ 人文素养□　　　其他_____		
您对本专业教学内容和组织环节的建议			

填表时间：_____

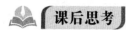

课后思考

1. 叙述专（职）业调研的目的、内容。

2. 以你任教的某个专（职）业为例，结合本地区情况，试撰写专（职）业调研报告。

单元三 职业（工作）分析与能力标准

培训目标

◆ 能够准确阐述职业分析的目的、意义

◆ 知道如何进行职业分析的准备

◆ 能够运用二次职业分析的方法开展职业分析

导入案例

职业（工作）分析该由学校老师来做吗？

某高职院校主管教学的副校长看到了国家有关部门颁布了关于"工业机器人"的新职业信息，联想到本地有许多工业机器人的制造、服务类企业，校长就叫来了教务处长，要求教务处对工业机器人相关的职业进行职业分析，并提出要尽快拿出人才培养方案，争取秋季新学期开始就开设新专业。教务处长把职业分析的任务安排给了机电系主任，机电系主任强烈反对，说："国家只是颁布了新职业信息，职业技能标准还没出来，我们一个学院怎么能搞职业分析呢？"

请问机电系主任的正确做法应该是什么？

分析：工作分析或职业分析，都是以工作（职业活动）的要素进行调研、分析，从而得出该工作所需要的能力的一种技术方法。这种分析方法有两大流派：一是源于北美地区的职业功能分析，世界上多数国家均采用该方法开发国家职业标准，我国的职业标准也是基于功能分析开发出来的；二是源于德国的典型工作任务分析，它是在职业功能分析的基础上发展而来的，强调职业工作的整体性和内在关联性。

从课程开发的角度而言，两种方法都能解决教学内容与职业世界相脱离的问题。无论采取哪种职业分析的方法，职业分析的工作都不应该由职业院校来完成，因为完整的职业分析需要大量的人力、物力和财力的投入，学校没有能力完成这样的任务，即使学校开展职业分析，其分析结果的科学性也会受到质疑。但是由于我国的职业标准尚不完善，一些职业，特别是新兴职业还没有国家职业标准，同时在我国职业标准更新较慢的情况下，职业院校为了推动课程改革和新专业建设，实现课程内容与职业标准的衔接，运用功能分析或典型工作任务分析方法，来开发职业能力标准，同时广泛邀请企业参加，并积极吸收世界技能大赛等最新的技能标准，也是一个折中的办法。在实践工作中，学校由于不能很好运用职业分析的技术与方法，企业参与度不够，缺乏课程开发专家的现场指导等多种原因，其分析结果并不尽如人意，其科学性不能得到广泛认同。这大概就是机电系主任极力反对学校做职业分析的原因了。

　　总之，职业分析是职业教育的基础性工作，应该由政府、行业层面来组织进行，职业院校要积极参加，建言献策。

　　通过需求分析，明确了课程（专业）定位后，就要对课程（专业）所对应的职业（群）或工作岗位（群）开展职业分析（或工作分析），确立职业能力标准，这是开发课程标准的依据。

一、职业分析的技术与方法

　　在职业分析技术中，由于职业功能分析的方法相对容易掌握，而且运用功能分析的方法进行职业分析可参照的资料较多，对职业院校的教师而言更容易把握，因此，建议在职业分析阶段采用功能分析的方法，并将典型任务分析的一些理念融入其中。笔者经过多年指导职业院校课程开发的实践，总结了一套较为可行的职业分析方法，可以为课程开发提供较好的支撑，即二次职业分析（亦可称为"补充职业分析"）。所谓的二次职业分析是指以国家现有的职业标准为依据，在整合现有国家职业标准的基础上，通过实践专家研讨会的方式，在课程开发专家的指导下，由来自生产一线的专家型的实践者和专业教师共同完成二次职业分析，确立职业能力标准。

（一）功能分析法

　　功能分析是确定个人为完成工作所需要执行的活动。功能必须是有价值的、有明确的目的和产出。功能分析要回答这样一个问题："该职业产生什么商品或服务？"这些就是主要功能。

　　下面以服务行业服务员这一职业为例进行说明，如图2-8所示。

　　主要功能是在餐厅里为顾客提供食物和饮料。为了完成这一功能，需要履行许多职责（第二纵列）。而每一种职责的履行都需要完成许多具体任务（第三纵列）。

　　当然这是一个非常简单的例子。在绝大多数职业中，有许多项功能。为了确定这些功能，分析者需要不断问这样一个问题："产生什么商品或服务？"这个问题的答案就是主要功能。

　　一旦主要功能被确定，分析者就接着问下一个问题："为了实现这些功能，工作人员必须完成哪些职责？"通常通过问"为了实现功能，必须完成什么职责或任务"，来把职责与任务结合起来。

　　对每一个职责或任务，我们可以问："为了执行职责或任务，必须用到什么知识、技能与态度？"

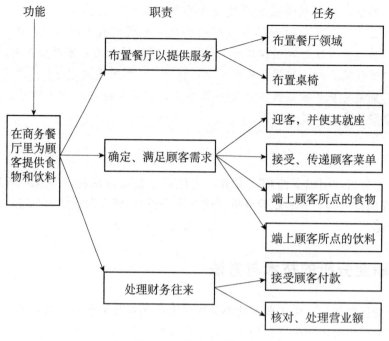

图 2 - 8 职业功能分析

（二）如何进行二次职业功能分析

1. 人员组成

二次职业功能分析小组至少由以下人员组成：

（1）来自生产一线的专家型的实践者 6～8 名；

（2）专业教师 6～8 名；

（3）行业专家 4～6 名；

（4）课程专家兼主持人 1～2 名。

2. 准备初步的职业功能分析表

课程专家兼主持人根据专业调研所确定的职业面向，即该专业毕业生所要从事的主要职业，研究国家职业标准、职业资格考试要求、来自不同企业的相关工作岗位的工作描述及职责、不同企业的标准操作程序和关于此职业的其他通用信息。根据这些案头研究，课程专家兼主持人准备一份初步的职业功能分析表，具体包括分析职业的职业功能、主要工作任务以及完成工作任务所需要的知识、技能。以酒店服务与管理专业为例，该专业对应的就业岗位（职业）主要是客房服务员、前厅服务员和餐饮服务员，这三种职业均有国家职业标准，将这三种职业的国家职业标准进行整合，形成酒店服务与管理专业的初步的职业分析表（考虑到篇幅，这里仅以客房服务员为例，呈现初步准备的职业功能分析表，如表 2 - 18 所示）。如果分析的专业所对应的职业还没有国家职业标准，可以通过收集相关职业资格考试要求、不同企业的相关工作岗位的工作描述及其职责等信息，形成初步的职业分析表，作为二次职业分析的基础。

表 2 – 18　初步准备的酒店服务与管理专业职业功能分析表

工作岗位	职业功能	工作任务	技能	知识
客房服务员	一、迎客准备	（一）了解客情（初）	1. 能掌握客人的基本情况。 2. 能了解客人的基本要求。	1. 我国各民族的习惯、民俗。 2. 主要客源国的概况。 3. 旅游心理常识。
		（一）了解客情（中）	1. 能用计算机查询客房信息。 2. 能按宾客的等级安排接待规格。	饭店计算机管理系统一般操作方法。
		（二）检查客房（初）	1. 能检查客房的清洁情况。 2. 能检查客房的电器与设备的运转情况。 3. 能检查客房用品的配备及摆放要求。	1. 客房清洁程序及标准。 2. 电器与设备操作知识。 3. 客房用品配备及摆放标准。
		（二）检查客房（中）	1. 能向客人正确介绍客房设备的各项性能。 2. 能布置各种类型的客房。	1. 报修程序。 2. 客房类型及布置要求。
		（三）制定服务方案（高）	1. 能正确制订人员计划及物品准备计划。 2. 能根据需要对各种用品的配置及摆放提出设计意见。 3. 能协调客房服务员工作。	1. 楼层（或公共区域）设备的使用、保养知识。 2. 成本控制基础知识。 3. 工作定额标准。
	二、应接服务	（一）迎候宾客（初）	1. 能做好个人仪表、仪容准备。 2. 能热情主动地接待宾客。 3. 能正确使用接待礼貌用语。	1. 仪表、仪容常识。 2. 语言运用基本知识。 3. 英语基本接待用语。 4. 普通话基础。
		（一）迎候宾客（中）	能用英语介绍客房服务的内容。	1. 饭店常用接待用语。 2. 中外礼仪、习俗常识。
		（二）引领宾客（初）	1. 能简单地做自我介绍。 2. 能征询客人是否需帮提行李。	接待服务常识及相应的礼节礼貌。
		（三）茶水服务（初）	1. 能根据宾客的爱好习惯，提供相应饮料。 2. 能掌握茶叶、咖啡的泡、沏方法。	1. 饮料服务规范。 2. 常用饮料常识。
		（四）介绍情况（初）	1. 能向宾客介绍饭店服务项目。 2. 能介绍客房设备的使用方法（会做示范）。	1. 中、西餐风味特色。 2. 客房、娱乐等服务项目的内容。 3. 客房设备使用常识。
		（四）介绍情况（中）	1. 能向客人介绍客房所有设备的使用方法。 2. 能向客人介绍饭店各项服务以及特点。	饭店各部门的服务设施与功能。

续表

工作岗位	职业功能	工作任务	技能	知识
客房服务员	三、对客服务	（一）清洁客房与卫生间（初）	1. 能做好清洁客房的准备工作。 2. 能检查客房设备是否完好。 3. 能按标准整理床铺，并除尘。 4. 能清洁卫生间并进行消毒。 5. 能进行茶具消毒。 6. 能按要求进行地毯吸尘。 7. 能按标准补充客房用品。 8. 能正确使用清洁设备。	1. 清洁工具、清洁剂的名称、作用和特性。 2. 电器及清洁设备的使用保养常识。 3. 家具保养常识。 4. "做床"标准及操作程序。 5. 吸尘程序与地毯保养常识。 6. 卫生间的清洁、消毒要点。 7. 茶具消毒要点。 8. 一次性用品管理常识。 9. 用品摆放标准。 10. 卫生防疫常识。
		（一）清洁客房与卫生间（中）	1. 能发现初级客房服务员在工作中存在的问题，并给予指导。 2. 能清洁贵宾房。	贵宾房清洁要求。
		（二）清洁客房与卫生间（高）	1. 能控制并实施清洁、整理客房的程序与标准。 2. 能正确实施检查客房清洁的程序与标准。 3. 能设计各类客房的布置方案。 4. 能制定客房清洁与检查的各种表格。 5. 能掌握客房清洁设备的性能与使用方法。	1. 饭店星级划分常识。 2. 本饭店客房类型。 3. 常见地面、墙面材料的性能与保养方法。
		（三）晚间整理（初）	1. 能按要求进行"开床"整理。 2. 能按顺序清理垃圾。 3. 能按标准进行卫生间的清洁。 4. 能正确铺放防滑垫。 5. 能按要求拉上窗帘。	1. "夜床"的规格要求。 2. "夜间服务"程序。 3. 卫生间小清洁标准。
		（四）楼层安全（初）	1. 能检查并发现客房内各种不安全因素。 2. 能按规定做好钥匙管理。 3. 能做好访客的接待工作。 4. 能做好客人的保密工作。 5. 能正确地使用手动灭火器。 6. 当火灾发生时，能及时报警，并协助疏散客人。 7. 能按规定处理"DND"（请勿打扰）牌。 8. 能按规定处理宾客的失物。	1. 客房安全规定。 2. 客房钥匙管理规章制度。 3. 楼层消防常识。 4. 访客接待须知。 5. 失物处理规定。

续表

工作岗位	职业功能	工作任务	技能	知识
客房服务员		（五）提供饮料服务（初）	1. 能适时补充饮料。 2. 能正确核对"饮料签单"。 3. 能配合餐饮部门做好房客用餐工作。 4. 能核对饮品有效期。	1. 饮料补充规定 2. 饮料结账方式 3. 房客用餐服务规程
		（六）借用物品服务（初）	1. 能向客人介绍租借物品的使用方法。 2. 能向客人介绍租借物品的管理规定。	1. 出借物品的名称、用途、性能及出借程序。 2. 赔偿规定。
		（七）清洁楼层公共区域和进行计划卫生（中）	1. 能实施"大清洁"计划。 2. 能正确使用清洁剂。 3. 能定期对清洁设备进行保养。	1. 清洁设备的维护保养常识。 2. 各类清洁剂的成分、性能。 3. "大清洁"计划的范围、内容及程序。
		（八）特殊情况处理（中）	能掌握住店生病客人及醉酒客人的基本情况，并给予适当的照顾、帮助。	1. 基本护理常识。 2. 客人个人资料。
		（九）代办客人洗衣及擦鞋服务（中）	1. 能介绍洗衣服务项目、收费事项。 2. 能正确核对《洗衣单》。 3. 能根据客人需要提供擦鞋服务。	1. 《洗衣单》填写要求。 2. 皮革保养常识。
		（十）接待贵宾（高）	1. 能根据贵宾的级别制定接待方案。 2. 能协调员工为贵宾服务。 3. 能独立处理贵宾接待中存在的问题，并采取相应的解决方法。	1. 对客服务的两种模式。 2. 贵宾等级与服务共性的要求。 3. 贵宾服务接待标准。 4. 贵宾服务礼仪规范。
	四、送客服务	（一）宾客行前准备（初）	1. 能及时掌握离店客人的情况。 2. 能明确并落实客人嘱咐的代办事项。 3. 能正确进行"叫醒服务"。 4. 能了解客人是否结账。	1. 宾客行前准备工作的内容。 2. 代办事项须知。
		（二）送别客人（初）	1. 能协助行李员搬运行李。 2. 能用合适的敬语向客人告别。 3. 能礼貌地征询客人意见。	服务告别用语。
		（三）善后工作（初）	1. 客人离店后能对房内物品及时进行检查与清点。 2. 能正确处理设备及物品被损事项。 3. 能按规定处理客人遗留物品。 4. 能及时将查房情况通告相关部门。	1. 失物招领程序。 2. 饭店对宾客损坏客房用品的赔偿规定。

续表

工作岗位	职业功能	工作任务	技能	知识
客房服务员	五、会议服务	会议布置与服务（中）	1. 能根据宾客要求，布置、安排不同类型的会议室，安排服务人员。 2. 能准备所需文具、用品。 3. 能提供饮品服务。 4. 能使用视听设备。	1. 会议室布置规范。 2. 会议礼仪常识。 3. 会议服务常识。 4. 视听设备使用基础知识。
	六、客房用品管理	（一）楼层库房的管理（中）	1. 能进行楼层库房物品的保管。 2. 能正确掌握客房的储备量。 3. 能正确使用登记表。	1. 一次性用品的名称与数量配备。 2. 一次性用品的收发制度。 3. 有关表格填写常识。
		（二）控制客房用品（中）	1. 按客房等级发放一次性用品。 2. 按饭店规定，计算客房每日、每月、每季客用品的使用量。 3. 能进行盘点。	盘点知识。
		（三）布草管理（中）	1. 能掌握楼层布草间的基本储存量。 2. 能进行布草的盘点工作。 3. 能根据使用情况，适时提出更换处理旧布草的意见。 4. 能正确填写《报损单》。	1. 布草质量的要素与规格。 2. 楼层布草房管理基本要求。 3. 楼层布草配备标准。 4. 布草的收发制度。
	七、沟通与协调	（一）协调与其他部门的关系（高）	1. 能正确协调与其他部门的关系。 2. 能妥善处理客人的疑难问题。	1. 各部门的运转程序。 2. 部门间的协调原则。
		（二）协调与宾客的关系（高）		
	八、客房管理	（一）客房用品管理（高）	1. 能根据客房用品运转情况确定储存量。 2. 能及时提供客房用品申购要求。 3. 能检查客房用品的质量，保证客房标准。	1. 客用品成本与计算方法。 2. 对一般客用品的品质要求和对星级饭店的客用品品质要求。 3. 动态控制能力。
		（二）员工培训（高）	1. 能承担专业理论培训。 2. 能承担专业技能培训。	客房部员工业务培训知识。

3. 召开职业功能分析小组工作会议，开展二次职业分析

在这一阶段，针对课程专家兼主持人准备的初步的职业功能分析表进行讨论，首先就主要功能达成一致。这可以通过运用头脑风暴法实现。一种职业中应该有多少个主要

功能，这是没有定律的。在大多数职业中，主要功能可能有 6～20 个不等。

在主要功能上达成一致后，工作小组开始讨论工作任务，对初步准备的职业功能分析表中的工作任务进行讨论，结合目前企业生产的工作过程、工艺流程等实际情况，决定哪些任务需要整合，哪些任务需要删除，是否还需要添加新的任务，在广泛深入讨论的基础上达成一致意见。工作任务可以被看作是为实现主要功能而需要完成的子功能。同样，对于每个主要功能有多少项工作任务也没有严格的规定，在大多数情况下是 4～6 个，这需要视具体的职业而定。

工作任务确定后，需要针对每一项工作任务进行讨论，确定完成每一项工作任务所需要的知识、技能与态度。针对初步准备的职业功能表中的知识与技能逐一进行讨论，确定哪些技能和知识需要保留、哪些需要删除，还需要添加哪些。比较有效的方法是从确定技能开始，提出下列问题：

（1）完成任务必须做什么（技能）？

（2）完成任务必须知道什么，了解什么（知识）？

（3）完成任务必须关注什么（态度）？

（4）确定"技能"。

方法：思考完成这一具体工作任务需要哪些技能？

写作要求：每个技能点要体现工作成果。

表述方式：动宾结构。

（5）确定"知识"。

方法：思考要完成确定的技能需要具备什么样的知识。

写作要求：依据每个技能点来写知识点，确保技能能够实现，逐条对应的知识要求通常要多于技能。

知识点的程度表达：了解、理解、掌握。

功能分析法的主要流程如图 2-9 所示，其工作过程可能花费两到三天的时间。

（三）对职业功能分析的结果进行验证

如果工作小组中只有一个或几个企业的代表，那么验证他们所提供的信息就非常重要。这就要请没有参加职业功能分析的行业企业专家对职业分析的结果进行验证，他们应该被问一系列问题以确定这些功能、职责与任务及相关技能与知识在不同的工作场所是否适用。下文就是一个推荐的验证工具。

@ 案例

职业功能分析验证工具

请回答下列问题，并适当给出评论。

1. 职业

行业中是否有其他的职业应该被包括在功能分析中？如果"是"，请列出来。

□ 是　□ 否

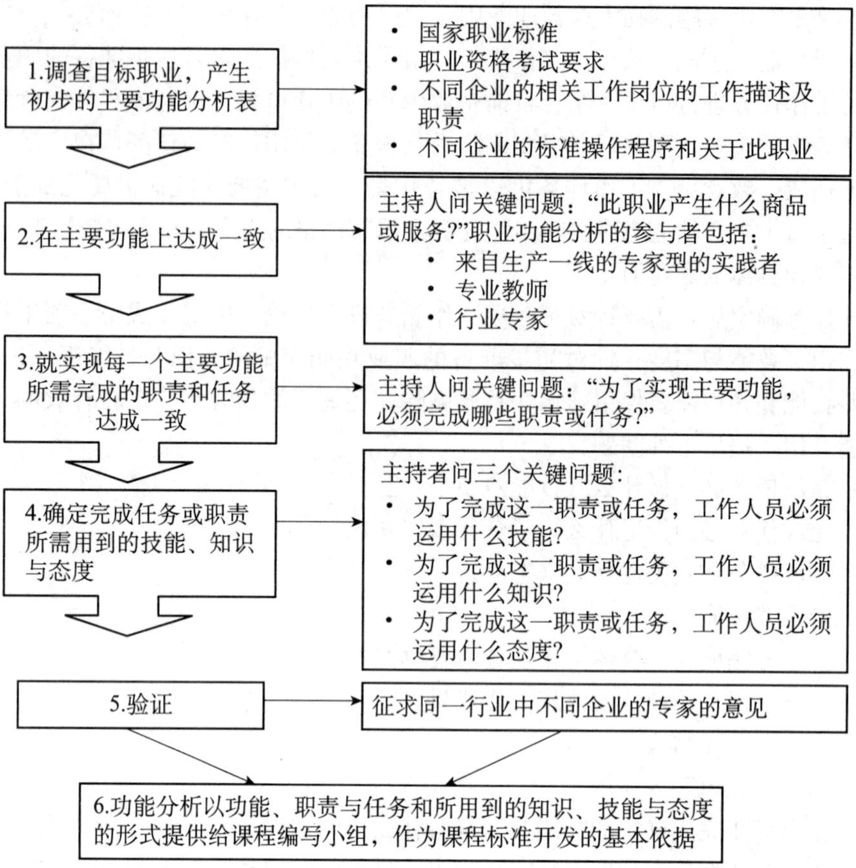

图 2-9 二次职业功能分析的步骤

评论：

2. 主要功能

2.1 是否有其他的主要功能应该包括在功能分析中？如果"是"，请列出来。

　　　　　　　　　　　　　　　　　　　　　　　　□ 是　　□ 否

评论：

2.2 这些功能与该行业中大部分企业（不论规模、市场和位置）相关吗？

　　　　　　　　　　　　　　　　　　　　　　　　□ 是　　□ 否

评论：

3. 职责与任务

3.1 职责与任务是否集中体现了工作的主要功能？　　　　□ 是　　□ 否

评论：

3.2 职责与任务是否与工作产出明显相关？　　　　　　　□ 是　　□ 否

评论：

3.3 是否有与本职业功能不相关的职责或任务？　　　　　□ 是　　□ 否

评论：

3.4 是否有应被涵盖却被忽略的职责或任务？　　　　　　□ 是　　□ 否

评论：

4．技能、知识与态度

4.1　这些技能、知识与态度是否容易理解？　　　□ 是　□ 否

评论：

4.2　这些技能、知识与态度是否与相应的职责或任务明显相关？　□ 是　□ 否

评论：

4.3　这些技能、知识与态度是否适用于所有企业？　　□ 是　□ 否

评论：

4.4　在工作场所中是否可以观察到被运用的技能知识与态度？　□ 是　□ 否

评论：

5．资源

思考在教学中，为了教授功能分析所列出的所有项目，学校需要有什么专门的设备与设施？

_____

_____

6．功能分析草稿的有效性

在我看来，被验证的功能分析符合要求，描述了该职业中的技能、知识与态度，可以被用来开发该行业的教学和评价材料。

　　　　　　　　　　　　　　　　　　　　　□ 是　□ 否

如果不是，请给出改进建议。

_____

_____

_____

验证人名称：_____

职　　　位：_____

单　　　位：_____

日　　　期：_____

理想的情况是，通过调查与面对面访问相结合进行验证。验证过程中的关键问题有：

（1）主要功能是否涉及所有企业的工作？

（2）职责表与任务表是否在所有的企业里都适用？

（3）完成职责和任务时有没有用到另外的知识、技能与态度？

然后，工作小组有责任在验证的基础上修改功能分析数据，并将职业功能分析的结果提供给课程编写小组，作为课程标准开发的基本依据。

二、工作分析在职业教育课程开发中的价值

如果没有现成的国家职业标准可供参照，就要用到工作分析技术。工作分析是人力

资源开发的基石。在职业教育领域，如何运用工作分析这一重要技术，直接关系到职业教育专业设置、培养目标、课程设置、开发设计和实施。因此，首先要了解并认清工作分析在课程开发中的价值。

（一）工作分析的概念和价值

1. 工作分析的概念

工作分析实际上是职业工作系统分析，主要包括职业工作范畴和工作过程的分析。它是分析者在短期内通过了解、分析有关工作系统（结构系统和过程系统）的信息和情况的一种科学手段。具体地说，它是一种收集整理职业工作信息的一系列要素和素质等结构要求，做出规范性的描述和说明的活动。

工作分析的客体和对象则是整个工作体系，包括工作结构、岗（职）位的工作内容、范围、工作规范、工作技能和技艺、工作环境、工作心理、工作标准及工作组织的运作关系，等等。

2. 工作分析在职业教育课程开发中的价值

（1）为人才培养提供依据。

对于职业教育而言，其课程开发与工作分析有着直接的关系。工作分析所确定的职业工作领域、职责和规范，以及根据工作分析结果得出的技术技能人才所必备的知识、技能、能力和素质结构（即能力标准），正是职业教育课程开发的重要的、不可或缺的依据，是培养大量忠实于职业、具有特定职业能力和素质的人才的基础。通过职业工作分析，可以对社会和企业所需要的职业技术人员和服务人员的知识、技能、能力和素质进行准确或较准确的阐述，确定职业教育的专业培养目标、整合专业结构，确定专业设置，明确专业技能和综合职业能力、素质，并结合企业生产（经营或管理等）过程、劳动组织方式以及个人发展目标等分析，可以更好地培养适应社会和职业发展的高质量的应用型、技能型人才。

（2）克服人才培养的盲目性。

目前在职业教育领域中，课程开发的技术和方法很多，课程开发是由开发者进行的，难免有人为因素渗入其过程中，因此，只有主观认识建立在客观分析的基础上，才能最大限度地减少人为因素，保证课程研发的质量。将工作分析活动引入职业教育职业课程开发中，可以更好地保证课程开发的客观性、科学性和开发质量。

知识经济的发展、科技和社会的进步及全球竞争态势的加剧、社会环境的急剧变化，导致职业领域组织、结构、机制的变化。这种变化促使职业工作的性质、格局不断变化，这就给职业工作分析带来了前所未有的挑战。工作分析能真实地、恰当地找出理论和时间的结合点、融合点，开发出理实一体化的课程并进行体系构建，从而能提升高职职业课程的针对性、时效性和可实施性。

（3）提供人才测评依据，促进毕业生就业。

通过工作分析，还可以对高职毕业生适应工作岗位（群）的工作能力进行跟踪诊断，并对高职生的求职就业具有很强的指导意义，有利于学生更好地进行职业选择和规划其职业生涯。

（二）工作分析的基本步骤

1. 明确工作分析的目标

课程开发者首先要明确的是对现有若干专业还是对新设专业的课程开发。如果是对已有一段办学经历的骨干专业对应的职业进行工作分析，就可以参照以往的文献资料等，进行针对性强的分析，并由此决定工作分析的范围、对象和内容，选择合适的分析方式方法和技术，并认清应当收集哪些资料信息，从何处收集、怎样收集，制定工作分析的计划。

如果设置的是新专业，就要全面系统地收集课程开发的信息，制定整体的工作分析计划、策略、技术和方式方法。

2. 确定工作分析系统

工作（任务、过程）导向的工作分析系统，着重于分析提供产品或服务所需要的任务、过程和行为，分析的目标直接对准工作任务、过程和其他有关工作实质性特征的事项，亦即以工作系统本身作为工作分析的出发点和落脚点。方法有职能工作分析法、任务清单分析系统。人员（职业工作人员）导向的工作分析系统强调成功完成工作任务和过程所需要的个体的知识、经验、技能、能力、素质和性格特征等。以任职者为工作分析的出发点，以了解其潜质、能力和执行工作中表现出来的性格倾向来了解工作，如职务分析问卷法、工作要素法等。工作分析应根据职业工作类型有针对性地选择不同的分析系统：

（1）取决于工作结构的档次。

如选择的工作样本属于高结构性时，采用工作导向性的分析系统是比较有效的；而对于工作结构性较低时，采用人员导向的分析系统则具有一定的优势。

（2）工作分析系统的选择与产业类型有关。

传统产业（如农业、制造业）中的职业岗位划分是非常细化的，标准化、规范化和程序化程度较高，其产品、生产工艺和过程相对稳定，工作或服务对象单一，可采用工作导向的分析系统；而对于知识性较强的产业，往往要求对知识技术的变化能快速适应，工作内容的技术和方法变化很快，而且工作方法个性化、服务对象多样化，以团队合作为主，因此应采用人员导向的分析系统。

（3）对具有某些特殊性的职业人员的工作分析。

人员导向的工作分析系统常常是首选，如销售人员、税务人员、会计、维修技术人员、农业技术人员、服务类人员，等等。

总之，要针对工作分析的对象的类别和工作性质，正确选择工作分析系统。

3. 建立队伍并开展培训

要顺利进行课程开发需要的职业工作分析，完成职业工作系统分析，就需要建立一定的工作分析组织，其分析人员的数量和素质（专业知识、经验结构、态度等），应视所选定的典型工作样本、工作量大小而定。通常这些人员要经过工作分析技术和方法的培训，这种工作分析组织的组成人员应该是多元的，一般可包括工作分析专家、企业专家、企业中层管理人员、相关领域的技术专家、经济学家，以及从事相关工作、有一定职业经历的毕业生。

（1）工作分析专家必须接受专门的培训，熟练掌握工作分析的专门方法和技能，能够系统地收集、分析和整合（工作分析的）信息并保证信息的客观可靠。

（2）企业专家能提供有关职业工作的丰富信息，并保证信息的真实可靠。为此，企业专家应是直接从事该领域的专职工作，有较好的综合职业能力、口头交流和书面表达能力，能与他人和谐共事、充满自信又不存偏见等。

（3）企业中层管理人员，一般负责管理和监督相关任职人员的工作，能获得员工很多的工作信息，可以从任职者"实际如何做"和管理者"应该怎么做"的不同角度，实现工作信息的互补。

（4）技术专家与经济学家能够提供技术进步和经济发展等影响职业工作的环境信息。

（5）往届毕业生可以从实际的职业体验现身说法，表达上岗后的感受，反映高职专业课程教学的成败与优缺点，找出欠缺的知识、技能、能力和素质。

此外，为顺利和成功地进行职业工作系统分析，需要对工作分析人员做好有关的培训，主要由工作分析专家对工作分析的意义、价值、作用及使用的工具和技能进行讲述，对工作分析项目、用法含义、指导语、分析过程的引导与控制，做出统一规定，回答成员的质疑和询问，并对有歧义的问题予以讨论和确定。

4. 收集工作系统信息

（1）工作系统分析的主要内容。

第一，工作任务和活动：收集职业工作的具体任务、职责和规范，胜任工作所需要的知识、技能、经验、技巧和素养等。

第二，工作中使用的机器、设备、工具、辅助设施和材料，以及所需要的具体的操作要领和技能、技巧。

第三，工作条件，包括工作环境、背景和劳动强度等。工作环境主要有自然环境、社会环境、人文环境和心理环境等，要重点关注各种有害因素和不良条件的测定，这些是确定劳动安全保障的重要依据。

第四，对任职者的要求，比如对工作相关的特征要求，如受教育程度、知识、技能、综合职业能力和素质、工作资历及特殊心理、态度要求等。

（2）收集工作信息的方法。

选择何种方法、硬件，以取长补短、组合运用最优的原则。常用的收集工作信息的方法有：

一是访谈法。收集信息的对象多是知识型任职者或脑力劳动者，如开发人员等，可以对其工作心智、动机等较高层次内容有较详细和较深入的了解。

二是问卷法。可以快捷、高效地从众多对象获得所需信息，但要设计和编制高质量的问卷，费时费力，成本较高，有时可以借鉴一般应用较多的职业分析问卷法。

三是观察法。适用于短时间的外显行为特征的分析，常用于相对简单、重复性高且易观察到的工作。但不适用于隐蔽的心理素质分析，以及没有时间规律与表现规律的工作，如商品或金融保险销售人员的工作。

四是查阅工作日记法。即记录完成工作任务、工作程序与工作方法等。分析者可以查阅以日志形式记录下来的工作结果。

五是参与法。即分析人员直接参与到职业人员的职业工作活动或过程的方法，扮演员工的工作角色，体验其中的工作信息。此法一般适用于专业性不是很强的工作。

目前经常采用的综合性的"专家工人访谈法"，可以采取未来导向的工作分析方法，开始采用访谈法、问卷法、观察法等自下而上地收集当前有关的工作信息；再自上而下地对企业中层管理人员、技术专家及经济学家进行访谈，以获得现有工作变化趋势以及未来工作的需要等信息。确定将来该职业工作所需要的知识、技能、能力和素质结构，以适应未来的种种挑战。

5. 分析工作信息

对工作信息的分析就是对收集到的工作信息进行整理加工的过程，亦即对所获得的各种工作信息进行统计、分析、梳理、研究、归纳的过程，以获得各种规范化的、系统性的信息，如典型工作项目（任务）、任职资格、综合职业能力、综合职业素质等。

首先，要从收集到的信息中确定典型工作项目或学习领域（一般为8～12个），并以行为动词予以描述，即"综合职业能力"。

其次，将每一个典型工作项目或学习领域分解为若干个工作模块（子项目）或学习情境（子学习领域），形成具体的"工作任务"（一般为6～30个）。此时完成每项工作任务所需要的专项能力则是职业专项能力。

再次，梳理每项的能力要求，包括完成该工作任务需要的职业知识、职业技能、职业能力、职业素质、所需设备、工具、时间和质量标准要求。

最后，分析出专项能力后，还需要经过该岗位（群）工作人员的进一步认定，才能确保分析日志里的客观性、准确性和全面性。

6. 编制工作分析表

工作分析表是工作分析所获得信息的规范化、简洁化的表达形式，包括工作名称、典型性的任务领域、单项任务、工作职业标准、业务使用的频率和难易度等。应当注意的是，这里的单项任务并不是单一的专业知识和操作技能，而是与工作情境密切相关的综合职业能力，其表述应该明确、具体、"标准化"，采取"动词＋对象"的范式，如机械维修中的"识别和挑选零件"，避免使用"知道""理解""懂得""领会"等笼统、概念化的动词。

三、行动领域的开发与设计要素

"行动领域"指的是有意义的行动情境中相关联的任务集合。它直接体现出职业的、社会的和学习者的需求。职业教育的教学过程的设计和实施，应该有利于完成这些行动情境中的任务。对于行动领域进行教学论的反思和处理，就会产生专业人才培养计划的学习领域。行动领域的开发，则以工作过程系统化为主导思想，以"专业定位—职业岗位（群）—工作职责—工作任务—工作流程"的分析为依据。经历专业定位与岗位（群）的论证、工作岗位的调研、典型工作任务的分析、归纳行动领域等程序，就可以最终确定职业岗位（群）的典型工作任务。

（一）职业描述

"职业描述"是职业教育中的一个概念，用来描述某一职业所需要的知识和技能的内容。一般是根据企业的经济结构和社会结构予以确定的，诸如：

（1）工作对象，即产品或商品、人员、材料等。

（2）使用的机械设备、仪器、工具等。

（3）人员的资格和能力，即学历、经验、职称、技能、技术知识等。

（4）工作场所，即职业工作环境、办公室或车间等。

（5）社会地位，即社会地位、法律地位等。

工作任务，即具体的、完整的职业工作过程、工作职责和行为规范。准确描述一个职业，是开发高质量人才培养方案（职业课程系统）和各门课程的基础。

案例

人力资源管理师职业的描述

人力资源规划管理，从战略角度考虑企业发展所需要的人力资源发展规划。包括以下职责：

（1）员工招聘与配置，确定人才需求，组织招聘。

（2）培训与开发，调查、分析培训需求，组织、实施培训。

（3）考核与评价，制定员工绩效考核评价体系和制度，组织绩效考核。

（4）工资与福利管理。

（5）劳动关系管理，办理劳动合同，处理劳动协议争议，办理用工入职、离职及内部调动手续等。

劳动工具：计算机及其办公软件、先进办公设备、用品等。

资历经验：具有高等教育学历，有系统的人力资源管理知识及常用的公文写作、软件使用、人员管理等技能；具有沟通协调、组织实施能力、收集资料信息的能力等。

（二）岗位分析与研究

"岗位"，是指企事业单位赋予每个员工工作的职务、任务及其责任的统一体。岗位以事为中心，凡是有若干事情需要专人执行并承担责任的，就是一个岗位。岗位分析研究，也称为工作研究，即对每个岗位员工的工作性质、类型及具体的工作范围和过程所做的研究。

岗位研究有三个层次：任务、职位和职务。

1. 任务

任务是对一个岗位应做事情的具体描述，换言之，也就是安排一个员工要完成的一项具体工作。例如，让秘书起草一份文件。对于任务的说明，一定要简单、明确。

2. 职位

职位是指一个员工应完成的一组任务。职位是针对从事每项工作的人数而言的，有几个职位就有几个员工。例如某企业需要 6 个计算机程序员，就设有 6 个程序员的职位。

3. 职务

职务是指一组责任相似的职位，其工作性质、类型相同，完成工作的条件也相同。

岗位分析研究，是行动领域开发的重要环节，可以通过收集各种与岗位有关的信息、数据和资料，经过梳理后，系统、全面、深入地进行岗位描述。例如，对于人力资源部部长的描述，见表 2-19。

表 2-19　人力资源部部长岗位的描述

岗位名称	人力资源部部长	所属部门	人力资源部
直属上级	总裁	管理人数	3
岗位宗旨	确保公司发展所需的人力资源，完善人力资源管理体系		
工作内容	1. 制订并提交部门年度工作计划、人员计划 2. 编制公司人力资源战略规划，审核年度招聘计划，并监督落实 3. 健全公司人力资源管理制度，并监督落实 4. 组织对公司各部门的定岗定编工作 5. 建立公司内部人才的分类及梯队体系，制定员工职业生涯发展规划 6. 指导各对外投资控股企业招聘计划的实施 7. 参加对应聘人员的面试，并签署部门意见 8. 负责公司紧缺人员的考察和引进工作 9. 建立员工综合考察体系，对员工的转正、定级、培养、任用和晋升提出建议 10. 负责本部门人员的考评、培训指导和选拔 11. 负责公司员工、控股企业经营班子成员和外派人员的年终绩效考核考评方案设计并组织实施 12. 负责员工工资、公积金和加班费的审批，年终奖金的发放工作 13. 审定公司的薪酬和福利保障制度 14. 审核员工培训计划，并监督落实 15. 完成上级交办的其他工作		
工作职责	1. 负责制定与实施公司人力资源规划 2. 对公司人才储备和梯队建设的成效负责 3. 对薪酬方案实施的成效负责，对公司绩效考核方案的有效性负责 4. 对公司年度招聘计划的落实负责		
沟通方式	1. 与上级：接受总裁书面或口头指导，并提供必要的建议 2. 与同级：与各部门经理以及各控股企业经营班子成员进行积极交流和沟通 3. 与下级：给本部门员工人性化的业务指导，并善于同其他部门员工进行有效的交流和沟通		
岗位资格要求	1. 教育背景：硕士或硕士以上学历，人力资源管理相关专业 2. 经验：8 年以上工作经历，3 年以上中型企业的人力资源管理相关经验		
岗位技能要求	1. 专业知识：掌握人力资源、心理学的相关知识，熟悉相关政策、法规，了解人力资源管理发展的趋势 2. 能力与技能：性格外向，有优秀的亲和力和沟通能力，善于发现人才		

四、典型工作任务的分析、归纳

"典型工作任务"，又称为典型职业工作任务。它是职业行动中的具体工作领域，也称为职业行动领域。典型工作任务是根据一个职业中可以传授的有代表性的工作任务来确定的，具有职业工作的典型的价值和意义，并具有促进该领域的职业能力发展的潜力。

典型工作任务特征如下：

（1）在有关复杂的职业化的活动中具有结构完整的工作过程，即包括计划、实施、检查、评价等程序。

（2）典型工作任务表现出了职业工作的内容和形式，即将客观的工作任务按照一定主观标准进行了系统化的处理。

（3）对从业人员的职业生涯发展具有重要价值和意义；在企业的工作或经营的流程里具有重要的功能。

（4）可以用不同的方式完成任务，即完成任务的方式好，结果有较大的开放性。

（5）能够按照职业成长规律，对工作任务进行从简单到复杂的排序。

（6）典型工作任务，一般都留有设计空间。

通常，一个职业会有 10～20 个典型工作任务。作为课程的载体，典型工作任务来源于企业实践，它在职业人的成长过程中起着关键性的作用，但不一定都是实际工作中最常见的具体任务的再现。例如，问卷设计是市场调研员等常见的工作，但并不是其典型的工作任务。典型工作任务反映的是整体性的工作，其内容包括工作对象、工具、工作方法、劳动组织形式和工作要求等，还包括相关的专业知识和技能。例如，人力资源管理师的典型工作任务分析（行动领域开发），见表 2 - 20。

表 2 - 20 人力资源管理师的典型工作任务

岗 位	具体工作任务描述	典型工作任务
招聘专员	1. 起草招聘信息，发布招聘广告 2. 根据企业用人的需求，实施招聘工作 3. 准备人员测评表、面试结果评价表、面试记录表等资料 4. 负责人员的甄选、录用 5. 管理所有应聘人员的简历存档，建立应聘人员信息库，进行人才储备管理 6. 收集招聘渠道信息，建立企业的招聘网络，并进行维护	1. 建立人力资源制度 2. 制订人力资源工作计划
培训专员	1. 协助培训经理进行员工培训需求调查，撰写培训需求调查报告 2. 协助培训教师完成内部课程的开发和授课工作 3. 根据培训计划和课程安排，组织员工按时参加培训 4. 根据培训课程安排，组织员工按时参加培训 5. 负责与企业外部培训机构及培训师的联系工作，并安排培训日程 6. 评估培训效果，撰写评估报告 7. 收集和整理各种培训教材，并及时归档 8. 维护与管理员工培训档案	3. 人力资源市场与员工信息调查 4. 人力资源政策与法规运用

续表

岗 位	具体工作任务描述	典型工作任务
绩效考核专员	1. 根据企业对绩效管理的要求，配合领导实施绩效管理，并对各部门绩效评估过程进行监督控制，及时解决出现的问题 2. 协助主管完成各种报告、文件的草拟等工作，做好考核前的宣传和培训工作 3. 指导、协助各部门绩效考核工作的实施，与各部门随时保持沟通 4. 统计绩效考核数据，并及时反馈给主管 5. 及时向各部门员工反馈绩效考核结果 6. 受理员工考核申诉，提出处理意见，并上报主管 7. 考核结束后，分析考核工作中存在的问题，并及时主管反映 8. 收集整理绩效相关资料	5. 人力资源项目组织与实施 6. 人力资源测评与员工潜能开发
薪酬、福利专员	1. 调查当地整体薪酬水平和同类企业薪酬水平，并撰写薪酬调查报告 2. 根据企业的薪酬福利制度，及时准确地计算和发放员工工资 3. 为企业员工办理各种保险等工作 4. 核定各项保险基数，以便正确计算保险数额 5. 管理员工考勤、休假 6. 及时维护薪酬档案，根据职位管理的变动，记录员工相应的薪资变化，有序地保存相关文件	7. 人力资源团队建设与维护 8. 人力资源档案建设与维护 9. 人力资源项目策划
劳动关系专员	1. 协助主管草拟劳动制度 2. 收集和研究现行国家劳动人事政策法规，推进企业劳动用工制规范化管理 3. 为企业员工办理劳动合同续签等手续 4. 负责劳动合同的签订、变更、解除与终止等工作 5. 及时整理和归档企业劳动台同 6. 办理企业员工新进、调岗、离职等手续 7. 协助上级完成企业内部员工冲突、投诉等劳动争议的受理、调查和处理工作 8. 负责对企业员工扶持、关心等工作，提升员工对企业的归属感 9. 管理员工档案	10. 工作分析 11. 人力资源信息收集整理与存档 12. 人力资源相关报告撰写

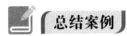 **总结案例**

高职公共事务管理专业岗位和能力分析

一、公共事务管理行业现状与发展调查结果分析

（一）公共事务管理行业现状及发展趋势

公共事务管理是指公共组织对社会公共事务的管理。广义的公共事务可以归纳为国家公共事务、政府公共事务和社会公共事务三大类。社会性是这三类公共事务管理的共同属性。

随着经济全球化发展，我国迈进社会经济发展的快车道。党的十八大报告准确把握我国发展的阶段性特征，开创性地提出到2020年全面建成小康社会的宏伟目标。稳步推进我国现代城市化建设是全面建成小康社会的关键内容和核心引擎。公共事务行业在现代城市管理实践和社会科学发展内生动力的推动下蓬勃发展起来。随着全球社会性公共事务的内容和范围逐渐扩大，公共事务管理的复杂性不断提高，单纯依靠政府行政管理公共事务暴露出诸多弊端。十八大报告提出扎实推进文化建设，积极保障改善民生和创新社会管理，探索适合我国国情的公共事务管理体系是创新社会管理模式的重要内容。以往完全依赖政府统管的科、教、文、卫、体等行业及资源和环境保护等涉及全社会公共利益的事务管理，均需从市场经济的角度重新认识和定位。随着我国社会管理机制改革与发展，公共事务管理行业需要大量的公共事务管理专业人才。我国公共事务管理行业的发展历程如图 2-10 所示。

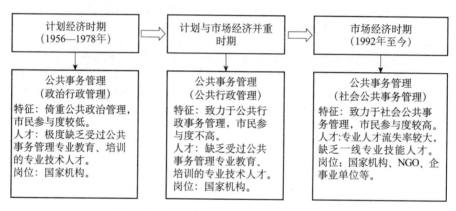

图 2-10　我国公共事务管理行业的发展历程

（二）经济转型升级对公共事务管理行业技能的新要求

公共事务管理产生于现实社会客观需要，社会需要推动公共事务管理专业的变革与发展。公共事务管理涉及范围越来越广，监管措施越来越具体。进入 21 世纪后，经济全球化要求不断提高我们的国际竞争力。《中华人民共和国国民经济和社会发展第十三个五年规划纲要》和《商务发展第十三个五年规划纲要》明确提出推动外贸调结构，巩固贸易大国地位，推进贸易强国进程。蓬勃发展的国际贸易需要大批的公共事务管理专业技术人才。如何提高本专业人才的国际竞争力，满足社会需要，是本专业发展过程中必须解决的问题。调研结果显示，当前我国经济转型升级对公共事务管理行业技能的新要求主要体现在：

（1）掌握有关法律、法规、条例和标准。

（2）具备较强的沟通协调和计算机应用技能。

（3）具有处理突发事件的公关能力和较强实践工作经验。

（三）公共事务管理职业岗位与人才结构现状

在我国，现有的公共管理专业人才资源基数较大，但是人才队伍的专业素养普遍偏低。从发展的眼光看，我国公共管理专业人才资源潜藏着危机。

公共管理专业人才资源的学历、知识、专业技能素质是公共管理专业人才资源素质的基本方面，应与其他素质交互作用，才能更好地发挥其功能。但是由于历史原因、教育培训经费投入不足、国家总体教育水平不高等多方面因素的制约，我国公共管理专业人才资源的学历层次总体偏低。有关调查数据显示：全国公共管理专业人才资源共530.7 万人，其中大专及其以上学历的 232.7 万人，占总数的 43.9%；具有本科学历的52.65 万人，占总数的 9.92%；具有研究生学历的 1.88 万人，占总数的 0.35%；中专及其以下学历的 298 万人，占总数的 56.1%。

不难看出，公共事务管理专业人才资源中具有大专以上学历的从业人员所占比例偏低，由此引发了一系列的问题：一方面严重影响了公共事务管理专业人才资源的整体素质，更不能满足我国行业企业迅速发展对公共事务管理高素质专门技能人才的用工需求；另一方面当前我国公共事务管理行业从业人员的工资薪酬水平普遍偏低，进而引发行业从业人员流动性居高不下，抑制了公共事务管理行业的健康发展。

近些年，我国持续加大公共事务管理行业财政投入，同时引入公共事务管理行业市场化机制，全国公共事务管理行业企业也在迅猛增长。行业的快速发展趋势，为公共事务管理专业高等职业教育提供了新的发展机遇。职业教育要满足社会需求，为行业培养公共事务管理一线紧缺的技术技能型人才，补缺我国公共事务管理高素质专门技能人才供给不足的短板，进一步促进我国公共事务管理行业良性发展。

二、公共事务管理行业特点分析

一是公益性。公共事务的表现形式是公共物品与公共服务，公共物品与公共服务具有消费的非排他性，不能只为供给方单独享有，而是会使社会成员普遍受益。因此，从形式上看，公共事务管理的受益对象是一定范围的社会公众。

二是多样性。公众对公共物品和服务质与量方面的需求偏好千差万别，而且呈现出不断变化的趋势。这就决定了公共事务种类繁多、内容广泛，同时也决定了公共事务管理方式方法的多样化。

三是层次性。公共事务管理所针对的是不同层次的公共问题，所涉及的社会成员范围有大有小，由此，公共事务可分为全球性公共事务、全国性公共事务和地方性公共事务等不同层次。

其中，公益性是公共事务的本质属性，多样性与层次性是公共事务的表现形式。随着我国经济社会快速发展，公共事务管理的内涵与外延变化较快，因此，持续深入地探索新时期我国公共事务管理行业的时代特征，把脉高等职业教育公共事务管理专业人才培养模式势在必行。

此外，公共事务管理行业具有工作内容综合、工作环境较艰苦、临时用工现象普遍存在、人才流动性相对较大等特点。分析认为，造成人才流动性较大的主要因素是基层公共事务管理人员的职业岗位晋升和技能素养提升渠道不畅。从所调研的单位来看，绝大多数用人单位认为高等职业学校毕业生具备中级职业资格证书、工作踏实、工资成本也不是很高，而他们发挥的作用却是其他层次从业者难以替代的。因此公共事务管理行业存在较大的高等职业学校毕业生用工需求。

三、适合高职毕业生从业的岗位群及岗位分析

高等职业教育人才培养目标是培养生产、建设、管理、服务第一线需要的"下得去、留得住、用得上"，实践能力强、具有良好职业道德的高素质技能型人才。根据调研分析得知，公共事务管理行业希望高职毕业生应具备的专业和非专业能力如表 2-21 所示。

表 2-21　岗位群对职业能力的新要求

序号	专业能力	非专业能力
1	公文写作与处理	语言表达
2	公关谈判	办公自动化
3	会议策划与组织	沟通协调
4	社会调查	现代礼仪
5	数据采集与分析	人际交往
6	人力资源管理	创新创业
7	法律咨询与服务	终身学习

调研结果表明，用人单位在未来三年对公共事务管理专业人才的需求量较大，主要用人单位的性质及岗位设置情况如表 2-22 所示。

表 2-22　用人单位性质及岗位设置情况

编号	用人单位	性质	部门设置	工作任务
1	企业公共事务部	大中型企业	综合保障部	客户服务管理
			公司事务部	企业行政管理
			公共关系部	组织协调与宣传
			秘书部	办公事务处理
2	企业综合管理部	小微企业	外联部	组织协调与宣传
			行政办公室	企业行政管理
3	教育、卫生、福利等公共事业和公共服务部门	事业单位	办公室	办公事务处理
			宣教科	组织协调与宣传
			信息中心	信息收集与处理
4	行业协会秘书处	NGO 机构	会员服务部	组织协调与宣传
			综合保障部	客户服务管理
			办公室	办公事务处理
5	街道办事处	政府派出机关	街道辖区城管支队	行政执法
			党政办公室	办公事务处理
			社会事务办公室	组织协调与宣传
6	城市综合管理行政执法局	事业单位	执法总队	行政执法
			指挥中心	数字化城管坐席管理
			办公室	办公事务处理

综合调研结果分析得知公共事务管理行业高等职业学校毕业生可直接胜任的岗位有 5 个，分别是办公事务处理、组织协调与宣传、行政执法、企业行政管理、客户服务管理。

针对公共事务管理专业毕业生近 5 年职业发展情况的调研结果显示，公共事务管理专业高职生的职业发展与技能提升通道主要包括：能胜任可拓展岗位 3 个（行政事务处理、公关经理、行政执法干部）；能胜任可延伸岗位 3 个（办公室主任、公关师、市政行政执法干部）。

调研结果还显示，公共事务管理行业企业急需高职毕业生的岗位有 3 个（办公事务处理、组织协调与宣传、行政执法）。

四、公共事务管理专业岗位能力及职业素养分析

项目组走访调查的企事业单位性质、规模有较大差别，但通过调查发现用人单位对高职毕业生的素质及能力要求共性较多。通过企业走访调查，综合分析得出企业关注的毕业生职业素养和专业能力的出现频次排序如表 2-23 所示。

表 2-23　用人单位对毕业生职业素质、能力要求排序

序号	职业素养和能力	出现频次
1	职业道德	90%
2	语言表达	90%
3	公文写作与处理	90%
4	团队意识	80%
5	公关谈判	80%
6	会议组织与策划	70%
7	抗挫折与心理健康	70%
8	社会调查	70%
9	法律咨询与服务	70%
10	吃苦耐劳	70%
11	办公自动化	60%

根据公共事务管理企事业单位对高职生胜任岗位以及岗位专业知识和能力需要，调研梳理归纳如表 2-24 所示。

表 2-24　工作岗位任务与职业能力分析

工作岗位	工作任务	职业能力
1. 办公事务处理	从事文书写作、会议办理，并为各类办公事务处理提供服务	1.1 具有各类公文写作与处理的能力
		1.2 具有待人接物的能力
		1.3 能处理机构内部日常行政管理事务
		1.4 能保管和正确使用公司印章
		1.5 能策划与组织各类会议与公共活动
		1.6 能使用公共事务管理的工具软件
		1.7 能运用社会调查方法对各种事件开展调查，分析处理具体问题
2. 组织协调与宣传	从事组织机构信息传播、关系协调、形象管理事务的咨询、策划、实施和服务工作	2.1 具有沟通、协调等公关谈判能力
		2.2 具有收集、整理、分析公众信息能力
		2.3 具有制订公众传播计划、制作发行宣传材料的能力
		2.4 具有策划、组织实施专题性公众活动的能力
		2.5 具有危机公共处理能力
		2.6 能使用公共事务管理的工具软件
3. 行政执法	在特定国家机关依法从事行政监督和行政处罚工作	3.1 能运用各类行政管理法律法规开展行政执法
		3.2 能运用社会调查方法对各种事件开展调查，分析处理具体问题
		3.3 具有档案管理能力
		3.4 具有制作与处理执法文书的能力
		3.5 具有劳动争议预防与处理的能力
		3.6 能使用公共事务管理的工具软件
		3.7 能开展政策法规咨询与服务

续表

工作岗位	工作任务	职业能力
4. 企业行政管理	协助企业领导参与企业管理工作	4.1 具有人力资源规划、社会保险事务办理能力
		4.2 具有组织管理能力
		4.3 具有沟通协调能力
		4.4 具有公关社交能力
		4.5 能运用社会调查方法对各种事件开展调查，分析处理具体问题
5. 客户服务管理	负责接受客户咨询，帮助客户解答疑惑等客户服务工作	5.1 具有沟通协调能力
		5.2 具有人际交往能力
		5.3 具有口头表达能力
		5.4 能使用公共事务管理的工具软件
		5.5 具有信息采集与归纳总结能力

五、公共事务管理行业职业培训及取证现状分析

（一）职业技能标准及岗位证书

目前，各省、市及地区的部分高等职业学校具有职业资格鉴定机构，具备培训、鉴定资格。当前开设公共事务管理专业的部分高校推荐学生报考的职业资格证书包括企业人力资源管理师、劳动关系协调员等。

（二）现行教学与职业资格标准的差距

通过调研分析得知，企业人力资源管理师、劳动关系协调员等职业资格证书与公共事务管理专业的职业面向和人才培养目标的相关性不显著，对促进学生就业的作用不突出；同时，学生对报考上述职业资格证书的积极性也不太高。

资料来源：何必繁.公共事务管理专业教学标准调研报告.

 课后思考

1. 请阐述职业分析（工作分析）的目的、意义。

2. 试叙述运用二次职业分析的方法开展职业分析的步骤。

模块三　职业院校课程标准制定

模块导读

　　本模块旨在使学习者了解职业教育课程标准的制定。通过了解课程标准与教学大纲的区别，明确职业教育课程标准的基本概念、结构和特点，掌握课程标准开发的程序，能够开发基于学生学习成果的课程标准。

单元一　课程标准概述

培训目标

◆ 了解课程标准的基本概念和特点
◆ 了解课程标准的作用和基本结构
◆ 明确课程标准与教学大纲的区别

导入案例

课程标准取代教学大纲有什么重要意义？

　　小杨是某高职院校计算机系的专任教师。前些日子系主任给她布置了一项工作，就是收集兄弟院校"计算机应用基础"课程的课程标准，并做比较研究，然后提出本校"计算机应用基础"课程标准的开发计划。杨老师很认真地收集了本地院校的课程标准，她发现有的学校叫课程教学大纲，有的叫课程标准，而且这两个词语还在混用。她向同事请教，同事说："以前叫教学大纲，现在都改成课程标准，最近一直在改革，不叫课程标准就不能体现改革精神。"为了弄个究竟，小杨向系主任请教："课程标准和教学大纲到底有什么不同?"

分析: "课程标准"取代"教学大纲"，不仅仅是一个简单的词语置换，而是对接以学习者为中心的现代人才培养方式，建设现代职业教育体系的需要，这至少意味着：第一，课程价值趋向从精英教育转向大众教育；第二，课程目标着眼于学生素质的全面提高；第三，从关注教师教学，转向关注课程实施过程；第四，课程管理从刚性转向了弹性。

此外，两种教学文件的内涵也有很大的不同。

一、课程标准与教学大纲

我国职业院校过去很长时间一直沿用教学大纲指导教学，随着近年来普通教育恢复使用课程标准[①]，职业教育也陆续开始恢复使用课程标准。

（一）教学大纲

教学大纲，是根据课程内容和教学计划的要求编写的教学指导文件，它规定了本课程在本专业教学中的地位和作用、课程的教学目的和任务、知识技能的范围和深度、内容的体系结构、教学进度和教学法的基本要求，是编写教材和开展教学的主要依据，也是教学评估的重要准则。

教学大纲不仅对教学目标和教学内容做出了明确的规定，而且用大量的篇幅具体规定了日常教学中可能涉及的所有知识点的要求（隐含规定了全体学生可能达到的最高要求）。教学大纲还规定了具体的教学顺序及各部分内容所占的课时数。

（二）课程标准

课程标准，美国通常用 academic benchmark 表示，其他国家也有用 curriculum standard 表示的。按照《教育学大辞典》的描述，课程标准是规定某一学科的课程性质、课程目标、内容目标、实施建议的教学指导性文件。

我国在清朝末年兴办近代教育之初，在各级学堂章程中就有《功课教法》章，列有课程门目表和课程分年表。这是课程标准的雏形。1912 年 1 月，中华民国教育部公布了《普通教育暂行课程标准》。此后，课程标准一词沿用了约 40 年，一直到 1952 年改称"课程计划"和"教学大纲"。2004 年，山东、宁夏、广东和海南首批试点高中新课标时，出现了新的"课程标准"的提法。

1992 年亚太经合组织教育部长会议上，将课程定义为："学生应掌握的特定知识、技能和态度的明确描述。一个社会或一种教学体系规定的学生不同年级、不同学科领域

---

① 2004 年，山东、宁夏、广东和海南首批试点高中新课标。

应该获得成绩、行为以及个人发展。"对于课程标准，不同国家的描述大同小异，例如：课程标准是为"评估学生学习而设计的一般标准"（加拿大安大略共同课程省级标准）；课程标准是"大多数学生能达到的学习结果，为课程规划、实施与评价提供了一种参考"（澳大利亚维多利亚州课程标准框架）；课程标准是"度量教育质量的准绳：学生所掌握知识和能力的质量，教育大纲质量，教学质量，教育系统质量，评价质量等"（美国国家科学教育标准）。

职业教育的课程，强调职业能力的培养，更加注重学生的学习成果以及衡量学生学习成果的评价标准。徐涵教授提出[①]：基于学习成果的职业教育的课程标准是规定"学生学什么、学到什么程度；教师教什么、教到什么程度"、"用什么去衡量学生是否达到了规定要求"的纲领性教学指导文件。"学习成果"（即学习产出）是指学生学习完"学习性任务"之后，具体会了什么，能做什么。评价标准描述了学习成果（产出）的绩效标准，告知学生和教师为完成学习成果（产出）必须做什么，同时告知教师应该教授什么样的知识、技能及情感态度。

课程标准有以下特点：

（1）课程标准规定全体学生的基本要求（即最低要求），而不是最高要求；

（2）课程标准是对学生在经过某一学段之后的学习结果的行为描述；

（3）课程标准结果行为的描述是可理解的、可达到的、可评估的，而不是模糊不清的、可望而不可即的；

（4）课程目标涉及三个领域：认知、技能与情感，而不仅仅是知识；

（5）课程标准最终要检验的是学生是否达到了预期的学习结果，而不是教师有没有完成某一任务或是否达到了某一目标，因此，"内容标准"的陈述是以学生为出发点的，目标的行为主体是学生，而不是教师。

（6）对于课程标准，教师主要关注的是如何利用各门课程所特有的优势促进每一个学生的健康发展；而不是仅仅关心学生对某个结论是否记住，记得是否准确，某项技能是否形成，并且运用起来是否得心应手。

（三）课程标准与教学大纲的比较

课程标准与教学大纲相比，在课程的基本理念、课程目标、课程实施建议等几部分阐述得更详细、明确，特别是提出了面向全体学生的学习基本要求。所谓课程标准，就是对学生在经过一段时间的学习后应该知道什么和能做什么（what students should know and be able to do）的界定和表述，实际上反映了国家对学生学习结果的期望。课程标准通常包括了几种具有内在关联的标准，主要有内容标准（划定学习领域）和表现标准（规定学生在某领域应达到的水平）。

特别要说明的是，课程标准主要是对学生学习结果的行为描述，而不是对教学内容的具体规定，这是与教学大纲的最主要区别。教学大纲的陈述方式多采用的是"使学生""提高学生""培养学生"等方式。这种陈述方式意味着行为的主体是教师而不是学

---

① 徐涵，韩玉.基于学习成果的职业教育课程标准开发与实践［M］.北京：北京师范大学出版社，2021.

生。课程标准采用的是行为目标的陈述方式。陈述的角度必须从学生出发，行为的主体必须是学生，而不能以教师为目标的行为主体[1]。

课程标准的突出特点有：课程标准规定的是全体学生的最低要求，而不是最高要求；是对学生学习结果的行为描述，而且该描述是可理解、可实现、可评估的，而不是模糊、可望不可即的；课程标准的目标涉及知识、技能和情感三方面，而不仅仅是知识；课程标准直接检验的是学生是否达到预期的学习结果，而不是教师为了完成教学任务的表现，因此标准的描述是以学生而不是教师为行为主体。

对于职业教育中提倡的"基于学习成果"的课程标准，徐涵教授总结其特点：一是关注学习成果，课程标准首先确定的是学生应该取得的成果（产出）。成果描述的是学生能够做什么以及完成工作需要运用什么知识与技能。其核心是从重视资源投入的传统教育转变为重视学生的"产出"，即学习成果，关注重点是学生"学到了什么"以及能实际"带走"的能力，重视学生适应社会和未来的综合能力。二是培养职业能力，课程标准指向的职业能力既包括满足具体工作职责与任务所需要的能力，也包括满足不同工作领域需要的核心/通用能力，它们是所有职业中都被使用的、与现在和将来都有关的技能、知识与情感态度。基于学习成果的课程标准明确了以描述学生将做什么以及做的程度来检验学生是否获得学习成果，这样就给教师提供了评价的准绳，同时也是确定教学内容、教学方法和策略，乃至教学时间分配的基本依据。

二、课程标准的作用

课程建设与改革是提高教育教学质量的重要举措。"建立突出职业能力培养的课程标准"是职业教育课程建设与改革系统工程中的一个重要枢纽，因为课程标准不仅是教学过程中配置教学资源、组织教学、进行教学评价和教学管理的主要依据，也是完整体现职业教育理念的表现形式。因此，在职业教育教学改革的实践中，充分认识课程标准的作用，明确课程标准的制定原则、制定途径及基本内容，将有助于课程建设与改革的顺利进行。

（一）课程标准是教师教学和学生学习的重要指导文件

课程标准不仅供教师教学使用，也供学生学习使用，其明确了一门课的课程定位、课程目标、课程内容框架和课程实施建议等，可以指导教师很好地贯彻先进的职教理念，进行科学的教学设计和相应的教学条件的准备，组织和指导学生进行学习。同时，课程标准确立了学生学习的知识与技能、过程与方法、情感态度与价值观三位一体的体验性目标，突出地体现了从学生学习和发展角度出发，进行课程内容的选择与组织，全面考虑课程在学生职业能力和职业素质培养中的作用，可以有效地指导学生的学习。

---

① 许远. 职业教育教材开发与论文写作 [M]. 北京：中国人民大学出版社，2019.

（二）课程标准是职业教育人才培养目标的具体体现

职业教育的课程标准是依据专业人才培养目标，以学生综合职业能力和职业技能形成为重点，来确定课程改革基本理念、课程设计思路和教学内容组织等。人才培养目标必须很好地体现在课程目标中，而课程目标是课程标准的灵魂。职业教育课程标准的实质是对学生经过职业教育之后的结果进行的具体描述，是职业教育质量应达到的具体指标要求。

（三）课程标准是职业教育教学质量保障体系的重要组成部分

建立制度制定标准是教育教学质量保障体系的重要内容。职业教育的课程标准对课程定位、课程目标、课程内容、课程实施等提出了具体要求，是教师教和学生学的标准。尤其在教学内容上，课程标准给出了这门课结束后学生在知识、能力和技能等方面应该达到的定量的或半定量的具体标准，它是教学评价的重要依据。因此，课程标准的制定是职业教育培养面向生产、建设、服务和管理第一线需要的高素质技能型专门人才的重要保障。

（四）课程标准是职业教育教材编写的重要依据

教材是课程标准的具体化。课程标准是课程教材编写的前提和依据，因为课程标准不仅给出一门课的教学内容，更指明了课程的教学理念及设计思路。教材编写要根据课程标准选编和组织有一定范围和深度的知识与技能体系的资料，需要在认真领会并执行课程标准基本精神的基础上进行。

（五）课程标准是教育标准与企业标准相融合的纽带

职业教育成功与否，不能只用学生取得的成绩来衡量，更主要的是取决于学生在实际工作中被社会认可的程度。社会标准、企业标准才是检验职业教育课程质量的依据。课程标准应由社会、企业、学校共同参与制定，它是教育标准与国家人力资源和社会保障部门制定的国家职业标准和相关企业标准的融合。

三、课程标准的基本结构

国际与国内、普通教育和职业教育，课程标准的结构大同小异。

课程标准的结构主要由课程性质与地位、课程的目的与目标、课程的具体描述、教学策略与教学方法、评价策略与评价方法、课程实施建议六大部分组成，各个部分之间相辅相成。

课程性质与地位要明确该课程在整个人才培养中所处的地位与作用，是什么性质的课程，与其他课程之间是什么关系等。课程的目的是宏观地阐释通过本课程的学习学生应获得的主要学习成果；课程目标是课程目的的具体化，由知识目标、技能目标和情感态度目标所构成。课程的具体描述是撰写课程标准的关键部分，也是基于学习成果的课程标准优于传统课程标准的体现。其中，确定学习性任务的名称、确定教学目的、学习产出、评价标准、学习内容的技术方法是课程标准编制的难点，将在撰写课程标准部分具体展开。教学策略与教学方法、评价策略与评价方法是总结性陈述而非具体的规定，课程开发者需要运用自身知识与教学经验选择最合适的策略，教学策略和评价策略应该与学习成果（产出）相匹配。课程实施建议包括课程实施所需要的教师配备与要求、教学设备配备与要求及课程资源列表。

课程标准内容包括：前言、课程目标、课程内容及标准、课程实施建议、课程评价等。课程标准一般不需包括教学重点、难点、时间分配等具体内容。图 3-1 较为形象地表示出课程标准的内容。

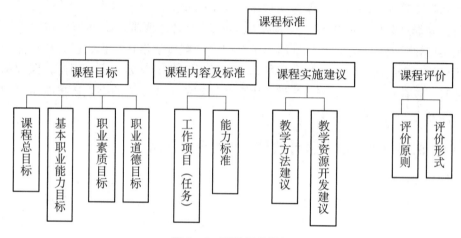

图 3-1　课程标准框架

课程标准中较为重要的几方面内容如下：

（1）前言。包括课程的性质、基本理念和课程标准的设计思路，定性描述课程的性质和功能，说明课程标准的设计思路。

（2）课程目标。确定知识与技能、过程与方法、情感态度与价值观三方面共同而又各具特点的课程目标。

（3）课程内容和课时安排。根据专业教学要求和课程目标，确定课程内容和要求，说明学生应获得的技能与知识，合理安排课时和教学顺序。

（4）实施建议。根据课程实施的各个环节，提出教学建议、教材编写建议、教学评价建议、课程资源开发与利用建议等。

案例

基于学习成果的职业教育课程标准的一般结构

一、课程的性质与地位

二、课程的目的与目标

1. 知识目标

2. 技能目标

3. 情感态度目标

三、课程的具体描述

详见表 3-1。

表 3-1 课程的具体描述

学习性任务名称与编号	学习性任务一：×××××
教学目的	
学习内容	
学习产出（成果）	
评价标准	
学习性任务名称与编号	学习性任务二：×××××
教学目的	
学习内容	
学习产出（成果）	
评价标准	
……	

四、教学策略与教学方法
五、评价策略与方法
六、课程实施的建议

1. 教师的配备与素质要求

2. 教学设备要求

3. 课程资源

资料来源：徐涵，韩玉．基于学习成果的职业教育课程标准开发与实践［M］．北京：北京师范大学出版社，2021。

四、职业教育国家课程标准的建设

国家课程标准是教材编写、教学、评估和考试命题的依据，是国家管理和评价课程的基础，应体现国家对不同阶段的学生在知识与技能、过程与方法、情感态度与价值观等方面的基本要求，规定各门课程的性质、目标、内容框架，提出教学和评价建议。

在我国，对于普通教育，国家已经出台了相应的课程标准，并作为指导性文件，但是对于职业教育，尤其是中等职业教育，由于专业的多样性、区域的差异性，在课程标准的制定方面始终处于探究状态，认识相对比较模糊。

2009年，《教育部关于印发新修订的中等职业学校语文等七门公共基础课程教学大纲的通知》（教职成〔2009〕3号）印发，颁布了中等职业学校语文、数学、英语、体育与健康、计算机应用基础、物理、化学等七门公共基础课程教学大纲。教育部门根据新形势的需要，于2019年颁布了《中等职业学校公共基础课程方案》，2020年分两批颁布了数学、信息技术、体育与健康、物理、化学、艺术、英语七门课程标准；同年，政治、语文、历史课程标准也颁布实施。

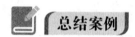 **案例**

我国中等职业教育公共基础课课程标准的结构

一、课程性质与任务

二、学科核心素养与课程目标

三、课程结构（分为课程模块和学时安排两部分）

四、课程内容（分为基础模块和拓展模块两部分）

五、学业要求

六、课程实施建议（含教学建议、学业水平评价建议、教科书编写建议、课程资源开发与利用建议、地方与学校实施本课程的建议）

七、附录

总结案例

课程标准
——"展示设计"课

一、课程概述

1. 课程基本信息（略）

2. 课程内容

"展示设计"是研究视觉传达设计中产品展示与陈设的一门学科，是视觉传达设计专业的一门专业核心课程。其任务是使初学者了解展示设计岗位相关标准。课时为 65 学时，4 个学分。本课程考虑目前视觉传达设计行业的现状及社会要求，根据国家已颁布的现行各项标准、规范和操作规程，较为全面地介绍了近几年展示设计中使用的各项常用材料、常用技术、设计方法。其对应的职业及工作任务如表 3-2 所示。

表 3-2 对应的职业及工作任务

职业	工作任务
平面设计、网页设计、影视广告与包装设计等视觉传达领域的设计与策划（平面设计师、广告设计师）	1. 熟悉并掌握视觉传达设计的内容及相关知识；2. 根据设计内容，进行构思、策划和平面、立体、空间设计；3. 手绘和电脑辅助设计草图；4. 进行视觉传达设计的策划、设计、制作

二、本课程的能力标准（选自专业计划的能力表）

1. 知识目标

了解展示设计的相关知识，掌握橱窗、展柜等商业展示的构造形式；掌握展示设计的道具设计和陈列形式；理解展示设计中色彩和照明的应用；掌握展示设计平面图、立面图、效果图设计；熟悉展示道具的应用和选择；掌握设计说明编写和 PPT 提案制作。

2. 操作技能

具有橱窗展示方案设计和制作能力。具有品牌展柜设计方案和制作能力。利用 CAD

软件绘制展示设计的平面图、立面图、剖面图；利用 3DMAX、SketchUp 绘制效果图；利用 Photoshop 等软件绘制二维图形。

3. 职业素养

具有爱岗敬业、团队合作、遵章守纪的良好职业道德；具备从事本专业工作的安全生产、环境保护等意识；具有对新知识、新技能的学习能力；具有一定的运用计算机处理工作领域内信息和技术的能力；具有吃苦耐劳的品质、开拓进取的创业创新精神；具有一定的社会交往能力和人际沟通能力。

能力表如表 3-3 所示。

表 3-3　能力表（选自专业计划）

职业功能 （工作任务）	工作内容	能力元素	相关知识
1. 熟悉并掌握视觉传达设计的内容及相关知识；2. 根据设计内容，进行构思、策划和平面、立体、空间设计；3. 手绘和电脑辅助设计草图；4. 进行视觉传达设计的策划、设计、制作	为客户提供商业会展平面与空间设计（展示设计）	利用图形、字体、色彩、材料、照明等展示设计与制作	展示设计与制作

三、课程结构

如表 3-4 所示。

表 3-4　课程结构

课程模块名称 （可以是工作内容）	主要内容	学时（含实训）
橱窗展示设计	服装店橱窗展示设计	41（含实操 36）
品牌专柜设计	市场调研，品牌专柜设计平面图、立面图、展示效果图、设计说明和 PPT 提案	24（含实操 20）

四、课程模块内容及测评要求

如表 3-5 所示。

表 3-5　课程模块内容及测评要求

模块名称	学习内容（范围）	学习产出 （评价标准）	测评方法 （工具、场所）
橱窗展示设计	1. 橱窗构造； 2. 橱窗的陈列形式； 3. 橱窗设计方法； 4. 橱窗设计色彩； 5. 橱窗照明设计。	1. 1m×2m×3.5m 服装店橱窗展示设计平面图、立面图、效果图设计方案图纸一套； 2. 服装店橱窗的设计定位； 3. 服装店橱窗展柜道具选择和设计、展品陈列设计、灯光和色彩的设计方案一套； 4. 在上述基础上设计一个 1m×2m×3.5m 服装店的橱窗展示设计方案，并用 PPT 答辩； 5. 设计方案满意度达到 60%，错误率不超过 20%。	场地：多媒体教室、电脑机房； 工具：CAD 设计软件、SU 设计软件、PPT 制作、教师观察清单、学生互评清单； 方法：PPT 答辩、现场测评、学生互评

续表

模块名称	学习内容（范围）	学习产出 （评价标准）	测评方法 （工具、场所）
品牌专柜设计	1. 展示设计基础知识； 2. 市场调查、设计定位； 3. 方案设计、图纸制作； 4. 设计说明编写、PPT 提案制作。	1. 制作市场调查表，完成品牌专柜设计定位方案一套； 2. 制作目标客户调查分析表一份，分析客户类型和资料，完成设计方案草图一套； 3. 独立完成品牌专柜设计平面图、立面图、效果图图纸一套； 4. 独立完成专柜展品陈列设计方案一套； 5. 设计要符合目标客户群的喜好，并且设计方案具有独创性、识别性、创新性； 6. 能在上述基础上完成品牌专柜展示设计方案，正确编写设计说明，并用PPT答辩； 7. 根据教师观察清单和学生互评清单打分； 8. 设计方案满意度达到60%，错误率低于20%。	场地：多媒体教室、电脑绘图室； 工具：CAD设计软件、效果图设计软件、PPT制作、教师观察清单、学生互评清单； 方法：PPT答辩、教师现场测评、学生现场互评。

五、本课程的实施建议

1. 师资队伍（略）

2. 教学设置（略）

3. 教学资源（略）

4. 教学建议（略）

课后思考

1. 阐述课程标准的基本概念以及与教学大纲的主要区别。

2. 说明职业教育课程标准主要包括哪些内容。

单元二　课程标准的制定

培训目标

◆ 了解课程标准开发的原则

◆ 了解课程标准开发的主要程序

◆ 能够开发基于学习成果的职业教育课程标准

导入案例

建立课程标准最应当关注什么

在课程标准培训一年后的回顾座谈时，专业负责人覃老师深有感触地说："课程标准看起来不难，做起来不容易。"他说过去他们自己也做课程标准，按照自己的理解做，表面看起来没有任何问题，但是不好落实。比如：教学目标之一是"学会电工工具的基本应用"，这个目标没有问题，但是很难落实到每一个学生身上，原因是对目标的测评采用传统的考核——教师考评占80%，学生互评占20%，80%中作业、笔记、学习态度等都有占比，却没有工具使用的实际测评。而新课标则设计了每个模块的测评标准，如"使用工具正确拆装电器原件，教师现场评判是否达标"，这样的课标能保证学生学到过硬的知识、技能和素养，他们当年学生考证通过率大大提升。

分析：课程标准与教学大纲的主要区别就是以学生为中心，这就要求一定要关注学生学什么、怎么学、学到什么程度、如何测评学生的学习成果。这样的课程标准能保证培养学生必要的职业能力，因此，职业教育需要用课程标准。

一、课程标准开发的基本原则

（一）科学性原则

课程标准制定要以就业为导向，遵循技能人才成长发展规律和整体目标，遵从现代职业教育的指导思想，充分体现职业特征，满足学生职业生涯发展需要。

（二）循序渐进原则

课程标准制定要符合国家职业标准的要求，形成以中级工、高级工为主的人才培养课程层级。课程标准应提供给学生实际工作中所需要的知识、技能、情感和态度，要突出对学生的素质和能力培养，使其既达到从业的职业能力要求，又具有一定发展潜力。

（三）可操作性原则

课程标准制定要尊重职业院校办学现状和地域特征差异，各项要求力求具体、明确、清晰，目标可度量、可检验。课程内容的取舍和排序要遵循职业性原则，突出教学过程的实践性、开放性和职业性。

（四）以学生为本原则

课程标准制定要突出学生的主体地位，方便学生主动自我构建个人的经验和知识体系，发展职业能力。课程标准应是合格标准，不是选拔标准。课程标准的制定应突出社会需求、学习者需求，设计多元化、模块化的课程内容体系，满足课程对变化着的劳动世界的灵活适应性，体现个性化的需求。

（五）规范性原则

课程标准制定所用的术语、符号、体例等应符合国家有关标准、技术规范和约定俗成的表述，内容、结构、格式、表达形式应符合要求。

二、课程标准开发的基本程序

职业院校培养的是具有职业能力的技术人才，其课程标准的开发必须在能力标准的基础上进行，并且要突出能力本位，基于学生的学习成果，因此需要遵循下列步骤：

（一）确定需求，分析职业功能

这个步骤是做课程所属专业毕业生的社会需求分析和未来要从事的职业的功能分析，以便得到课程标准开发需要的能力描绘。在现阶段，可以按顺序采用下列四种方法。

（1）从现有的资格标准、职业技能标准或职业分析中找职业的功能分析和能力需求。不论是政府部门提供的，还是行业部门提供的，甚至是大企业提供的，都是最方便、直接、低成本的信息来源。如果感觉找到的信息不够新，或者不能满足当地劳动力市场的具体需求，可以借助步骤（2）、（3）和（4）来更新、修正能力需求。

（2）聘请业内技术最熟练的人员召开职业分析座谈会，以头脑风暴的方式"短平快"地获得业内专家的观点，明确未来工作的职责、任务、步骤，以及所需要的知识、技能和态度。这个方法适用于一切新职业或尚未建立职业资格标准和技能标准的职业。对于已有技能标准的职业，也可以用此方法更新、完善能力需求，特别适用于职业院校设计和更新人才培养方案。

（3）院校教师到企业去调研，获得职业的功能分析和能力需求。这个方法是前面两个方法的补充。该方法的长处是可以获得更可靠的一手信息，而且这些信息更接近本地用人市场的需求，短处是教师缺乏行业企业经验，又没有经过足够的课程开发培训，往往不知道如何到企业获得必要的信息，有时候获得的信息比较片面。

（4）毕业生跟踪调查。这是职业院校常规的工作。通过这个调查，可以很方便地改进、更新原有的人才培养方案和课程标准。

重要的是不要把能力表写成过程表，因为过程会随着时间及企业而变化。职责或任务应该尽可能地被表述为功能，而不是实用过程。比如：当一名急救员的能力需求，是急救员的功能，而不是急救的过程；驾驶员的能力需求，也是功能，而不是驾驶过程。

（二）制定能力标准，整合知识、技能和态度目标

本阶段主要任务是将前面开发的功能需求（一般职业 6～20 个）整理成能力标准。能力需求中反映了要完成某一工作的职责和任务，甚至步骤和工具，以及所需要的知识、技能和态度。在这一阶段，要把这些离散的能力点整合为能力领域（划分能力模块的依据），并配上工具、设备、设施和材料要求。特别注意我们要的能力标准是使工作者能完成职责和任务的基本元素，但不是任务和职责本身（比如要完成电视网络安装的能力元素，而不是安装的任务本身）。能力标准的产出以知识、技能和态度的形式呈现。

在确定能力标准时，对前面生成的能力需求要根据必要性和可行性取舍，并不是所有调查得来的能力点都要在课程中体现（比如"市长"的岗前培训就可以删除演讲能

力）。

注意：以上步骤（一）和步骤（二）应当用于专业培养目标定位，也就是一定要有专业负责人参与开发。这两个步骤界定的不是具体的一门课目标，而是该专业毕业生的职业能力目标。只有在完成这两个步骤后，才能具体开发每一门课程的标准。

（三）确定课程结构（教学单元）、开发测评手段

这个阶段要把主要功能表转化成模块名称，职责和任务转化成学习产出，与职责和任务相关联的技能与知识转化成评价标准。

1. 划分课程模块和元素

在有了能力标准后，就可以进入课程设计阶段。首先是划分课程模块，每一个能力单元（合成后的能力领域）就是一个大课程模块。所有的课程模块组成一门课，针对一种确定的职业能力（例如驾驶、中级插花师、急救员）。在课程模块的基础上，再按照教学或实训的需要，分解为若干"能力元素"，也就是我们平时说的教学单元，比如驾驶单元下的交规、钻杆元素，插花中的选型、色彩搭配元素，急救中的心肺复苏和气管插管元素等。

所有的能力单元加在一起应当覆盖人才培养方案的能力要求。

2. 设计学习产出

在课程模块和元素的基础上，开始设计学习产出。学习产出是由前面分析的职责和任务转化过来的。在设计学习产出时，要站在学员的角度，用表现标准呈现。注意使用动宾结构，说清楚"什么条件下、用什么工具（如果需要）、做什么、做到什么程度"四要素。切忌使用模糊的语言泛泛表述。比如"钻杆"的学习产出，用"独立驾车在指定场地过杆不碰杆"就比"掌握钻杆技术，达到钻杆考试要求"要好。

3. 转化评价标准

在确定教学方法之前要先确定评价标准。能力本位课程的评价标准来自与职责和任务相关联的技能与知识、态度。评价的目的是反馈效果和鼓励学生，而不是给学生分等级。因此要慎用期末百分制书面试卷作为评价工具，而要多用观察清单、测评表、问题表、设计方案、实际问题解决方案、录音录像等手段，设计基于学生能力发展的评价标准。评价标准没有分数和等级，只有"过"与"不过"。可以允许学生有再次被评价的机会，再次评价通过与一次通过没有结果上的区别。评价的过程是收集考生提供的证据，并对证据进行判断的过程。比如，急救课程中的心肺复苏，评价标准应当是考生当场演示，达到学习产出（表现标准）即为通过，否则再来，直到通过为止。

（四）开发课程内容，决定教学方法

在完成上述步骤后，开发课程内容对我国职业院校的教师来说，困难不大。比较困难的是设计教学方法。我们的教师多数没有经过参与式、互动式积极教学法的培训，不会设计讲授式之外的教学方法。教学方法的设计要以学习产出和评价方式为依据，灵活

应用，力求最佳学习效果。比如学习产出是具体的物品，评价方式是个人提供证据，教学方法就应以"示范、指导、习作"为主。如果学习产出是态度目标，就可以采用体验式方法。

（五）开发教学资源

教学资源不仅仅是教科书，这已经是职业院校的共识。教学资源还包括活页、资料、学生工作页、题库、微课、网络资源等。

在开发教学资源时，既要避免被校本教材所限制，又要避免盲目开发数字化网络资源。要在科学的教学设计之下，开发适用、实用的有效教学资源。同时，不要在开发教学资源上盲目使用教师资源。教师的作用是教学设计，而不是IT技术开发。

（六）课程试用反馈

课程试用，并利用试用结果的反馈修改、完善课程标准，是课程标准开发不可缺少的一环。在我国，由于缺少经验，开发力量不足，往往导致课程质量不尽人意。为了克服这一弱点，可以采用一年一小修、三年一大修的办法，逐步完善能力本位的课程。

三、课程目标的描述

所谓课程目标的描述，是根据专业教学要求，确定知识与技能、过程与方法、情感态度与价值观三方面共同而又各具特点的课程目标。一般地，课程标准的行为目标采用"A-B-C-D"的描述法，即A——Audience（对象）、B——Behavior（行为）、C——Condition（条件）、D——Degree（标准）

同时，在进行知识、技能、态度的分析和描述时，可使用标准的行为动词，见表3-6。

表3-6　参考使用的行为动词

		各水平的要求	使用的行为动词
知识性目标	低↓高	了解水平：再认或回忆事实性知识；识别、辨认事实或证据；列举属于某一概念的例子；描述对象的基本特征等	描述、列举、列出、指出、了解、熟悉
		理解水平：把握事物之间的内在逻辑联系；新旧知识之间能建立联系；进行解释、推断、区分、扩展；提供证据；收集、整理信息等	解释、比较、检索、查找、知道、识别、理解、调查
		迁移应用水平：归纳、总结规律和原理；将学到的概念、原理和方法应用到新的问题情境中；建立不同情境中的合理联系等	分析、设计、制订、评价、探讨、总结、研究、选用、选择、学会、画出、适应、自学、发现、归纳、确定、判断

续表

		各水平的要求	使用的行为动词
技能性目标	低↓高	模仿水平：在原型示范和他人指导下完成操作	尝试、模仿、访问、解剖、使用、运行、演示、调试
		独立操作水平：独立完成操作；在评价的基础上调整与改进；与已有技能建立联系等	获取、加工、管理、表达、发布、交流、运用、使用、制作、操作、搭建、安装、开发、实现
		熟练操作水平：根据需要评价、选择并熟练操作技术和工具	熟练使用、熟练地操作、有效地使用、合乎规范地使用、创作
情感性目标	低↓高	经历（感受）水平：从事并经历一项活动的全过程，获得感性认识	亲历、体验、感受、交流、讨论、观察、（实地）考察、参观
		反应（认同）水平：在经历基础上获得并表达感受、态度和价值判断；做出相应的反应等	关注
		领悟（内化）水平：建立稳定的态度、一贯的行为习惯和个性化的价值观等	形成、养成、确立、树立、构建、增强、提升、保持

课程标准中的目标主要是按结果性目标和体验性目标来描述的。结果性目标主要用于对"知识与技能"目标领域的刻画，而体验性目标则主要用于反映"过程与方法""情感态度与价值观"等目标领域的要求。无论是结果性目标，还是体验性目标，都尽可能地以便于理解、便于操作和评估的行为动词来刻画。

四、基于学习成果的课程标准的开发

（一）开发步骤

基于学习成果的课程标准的开发步骤如图 3-2 所示，其主要步骤介绍如下。

1. 第一步骤到第三步骤，职业分析等

包括确定职业功能，确定完成职能所需的工作职责和任务，确定成功完成工作职责或任务所需的技能、知识与态度。

一般地，课程名称直接来自功能分析确定的主要功能。在这一阶段，课程开发者可能需要通过进一步考察职责表，确定不同功能间是否有相同职责的重复。如果的确有重复的情况，那么课程开发者就需要考虑把那些重复的职责放在哪一门课程中更好。

在看完功能分析数据之后，如果课程开发者判断有必要开发基础性知识课程，那么就应该增加这类课程。但是，一定要牢记要有理由支持这些知识，并且这些知识的应用应该能被展示。例如，解决问题需要基础性知识，排列完成任务的顺序与诊断错误都需要基础性知识。在需要基础性知识或技能课程时，课程开发者应该问这样一个问题："人们用这个知识或技能做什么？"答案应该是人们可以把它运用到多个主要功能的大量

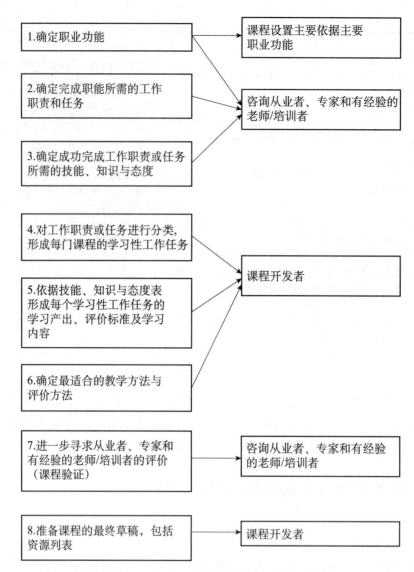

图 3-2　基于学习成果的课程标准的开发步骤

的职责或任务中去。

2. 第四步骤，形成学习性工作任务

每门课程由若干学习性工作任务所组成，每个学习性工作任务来源于职业功能分析中的工作职责或工作任务。在大部分情况下，学习性工作任务可以从功能分析中的职责表中获得。通常每个功能的职责就是学习性工作任务。课程开发者需要寻找不同功能间的相同职责或任务，并决定是把它们合并为一个独立的课程还是让它们独立存在。如果相似或相同的职责出现在若干功能中，那么它们就可以被看作是核心职责，可以被合并为一门课程。

3. 第五步骤，形成学习性工作任务的学习产出、评价标准及学习内容

针对每一个学习性工作任务，首先要确定学习产出（学习成果），也就是说学完这

个学习性工作任务,学生必须学会了什么、能做什么。然后针对每一个学习产出确定评价标准,即教师用哪些知识、技能去衡量学生达到了这一学习产出。

每个学习产出有若干条评价标准。通常它们都是与完成任务或职责所需的知识、技能与态度相关。考虑评价标准的一种方法是它们都是为证明学生已经掌握了学习产出而需要被展示的技能、知识与态度。如果在若干任务中需要相同的知识、技能与态度,它们不需要在评价标准中重复出现。评价标准应该被描述为动宾结构(如"在可接受的公差内切割金属")。

最后,根据学习产出与评价标准来确定学习内容,而不是首先给出学习内容,也就是说教师教授哪些内容、学生学习哪些内容不是预先确定的,而是根据学习成果与评价标准来确定的。

4. 第六步骤,确定最适合的教学方法与评价方法

在这一步中,课程标准开发小组需要提出一系列合适的教学方法和评价方法。这部分的信息不是从功能分析中获得,而是从教师自己的专业知识和教学经验中获得。

5. 第七步骤,进行课程验证

即进一步寻求从业者、专家和有经验的老师/培训者的评价(课程验证)。对课程标准开发验证而言,更重要的是调查和寻求其他可能正在教授这些课程教师的意见,且修改课程的专家应和功能分析的专家不是同一批人。

6. 第八步骤,准备课程的最终草稿,包括资源列表

课程标准开发的最后一步涉及根据验证结果做修改和增加资源列表。

(1)资源列表不需要列出常规教学资源(如教师和投影仪等),但是课程所需的任何具体的书、机器、设备和消耗品都应列出。

(2)根据课程标准模板撰写基于学习成果的课程标准。模板中的内容应是一个完整的课程标准中包含的内容。各职业院校可以根据自身的特色添加相关内容。

因为一个专业基本上由若干课程组成,专业教学标准或人才培养方案用于描述整个专业,"课程标准"用于描述每一门具体的课程。

(二)标准编写指导模板

本模板用于描述具体的专业课程。课程标准的大部分信息来自职业功能分析。

1. 课程性质与定位

在课程性质与定位中要明确该课程在整个人才培养中所处的地位与作用,是什么性质的课程,与其他课程之间是什么关系等。

◎ 案例

"幼儿园游戏"课程性质与地位案例

"幼儿园游戏"是中等职业学校学前教育专业必修的专业核心课程,是一门理论性、实践性并重的基础理论课程。本课程全面、系统、科学地阐述了幼儿游戏的基本理论知识及各类幼儿游戏的特点、教育作用、目标和内容、组织与指导原则和方法、设计与创编原则和方法、评价原则和方法，以培养学生组织与指导幼儿游戏活动技能为主来组织教学内容。

2. 课程的目的与目标

课程的目的是宏观地阐释通过本课程的学习学生应获得的主要学习成果。课程目标是课程目的的具体化，由知识目标、技能目标和情感态度目标所构成。

◎ **案例**

"幼儿园游戏"课程目的与目标案例

一、课程目的

本课程的目的是使学生具备《幼儿园教师专业标准（试行）》所要求的基本理论知识和基本技能，能够承担幼儿游戏活动的组织与指导工作，具有解决实际问题的能力。同时树立学生现代化的儿童观、教育观，培养学生自信、团结、热爱幼儿、爱岗敬业的精神，提高学生的综合职业能力。

二、课程目标

课程目标是课程目的的具体体现，具体包括知识目标、技能目标和情感态度目标。

1. 知识目标

（1）了解各类幼儿游戏的特点和教育作用。

（2）掌握各类幼儿游戏的目标和内容。

（3）掌握各类幼儿游戏的组织与指导原则和方法。

（4）掌握各类幼儿游戏的设计与创编原则和方法。

（5）掌握各类幼儿游戏的评价原则和方法。

2. 技能目标

（1）能根据各类幼儿游戏的特点和幼儿身心发展特点，选择适宜游戏材料，创设适宜游戏环境，做好游戏准备工作。

（2）能根据各类幼儿游戏的组织与指导方法和基本要求，在观察的基础上进行恰当指导。

（3）能按照各类幼儿游戏设计原则和方法制订教学计划。

（4）能初步对各类幼儿游戏进行创编。

（5）能运用评价方法对各类幼儿游戏进行分析评价。

3. 情感态度目标

（1）树立现代的儿童观、教育观、教师观，具有严谨的学风、稳固的专业思想。

（2）遵循《幼儿园教师专业标准（试行）》，热爱幼儿，能与幼儿友好相处、交往、互动与合作，爱岗敬业。

（3）具有团队合作精神，积极开展协作与交流。

3. 课程的具体描述

这是撰写课程的关键部分。其他部分，我国传统的课程标准基本包括，基于学习产出的课程标准的特色主要体现在这一部分中。

4. 教学策略与评价策略

这些应该是总结性陈述而非规定。要认识到不同的学习环境可能要求不同的教学策略与评价策略。在以学习者为中心的体系中，学生的需求是第一位。适用于这个院校的策略并不一定适用于其他院校。

通常情况下，这些策略可以涵盖一系列可能的策略，以便使各院校选择最适合其学生的策略。

功能分析中并没有教学策略与评价策略。课程开发者需要运用他们自己的知识与教学经验选择最合适的策略。教学策略与评价策略应该与模块产出相匹配。例如，授课并不适合基于任务的模块。

关于教学策略，有时候某种特定的教学策略是必要的，这是由教学目的和学习产出决定的。在这种情况下，可以规定一种教学方法。

关于评价策略，最重要的一点是要牢记策略应考虑到收集学生取得学习产出的证据。评价可能是基于知识与实际技能的证据的收集。重要的是不要为了评价知识而评价，知识应该是教学目的中描述的、展示实际技能所必需的知识。

评价方法应该包括知识评价和实际技能评价。评价者应该针对不同的学习产出运用不同的评价方法以确保收集到不同的验证材料。由于要对学习成果进行整体评价，所以评价也必须是整体性的，而非分散的绩效标准。评价必须基于知识和技能在工作场地的实际运用。

5. 课程实施的建议

这部分包括课程实施所需要的教师配备与要求、教学设备配备与要求，以及课程资源列表。

关于教师的配备与要求，需要明确任课教师的基本素质要求，包括学历、专业知识与技能、教育教学能力以及相关职业经验等。

关于教学设备配置与要求，需要明确本课程的实施所需要的专业室、实训室、实训基地等及其承担的实训项目、设备要求及承担实训的规模等，具体内容要求，详见表3-7。

表 3-7　教学设备配置与要求

专业室/实训室名称	承担的实训项目	设备配备要求	可承担的实训规模

关于课程资源，需要明确本课程采用的教学用书、参考用书、网络课程资源与学习资源等。

案例

"课程的具体描述"案例

表 3-8 是"分析与测试电子产品"课程的具体描述案例。

表 3-8 "课程的具体描述"案例

学习性任务的名称与编码	分析与测试电子产品
教学目的	本任务的目的在于为确保学生从事预期的工作，使学生具备分析电子产品结构和测试它们的性能的技能、知识与态度
先修与并修	列举先修课程与并修的课程
学习内容	电气测量 电路 电子产品与电路的安装 电子产品的调试以排除障碍 故障分析 隔离程序 电路与电子产品的装置与零件 开发原型 生产过程 设备测试 持续改进技术
学习产出	在成功学习本任务后，学生将能够： 识别电子产品中电路的类型 安装电子产品和电路 排除电子产品的故障 分析电子产品及其零件中的故障 隔离故障产品和产品零件 识别电路和电子产品的零件 开发电子产品的原型 说明电子产品的生产过程 测试电子设备 展示不断改进过程的应用
评价标准	2. 安装电子产品和电路（学习产出第二条） 2.1 解释电子产品的用途 2.2 识别所需电子线路 2.3 检查工作台以确保安全的工作环境 2.4 按工作顺序选择和测试安装所需的工具与设备 2.5 根据厂家说明书和行业标准安装电路 2.6 根据厂家说明书和行业标准安装电子产品 2.7 测试电子产品以确保安全工作 2.8 根据厂家说明书/行业标准/职场规定清理工作区、工具与仪器 2.9 安全、环保地处理废弃产品

说明：

1. 学习性任务的名称来自职业功能分析中的职责或工作任务（描述为动宾结构）

2. 教学目的：简要描述学生将用知识与技能做什么

3. 学习内容：学生将在本单元学习的技能、知识与态度总列表

4. 学习产出：列出所有构成本任务的学习产出

5. 评价标准：用于描述学生取得学习产出需要展示的技能与知识。它们与功能分析中的任务列表以及相关技能、知识与态度相关

案例

基于学习成果的课程标准的开发

一、基于学习产出的课程标准案例节选[①]

见表 3-9。

表 3-9　基于学习产出的课程标准

	任务二：肥料管理
学习内容	1.1 肥料的种类。 1.2 施肥的主要依据。 1.3 施肥的方式与方法。 1.4 常见植物的需肥特性。 1.5 施肥量的计算。 2.1 植物缺素症状。 2.2 植物营养元素过量症状。
学习产出	在成功学习完此内容后，学生可以： 1. 能够结合实际，根据常见植物习性对植物进行施肥。 2. 能够说出植物的缺肥与肥料过量症状。
评价标准	1.1 能够说出常见植物的需肥特性。 1.2 能够说出常见肥料种类。 1.3 能够说出施肥的方式与方法。 1.4 能够根据具体植物计算施肥量。 1.5 能够有针对性地正确施肥。 2.1 能够说出植物的缺素症状。 2.2 能够说出植物肥料过量症状。

二、"汽车维护"课程标准节选[②]

见表 3-10、表 3-11。

---

① 徐涵提供。

② 亚洲开发银行广西职业教育项目，广西交通职业技术学院提供。

表 3－10　"汽车维护"课程标准能力表

职业功能	工作内容	能力元素	相关知识
使用工、夹、量具和仪器仪表，进行汽车及特种车辆的发动机、底盘、车身、电气等总成（系统）及其零部件检查、调整、更换与修理、故障排除，对汽车外部、内部及轮毂、轮胎等进行安装、装潢。	发动机维护	1. 能正确使用常用工具，会使用发动机维护工具； 2. 能正确对气系统、冷却系统、点火系统、燃油、润滑和配气进行检查、调整和更换； 3. 熟悉安全操作规程，保持工作场所整洁。	1. 汽车发动机维护作业项目及技术要求； 2. 发动机维护材料的作用、功能、分类及选用； 3. 发动机各系统的检查、调整方法，零部件的更换工艺流程； 4. 维护设备和工具安全操作。
	底盘维护	1. 能正确使用常用工具，会使用底盘维护工具； 2. 能正确完成行驶系统、转向系统、传动系统及制动系统的检查、调整和更换； 3. 熟悉安全操作规程，保持工作场所整洁。	1. 汽车底盘维护作业项目及技术要求； 2. 底盘维护材料的作用、功能、分类及选用； 3. 底盘各系统的检查、调整方法，零部件的更换工艺流程； 4. 维护设备和工具安全操作。
	电气维护	1. 能正确使用常用工具，会使用电气维护工具； 2. 能正确完成电源系统、照明与信号系统、空调系统和辅助电气系统的检查、调整和更换； 3. 熟悉安全操作规程，保持工作场所整洁。	1. 汽车电气系统维护作业项目及技术要求； 2. 电气系统的检查、调整方法，零部件的更换工艺流程； 3. 维护设备和工具安全操作。
	车身维护	1. 能正确使用常用工具，会使用车身维护工具； 2. 能正确完成油漆、内饰维护作业； 3. 熟悉安全操作规程，保持工作场所整洁。	1. 汽车车身维护作业项目及技术要求； 2. 车身维护材料的作用、功能、分类及选用； 3. 维护设备和工具安全操作。

表 3－11　"汽车维护"课程标准的学习内容、学习产出及测评方法（节选）

模块名称	子模块名称	学习内容（范围）	学习产出（评价标准）	测评方法（工具、场所）
发动机维护	进、排气系统维护	1. 电子节气门清洗； 2. 空气滤清器更换与进气道清洗； 3. 三元催化器清洗。	·正确更换空气滤清器（100%完成）； ·正确拆检、清洗电子节气门总成（100%完成）； ·正确完成电子节气门初始化学习（100%完成）； ·正确清洗发动机进气总管、进气歧管及三元催化器（检验合格）。	场地：汽车维护场地。 工具：汽车及维护工具、材料、操作工单、现场观察清单、题库。 方法：口头或书面答题、现场观察、现场检验。

续表

模块名称	子模块名称	学习内容（范围）	学习产出（评价标准）	测评方法（工具、场所）
发动机维护	点火系统维护	火花塞的检查与更换。	·正确检查火花塞外观、测量火花塞间隙（100%完成）； ·正确清洁火花塞积碳（100%完成）； ·正确完成火花塞的更换（100%完成）。	场地：汽车维护场地。 工具：汽车及维护工具、材料、操作工单、现场观察清单、题库。 方法：口头或书面答题、现场观察、现场检验。
	燃油系统维护	1. 汽油滤清器更换； 2. 喷油器清洗。	·正确更换汽油滤清器（100%完成）； ·正确拆装喷油器，更换喷油器密封圈（100%完成）； ·正确清洗喷油器（100%完成）； ·正确进行喷油器测试（检验合格）。	场地：汽车维护场地。 工具：汽车及维护工具、材料、操作工单、现场观察清单、题库。 方法：口头或书面答题、现场观察、现场检验。
	润滑系统维护	1. 机油及机油滤清器更换； 2. 发动机润滑系统清洗。	·正确检查机油（油量、油质）（检验合格）； ·正确更换机油及机油滤清器（100%完成）； ·能够在不解体发动机的前提下正确清洗发动机润滑系统油道及油底壳内积存的油泥（检验合格）。	场地：汽车维护场地。 工具：汽车及维护工具、材料、操作工单、现场观察清单、题库。 方法：口头或书面答题、现场观察、现场检验。
	冷却系统维护	1. 发动机冷却液检查与更换； 2. 冷却系统清洗与密封性检查。	·正确检查冷却液液位及冰点（检验合格）； ·正确更换冷却液（100%完成）； ·正确检查冷却系统密封性（检验合格）； ·能够在不解体发动机的前提下正确清洗冷却系统水道及水箱内积存的水垢（检验合格）。	场地：汽车维护场地。 工具：汽车及维护工具、材料、操作工单、现场观察清单、题库。 方法：口头或书面答题、现场观察、现场检验。

三、"中式热菜"课程标准节选[①]

见表 3-12、表 3-13。

[①] 亚洲开发银行贵州职业教育项目，贵州省旅游学校提供。

表 3-12 "中式热菜"课程标准能力表

职业功能（工作任务）	工作内容	能力元素	相关知识
三、菜肴制作	（一）对原料进行初步熟处理	正确运用初步熟处理方法	烹饪原料初步熟处理的作用、要求等知识
	（二）烹制本菜系风味菜肴	1. 能准确、熟练地对原料挂糊上浆 2. 能恰当掌握火候 3. 调味准确，富有本菜系的特色	1. 燃烧原理 2. 传热介质基本原理 3. 调味的原则和要求
	（三）制作一般的烹调用汤	能够制作一般的烹调用汤	一般烹调用汤制作的基本方法
	（四）一般冷菜拼盘	1. 冷菜制作、拼、摆、色、香、味、形等均符合要求 2. 菜肴盛器选用合理，盛装方法得当	1. 冷菜的制作及拼摆方法 2. 菜肴盛装的原则及方法

表 3-13 "中式热菜"课程标准的学习内容、学习产出及测评方法

模块名称	学习内容（范围）	学习产出（评价标准）	测评方法（工具、场所）
鸡、鱼等的分割取料	1. 动物性原料的剔骨方法 2. 掌握动物性原料的分档和整鸡出骨技能	剔骨手法正确，做到肉中无骨，骨上不带肉。（教师目测决定是否合格）	场所：实训教室 工具：刀具、墩板、原材料 方法：教师现场目测鉴定
腌腊制品原料的加工	1. 腌腊制品原料初加工方法 2. 腌腊制品的储存方法	腌制品色泽红润、无水分；干香，无异味；能够长时间保存（教师目测决定是否达标）	场所：实训教室 工具：盐、糖、酱油、密封袋、原材料 方法：教师感官鉴定、点评分析

四、"增材制造工艺与实训"课程标准节选[①]

见表 3-14、表 3-15。

表 3-14 "增材制造工艺与实训"课程标准能力表

职业功能（工作任务）	工作内容	能力元素	相关知识
1. 利用软件得到 3D 打印文件切片数据，制定生产工艺	（一）导入并修复 3D 打印，得到切片数据	3D 打印软件应用或专门切片软件得到切片数据	3D 打印相关软件的操作方法
	（二）制定生产工艺	根据要求选择合理 3D 打印工艺方法	各类型 3D 打印工艺方法的适用范围及特点

---

① 世界银行甘肃职业教育改革项目，甘肃省机械高级技工学校提供。

续表

职业功能（工作任务）	工作内容	能力元素	相关知识
2. 选择、调试 3D 打印设备，选择合理打印材料	（一）3D 打印设备选择	根据要求选择合理 3D 打印设备	各类型 3D 打印设备的适用范围及特点
	（二）设备调试	3D 打印设备的精度调试	机械原理相关理论知识
			3D 打印机的安装精度要求及安全规程
3. 操作 3D 打印机，完成工件的打印任务	（一）操作 3D 打印机，完成零件加工	3D 打印机成型平台调平、添加打印材料、调整成型参数（预热、洗气等）	各类型 3D 打印设备原理及操作方法
		启动打印任务，监控打印进度及状态，实时调整打印参数	
	（二）后处理	支撑材料去除	装配钳工相关理论知识
		表面固化、喷砂、热处理、打磨、抛光、上色	材料成型方法基本理论及设备操作方法

表 3-15　"增材制造工艺与实训"课程标准的学习内容、学习产出及测评方法

模块名称	子模块名称	学习内容（范围）	学习产出（评价标准）	测评方法（工具、场所）
3D 打印机操作	FDM-3D 打印机操作	1.FDM 成型工艺的基本原理、材料特点和应用领域。2.利用打印机配套软件对三维模型进行编辑的基本方法。3.FDM-3D 打印机的基本操作。4.FDM-3D 打印机材料的更换与设备维护。	·正确回答 FDM-3D 打印机的基本组成模块，基本操作流程。·能利用打印机配套软件对三维模型进行处理。·能正确操作打印设备并完成模型打印。·能够正确去除支撑结构。·正确率达到80%以上。	场地：多媒体教室、3D 打印中心。工具：3D 打印软件、FDM-3D 打印机、三维模型库、现场观察清单。方法：口头提问、现场观察、少量书面答题。

（三）注意事项

1. 怎样确定学习性任务的名称

根据职业功能分析中的职责或工作任务确定学习性任务，通常采用动宾结构的方式表述，它应该是以动词开始，描述学生将做什么。它不必总是一个有形的动作。有时候需要描述学生完成某个任务需要用到的知识。此时，学习性任务的名称可能以"解释""限定""分析""计算""列举"等动词开始。

有时有些学习性任务并不直接涉及功能分析所确定的职责或工作任务，它们通常是基础技能与知识，如职业健康与安全。职业健康与安全可能在每个职业中都不同，那么

它们需要在每门课程中都被涵盖。对此有两种选择：一是它们可以被单独放置在一门课程中；二是这些知识与技能可以被整合到课程中每个相关的学习性任务中。

目的陈述应简洁地描述学习性任务的综合目的。考虑如何写目的陈述的一个好方法是这样开始句子："在成功学习完单元后，学习者将能够……"或者"本单元提供给学习者做……的知识与技能"。

如果这个学习性任务聚集了相似的知识与技能，且不与某个特定职业或功能相关，那么它可以写成这种形式："本单元为这些工作岗位，如……，提供了基础技能（和/或知识）"。

2. 怎样确定学习产出

学习产出是预期的学习结果，这意味着学习产出并不描述学生将学什么、他们将被教授什么或者怎么被教以及怎么学。学习产出被描述为学习完某个学习性任务的知识、技能或态度后学生将能够做什么。它们应该是清楚、准确的，并以主动式动词开始。同时很重要的是要确保学习产出是产出而非仅仅是过程列表。这样它们就会有更长的生命力，因为它们描述的是应用技能与知识的产出而非应用某种技术的过程。

撰写学习产出的一种很好的方式是查看教学目的，询问为了达到目的学生必须展示什么。这并不意味着所有的学习产出必须是基于任务的。根据开发者的判断可能需要添加描述基础性技能与知识的学习产出，当一个人需要在不同任务中迁移其技能与知识时这就尤其重要。在这种情况下，动词将描述属于认知领域甚至情感领域的东西，而非动作技能领域的东西。

检查每个学习产出与教学目的的相关性及必要性是很重要的。有时候相同的学习产出会在不止一个学习性任务中出现，那么也许不重复这些学习产出较好，应考虑把这些功能合并为一个学习性任务。

3. 怎样确定评价标准

评价标准是用来判断学生是否获得学习产出。它们涉及功能分析中的任务表以及相关的技能、知识与态度。技能、知识与态度列表为评价标准提供信息。它们需要被转化为行为陈述。例如，如果技能是"选择刀具"，转化为评价标准需要有附加的行为陈述，如"为不同工作选择正确的刀具"或"选择刀具以……"。把知识技能与态度转化成评价标准的一个好方法是问这样一个问题："为什么人们要知道这个或做这个？"或者你可以问："人们用这个知识或技能做什么？"通常态度也包含或暗含在行为陈述中，例如"正确地"暗含关注细节，"安全地"暗含关注职业健康与安全，"根据……"暗含遵守程序和规章制度，而"与……合作"暗含协同工作。

如果没有功能分析数据或者功能分析不清楚，那么开发者可以自己判断他们将用什么标准判断学生是否获得学习产出。评价标准可能是动作、技能、知识或态度。如果特定的职责需要基础技能或知识，开发者可以根据需要增加评价标准。

评价标准应避免冗长的任务或内容列表。它们应以动词开始，描述学习者将做什么以证明他们掌握了学习产出（可能是认知领域、情感领域或动作技能领域）。有时在评价标准中把绩效标准、条例、执行任务的时间等涵盖在内很重要。这取决于学习产出和教学目的。

在撰写评价标准时，牢记可迁移技能很重要。也就是说，评价标准中描述的技能、知识与态度可以在不同工作间迁移，包含的可迁移技能越多越好。

评价标准通常与学习产出相关联，也就是说每个学习产出有它自己的评价标准。但是，有时也有可能产生涵盖所有学习产出的评价标准列表。这样有助于确保评价是针对学习性任务整体。

4. 怎样确定学习内容

你也可以运用功能分析中的知识技能与态度列表。看着列表，问这样一个问题："为了完成这个任务，人们需要学习什么？"例如，为了选择正确的刀具，人们需要学习什么知识与技能？这同样适用于态度。

五、课程标准的制定组织实施

职业教育课程标准的制定是一个系统工程，需要有先进的职教理念的指导，需要建立相应的组织机构，需要做充分前期准备，需要制定科学合理的操作程序。

（一）要有先进教育理念的指导

教育理念是所有教育行为的出发点和归宿点。职业教育课程标准的制定必须有先进的职业教育理念的指导。如终身学习的教育观，多元智能的人才观，建构主义的学习观，"设计导向"的职教观，能力本位的质量观，过程导向的课程观，行动导向的教学观及校企合作的课程开发观等。只有在先进的教育理念的指导下，才能很好地贯彻落实党的教育方针，体现素质教育和职业教育的特点，实现职业教育人才培养目标。

（二）要建立有效的组织机构

课程标准的制定是教育教学改革的一个重要的切入点，职业院校领导要给予高度重视，要建立相应的组织机构，形成学校、教务处、院（系部）、专业指导委员会、教研室等层次的组织机构，切实担负起课程标准制定的工作任务，层层把关，人人负责，以确保课程标准制定工作的顺利进行。教务管理部门要对课程标准进行审查，并就制定课程标准的基本原则和管理要求进行宏观指导，对需要统一的部分内容做出明确规定，协调公共基础课、专业技能课程、以及各课程之间的关系，确保制定工作顺利进行并达到质量标准。

（三）要有充分的前期准备

制定课程标准要有充分的前期准备。首先要从专业的角度出发，广泛地进行市场调研，形成调研报告，确定工作岗位和职业资格；其次，在企业专家参与下进行工作任务与职业能力分析，确定职业能力标准；再次，由课程专家和学校教师进行课程结构分析，优化课程体系，形成课程计划；最后，由课程专家和学校教师共同进行课程标准的编制。

（四）要有科学合理的操作程序

课程标准的制定要有科学合理的操作程序。第一，根据专业的培养目标，以职业能力分析为出发点，找准专业的核心能力；第二，根据本课程承担培养的某个核心能力，确定课程的定位、任务与目标；第三，依据课程的定位、任务与目标和针对核心能力确定本门课程的知识、能力、技能和素质要求；第四，将已确定的知识、能力、技能和素质要求依据教学论原理进行分类排序，构建课程内容体系；第五，落实课程的组织与实施细则；第六，建立考核指标体系和考核标准，提出学生学业评价考核方法。

 **总结案例**

某职业技术学院课程标准编写模板

"×××××"
课　程　标　准

开课系部：＿＿＿＿＿＿

课程编号：＿＿＿＿＿＿

课程负责人：＿＿＿＿＿

编制日期：＿＿年＿月＿日

××职业技术学院

课程名称：

适用专业：

1. 前言

1.1 课程性质

（主要包括本课程对学生职业能力培养和职业素养养成所起的主要支撑或促进作用，以及与前、后续课程衔接关系。）

1.2 课程设计理念

（要体现校企合作，以就业为导向，以职业能力培养为重点，以实践教学为主线，关注学生创业意识培养的课程设计理念，同时要充分体现课程设计的职业性、实践性和开放性的要求。）

1.3 课程设计思路

（要体现基于工作过程的课程设计思想。）

2. 课程目标

2.1 总体目标

课程对学生在知识与技能、过程与方法、情感态度与价值观等方面的基本要求，学生学习该门课程后应达到的预期结果。

2.2 具体目标

2.2.1 知识目标

2.2.2 能力目标

2.2.3 素质目标

3. 课程内容与学时分配

3.1 教学内容选取依据

（要体现"根据行业企业发展需要和完成职业岗位实际工作任务所需要的知识、能力、素质要求，选取教学内容，并为学生可持续发展奠定良好的基础"的要求。）

3.2 教学内容组织与安排（此处可以是项目、任务，也可以是学习情境、子情境等，根据具体课程开发设计路径而定。）

4. 实施要求

4.1 教材编写

4.2 教学方法与手段

4.2.1 教学模式

4.2.2 教学方法

4.2.3 教学手段

4.3 考核与评价

4.4 课程资源的开发与利用

（包括相关教辅材料、实训指导手册、信息技术应用、工学结合、网络资源、仿真软件等。）

5. 其他说明

对以上不能涵盖的内容作必要的说明。

6. 课程标准论证意见（见表 3－16）

表 3－16　课程标准论证意见表

					负责人： 年　　月　　日
序号	姓名	工作单位	职务	职称	签字

总结案例

菲律宾的职业教育与培训课程标准说明[①]

菲律宾的课程标准基本和英国、澳大利亚的标准模式相同，反映了多数职业教育发达国家的标准模式，有借鉴意义。可以看出，国际通用的课程标准由四部分组成：

第一部分　国家职业标准

这些标准由授权机构颁发，它是对个人达到完成现有行业领域特定职能或工作角色所需要的能力单元的认可。每一种级别的证书都有其相应的要求，这些要求分别从级别、工作能力要求、责任、实施四个部分详述。

———————————

① 取自菲律宾政府"技术教育与技能开发署"（TESDA）的有关技术文件，发布时间为 2005 年，标题是作者加的，有改动。

第二部分 能力标准

能力标准是由行业确定的、达到有效工作绩效所需要的能力的具体要求。能力标准以可证明的、可测量的结果来表示，它关注工作活动而不是培训或个人特征，强调获得在新情境及不断变化的工作情境中的技能应用能力。分为基本能力、通用能力、核心能力和可选能力描述。基本能力是指所有行业中所有工人完成工作所需要的能力，如交流和人际关系能力。通用能力是一个特定领域中的工人所需要的能力。这些能力是领域特有的，但在本质上不像核心能力一样那么专业化和专门化。核心能力是指在完成特有职能时所需要的专业单元或能力。这些能力是特定领域内的技术或专门工作所特有的。可选能力是指那些在完成主要工作中有用但不是绝对必要的附加能力单元。

要达到资格的要求，就必须满足资格各项能力标准的要求，其中每一资格中的基本能力、通用能力、核心能力等都包括若干个能力单元。能力单元格式与国际劳工组织的区域示范能力标准（亚太技能）一致，包括六部分：

（1）单元名称，包括在特定工作或职业中完成主要职能或角色所需要的知识、技能和态度。

（2）单元描述，概述在工作场所中完成的工作，并说明能力单元的范围和目的。

（3）要素，为能力单元的基本部分，这些要素描述了可示范说明的、可评价的结果或行动。

（4）业绩标准，即评价说明，其中详细说明了需要评价的项目及其需要完成的级别。

（5）特定词语的范围，描述了一些术语的规定范围。

（6）评估指南，界定或确认用于确定个体能力的证据。它提供了能力的关键点、基础知识和态度、基础技能、涉及的资源、评价方法、评价情境等信息。

第三部分 培训（教学）标准

这部分是重点，标准组合为职业教育提供者提供了设计培训项目时需要考虑的信息和其他必要条件。包括：（1）课程设计；（2）课程（培训）实施；（3）入学标准；（4）工具；设备；材料清单；（5）设施；（6）教师（培训者）资格；（7）制度评估。以裁缝Ⅱ级为例：

1. 课程设计

课程设计部分包括课程名称、课程所归属的国家能力级别、课程的时长以及课程描述，其中课程描述是课程设计的主体部分。课程描述通常以基本能力、通用能力和核心能力三个模块展开，而且每个模块都包括若干个能力单元，能力单元通常以工作过程的形式展开。以工作过程展示能力单元，有助于学生更有效地掌握所需要的技能和知识。

2. 培训（教学）实施

在培训内容的传授方面，培训章程中没有特别列出传授的方法，但它指出了培训中应当遵循的一些基本原则，这些原则指导着能力本位的职业教育。

在这一部分还给出了适用于职业教育与培训的几种模式。

除了上述内容，还有入学要求、培训者（教师）的资格、评价制度等内容。

第四部分　国家评估和证书授予

这部分描述教学和培训之后，如何对学生绩效评估以及证书授予的程序。

评估和认证是一个系统的过程，涉及评价人、评价工具、评价过程、评价结果等。在菲律宾职业教育中，评估和认证时还需要考虑到不同国家之间对评估结果的互认。在评估和认证时，可以申请接受评估和认证的人员通常包括正规、非正规以及基于企业的培训项目的毕业生，熟练工人也可以申请接受评估和认证。在培训章程中也提供了能力评价的工具，包括：自我评价指南、评价协议、书面测试、评价者指南、标记单。

对学生进行评价和认证的最有效的途径是学生累积各相关领域的能力证明；通过涵盖资格所有单元的项目类型的评价，证明已获得的能力。

课后思考

1. 试阐述课程标准开发的原则和主要程序。

2. 如何开发基于学习成果的职业教育课程标准？

课程开发的中国实践

模块导读

　　课程是达成职业教育目的和实现职业教育人才培养目标的重要手段，也是职业教育教学改革的核心。课程开发必须深刻把握高技术技能人才成长规律，紧紧围绕国家战略和区域发展需要，主动应对新一轮科技革命与产业变革背景下的产业转型升级和新旧动能转换，主动适应以新技术、新产业、新业态和新模式为特征的新经济变化，适应新时代对高技术技能人才素质提出的新要求的客观需要。本模块主要介绍了我国职业教育课程开发中的典型案例，包括职业院校"双证书"课程开发、技工院校"一体化"课程开发，以及用于职业培训的"培训包"开发的相关经验，供大家参考借鉴。

单元一　职业院校"书证融合"课程开发

培训目标

- 了解"双证书"制度和"双证书"课程
- 了解"书证融合"课程开发的基本原则
- 了解"书证融合"课程开发的技术路线

导入案例

"普通话证书"属于"双证书"吗？

可否纳入人才培养方案？

　　某校人文系李老师在开发文秘专业人才培养方案时，发现秘书职业资格证书已经被取消了，为了使学生能更好地就业，她将普通话证书、机动车驾驶证、英语四级证书等都纳入了考证范围。在方案论证时，专家指出，这些证书都不属于职业资格或职业技能证书的范畴，建议不要纳入。李老师感到十分茫然，反问专家，那我们文秘专业不就无证可考了吗？

分析：李老师的问题比较复杂。涉及三个方面：一是实行1＋X证书制度后，职业学校是否继续推行"双证书"制度？如何处理"X"证书与职业资格证书等的关系？二是部分职业资格证书取消后，这些职业的技能人才如何评价？三是大学英语四六级考试、普通话证书、计算机等级考试证书、托福证书、雅思证书等，还有其他一些在国内外流行范围比较广的证书，可否作为"X"纳入1＋X证书制度的框架中来？

在职业院校开展职业资格证书教育和培训活动具有积极意义。《职业教育法》第11条规定："实施职业教育应当根据经济社会发展需要，结合职业分类、职业标准、职业发展需求，制定教育标准或者培训方案，实行学历证书及其他学业证书、培训证书、职业资格证书和职业技能等级证书制度。"职业学校开展职业资格证书教育有法律依据。人力资源社会保障部《关于改革完善技能人才评价制度的意见》（人社部发〔2019〕90号）指出："深化技能人员职业资格制度改革。巩固职业资格改革成果，完善国家职业资格目录。对准入类职业资格，继续保留在国家职业资格目录内。对关系公共利益或涉及国家安全、公共安全、人身健康、生命财产安全的水平评价类职业资格，要依法依规转为准入类职业资格。对与国家安全、公共安全、人身健康、生命财产安全关系不密切的水平评价类职业资格，要逐步调整退出目录，对其中社会通用性强、专业性强、技术技能要求高的职业（工种），可根据经济社会发展需要，实行职业技能等级认定。"因此，在实施1＋X证书制度后，是否在专业人才培养方案中保留国家职业资格证书的有关要求，可由各职业学校自主确定。但可以预见的是，职业资格证书的范围将越来越小。

取消职业资格证书，仅是取消与其有关的职业技能考证、鉴定行为，与其对应职业技能等级标准并未取消，该职业也没有消失。因此该职业技能标准仍可作为专业人才培养方案制定的重要依据，并融入课程体系中。今后国家将不断完善有关技能人才评价的政策。人力资源社会保障部《关于改革完善技能人才评价制度的意见》（人社部发〔2019〕90号）指出："建立职业技能等级制度。建立并推行职业技能等级制度，由用人单位和社会培训评价组织按照有关规定开展职业技能等级认定。符合条件的用人单位可结合实际面向本单位职工自主开展，符合条件的用人单位按规定面向本单位以外人员提供职业技能等级认定服务。符合条件的社会培训评价组织可根据市场和就业需要，面向全体劳动者开展。职业技能等级认定要坚持客观、公正、科学、规范的原则，认定结果要经得起市场检验、为社会广泛认可。"

社会上还存在着的一些其他证书（例如普通话证书、机动车驾驶证、英语四级证书等）对于提高职业教育人才培养质量和就业竞争力有一定帮助。这些证书显然不属于职业资格证书，那么是否可以作为职业技能等级证书而纳入"1＋X证书"的范畴呢？这要看以下两点：第一，要看这些证书是否属于"职业技能"范畴。"职业技能"应该是行业企业普遍认可的职业技能，也可以是软技能，但不能强拉硬拽，与职业技能不沾边的不宜纳入。如，托福考试培训是为了留学而不是为了工作，尽管对提高英语软技能有关系，也不应该纳入。第二，要看这些培训机构是否愿意向教育行政部门提出申请并提供标准及题库、接受监督检查和指导。显然，前面列举的英语四六级考试、普通话测试等不会提供标准和题库。对于此类证书，应把选择权交给学生，不宜在人才培养方案中做硬性要求，也不宜纳入1＋X证书制度的框架。

一、从"双证书"到"1＋X证书"

（一）关于"双证书"制度

实行"双证书"制度是党中央、国务院适应社会主义市场经济要求，推动职业教育、职业培训改革的重要举措。早在1993年，中共中央《关于建立社会主义市场经济体制若干问题的决定》中提出："要制订各种职业的资格标准和录用标准，实行学历文凭和职业资格两种证书制度。"从那时起，"双证书"制度历经了制度确立、探索试点、积极推进三个发展阶段。2014年，国务院印发的《关于加快发展现代职业教育的决定》（国发〔2014〕19号）中指出："服务经济社会发展和人的全面发展，推动专业设置与产业需求对接，课程内容与职业标准对接，教学过程与生产过程对接，毕业证书与职业资格证书对接，职业教育与终身学习对接。重点提高青年就业能力。""推进人才培养模式创新。……积极推进学历证书和职业资格证书'双证书'制度。"

在职业院校推行"双证书"制度的主要法律依据是《中华人民共和国劳动法》《中华人民共和国教育法》《中华人民共和国职业教育法》。广义的"双证书"制度是指在全社会实行学历文凭和职业资格证书并重的制度。狭义的理解是指职业院校的学生通过参加"双证书"课程的学习、考核，同时获取职业资格证书和学历文凭证书的制度。

"双证书"制度是中国职业教育的特色。这既是由职业教育的本质属性决定的，也是当前我国人力资源开发和管理体制的反映。"双证书"制度反映了教育行政主管部门对专业教学的要求，也体现了人力资源社会保障主管部门对用人标准的要求。实行"双证书"制度具有以下意义：有利于职业院校遵循职业教育规律，办出职业教育特色；有利于推动职业教育教学改革的进行，提高人才培养质量；有利于促进学生就业，增强毕业生在人才市场上的竞争力。

（二）关于1＋X证书制度试点

2019年，随着《国家职业教育改革实施方案》（国发〔2019〕4号，以下简称《方案》）的印发，职业教育迎来了新的发展机遇。《方案》提出启动1＋X证书制度（即"学历证书＋若干职业技能等级证书"制度）试点工作。在试点工作中"要进一步发挥好学历证书作用，夯实学生可持续发展基础，鼓励职业院校学生在获得学历证书的同时，积极取得多类职业技能等级证书，拓展就业创业本领，缓解结构性就业矛盾。"关于试点工作的分工，《方案》提出："国务院人力资源社会保障行政部门、教育行政部门在职责范围内，分别负责管理监督考核院校外、院校内职业技能等级证书的实施（技工院校内由人力资源社会保障行政部门负责），国务院人力资源社会保障行政部门组织制定职业标准，国务院教育行政部门依照职业标准牵头组织开发教学等相关标准。"关于试点的范围，《方案》指出："院校内培训可面向社会人群，院校外培训也可面向在校学生。"关于证书的作用，《方案》指出："各类职业技能等级证书具有同等效力，持有证书人员享受同等待遇。院校内实施的职业技能等级证书分为初级、中级、高级，是职业技能水平的凭证，反映职业活动和个人职业生涯发展所需要的综合能力。"

实行 1＋X 证书制度，是新时代职业教育国家制度的重要组成部分，是对 1994 年以来实施的"双证书"制度的进一步提升和优化，是落实职业院校学历教育和培训并举并重的法定职责、坚持学历教育与职业培训相结合、促进书证融通的重要举措。

通过 1＋X 证书制度试点，可以深化"三教"改革，促进校企合作，建好用好实训基地，进而探索建设职业教育国家"学分银行"，构建国家资历框架。院校是 1＋X 证书制度试点的实施主体。中等职业学校、高等职业学校可结合初级、中级、高级职业技能等级开展培训评价工作，试点院校要根据职业技能等级标准和专业教学标准要求，将证书培训内容有机融入专业人才培养方案，优化课程设置和教学内容，统筹教学组织与实施，深化教学方式方法改革，提高人才培养的灵活性、适应性、针对性。试点院校可以通过培训、评价使学生获得职业技能等级证书，也可探索将相关专业课程考试与职业技能等级考核统筹安排，同步考试（评价），获得学历证书相应学分和职业技能等级证书。在试点工作中，要深化校企合作，坚持工学结合，充分利用院校和企业场所、资源，与评价组织协同实施教学、培训。

可见，1＋X 证书制度实施后，"双证书"课程将逐步升级为"书证融合"课程（为了表述简洁，在本文叙述中，"双证书"专指毕业证书和职业资格证书，"书课融合"则指毕业证书和多类职业技能等级证书的融合，"书课融合"的课程、教材分别简称为"证书课程""证书教材"）。当然，也可以将"双证书"看作一种比较严格和有其他附加资质条件的"1＋X 证书"。在职业教育的专业课教材领域，是否体现了职业技能等级证书的要求，是否采取校企"双元"合作开发模式等，都将成为"标配"。在职业院校中，实现学历证书和多类职业技能等级证书从根本实现贯通，彻底克服事实上存在着的"两张皮"的普遍现象，"书证融合"课程的开发将是其中的关键环节。

因此，原"双证书"课程开发中所遵循的基本目标、基本原则、基本做法应当抓紧总结、提升，以便为阐明新时代"书证融合"课程开发的技术方法和关键问题提供借鉴。

二、"书证融合"的课程体系结构与特征

(一) 体系结构

"书证融合"课程是指将职业资格证书的标准和学校的日常教学、考核结合起来，

使学生在不延长学制的情况下，方便学生获得学历证书和获得职业资格证书的学校正规课程。所以，一直以来，我们所谓的"双证书"课程，是指实现国家职业标准和专业教学标准对接、职业技能鉴定与专业课程学习考核对接的课程，它是使学生在不延长学习时间的情况下，同时获得学历证书和职业资格证书的学校正规课程。这里强调的是专业对口的证书以及专业教学计划内的课程实施，而不是考取与专业不对口的证书或是采取第二课堂、课外培训的办法取证。

许远（2006）指出，从宏观上看，"双证课程"是以学生的职业能力形成和职业资格证书获得为主要系统化方式而组织起来的"专业课程"的统称；从微观上看，"双证课程"是某专业课程中与国家职业技能标准中规定的一个或者相关的几个职业（岗位）的特定职业能力直接对应、紧密相关的一系列课程。

"书证融合"课程的实施是教师、学生、教材、教学环境、企业岗位规范和学生就业能力六个因素的整合。因此，"书证融合"课程是一种体验式课程，它不仅是一种结果，更是一种过程，是在教学全过程中动态发展的教学形态。"双证课程"的开发必须遵循学生职业能力发展的脉络，根据企业生产现场一线岗位的实际操作工艺和程序来拆分、组合职业技能发展链路，并据此确定课程目标，然后根据课程目标来确定相应的课程内容并按专项职业能力形成职业技能模块，在此基础上，进行课程的教学实施与评价。

龚雯等人（2011）提出了"三位一体"的"双证课程"体系模型，如图4-1所示。该体系的核心是以国家职业技能标准为主线，由系统体系、课程体系、考核系统三个基本部分组成。系统体系的工作内容是以国家职业技能标准为依据，结合所在地区社会经济及本职业发展水平，确定出专业培养目标、能力项目、考核方式，培养模式等。课程体系的确定需综合考虑职业能力项目、培养方案要求、企业实践等因素，以职业能力培养为主线，设置基于职业能力培养的文化课程、理实一体化的职业能力培养课程、职业技能训练课程、专题教学等课程形式，最后通过顶岗实践形成立体化教学网络。学生考核由校内考核、技能鉴定、用人单位评价三部分组成，并且要将考核结果反馈到专业培养目标中，再根据职业理念、技术的发展情况等进行调整，实现对教学体系的动态控制教学模式。"三位一体"的"双证课程"体系模型突出了高技能人才培养的目标，强调职业教育课程随社会职业技术和观念的变化进行调整，增加了职业色彩。基于技术和观念的变化而进行的调整更增加了职业色彩。兹将该课程体系结构的各种课程类型介绍如下：

（1）基于职业能力培养的文化课程。该类课程包括语文、数学、外语等内容，但这类课程已不是传统意义上单独设置的课程，它要服务于职业能力的培养。

（2）理论实践一体化的职业能力培养课程。理论实践一体化课程的特点是课堂教学与现场教学相结合，用课程理论知识直接指导实训过程。这类课程符合职业教育的特征，应成为教学的主要形式。

（3）职业技能训练课程。职业技能训练课程是通过集中训练的形式，达到快速提高学生岗位技能的目的。通过该部分训练，使学生达到以下目标：熟练掌握岗位要求技能，做到上手快；熟悉专业理论知识在岗位工作中的应用形式和场合，理解其内涵；初

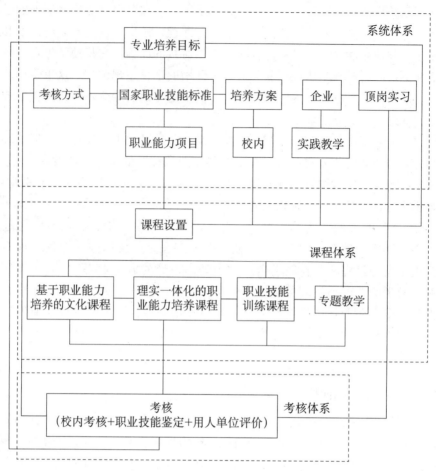

图 4-1 "三位一体"的"双证课程"体系模型

步感受职业环境氛围，培养职业素质；达到国家职业技能标准所要求的相应等级职业工作能力。

（4）专题教学。随着社会进步和科技发展，用人单位对从业者的职业能力要求越来越高。这就要求从业者不仅要做到技能熟、上手快，而且要在面对新问题时具有一定的参与创新能力。专题教学是解决这个问题的有效途径之一。通过专题教学可以实现以下目标：深化工种或岗位技能培养；锻炼综合考虑问题，统筹兼顾处理问题的能力；解决职业能力教育中能力培养的"宽度、广度"与"深度"关系问题；培养学生一定的创新能力，使学生有一定的职业发展空间。

（5）顶岗实习。顶岗实习有助于学生和教师了解用人岗位的真实需求，熟悉职业工作程序和环境，理解岗位能力要求和职业素质要求的内涵。同时，顶岗实习也有助于用人单位对学校人才培养规格的了解，使岗前培养、在岗培养有机结合，缩短人才培养周期，降低人才培养成本。顶岗实习既是培养学生职业能力的重要环节，又是对整个人才培养方案、教学体系、课程设置等是否科学、合理的全面检验，还是学生正式就业前对自己职业能力的一次自检。

（二）体系特征

1. 注重内容选择的动态性和规范性

（1）动态性。不同阶段、不同区域的社会职业要求、理念和技术发展水平，是由社会经济、技术的发展状况和职业的特性决定的。职业教育的内容、方法和模式应根据以上情况的变化进行调整。"双证课程"体系开发评价体系在设计上具备信息反馈功能，能有效获取人才质量的社会评价信息，并通过课程项目的调整来使课程内容适应时代变化。

（2）规范性。"双证课程"开发以国家职业技能标准为重要依据，并结合所在区域本职业的发展水平确定专业培养目标、培养方案，在课程设置、课程开发、教学组织、教学设计上，按职业等级规定的知识、技能的层次进行，有利于高职院校教育教学工作的规范化，并易于制定统一的工作标准，实现教育质量的综合控制。

2. 注重内容组织的科学性

一个职业包含若干个工种或岗位，一个工种或岗位有不同等级的职业能力要求，因此对职业所需的知识、能力进行系统化组织是"双证课程"体系的一大任务。在横向上，该体系以职业中的工种或岗位分类建构课程，以每个工种或岗位的工作过程或生产工艺为主线编排课程内容；在纵向上，该体系以职业等级要求安排课程顺序，形成了横向按"工种（岗位）"，纵向按"等级"布局的结构体系。

3. 注重内容呈现的现代化

教学手段和教学媒介对"双证课程"体系有较大影响。在这个体系下，不但要求学生通过网络、多媒体等现代信息手段进行学习，而且要求学习媒介中突出职业工作所需的设备、资源等，营造职业工作环境，使教学在真实或接近真实的情境中进行，让学生在工作实践中完成职业能力培养。

4. 支持工学结合的人才培养模式

职业能力是对从业人员的核心要求，它必须通过工作实践才能获得，"双证课程"体系中，职业能力的培养是通过企业岗位工作和校内学习相结合的方式进行的，这样的安排使学生熟悉将来的工作环境，了解职业工作要求，锻炼和提高职业能力，在实践中培养职业素质。

5. 采用"双重"考核形式

"双证课程"体系的实施，必然要改变过去校内考核以"笔试＋实验或实操"为主的考核方式，采用了更适合用人单位要求的"职业技能鉴定＋企业评价"的评价方式，促使学校真正树立为社会培养人才的意识，使人才培养真正适应社会需要。

三、"书证融合"课程开发的基本理念和原则

"双证课程"设计的主要考虑因素是：职业活动的顺序和职业能力形成的心理顺

序，课程的主要系统化方式是职业系统化方式。制约因素是：与该职业有关的技术科学、基础学科的知识系统化方式；学生基本条件、学校教学条件、师资配备、课程开发实施成本等。在开发过程中，应以企业工作流程为参照，推出面向职业院校的职业岗位鉴定的解决方案和鉴定规范，实现国家职业资格标准与院校专业教学计划的有机结合。

教学解决方案应在内容、形式和方法上采取全新的定位，设计以企业岗位工作的实际需求为主的核心目标；课程开发应以案例课、训练课和实践课程为主，重视技能的过程培养培训，使学生具有真正解决工作中实际问题的能力。

（一）坚持综合职业能力本位原则

以就业为导向，以学生为主体，着眼于学生职业生涯发展，注重职业素养的培养。课程目标既考虑学生职业技能的获得，又关注学生职业核心能力、行业通用能力的培养，帮助学生获得职业生涯发展的能力。课程要反映产业升级、技术进步和职业岗位变化的要求；注重诚实守信、爱岗敬业、沟通合作等素质和能力的培养以及市场、质量、安全和环保意识等的养成；注重自主学习、合作学习和个性化教学。注重做中学、做中教，教学做合一，理论实践一体化。

（二）坚持面向职业需求的"双对照"原则

最低限度应做到"教学内容与岗位要求和职业标准对照"。要按照岗位需求、课程目标选择教学内容，体现"四新"、必需和够用，对接职业标准，易学易懂。课程内容涵盖典型工作任务，实践问题、理论知识、操作技能以及学习评价与社会生活、实际生产相关联，反映新知识、新技术、新工艺和新方法；以实践问题解决为纽带实现理论、实践、知识、技能，以及与情感、态度的有机整合；有机嵌入职业标准、行业标准或企业标准、国际标准。

（三）坚持职业工作逻辑原则

课程顺序要反映工作逻辑，载体选择适当，课程内容编排合理，适合职业院校认知。一是按照职业领域工作过程的逻辑确定教学单元；二是以项目、主题、任务、活动、案例等为载体组织教学单元，体现模块化、系列化，内容排列由简到繁，由易到难，梯度明晰，序化适当。

（四）坚持主体多元化原则

"双证课程"的开发，应该根据国家职业技能标准，组织课程专家、行业企业等依据职业教育的专业教学标准进行协同研发。根据课程开发各主体的工作特点和不同需求，应合理分配课程开发各主体在课程开发活动中的职责（见表4-1）。这样可以从多方面、多角度、多层次获得相关信息，保证所开发的课程符合各方需求。

表 4 - 1　"双证课程"开发中各主体的职责

课程主体	职　责
企业	提出行业（企业）用人标准； 提供职业能力成长经验； 提供职业工作实例； 参加课程设计、教学设计； 确定课程教学设施、设备标准。
职业技能鉴定 指导机构	鉴定课程内容与国家职业技能标准要求的一致性； 认定课程作为职业资格晋级培训的有效性； 从国家职业技能鉴定要求的角度，提出对课程的建议。
职业院校教师	拟订课程设计方案； 负责课程知识的选择和编排； 提出教学情境设计方案； 负责教学设计工作； 提供学校支持环境信息； 提供学生相关信息。

（五）坚持教学、考试"双结合"原则

将学校课程考试与职业资格培训鉴定相结合。通过设置一系列"双证课程"，将一个或几个相关的职业资格证书的要求（可根据具体情况确定五级、四级、三级）融入若干门证书课程中去（一般为5～7门），这些证书课程应涵盖相应职业资格等级的全部知识、技能要求。

四、"书证融合"课程开发的技术路线

以下以"双证书"课程为例，对"书证融合"课程体系的目标决策、内容选择、内容组织、教材和配套资源开发、课程评价几个方面进行说明。

（一）目标决策

与单门课程的开发不同，"书证融合"教材是一个体系，是整个职业教育专业教材的一个子集合，这个子集合中的教材要覆盖专业教学标准中列举的多类职业技能等级证书（或职业资格证书）的目标要求。简单来说，就是假定在学生取得学历证书的前提下，还要取什么职业技能等级证书？是一个证书还是多个证书？取什么等级的证书？这就涉及专业的培养目标问题，也是我们设计"书证融合"教材的基本目标。

2010 年以来，教育部陆续颁布了新版的中职和高职专业目录和一批配套的专业教学标准。这些专业教学标准体现了专业设置与产业需求对接、专业课程内容与职业标准对接、教学过程与生产过程对接的精神，为专业设置对接科技发展趋势和市场需求奠定了基础，为职业教育服务现代经济体系和实现更高质量更充分就业提供了基本办学标准和教学标准。鉴于教育部部颁专业教学标准中明确规定了本专业对应的"职业范围"，每

个专业都有若干专业方向，每个方向都对应1～2个职业，因此可以按照"以专业教学标准（专业目录）为依据，细化证书培养目标"的总体原则，来确定教材开发的具体目标：

（1）学校依据专业教学标准（或专业目录）中规定的专业与职业对应情况，确定直接对应的取证职业名称；没有对应职业的，选择相近职业。

（2）每个专业一般选取1～3个证书，并据此对各专业人才培养目标进行细化。选取证书的原则是：根据"职业范围"中的描述，每专业可选取1个首选证书（专业教学内容与证书能力要求密切相关、完全对应），1个次选证书（专业教学内容与证书能力要求有较为密切联系），专业（技能）方向特别多的专业，可酌情再选1个备选证书（专业教学内容与证书能力要求有一定联系，但证书要求不是专业教学的主要内容）。

（3）本专业暂无专业教学标准的，或须对部颁标准进行部分调整修改的，学校可参照其格式制定本校使用的专业教学标准。参照第（1）条专业与职业的对应关系确定取证职业。

（4）关于取什么等级证书的问题。中职可以申请初级、中级职业技能等级证书，高职可以申请初级、中级、高级职业技能等级证书。各学校可根据此原则，结合本校实际情况决定取证的等级。

（二）内容选择

在教材编写的过程中，应以"职业技能等级证书要求为依据，确定课证融合课程，并结合职场工作实际，开发课证融合综合实训课程为原则"。

1. 以职业标准体系为依据，确定"书证融合"教材开发方案

根据专业教学标准的规定，职业教育的课程分为公共基础课和专业技能课程两大类。专业技能课程又分为专业核心课程和专业方向课。通过上述两类课程的学习，学生达到专业毕业是没有问题的，也就是说可以拿到的学历证书。但是能否拿到职业技能等级证书呢？或者说培训评价组织能否认可呢？从理论上讲，职业技能等级证书对应的课程体系属于标准本位课程，而不是知识本位课程。因此，从本质上说，就要看这些课程是否覆盖了职业标准的要求。

所以，首先得出一个结论，证书课程主要在专业技能课中设置。因此，可以在教育部部颁专业教学标准确定的专业技能课范围内（含专业核心课、专业方向课、专业选修课），合理设置"书证融合"课程。根据对人才培养规格和职业标准解读分析的结果，可将专业技能课中与职业标准密切相关、内容基本重合或覆盖的课程设计为"书证融合"课程，"书证融合"课程门数可以根据职业技能等级证书的培训学时要求来确定。

例如，根据中职"双证书"教材开发的经验，建议每个专业可以选取一组"书证融合"课程。确定一组"课证融合"课程的基本思路如图4-2所示（该组课程门数为5门，系根据证书课程的培训学时以及教材开发的实践经验得出的经验结论，恕不赘述）。

2. 结合职场工作实际，做好课证融合综合实训教材开发

专业教学标准中为每一个专业的课程体系都设置了综合实训课程。综合实训课在操

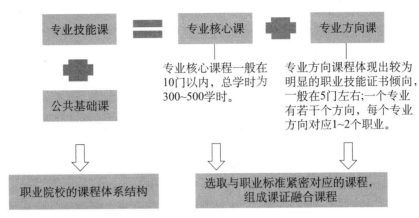

图 4 - 2　确定一组"课证融合"课程的基本思路

作技能形成上的作用是使学生在不同课程中学到的知识、技能得以整合，形成综合职业能力。

考虑到 5 门证书课程确保了理论知识上与职业技能等级的接轨，并能进行基本技能的训练。但是整个中职学制为 3 年，为了使学生在不同课程中学到的知识、技能得以整合，形成综合职业能力，有必要在专业教学实施方案中结合职业技能等级考核规定的实操要求，设置"职业技能综合实训课程"1 门 [即专业教学标准中规定的"综合实训"（根据初级和中级职业标准分别设计）]。该课程内容应包括职业技能等级证书所涉及的全部"职业功能"，并结合企业实际执行的生产（服务）过程进行训练，通过这门课程，可以将企业生产领域的新技术、新知识、新产品、新工艺引入。同时，该实训课程内容还应包含考证前的理论、实训、应试技能的综合辅导。

3. 教材内容选择的原则要求——双覆盖、对"四新"、不遗漏

证书课程教材的内容选择是一项专业性很强的工作，它需要从一个专业的课程体系中挑选出紧密相关的若干门课程，并对该组证书课程和综合实训课程的内容进行规定，并使其内容做到"双覆盖、对'四新'、不遗漏"，要实现专业教学标准和职业技能等级证书要求的"双覆盖"和"对'四新'"，不能遗漏两个标准规定的知识、技能、态度点，具体可表述为："该组证书课程和综合实训课程要求做到：包含专业教学标准中的主要教学内容和要求；涵盖职业标准基本要求、工作要求（包括职业功能和工作内容）。"

证书课程确保了理论知识上与职业技能等级证书要求接轨，综合实训课程确保了技能要求上与职业技能等级证书要求接轨。在实际开发中，如果该组证书课程没能覆盖所有的基本要求和工作要求，可以在综合实训课中将所缺少的部分补充完整。

证书课程教材的开发需要组织课程开发专家、来自培训评价组织的职业技能测评专家、本专业教学专家、企业专家进行开发。教材开发采取专业负责人制，每个专业由一名资深专家对教材目标、内容选择、内容组织进行总体把关，然后指导各册主编分头编写，最后再由本专业教学专家、职业技能测评专家、企业专家、课程开发专家组成的编审委员会共同审定。

案例

汽车制造与检修专业"双证书"课程体系

对于汽车制造与检修专业，通过组织专业论证，课题组确定了如表4－2所示的一组"书证融合"课程教材体系，并确定了首选职业证书、备选职业证书，为下一步进行教材开发奠定了基础。在上述教材开发的总蓝图指导下，即可进行每一门教材的编写开发。

表4－2　汽车制造与检修专业"书证融合"课程教材体系

中职专业名称及其代码	对应职业资格证书及等级			证书课程教材和综合实训教材	
	首选证书及等级	次选证书及等级	备选证书及等级		
3. 汽车制造与检修（051700）	汽车修理工（五级、四级）	汽车（拖拉机）装配工（五级、四级）	无	证书课程教材（5门）	汽车构造与拆装（上）
					汽车构造与拆装（下）
					汽车拆装实训
					汽车电控系统检修
					汽车制造工艺
				综合实训教材（1门）	汽车制造与检修综合实训

外研社职业教育分社组织开发的汽车制造与检修专业"双证书"教材通过了教育部、人社部的评审，成为"双证国规教材"（见图4－3）。

图4－3　汽车制造与检修专业"双证书"教材成果

课程开发者配套开发了《中职汽车制造与检修专业"双证书"课程实施规范》和相关的课程标准供学校使用。同时，课题组还组织教材编者学习职业技能鉴定题库的命题技术，对编者开发的合乎命题技术规范的试题资源经过一定评审程序后纳入国家题库。

（三）内容组织

证书课程的性质是以职业活动为导向的课程，课程目标是使学生掌握专业教学标准和职业技能标准所规定的知识、技能，养成相应的职业素质、价值观和态度。

开发"证书课程"时，推荐采用工作过程导向的编写模式（注：国际职业教育界早已形成共识，一个职业主要活动由10～20个典型工作任务组成，这是这个职业区别于其他职业的特征，如果把这些典型工作任务掌握了，那么就能顺利从事这个职业的工作了。）

在课程内容组织上，还要做到符合职业能力形成的心理顺序，符合职业岗位工作的逻辑顺序，符合职业资格发展的顺序，符合职业素质提升的顺序。

为了做好编写工作，教材开发组织者应组织开发人员讨论确定编写模式。为了做好教材的应用实施，可由教材开发者配套开发课程标准，以弥补教学文件上的缺位。教材开发者可结合本门课程给出教学建议（推荐采用工学结合、理实一体的教学模式），并对教学条件、评价建议、教科书使用建议、课程资源的利用与开发等进行说明。

◎ 案例

基于职业标准要求的综合实训课程教材开发

综合实训是职业教育实训教学的重要环节，它起到承接课内实训，巩固所学的基本知识技能的作用，又为学生毕业前的顶岗实习奠定基础。基于"课证融合"的综合实训课程教材的开发应以职业能力为核心，以职业活动为重点，遵循职业教育的基本原理和考试学的基本原理，对接职业技能等级考核要求，对实训的目标要求、任务设置、方法步骤、重点难点、评价标准给予准确的把握。综合实训任务的安排应遵循阶段式、模块式的设计，注重指导反馈，要避免评价环节的缺失。

1. 课程功能

在"课证融合"课程体系中，综合实训课程具有以下四大功能，课程的目的是提升学生技能水平，使学生形成综合职业能力，初步适应岗位工作要求的功能。

（1）复习梳理、拾遗补阙。复习梳理专业教学标准和有关职业技能等级考核要求规定的应知应会，对职业技能等级考核中要求掌握但在证书课程中难以（不便）涵盖的知识、技能进行拾遗补阙。

（2）安全环保与职业规范教育。了解并养成安全规范、环保要求、职业道德、职业精神。

（3）技能训练。根据职业技能等级考核中规定的要求，指导学生进行技能实训的强化训练。

（4）备考辅导。根据标准参照性考试的特点，辅导学生参加职业技能等级评价考核的备考。

2. 课程目标确定

根据相关专业的专业教学标准、职业技能标准以及各专业证书课程教材（一般为5门）来编写"课证融合"综合实训教材。各专业的综合实训课程与本专业证书课程教材配套，共同构成"课证融合"的课程体系。证书课程教材确保了理论知识上与职业标准的接轨，并进行课内实训。为了使学生在不同证书课程中学到的知识、技能得以整合，形成综合职业能力，有必要结合职业技能等级考核的实操要求，设置"职业技能综合实训课程"1门（即专业教学标准中规定的"综合实训"，例如：对于中职层次的教材，内容应覆盖初级和中级职业标准要求）。该综合实训课程对应的教材即为"综合实训教材"。

3. 教材内容选择

以中职教材开发为例，各专业综合实训课程应包括以下内容：

（1）与本专业有关的职业技能等级证书要求所涉及的初级（指备选职业）、中级（指首选、次选职业）全部"职业功能"所对应的操作技能方面的程序和步骤。

（2）职业技能等级考核中要求掌握但在选定的一组证书课程中难以（不便）安排的有关知识、技能。

（3）为做好职业能力测评考前辅导，综合实训课程须包括一定数量理论考试模拟题和实操考试真题。

高职综合实训教材开发可适当提高对职业技能等级考核的要求。

另外，在综合实训教材开发中，要将行业企业的有关案例、中国技能大赛、世界技能大赛、全国职业院校技能大赛的赛题资源适当纳入。

4. 教材内容组织

综合实训教材在内容组织上，可以按照应知应会部分、职业规范与职业精神部分、职业技能等级考核指导部分来组织编写。

（1）应知应会部分。对有关职业所需要的知识体系、能力结构给予总结提示。对需要重点讲解的难点、重点，对职业技能等级考核中要求掌握但在5门证书课程中难以（不便）安排的有关知识、技能，给予介绍。采取整体分级罗列和局部重点介绍的方式描述。

（2）职业规范与职业精神部分。介绍与本专（职）业有关的安全规范、环保要求、职业道德、职业精神。采取案例导入的模式编写。

（3）技能实训部分。采取工作过程导向的课程内容组织方式，根据职业标准中涉及的职业功能设计典型工作任务，并根据典型工作任务组织教材内容。对职业标准中未涉及但专业教学标准中涉及的内容亦采取工作过程导向的课程内容组织方式，结合企业实际执行的生产（服务）过程，编写教材。综合实训按顺序编号，每个证书对应的综合实训项目一般不超过8个，全书一般不超过30个综合实训项目。每个项目均设计实训目的、对应职业功能、规范和标准、实训器材（含仪器和材料介绍）、任务分析、实施步骤、实施评价、注意事项等栏目。

（4）职业技能等级考核指导部分。一是提供有关职业的职业技能鉴定理论考试模拟题三套，并附分析讲解。二是提供有关工种的职业技能测评实际操作题10道，并附操作提示。此部分涉及的模拟试题可以参照职业技能鉴定的测评理论和实操的命题技术规则执行。

根据上述原则，可以设计以下综合实训教材的编写体例：

前言

第一部分　应知应会

（按职业罗列，兼顾专业需求）

　　1.1　知识架构

　　1.2　技能要求

第二部分　安全、环保与职业规范

　　2.1　职业道德与职业规范

　　2.2　职业素质与职业精神

　　2.3　环保与安全

第三部分　综合实训

　　2.1　训练项目一　××××××

　　　　实训目的：

　　　　对应职业功能：

　　　　实训规范：

　　　　实训器材（仪器和材料）：

　　　　任务分析：

　　　　实训步骤：

　　　　实施评价：

　　　　注意事项：

第四部分　职业技能测评指导

　　（请参考命题规则）

　　3.1　理论考核模拟题

　　提供有关职业的职业技能鉴定理论考试模拟题三套，并附分析讲解。

　　3.2　实操考核真题

　　提供有关工种的职业技能测评实际操作题10道，并附操作提示。

附录

　　1. 试卷结构

　　2. 参考答案

注：每本书不超过30万字

（四）教材和配套资源开发

考虑到双证书课程教学过程的复杂性，课程开发者除了开发"双证书"教材外，还应提供基于专业教学标准的《××××专业证书课程实施规范》、《××××专业证书课程标准》和《××××专业综合实训课程标准》、职业技能等级证书考核理论和操作模拟题库卷库资源，最好配套职业技能评价考核模拟系统以及必要的数字教学资源、教学仪器设备等。

（五）课程评价

评价"课证融合"的课程或者教材是否名副其实，主要看其是否符合专业教学标准和国家职业标准（职业技能等级证书）的要求。

因为"双证书"课程与学校管理工作关系密切。课程要在宏观层面、中观层面和微观层面进行评价，鉴于该项工作的重要性，必须以学校为主体开展工作。"双证书"课程的评价对象如图 4 - 4 所示。

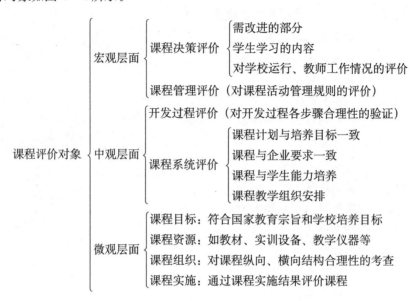

图 4 - 4 "双证书"课程的评价对象

有关"课证融合"教材开发的评价指标体系，可以由思想性、职业性、科学性、达标性、适应性、规范性等六项构成，用于对"课证融合"教材的最后验收。

五、"书证融合"课程规范化开发程序

(一) 规范化开发的意义

双证课程开发的规范化即对双证课程开发的各阶段、各环节建立可参照、执行、检查、比较的标准，使得能对有关过程进行评价或者限定。因此，规范双证课程开发的各个环节的工作，对保障课程质量，建立社会信任的基础，达到各利益相关方对人才培养质量的认同，具有以下重要的现实意义。

1. 提高开发质量

课程质量的高低，体现在社会各方对课程的认同程度、教育者对课程的接受程度、学习者对课程的兴趣等多个方面。课程开发工作是一项系统工程，具有一般系统均具有的集合性、相关性、目的性、动态性和环境适应性，这一工作过程的每一个环节，对新课程都会产生显著影响。例如，在调研阶段，选取的调研企业代表性不够广泛，实践专家的职业工作经验不够丰富，知识和能力层次与培养目标不相适应等问题，均会使课程内容选择出现偏颇；在课程内容编排设计阶段，如果没有课程专家参与，不考虑学习者的心理和思维方面的因素，就会降低学习者对课程的兴趣，最终影响培养质量。

2. 提高开发效率

对课程开发工作的规范性进行研究，有利于建立以先进的职业教育理论和教学实践经验为基础的科学的、实用的工作规范，从而对课程开发工作产生积极影响。首先，课程开发工作的规范化，使课程开发工作组织做到了有章可循，人员分工和工作安排也有了较强的可预见性，由此既可避免众人蜂拥而上，进行重复性工作的局面，又可避免由于工作预期不明确而盲目等待的现象。在这样的背景下工作，每个人都清楚地知道下一步要做的工作是什么，从而提前做好工作准备，为优质、高效地完成工作任务奠定基础。

其次，由于详细规定了课程开发工作各环节的工作内容及工作标准，使每个课程开发人员在工作初期即明确了工作任务和目标，避免了由于工作内容不明确、工作要求不确切造成的工作质量问题，使各项工作能够按照要求，在最短的时间内保质保量地完成，有效地提高了工作效率和质量。

最后，将课程开发的各项文件以标准的形式固定下来，作为指导课程开发工作的准则，并在实践中加以贯彻执行，可以保证课程开发质量的稳定性，并在增强课程质量监督工作力度的同时，减少人力、物力、财力的投入。

3. 促进各利益相关方互认

学生毕业时，直接获得"双证书"是职业院校"双证课程"体系构建的重要目标之一。实现这一目标的前提是，社会各界对课程的认可，特别是职业技能鉴定机构对课程的认证。对职业教育"双证课程"开发工作进行规范，使课程开发工作成为多元主体参加的、面向社会公开的一项事务，有利于形成社会各界监督的环境和条件，有利于课程各利益相关方的相互信任，有利于各方对课程质量的跟踪评价，最终形成以规范化的工作程序、工作内容、优质的课程质量和管理程序为基础的，各利益相关方互认的课程平台，并以此作为桥梁联结职业院校、职业技能鉴定机构及行业企业，从而实现职业教育"双证书"教育目标。

（二）"书证融合"课程和教材的开发程序

"书证融合"课程教材开发的内容多、关注点多、技术路线复杂，必须要开发专门的技术规范体系。技术规范是标准文件的一种形式，是规定产品、过程或服务应满足技术要求的文件。它可以是一项标准（即技术标准）、一项标准的一部分或一项标准的独立部分，其强制性弱于标准。其要点如下：

（1）以专业教学标准为依据，细化证书培养目标。

（2）以国家职业技能标准为依据，确定证书课程。

（3）根据"课证融合"的理念，编制"课证融合"课程实施规范。

（4）结合职场工作实际，开发"课证融合综合实训课程"。

（5）积极改革教学模式，建设"课证融合"课程标准。

（6）根据职业逻辑和职教特点，组织编写"课证融合"教材。

（7）做好试题开发组织和考务服务，为"两考合一"做好技术保障。

"书证融合"教材规范化开发的主要步骤如图4-5所示。

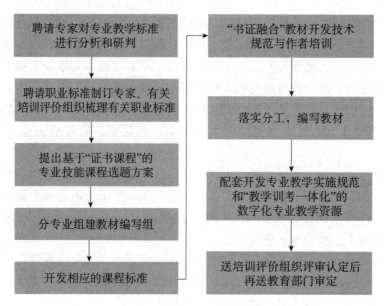

图4-5 "书证融合"教材规范化开发的主要步骤

（三）课程开发的文档模板

在调查研究、归纳有关经验做法的基础上，提出以下课程开发的文档模板，供职业院校在实施"课证融合"课程教学时使用。

（1）《职业学校××××专业"课证融合"课程实施规范》编制模板。这个模板是《专业教学标准》的下位教学文件，是根据专业教学标准的基本要求，结合本校实施双证书教学的实际情况制定的。其主要内容包括：从业范围和职业技能等级证书简介、"证书课程"简介、"综合实训课程"简介、职业技能评价成绩计算办法、学业成绩计算办法、职业技能等级证书申请程序、专业教学条件准备、综合实训课程考试考场准备等。

（2）《"证书课程"标准编制模板》《综合实训课程标准编制模板》。这两个模板对"课证融合"课程、"课证融合"综合实训课程的课程性质、课程目标、内容目标、实施建议进行规定，是重要的教学指导文件。

（四）抓好课程开发者的培训答疑工作

"课证融合"教材开发是一项系统工程，为了使教材开发做到有条不紊、齐头并进、效率最优，培训工作必不可少。培训工作的主要作用是统一思想，树立共同目标愿景，克服困难，自觉树立质量意识。例如：课题组在"双证书"课程开发实践中，重点抓了以下内容的培训：

（1）专业教学标准制定的目的意义和作用分析。

（2）职业技能标准的制定规程和解读分析方法。

（3）职业技能标准课程化转化的主要技术。

（4）课程标准的内涵和编写。

（5）典型工作任务的构建。

六、"书证融合"课程开发的关键技术

近年来，"书证融合"越来越成为职业教育课程开发的重要目标，越来越多的职业院校教师参与到了"双证书"课程的开发中，校本的"双证书"课程不断涌现。但是，许多职业院校的教师由于不了解双证课程开发中的关键技术，导致课程质量良莠不齐。笔者在进行双证书课程开发的过程中，梳理总结出了一套行之有效的高等职业院校"双证课程"开发关键技术体系，包括职业技能标准解读分析技术、基于职业技能标准的课程构建技术、补充职业能力分析技术，具体如图4-6所示。构建该关键技术体系的目的是科学解读分析国家职业技能标准，在职业院校课程中融入职业能力要求，并将国家职业技能标准的要求转化为课程内容。

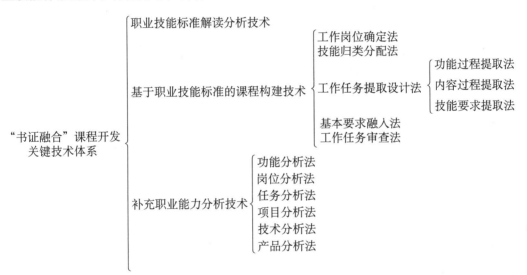

图4-6　高等职业院校"书证融合"开发关键技术体系

（一）职业技能标准解读分析技术

国家职业技能标准（原称"国家职业标准"）属于工作标准，是在职业分类的基础上，根据职业（工种）的活动内容，对从业人员工作能力水平的规范性要求。它是从业人员从事职业活动，接受职业教育培训和职业技能鉴定以及用人单位录用、使用人员的基本依据。国家职业技能标准由人力资源和社会保障部组织制定并统一颁布。因此，解读分析国家职业技能标准编写的原则和制定背景，深刻理解其中工作要求项目对从业人员能力要求的内涵和实质，有利于"双证课程"体系系统性、逻辑性、规范性的提高，使所开发课程的职业教育特色更加显著。

国家职业技能标准解读分析的根本目的是对其进行课程转化，实现这种转化的方法是对国家职业技能标准中的职业功能、工作内容、技能要求等进行全面的综合分析，然

后将其内容按照一定的规则进行整理、分类、重新组合，使之在体系结构上满足专业课程开发的需要，并使其能够真正融入课程中。

对国家职业技能标准解读分析的技术路线详见图4-7。

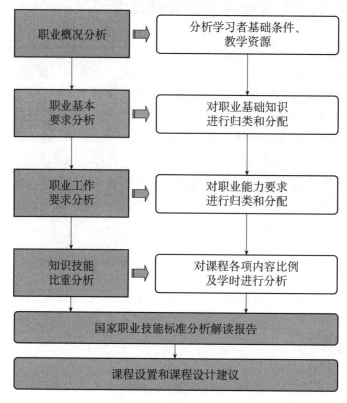

图4-7　国家职业技能标准解读分析技术路线

在解读分析职业技能标准时，既要忠实于标准，将其中涉及的职业能力要求全部融入课程，又不能拘泥于标准，要关注社会发展、技术进步带来的职业活动内涵的变化，并通过"补充职业能力分析"加以解决。

国家职业技能标准解读分析的具体工作内容如表4-3所示。

表4-3　国家职业技能标准解读分析的具体工作内容

序号	程序	工作内容
1	职业概况分析	确定学生进入职业学习时应具备的基本文化程度 确定教师的专业能力要求 确定教学场地、设备等教学资源的配置情况 确定达到的职业资格等级培养目标
2	职业基本要求分析	确定基础理论知识的基本内容和种类 确定专业知识的基本内容和种类 确定职业道德基本知识的内容 确定安全文明生产与环境保护知识的内容 确定质量管理知识以及相关法律、法规知识的内容

续表

序号	程序	工作内容
3	职业工作要求分析	确定课程内容的结构框架 确定课程内容、项目 确定课程内容的深度和广度
4	比重表分析	确定课程中各类知识、技能所占的比例 确定各项技能培养时间
5	建议	归纳、整理各类知识要求和技能要求 提出本职业培养课程设置方案 提出所选取的知识和技能融入课程的具体建议

（二）基于职业技能标准的课程构建技术

1. 工作岗位确定法

通常一个国家职业技能标准包含若干个工作岗位（工种）的职业能力要求，要结合专业人才培养目标，选择出与专业相关的岗位（工种）。国家职业技能标准中对各职业的能力要求有两种表达方式：一种是按照一个职业所要实现的活动目标划分职业能力要求；另一种是按照职业活动的主要方面（活动项目）划分职业能力要求。图4-8是确定国家职业技能标准中包含的工作岗位时使用的技术路线。

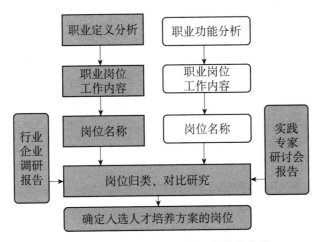

图4-8 确定工作岗位时使用的技术路线

该技术路线表明此项工作分两个步骤进行：

步骤1：要从分析国家职业技能标准中的职业定义、职业功能项目的内容入手，查找该项国家职业技能标准中包含的职业工作岗位（工种）数量和种类。

步骤2：从已查找出的职业工作岗位（工种）中，结合前期的企业岗位调研情况综合考虑，确定专业人才培养方案中的工作岗位。

2. 技能归类分配法

技能归类分配的技术路线如4-9所示。国家职业技能标准中规定的技能和知识，是双证书课程内容的基本组成部分，是职业院校课程与国家职业技能标准之间进行比较、转换的依据。

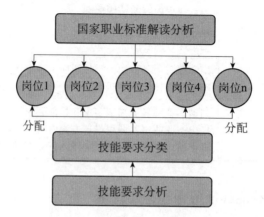

图 4-9　技能归类分配的技术路线

但是，在职业技能标准中，各岗位（工种）的职业能力要求是散布在各项工作内容的技能要求中的，不是按岗位（工种）排列的，职业活动的内容有些是交叉的，并且技能要求划分可能存在粗细程度不一的情况。因此，在分析清楚职业所含有的岗位（工种）的前提下，须继续对各工作岗位（工种）职业能力、工作过程进行分析，以工作岗位为主线，对职业标准中的技能要求进行整理、归纳，合理分配给每一个岗位（工种），为课程开发做好准备。

技能归类分配法的基本思路是：以实际工作岗位为主线，将国家职业技能标准的各项工作要求归纳整理到各自的工作岗位下。

3. 工作任务提取设计法

职业工作任务（简称"工作任务"）是职业活动的具体化体现，也是课程设计的基本单元，它既是职业技能要求得以实现的载体，同时也承载了从业人员基本知识和基本素质等培养的任务。通过分析解读职业技能标准，提取职业工作任务，其技术路线，如图 4-10 所示。

职业工作任务的提取和设计要结合国家职业技能标准中对职业功能的不同表述方式进行。根据国家职业技能标准的编写方法，其职业功能的划分根据职业活动的特点，有基于功能的功能过程提取法、功能内容提取法、技能要求提取法。

（1）基于功能的工作过程提取法。

在职业功能划分方法与给定的职业活动过程完全一致的情况下，使用本方法较为合适。以此作为课程学习项目，可以实现课程与实际生产应用的无缝对接，使学生在学习过程中，不但能够掌握职业技能，而且能够清楚地知道该技能在职业活动中的应用场合和时机。

（2）基于内容的工作过程提取法。

按照工作内容划分的职业技能标准的专业性较强，其中的每一个"职业功能"都可以单独成为职业工作任务。但是，在实际工作中，有许多工作任务是综合性的，不是掌握某一单项技能就可以完成的，需要综合使用不同"职业功能"中的多项技能，此时，

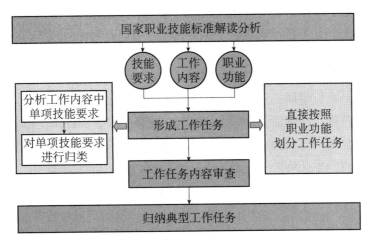

图 4 - 10 职业工作任务提取的技术路线

就要充分考虑以下问题：一是拟设计的职业工作任务是否对应专业人才培养目标的要求；二是拟设计的职业工作任务是否是真实职业活动中常见的；三是拟设计的职业工作任务产生的学习成果是否有利于学习者在真实的职业工作中应用。

由此可见，在该种职业功能划分方法下，不能简单照搬国家职业技能标准中的工作任务，而要根据社会需求、学习者状况、技术发展趋势重新设计工作任务。

（3）技能要求提取法。

技能要求是国家职业技能标准中最具体的能力要求。有时一项技能要求可以成为一项课程化职业工作任务，有时一项技能要求可以成为多项课程化职业工作任务，有时几项技能要求组成一项课程化职业工作任务。

4. 基本要求融入法

当前，将理论知识融入技能训练中，在职业工作中学习掌握基础理论知识，培养职业道德和职业素养的思想，传达产业文化，已是大多数职业教育工作者的共识。国家职业技能标准的基本要求也规定了从业人员的职业道德、基本知识、相关法律法规知识、安全卫生知识、环境保护知识等。这些知识的掌握状况，通常体现在职业态度、职业行为、创新能力等方面。

一般情况下，职业的基础知识要求和其他一些有关职业素质以及人自身素养的学习等内容，不宜单独设置为课程或工作任务，而应融入其他课程或职业工作任务之中进行学习，具体方法如下：

（1）当一项职业功能或一项工作内容或一项技能要求单独设计为一个工作任务时，该职业功能所对应的相关知识直接归属到其中。

（2）当一项职业功能或一项工作内容或一项技能要求需拆解为多个工作任务（或将其合并为一个职业工作任务时），它们所对应的相关知识要根据工作任务的技术特征和培养要求，分别归属到各自对应的工作任务中。

5. 工作任务审查法

为确保所得到的典型工作任务（即课程化的工作任务）与专业人才培养目标一致，

既充分体现职业能力要求，又充分体现职业教育要求，同时又符合人本的思想，要对已设计完成的典型工作任务进行审查。

（1）支撑性审查。

该审查是针对单个典型工作任务而言的，主要是对其所包含的知识和技能能否满足完成职业领域中一项完整职业活动的需要进行审查；其次还应审查一个典型工作任务所包含的知识点和技能点的数量。知识点和技能点的数量过多会增加学习难度，影响学习效果，造成"消化不良"；知识点和技能点的数量过少则不足以体现职业活动的复杂性，使学生对职业能力要求在认识上产生误区。

（2）层次性及梯度审查。

各个典型工作任务在纵向上要做到知识水平由浅入深，技能要求由低到高，形成知识、技能的层次性梯度。在横向上，职业活动的范围要由窄变宽，前一个工作任务既要为下一个工作任务的学习奠定基础，又要为下一个工作任务的引出铺平道路。同时，要让学习者认识到岗位（工种）能力要求的关联性，进而认识到职业活动的相关性，提高职业素质培养意识。

（3）可行性审查。

"双证课程"的特点是实践性强，教学活动多在体现工作情境的场所进行，经常采用分组教学的组织方式，对教师能力、教学设备、场地有较高要求，因此要进行课程可行性审查。影响典型工作任务实施的因素有"人"和"物"。"人"即教师和学习者，他们是主要的课程实施者，要在教学情境中共同合作完成课程内容。要认真评估教师的能力水平及工作态度等，以保证他们乐意接受、能够正确实施该课程；要认真评估学习者的认知水平、学习态度等，并评估工作任务是否充分考虑这些差异的存在，是否有可调节的弹性等。"物"指教学设施、教材等物质条件，是典型工作任务实施的物质基础。

（三）补充职业能力分析技术

一个国家职业技能标准有时只对应一个工作岗位，有时又对应几个工作岗位；这些岗位不一定与本区域行业（企业）的需要完全一致，在制定人才培养方案时，要根据实际情况予以取舍，或进行补充职业能力分析。补充职业能力分析是根据具体的课程开发的需要，结合本地区、本行业、本企业的实际情况，参照国家职业技能标准的制定原理，对正在形成的职业雏形和专项能力进行分析，推定其技能、知识、态度等要求。在进行补充职业能力分析时，常采用的方法有功能分析法、岗位分析法、项目分析法、技术分析法、产品分析法、任务分析法等。这些能力分析方法是中国就业培训技术指导中心在《技能人才职业导向式培训模式标准研究》课题研究基础上提出的。

七、"书证融合"课程教材开发的历史经验与启示

（一）可资借鉴的历史经验

"双证书"制度有助于解决中国职业教育界面临的学科专业理论与市场需求和职场

技能脱节的"老大难"问题。有关专家学者曾对上述问题进行了长期的探索，但都是从宏观的政策层面、中观的教学层面进行研究，很少从教材层面进行研究，事实上，教材问题是制约"双证书"政策实施效果的一个重要瓶颈。由于开发模式不当、开发组织不顺、对教材的目标决策、内容组织、内容选择、内容呈现和考核方式都缺乏系统设计，导致教材不能有效融合专业目标和证书目标，影响教学实施。

人力资源和社会保障部职业技能鉴定中心职业院校"双证书"教材开发技术规范研究课题组（以下简称"课题组"）在"双证书"课程资源建设开发方面做了积极研究和有益尝试。2013 年至 2017 年间，课题组组织了教育科学出版社、外语教学与研究出版社、高等教育出版社、语文出版社、中国人民大学出版社、电子工业出版社、北京出版社等 7 家出版社参加了 32 个中职专业和 5 个高职专业"双证书"教材开发，形成了一批"双证书"课题实验教材，其中共有 13 个专业的 60 余本教材通过教育部"十二五"国家规划教材评审（后因为"十二五"国家规划教材评审工作调整和国家职业资格政策调整，实际研发成功并投入使用的"双证书"课题实验教材共涉及 4 个专业）。课题组通过此次实践，提出了较为完备的"双证书"教材开发流程和技术规范等。上述经验为新时代下"课证融合"教材的开发积累了宝贵的经验。

加强对"双证书"课程教材开发的研究，对于探索从课程层面做到"双证结合"，推动学生职业技能和就业竞争力提升，具有十分重要的意义。开发职业技能鉴定与学校课程考试两考合一的"双证书"教材，可以形成"双证书"政策落地的基础性教学资源，解决推行"双证书"制度、实施"两考合一"的"最后一千米"问题。相应地，基于 1+X 证书制度的"书证融合"教材的内涵可以描述为既符合专业教学标准的要求，又覆盖相关多类"职业技能等级证书"（或职业资格证书）要求的职业院校正规课程教材，其开发目标是将专业目标和证书目标加以整合，既保证学历培养规格，又能促进就业。"书证融合"教材内涵如图 4-11 所示。

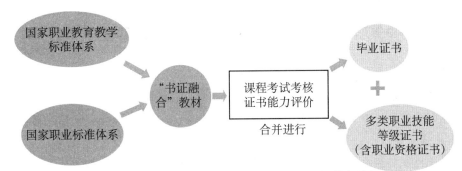

编写"书证融合"教材的目的：为职业院校提供教学资源支持，解决1+X证书制度落实的"最后一千米"的对接。

图 4-11　"书证融合"教材内涵示意图

（二）做好考务服务工作事关课程开发的成败

职业技能等级证书的考核评价，是 1+X 证书制度试点的关键问题之一。培训评价组织要积极探索"一标多纲、各具特色"的考核评价模式（即统一职业标准、统一专业教学标准、多个版本的职业技能等级考核规范），考核内容要覆盖职业标准和专业教学标准的要求，反映典型岗位（群）所需的职业素养、专业知识和职业技能，体现社会、市场、企业和学生个人发展需求。考核方式要灵活多样，强化对完成典型工作任务能力的考核。在实际执行中，如何将培训评价机构的职业技能等级考核与相关课程教学考试合并进行或统筹安排是关键问题。"课证融合"教材应为融合两考提供支持，并且要与职业技能等级考核的题库在内容上实现一致和联动。为此建议如下：

（1）对参加职业技能等级考核的职业学校，应按照培训评价组织制订的考务管理规定和要求，组织学生参加实际操作要求的考核。培训评价组织要建立考试题库，职业院校学生参加职业技能等级考核应从题库中抽取试题；尚未建立题库的职业，由培训评价组织和试点院校组织专家统一命题并组织考核。可以采取过程质量监控和终结性评价相结合的方法，进行"课证融通"课程认证。

（2）在考试题库资源开发上，各培训评价组织可积极探索符合职业院校特点、对接国家职业标准、课程考试与技能鉴定两考合一的职业院校学生评价题库资源开发使用模式。"课证融合"和"课证融合综合实训课程"的考试命题工作可由各培训评价组织根据上述教材内容，组织职业院校教师、行业企业专家共同参与，对于符合国家级题库技术要求的试题，可推荐收录到国家题库中。

（3）要积极探索两考合一、合格发证的办法。从梳理和总结各地现有实践经验来看，采取的基本思路是"课程认定、过程监控、试题备案、两考合一、合格发证"。

以上是笔者基于1+X证书的"书证融合"教材开发技术要点和关键问题所做的分析，供大家参考借鉴。盼大家共同努力，积极探索科学有效、简便可行、成本合理的教材开发模式，为推进职业教育教材的书证融通、校企"双元"开发构建基本技术规范。

总结案例

上海中等职业教育"双证融通"专业教学改革实践（节选）
（上海市教育委员会研究室）

一、问题的提出

上海中职开展以"双证融通"为标志的专业教学改革，具体基于以下两方面的思考。

（一）需求导向——服务经济社会发展对高素质技术技能人才的需求

国家经济发展和上海国际化大都市建设对技术技能人才提出新的要求：既要具备扎实的专业能力，又要提升适应未来职业变化所需的关键能力。为此，上海中职教育以"双证书"制度为基础，通过系统性的专业教学改革，推进"双证书"制度的有效落实，进一步提升人才质量规格，推动职业教育人才培养供给侧和产业人才需求侧结构要素全方位融合。

（二）问题导向——解决"双证书"制度实施过程中存在的问题

"双证书"制度作为职业教育人才培养的一项重要制度设计，对学校专业教学起着重要的导向作用。然而在实施过程中，职业资格鉴定与学校专业教学在内容与要求上仍流于"两张皮",学校专业课程与考证课程并行,专业教学效率不高,或直接以考证课程替代专业课程,造成专业教学考证中的"应试"倾向,影响学生的职业生涯可持续发展。因此,迫切需要继续深化改革,将职业标准、岗位实际需求融入学校专业教学中,通过课程、教学与评价的系统性改革,促进职业学校内涵发展。

二、要解决的主要教学问题

为回应产业发展需求,破解"双证书"制度实施过程中存在的难题,上海中职"双证融通"专业教学改革紧扣课程、教学和评价三大核心要素,着重解决以下问题:

（1）如何创建融入职业标准内容与要求的专业课程体系?

（2）如何创设与岗位真实情境有效对接的专业教学过程?

（3）如何构建与职业技能鉴定深度融合的专业教学评价体系?

（4）如何在区域层面整体推进"双证融通"专业教学改革?

三、解决教学问题的过程与方法

这项改革的难点在于如何实现学历证书和职业资格证书内涵与要求的"融通"。"双证融通"的"融"不能是简单的"物理变化",而应该是深度的"化学反应"。必须将"双证书"的内涵与要求相互融合,深度渗透到人才培养全过程,以"课程融合"引领"教学融合""评价融合",进而带动专业教学的系统性改革。从设计改革框架入手,紧紧围绕课程、教学、评价三大核心要素开展专业教学改革,经历"研究—设计—实践—调整—优化"的螺旋式发展过程,具体方法如下。

（一）顶层设计

上海市通过跨部门联动,构建改革框架与实施方略创新职业教育人才培养机制,系统谋划,构建区域层面推进"双证融通"专业教学改革的整体规划。上海市中等职业教育"双证融通"专业教学改革总体框架如图4-12所示。

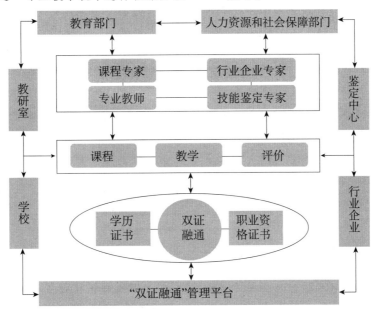

图4-12　上海市中等职业教育"双证融通"专业教学改革总体框架

1. 教委与人社部门联动，建立制度保障。

教委与人社部门站在职业教育人才培养责任主体的全局高度，"携手并进"。上海市教委教研室（简称"教研室"）联合上海市职业技能鉴定中心（简称"鉴定中心"），整合行业企业专家、技能鉴定专家、课程专家、专业教师等，研究制定"双证融通"专业教学改革方案。2012年5月，上海市教委与上海市人社局联合发文，为区域层面的改革推进提供制度保障。

2. 多方协同，确立行动研究路径。

建立政府部门主导下的行业、企业、学校多方协同机制，探明"双证融通"的内涵与改革机理，设计"双证融通"课程开发、教学实施与考核评价的技术与方法，明确本次改革的行动研究路径。

3. 学校与行业企业共进，推动改革落地。

围绕课程、教学、评价三个核心要素，行业企业专家与学校专业教师共同进行课程开发、课程实施与课程评价，开展课程设置调整、课程内容更新、教学方式改进、实训条件完善、双师素质提升、评价考核优化等，推动产教深度融合。

（二）融在课程

有机融合职业标准内容要求，重构专业课程体系，具体做法如下。

1. 找准对接点。

研究职业标准的内容结构，从职业标准的核心内容"工作要求"切入，确定将职业功能、工作内容、技能要求、相关知识四个部分作为专业课程调整的对接点。研究职业等级的划分原则，明确专业课程要涵盖初、中两个等级的内容与要求。

2. 设计技术路径。

在"项目驱动、任务引领"课程改革理念的指导下，以行业企业专家、技能鉴定专家、课程专家和专业教师等为主体，融合职业标准的内容与要求，重构专业课程体系。其基本程序见图4-13。

（1）岗位调研，确定与中职层次相适应的基础岗位、发展岗位和迁移岗位。

（2）职业分析，确定对应的职业标准和具有权威性、有利于学生生涯发展的职业资格证书及其等级。

（3）梳理职业标准和原有专业教学标准的内容框架，通过重构、序化，调整课程设置，构建新的专业课程结构。

（4）根据工作任务本身的相关性及其与职业标准的相关程度，每一专业确定4～6门双证融通课程。

（5）比对原有相关课程标准与对应职业资格证书等级的内容及要求，整合优化，开发"双证融通"课程标准。

3. 组织课程开发。

组织试点学校按照上述程序与规范开发"双证融通"专业教学实施方案、"双证融通"课程标准。以电气运行与控制专业为例，通过将原有课程设置与电工（五级、四级）职业标准进行比对，以岗位的典型工作任务为逻辑主线，调整课程设置，开发5门"双证融通"课程，提升专业课程与职业标准、岗位需求的契合度。

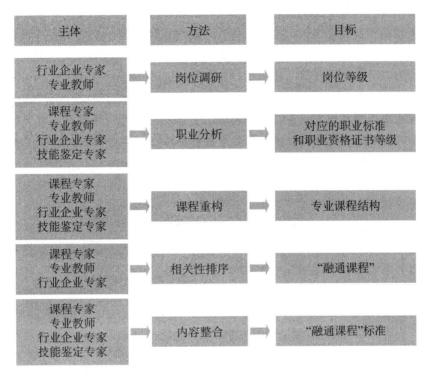

图 4-13 上海市中等职业教育"双证融通"课程开发技术路径

（三）融入教学

有效融入岗位真实情境，改革专业教学过程，具体做法如下。

以"做学一体、知行合一"为指导，基于情境教学理论，整体设计教学实施原则，将职业情境融入专业教学情境。以"双证融通"课程标准有效实施为基点，提出专业教学实施的四条原则，推进教学过程与生产过程的对接（见图 4-14）。

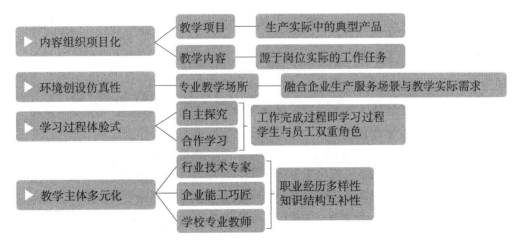

图 4-14 上海市中等职业教育"双证融通"专业教学实施基本原则

1. 内容组织项目化。

将源于岗位实际，具有真实性、典型性、任务结果完整性等特征的工作任务转换、加工为教学项目。汽车运用与维修专业"汽车机械系统结构与拆装"课程以汽车机械系统拆装的典型工作任务为主线，设计曲柄连杆机构拆装等9个教学项目，整合相应的专业知识与专业技能，融入职业素养的具体要求。

2. 环境创设仿真性。

以"通过职业情境中的行动而学习"和"为了职业情境中的行动而学习"为导向，按照生产（服务）的过程与场景，结合教学实施的实际需求，进行专业教学场所的布局与建设。电气运行与控制专业自主研发双层仿真货梯，作为自动控制电路装调维修课程的典型设备载体，建立学习环境与真实职业世界的紧密联系。

3. 学习过程体验式。

按照工作过程设计学习过程，形成自主探究、合作学习的学习方式，学生与员工两种角色融为一体，实现学习过程体验式。数控技术应用专业引进企业真实的生产任务，以"生产小组"为单位，从零件测绘、图纸绘制、产品工艺质量分析、零件编程到数控加工及检测等各个环节，以"真"的生产流程为主线，进行"过程完整"的学习，丰富学生的学习体验。

4. 教学主体多元化。

构建行业技术专家、企业能工巧匠和学校专业教师合作共同体，发挥各自在岗位生产管理实践、教学组织与实施方面的优势，实现教学主体职业经历多样性与知识结构互补性。

试点专业组建校际联合教研组，开展教学案例研究和现场教学交流，推进实训条件、数字化资源、题库等共建共享，形成"五员六步""学习型课堂""工作过程八步法""化零为整""合作竞争式""导生制"等典型教学模式。

（四）评价融合

深度融合学校学业评价与职业技能鉴定，重构评价体系

通过跨部门合作制度保障，探索职业学校与职业技能鉴定中心共同开展评价的机制，实现"二考合一"。以"双证融通"课程为单位实施评价，构建新的专业教学评价体系（见图4-15）。

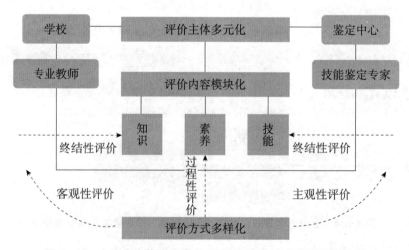

图4-15　上海市中等职业教育"双证融通"专业教学评价体系

1. 评价主体多元化。

由学校和鉴定中心共同组织评价，专业教师和技能鉴定专家共同实施评价。

2. 评价内容模块化。

评价内容包括理论知识、操作技能与职业素养三大模块，按20％、65％、15％权重折合后的成绩作为学习结果的认定依据。

3. 评价方式多样化。

评价方式终结性与过程性、主观性与客观性相结合，职业素养以过程性评价为主，理论知识考试和技能操作考核以终结性评价为主，在客观性评价基础上，增加规范意识、行为习惯等主观性评价内容。

充分吸收世界技能大赛"重规范、重过程、重质量、重基本功"的理念，严格依据课程标准，研制并实施各门"双证融通"课程考核方案，实现课程评价与职业技能鉴定从过程到结果的一致性。

四、成果的主要内容

通过5年半的实践检验，上海中等职业教育"双证融通"专业教学改革实践的内涵不断拓展、深化，其操作性更强、适用面更广、辐射影响力更大。

（一）构建了"双证融通"改革的理论框架

将职业精神及工匠精神的技术理性和价值理性融入"双证融通"专业教学改革全过程，关注人的终身发展，实现职业教育的整体育人价值。厘清内在逻辑："融"是手段，"通"是结果，核心要义是推动"双证书"从结果对接到过程融通。明确改革机理：理念上，从关注"双证书"获取转向关注生涯发展；内容上，进一步深化以任务引领为主要特征的课程改革；机制上，部门联动，多方协同，校企双主体育人。形成《指导手册》《工作指南》等研究成果，发展了"双证书"制度的理论内涵。

（二）创建了"双证融通"课程开发的技术路径

形成"岗位调研确定岗位等级—职业分析确定对应职业标准及职业资格证书等级—课程重构确定专业课程结构—相关性排序确定融通课程—内容整合开发融通课程标准"技术路径，有效指导试点学校优化专业课程，实现专业教学内容与岗位要求的紧密对接。15个试点专业形成"课程设置高结构化、课程内容高匹配度"的专业课程体系，共开发了82门"双证融通"课程标准，形成要素齐全、体例规范的专业教学实施方案和课程实施方案。

（三）形成了教学中融入岗位真实情境的实施原则

提出专业教学"内容组织项目化、环境创设仿真性、学习过程体验式、教学主体多元化"四条实施原则，为教学过程有效对接岗位真实情境提供明确的操作指南，有力地推动课堂教学改革。在践行上述原则的过程中，试点专业开发了38册"双证融通"专业教材与一批数字化教学资源，提炼34个优秀课例。

（四）构建了课程评价与职业技能鉴定"合二为一"的专业教学评价体系

以跨部门合作制度为保障，将相关课程考核与职业技能鉴定合并进行。新建以"评价主体多元化，评价内容模块化，评价方式终结性与过程性、客观性与主观性相结合"为特点的专业教学评价体系，实现学校学业评价与职业技能鉴定的深度融合，推动学校育人与社会用人的有效对接。据此，试点专业研制了 82 门"双证融通"课程考核方案，依托信息化管理平台，完成近 8 000 名试点学生的报名、信息核对、成绩录入等，组织了 129 场操作技能考核，重构后的专业教学评价体系得到有效落实。

（五）建立了区域层面整体推进改革的策略

紧扣课程、教学、评价三大核心要素，突显整体性研究引领下的有序推进，采取先行试点、稳步扩大的行进路线，行业企业全程参与，形成"专业为线、学校为面、线面共进"的改革格局，38 所中职学校 15 个专业实施改革，完成 19 项课题、25 篇论文、34 个试点案例。

五、应用效果

上海中等职业教育"双证融通"专业教学改革的成果先后在全市 38 所学校、15 个专业、61 个专业点应用，学校覆盖面超过 50%，受益教师近 300 名，受益学生近 8 000 名。持续的跟踪表明，学生可持续发展得到有力支撑，与非试点班毕业生相比，试点班毕业生的解决问题能力、学习能力、工作进取心、职业认同感均高出 10 个百分点，新技术掌握速度、沟通顺畅度、工作责任心、同事认可度高出 5～7 个百分点，充分说明本成果有效促进了学生职业生涯可持续发展能力的提升。

作为服务国家战略、立足上海实际的教育综合改革试点项目，本成果为提升人才培养质量提供了可复制、可推广的做法与经验。一方面，催生系列政策文件，以中职试点为基础，逐步将改革延伸至区域内整个现代职教体系。目前本成果辐射到上海市 23 所高职院校、27 个专业、1 016 名学生，开放大学 10 个专业、1 261 名学生，衍生了"学分认可型""直通车型""证书认可型"等"双证融通"操作模型。本成果在"高本贯通"人才培养模式中也得到应用推广。另一方面，本成果辐射到长三角、长江经济带、贵州等地区，开发的课程标准、考核方案、专业教材被其他省市广为参考，兄弟院校纷纷到本市试点学校取经。

课后思考

1. 简述双证书课程开发的主要步骤。

2. 请总结基于双证书制度和 1＋X 制度的"课证融合"课程开发的异同点和关键技术。

单元二　企业培训课程开发

▶ 培训目标

◆ 了解企业培训课程开发的意义

◆ 掌握企业培训课程的开发流程

◆ 掌握胜任力的企业培训课程需求分析的基本方法

导入案例

某制药企业的培训

某大型制药企业多年来凭借企业老总的实干和对发展机遇的捕捉，逐渐发展成为国内比较知名的大型制药集团企业。但是，企业现在面临产品成本上涨和企业低端产品竞争日趋激烈的双重压力，这使平日只关注生产和技术的老总开始意识到企业管理水平已经是制约发展的重要因素。在访问国内领先的一些药企后，整个管理层也对此达成了一致。

老总指派小李负责培训工作。小李是刚刚从企业发展部调到人力资源部来的，虽然他是企业管理专业毕业的研究生，但是小李对培训活动的了解还很欠缺。他从同学处了解到某大学的管理学院设有人力资源管理专业后，就找到了该学院的王教授。王教授同意去该企业进行培训，还就学习内容、学习对象和学习时间等与小李进行了简短的磋商。

企业老总很关心这次培训，亲自了解了学习内容，然后建议增加一些习内容，一个两天的学习项目就此形成了。

分析： 实际上，大多数企业的培训活动尤其是管理培训活动都是这样开展的。当前，一些企业的培训效果不好，最重要的原因就在于缺少有效的培训需求分析。培训需求分析工作的质量决定了培训能否瞄准正确的目标，进而影响到能否设计与提供有针对性的培训课程，对员工培训与开发活动的有效性起着至关重要的作用。令人遗憾的是，很多企业在选择培训项目或内容时，或者是听从高层的命令，或者是以大公司进行过的培训项目或内容为蓝本，或者对咨询公司推荐的培训项目言听计从，或者虽然在中层管理者中进行了调查，但是不能获得足够的信息。那么，企业应该如何开展有效的培训需求分析活动，以实现有针对性地进行员工培训的目标呢？本单元将重点讨论我国企业培训课程开发及经验。

一、企业培训课程开发的意义[①]

（一）企业培训及其作用

根据美国经济学家舒尔茨的人力资本理论，如果对人这种特殊的资源进行投资与开发，可提升人力资源的价值，使企业获得更大的经济回报。人力资源是企业所有资源中增值潜力最大、最有投资价值的资源。现代企业竞争的关键是人才的竞争，企业要想在竞争中获得一席之地，比较有效的途径便是对企业内的人力资源进行培训开发。

---

① 李平. 企业培训课程开发综述 [J]. 新课程研究，2003（11）：179-181.

美国著名学者雷蒙德·A.诺伊认为,培训是企业有计划地实施改善员工现有工作能力的活动,这些能力包括知识、技能或对工作绩效起关键作用的行为。随着人才竞争日趋激烈,培训作为开发与发展人力资本的基本手段,早已突破了原有的纯教育意义。因此,良好的培训便是企业与员工之间取得双赢的一种有效手段和方式。培训可提高员工的工作绩效,能为企业留住人才。企业培训是建立学习型组织的最好方式,培训对建立优秀的企业文化和形象有很大的促进作用。

(二)企业培训课程的开发

企业培训课程的开发,必须以企业的发展战略为基础,满足企业实际生产经营的需要。企业培训课程开发的意义在于围绕企业员工队伍存在的问题进行充分的剖析研究,并提出富有建设性的意见,将企业的发展战略目标和战术要求变成切实可行的企业培训课程,使企业人力资源管理与开发同培训理念有机结合,并迅速地将培训成果转化为企业人才竞争优势。现代企业岗位众多,岗位工作任务复杂,岗位之间协调要求高,对岗位工作人员知识、能力和素质要求较高。从业人员不仅需要掌握丰富的专业知识,复杂的作业技能和作业规范,还需要具备安全作业能力和生产组织能力。为了保证企业生产的高质、高效和安全,不同工种、不同层次的员工必须接受专门培训,才能进入相应的岗位执行工作任务。

从培训对象上看,企业培训课程主要有三类:一是新员工培训;二是转岗或升级培训;三是企业技术升级培训。

从培训内容上看,企业培训的课程大致可以分为知识型课程、技能型课程和素质型课程三大种类。知识型课程主要包括生产经营、企业管理、操作流程等基础知识和理论,是课程内容中不可缺少的一部分,也是企业员工技能知识和素质知识提升的基础。技能型课程以企业生产经营中的具体实践操作为主要内容,课程效果体现为完成工作的质量和效率,特别是针对企业核心业务能力的技能培训,是提高企业生产效率的关键,因此,技能型课程的设计是企业内部培训课程开发中的重要环节。素质型课程着眼于对企业员工的思想素质、职业道德、个性发展、心理健康等方面的教育,宣传和贯彻企业的经营思想、文化观念,从而加深员工对企业的认知,督促员工主动参与企业的各项生产经营活动,提高企业员工的综合能力。

企业培训的目的是帮助岗位作业人员或管理人员掌握新知识、新技术,提高职业素质与技能,高质高效完成岗位工作任务,从而提高企业劳动生产率。因此,企业培训的目标都是面向特定岗位,针对员工的知识能力差距,培训补强岗位专业知识及技能,使员工能胜任相应岗位的工作要求,达到岗位与工作人员的人职匹配。衡量培训绩效的关键是企业业绩的提高。

通常来说,一个完善的企业培训课程体系开发过程包括企业培训需求分析、企业培训设计、企业培训课程开发、企业培训实施及培训效果评估等环节,各个环节既相互独立又互为前提、密不可分。企业培训课程开发是连接企业战略发展及培训目标与具体教学、训练、教育实践活动的桥梁,也是提高员工技能水平的关键环节。

二、国内外企业培训课程开发现状

（一）国内现状

新中国成立后，历经几十年的发展，我国的企业培训已经提高到新的水平。但是，目前国内企业普遍存在培训课程缺乏针对性、实用性，套用学校学历课程或照搬国内外企业培训课程的现象，多数企业培训目标和内容没有依据自身特点和需要来确定，导致课程内容脱离企业实际，致使培训达不到预期效果，造成企业人力、物力、财力等资源的极大浪费，打击了企业组织和员工参与的积极性。因此，整体上我国企业培训课程的开发水平还有待提高，主要表现在课程的开发过程不规范，整体上处于经验探索阶段。

1. 关于培训课程开发的理论基础

培训课程开发具有科学性和规律性，建立在一定的理论基础之上，总结起来有以下方面：

（1）成人学习理论。成人学习的心理特点是：认知风格相对稳定，具有自我完善的动机，具有较强的自制力，自我概念由依赖性转变为独立性。其学习特点是记忆力差，但理解力强。成人学习内容应用性强，是带着一定问题来学习的；学习方式从接受型向参与型转化；相对学习时间较少。成人学习带有一定的焦虑性和功利性，因此，培训时要区别对待不同员工，与他们一起分析培训目标。采用多种方式激励他们学习，坚持实践性原则，让员工在做中学。事实上，学习理论描述了人类学习的心理机制，并不能告知人们该如何学习，更不能直接演绎人们该如何教学。

（2）职业教育课程开发的 PDCA 循环理论。职业教育课程开发过程是一个有机整体，对其中任何一个部分进行研究时，都必须弄清楚这部分在整个课程开发过程中所处的位置和所起的作用，以及各部分之间的关联，等等。根据美国管理学家戴明的归纳，人们做任何工作必须经过计划、执行、检查、处理四个阶段，而要达到预期效果或同一工作目标刷新，只经过一次循环是不够的，要经过数次循环。

2. 关于培训课程开发模式

近年来，国内研究者不断尝试借鉴相关领域的研究成果改变企业培训的课程开发模式，以期有效解决培训课程开发中遇到的各种问题，这些研究大体可分为以下类型：

（1）将学校情境下的教学设计方法向企业培训领域移植。例如，有研究将"双主"教学设计理论引入企业培训的课程开发。双主教学系统设计理论是何克抗教授带领的研究团队在我国教学系统设计研究领域的一项重大成果，其将"以教为主"的有意义接受学习理论、动机理论、先行组织者教学策略和"以学为主"的建构主义教学理论有机结合起来，形成了具有特色的"学教并重"教学设计理论，其倡导的"以教师为主导、以学生为主体"的教与学的理论思想，不仅弥补了以教为主、以学为主两大教学系统设计理论方法的缺陷，还兼具二者的优势，是新形势下我国教学系统设计方面的重要理论指导和方法。但我国课程教学是在课程标准指导下进行的，教学设计中的目标、内容分析、学习者分析等工作都是在课程目标、教学内容已经确定的情况下进行的，分析阶段大大弱化，不再需要针对特定社会职业领域进行需求分析和内容选择，因而学校教学设计中的目标制定通常先于内容分析，这使得人们误以为培训课程目标制定通常先于内容分析和学习者分析，与企业培训的实际情况不符。

（2）借鉴职业教育课程开发思路。例如，蒋乃平等人的"集群式"模块课程是在借鉴模块式技能培训（MES）、能力本位的教育与培训（CBET）、"双元制"等国际职业教育课程模式的基础上，结合中国国情，根据市场经济特点和成人教育内在的规律开发的一种培训课程模式。"集群式"模块课程开发模式体现个性与共性、系统性与针对性相统一的"宽基础、活模块"，是真正意义上的本土课程开发模式，主要包括课程分析、设计、实施和评价三大步骤。

（3）基于岗位能力素质模型的企业培训课程开发。基于岗位能力素质模型的企业培训课程开发，首先对职业岗位工作任务进行分析，确定完成岗位工作任务所需要的能力和素质，对能力与素质要求进行分解，确定培训要素，归纳培训主题，对不同的培训主题进行梳理和归纳，建立培训课程体系。

（4）基于知识能力提升的企业培训课程开发。基于知识能力提升的企业培训课程开发的途径是：根据岗位工作任务（包括企业技术升级、管理升级需求），确定知识能力需求，对照岗位员工现有知识能力水平，找出知识能力差距，针对知识能力差距确定培训目标，开发培训课程，开展培训，并对培训效果进行评估，查找新的知识能力差距，进入新的培训课程开发循环。

（5）"需求导向型"课程开发模式。该模式以系统思考的法则为基本原则，把课程开发看作系统的、综合的过程，以一定的教育哲学和课程思想为指导，以实现社会、组织和学习者对课程的具体要求为出发点和终极目标，对课程的目的、目标、内容、方式和方法、时间、空间，以及所需的物力、人力资源进行整体规划和设计。

（6）系统化培训课程开发模式。胡连峰等在总结前人研究成果的基础上，综合企业培训课程开发的实践操作经验，提出了系统化培训课程开发模式，以提高企业培训的质量与效率。系统化培训课程开发模式一共有 8 个环节，即确定需求、立项、制定学习目标、课程设计、内容开发、试讲、实施、评价与修订，每个环节都包括名称、主要人物、主要采用的评估方法和修订等环节。

ⓐ 案例

CBET 培训课程开发模式的本土化改造

湖南省邮政公司在进行企业培训时，基于 CBET 教育模式要求设计出的企业员工培训体系设计流程如图 4-16 所示。

该模型设计以 CBET 模式理论为基础，并充分考虑了公司的战略规划、公司的需求和实际情况、员工的切身需要等。在培训每个环节都考虑了组织、任务和员工的需求，并以此为基点设计培训体系。另外，该模型的设计强化了培训效果的评价评估，并将评

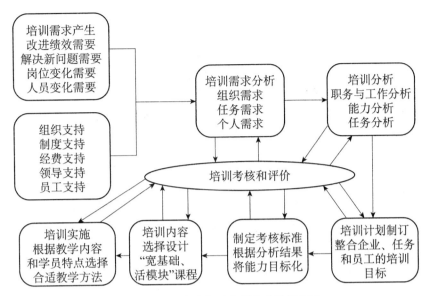

图 4 - 16　湖南省邮政公司企业培训设计

价环节置于整个培训过程中，使培训的各个环节都能得到反馈。该模型包括设计准备阶段（培训需求分析）、计划制订与设计阶段、课程实施阶段和评价反馈阶段。这四个子系统形成一个封闭循环系统，且相互影响和促进。需要指出的是，培训需求的产生和组织的支持是企业开展培训的前提，只有存在需求才能有行动，也只有组织支持，为员工培训提供所必需的人力物力资源等，培训的需要才能转化为现实。

（二）国外现状

国外的企业培训工作开展较早，相关的理论与实践研究也比较成熟。在培训课程开发模式研究领域方面产生了许多具有广泛影响的开发模式。

1. 关于培训课程开发的理论基础

（1）泰勒的课程开发理论。

美国教育家泰勒在其名著《课程与教学的基本原理》中提出，在编制课程与教学计划时，必须回答 4 个问题：学校应该达到哪些教育目标？提供哪些经验才能实现这些目标？怎样才能有效地组织这些教育经验？我们怎样才能确定这些目标正在得到实施？对上述 4 个问题的回答就构成了课程开发的最为核心的部分。同时，泰勒又认为"教育目标"的确定和表达是课程开发的首要问题，社会生活是课程目标的一个重要来源。

（2）建构主义学习理论。

建构主义认为，学习是在一定的情境下发生的，知识只有在一定的情境下才会有意义。枯燥、抽象的信息不利于学生对知识的建构，只有从真实情境出发，通过分析、解决真实问题才能促进学生对知识的获取与建构。

（3）终身教育思想。

法国教育家朗格朗认为，一个人有了一定的知识和技能便可以终身应付自如的观念已经过时。教育的真正意义不在于获得一堆知识，而在于个人的发展和作为连续经验的结果得到越来越充分的自我实现。由此，当前教育改革的目标，首先是组织适当的结构和方法，帮助人在一生中保持学习和训练的连续性。

（4）职业学习理论。

职业学习理论由传统的"产生性教学策略"向"可能性教学策略"发展，其特点是注重学习情境与学习主体的研究，强调研究式、自学式和非常规式学习方法。西方职业技术教育教学理论界有三大理论思潮，即行动导向学习、社会性学习和组织学习理论，体现出未来职业学习的发展趋势。其中，组织学习理论和实践的发展，对职业教育产生的影响是革命性的。组织学习是指一个组织（如企业、学校和机关等）在过去的行动和绩效与未来的行动之间产生新知识和建立联系的能力，特别是发现错误和进行相应修正的能力。组织学习可改变组织的价值和知识基础，并产生新的行动标准和策略。

2. 关于培训课程的开发模式

根据企业对人才培养的不同需要，以及企业在人才培养中内容的不同特性，根据教学设计专家长期的研究结果，可以总结出 6 种不同的课程开发模型，即教学系统设计模型（ISD）、ADDIE 模型、HPT 模型、能力本位教育与训练模型（CBET）、霍尔模型、纳德勒模型。

（1）教学系统设计模型。

教学系统设计模型（Instructional System Design，ISD）是以传播理论、学习理论、教学理论为基础，运用系统理论的观点和知识，分析教学中的问题和需求并从中找出最佳答案的一种理论和方法。其开发过程如图 4 - 17 所示。

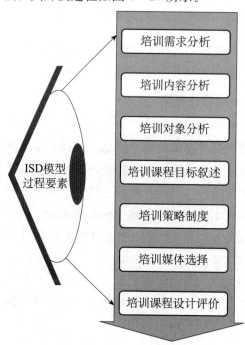

图 4 - 17　教学系统设计模型的开发过程

（2）ADDIE 模型①。

ADDIE 是由 Analysis（分析）、Design（设计）、Development（开发）、Implementation（实施）、Evaluation（评估）这几个单词的首字母组成的。ADDIE 模型（见图 4-18）是目前企业培训课程开发领域最为经典理论模型之一。表 4-4 为用该模型进行国家职业技能标准分析工作的内容。

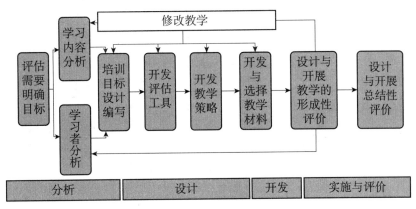

图 4-18　ADDIE 模型

表 4-4　国家职业技能标准分析工作的内容

序号	步骤	内容
1	Analysis（分析）：明确学什么	（1）明确需要利用教学来解决的问题； （2）进行教学分析以确定预期的认知、情感与技能方面的目的； （3）确定期望初学者需要具备的技能以及哪些技能会影响对课程的学习； （4）根据可支配的时间、情境（资源条件）分析能够实现的量化目标。
2	Design（设计）：确定怎么学	（1）把教学目标分解成为可以量化呈现的阶段性学习目标（单元目标）； （2）确定教学主题和单元以及每个主题或单元的教学课时； （3）根据教学目标设计各教学单元顺序； （4）根据单元目标，充实教学材料与活动； （5）围绕学习目标、学习条件和学生特点设计课外学习任务； （6）设计学习效果评价的具体标准。
3	Development（开发）：编写课程材料	（1）确定内容材料及教学活动的风格与类型； （2）撰写课程材料及活动设计； （3）运用材料与活动进行试教学，根据反馈进行修改； （4）编写教师指导及教学辅助材料。
4	Implementation（实施）：组织实施教学	（1）建立和维护适合的教学监控体系； （2）为学生提供学习目标与方法的指引； （3）为教师提供教学培训与指导； （4）根据课程特点，合理安排教学环境和教学条件。
5	Evaluation（评估）：评价效果与效率	（1）根据学生的成绩与反馈对学生进行评价； （2）根据教学绩效实施教学评价； （3）根据评估结果修订教学内容与教学设计。

---

① 该模型由佛罗里达州立大学教育技术中心于 1970 年首次开发。

（3）HPT 模型。

国际绩效改进协会（International Society for Performance Improvement）于 1992 年发布了 HPT（Human Performance Technology）模型（见图 4-19）。HPT 模型是涉及行为心理学、教学系统设计、组织开发和人力资源管理等多种学科的理论实施的广泛干预措施。它强调对目前的以及期望达到的绩效水平进行严密分析，找出产生绩效差距的原因，提供大量帮助改进绩效的干预措施，指导变革管理过程并评价其结果。

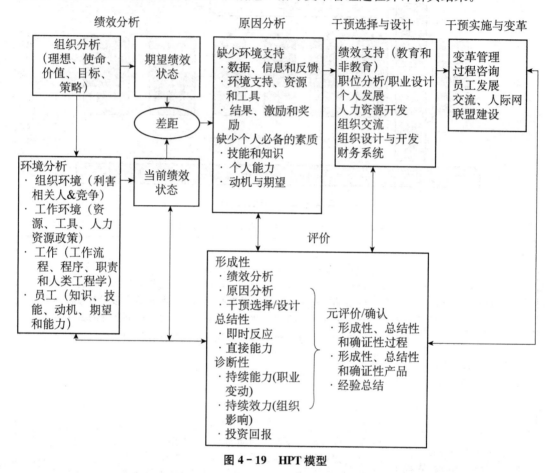

图 4-19 HPT 模型

（4）能力本位教育与训练模型。

能力本位教育与训练（Competency-Based Education and Training，CBET），是职业培训的一种模式，它依赖职业能力分析的结果，确立权威性国家能力标准，通过与这些标准相比较来确定员工的等级水平，强调课程与教学应该对学员个别差异作适应。该模式以英国、澳大利亚为代表。

（5）霍尔模型①。

该模型由美国著名成人教育学家霍尔（Hole）提出，它注重课程要素对课程开发影响分析，强调满足成人学习者学习需要、吸引学习者参与课程设计。

———————————

① 该模型由美国著名成人教育学家霍尔（Hole）于 1972 年提出。

该模型将培训课程开发归结为 7 个步骤：确认可能的教育活动、对培训活动的选择进行进一步决策、确认与精选目标、设计合适的课程、使课程适应更多学习者的生活方式、实施课程计划、测量和评价结果。霍尔模型如图 4-20 所示。

图 4-20　霍尔模型

霍尔模型归纳和总结了成人培训课程开发的工作步骤及主要内容，其优点有：首先，范围广泛，适合各种形式的培训活动；其次，课程编制考虑多种因素，这一模型不仅考虑学习方法、时间安排、学习顺序和评价标准等课程要素，对课程开发起关键作用的因素也做了重要提示；最后，该模型强调课程应满足成人学习者的需要，吸引学习者参与课程设计，提高课程的针对性与实用性。

（6）纳德勒模型。

美国学者纳德勒在多年研究的基础上提出重视学习需求分析，将短期培训课程开发归纳为 8 个重要事件，即确认组织需求、指明工作绩效、确认学习需求、确定目标、建立课程、选择教学策略、选择教学资源、实施培训课程。该模型也被称为"纳德勒重要事件模型"。纳德勒模型如图 4-21 所示。

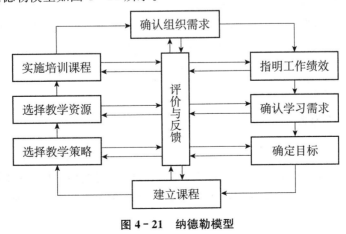

图 4-21　纳德勒模型

　　纳德勒重要事件课程开发模式是一种典型的"需求导向型"的模式，重视在培训设计开始前针对各个层次的需求进行分析和调查，这一点使得纳德勒重要事件模型在培训领域内堪称经典。此模型的目的在于通过课程的开发设计，在提供员工个人效益的同时推进组织的效益。这种模型十分注重对需求的确认，八个事件中第一和第三个事件都在分析培训需求，既有社会和组织的需求分析，也有员工个人的需求分析，从这方面来看，它的需求分析是较为全面的。它将需求确认作为企业课程开发的出发点是符合现代企业培训要求的，重视了企业培训主要针对有独立思想和较为成熟的世界观、人生观和价值观的成人这一现实特点，也强调了企业培训和一般青少年儿童的学校课程的区别。此外，纳德勒还强调课程评价的重要作用，不再将课程评价作为一项独立的事件，而是将其看成其他事件的组成部分，注重对各个事件的反复评价和反馈，以保证及时调整课程，更好地满足组织的要求。这在一定程度上是对霍尔模型的弥补和改进。

　　从本质上说，培训课程开发模式都是需求导向型模式。存在培训需求就表明工作未达到组织所期望的要求，因而培训前就要指明工作绩效。在课程开发的过程中，培训需求分析和课程目标的设计有着非常特殊的意义。只有通过目标设计，才能将抽象的教育意图和实际的教育需求转化为具体的教育需求，并指导课程开发的其他环节。

　　虽然这些模型的指导思想不同、课程开发的侧重点也不一样，但都非常重视课程开发的前期分析，尊重成人学习特点，注重理论与实践的有机结合。

三、企业培训课程开发的原则

　　企业培训不同于一般的职业教育，它既要顺应企业发展的要求，以最低的培训成本获得最大的经济收益，也要适应各个员工不同的文化程度和学历背景，使参与培训的员工都能接受并由此得到提升。因此，在课程的开发和设计过程中必须充分考虑这一系列因素的影响，具体来讲，应该掌握以下几个基本原则。

（一）适用性原则

　　企业内部培训的主要目的是提高员工从事某种岗位的技能和素质，在培训课程内容的设计上，要紧紧围绕企业生产经营的实际需要，以"员工缺乏什么就学什么，岗位需要什么就学什么"为出发点，以理论基础课程和实际操作课程为主体，同时适应员工多样化的学历背景，选择难度差异化的课程内容进行课程水平的多样组合，最大限度地满足各参训人员的需要，提高培训的实用性和针对性，从而促进培训成果与企业生产力的转换，实现企业培训的最大效益。

（二）战略性原则

　　人力资源是企业最重要的战略资源，企业员工的内部培训工作是企业战略的一部分。企业内部培训课程的开发应当立足于企业未来的发展战略目标，不能有功利化或者短视化的价值倾向，既要着眼于企业当前实际，也要面向企业未来发展，由此建立一套内容丰富、层级鲜明的培训课程体系。

（三）创新性原则

企业要想在激烈的市场竞争中得以生存和发展，就不能一成不变、墨守成规，而应当积极主动地进行创新。企业要打破原有的条条框框，对一切，包括员工思想观念和现有技术、技能水平等在内的旧的事物进行变革，抛弃不利于企业发展的因素，从而为企业注入新的活力。

企业创新中产生的新知识、新技术要靠企业内部培训传递给每一位员工，因此培训课程的创新性设计是创新人才培训的保证。只有培训课程开发有新意，才能保证员工的综合素质跟上企业创新发展的步伐，才能在以往重视知识和技能培训的基础上进一步提高员工的灵活应变和开拓创新的能力，才能在满足企业目前需要的基础上适应未来发展的需要。

（四）共享性原则

每一位参加培训的企业员工都拥有一定的知识技能储备和生产工作经验，将这些人的知识和经验有机地结合起来，就会成为一个个生动的实际案例。在企业培训中，参训员工既是培训的主体，又可以作为一种教学资源。因此，在课程开发时，应当注重安排充分的时间，让教师与学员之间以及学员相互之间进行深入交流，做到师生间的经验共享和能力互补。企业的内训师在这一过程中必须发挥好引导者的作用，找到能引起参训者共同兴趣的话题，并营造出一种开放、和谐的学习环境，充分挖掘各个参训者所有的实际经验，使其与培训者之间进行分享，随后，内训师也应当对这些分享的经验进行归纳和总结，并与培训课程的内容有机结合，将实际经验上升到理论高度，这样有利于促进企业培训课程开发的创新，提高培训的可操作性。

（五）反馈性原则

企业培训课程开发要注重建立一套有效的评价和反馈机制，为课程开发者能及时发现问题、及时调整内容、及时改进工作提供重要保障。对课程开发进行评价反馈的主体可以是参训者本人，也可以是企业的任何一名员工，这样更有助于全方位了解培训者参加培训的效果。

四、企业培训教程开发的基本流程

（一）培训课程开发的前期准备工作

企业应重视对培训课程开发的前期准备，这也是使培训真正起到好的作用的必要前提。

1. 调研培训需求

企业内训师在设计课程之前，需要明确几个问题：参与培训的对象是谁？他们需要什么？他们的关注点有哪些？他们希望通过培训解决什么问题？他们已经具备什么样的知识基础或技能？等等。这些问题的答案就要通过调研来获取。企业经常会采用问卷调查法、观察法和访谈法等方式来收集信息，之后再对这些信息进行归纳总结，分析参训者关注的重点，如基层员工侧重操作面，希望学会实战业务的步骤、方法和技巧；中高层管理人员则对战略制订、全局管理等方面的知识更感兴趣，以此增加培训课程的针对性和有效性。

2. 明确设计目的和原则

培训的目的不一样，课程开发内容就会有明显的区别。如果培训主要是为了让员工知悉业务的基本流程，课程开发就要侧重理论知识的讲解；如果培训是为了提升员工的操作技能，课程安排就要增加实际案例和现场模拟操作。培训的目的不宜过大、过多，一定要具体、明确。企业内训师必须要清楚，一次培训绝对不能解决所有的问题。与此同时，课程开发还要注重遵守原则，保证课程目的的顺利实现。

（二）培训课程开发的实施和落实

1. 搭建课程内容框架

进行课程设计，要先确定好课程框架，之后进行内容的补充，最后再对设计出来的课程进行评估与优化。搭建课程内容框架，把课程的关键性内容言简意赅地罗列出来，形成培训课程的主框架。在此基础上，把每个关键内容的组成部分再列出来，这样，一个有分支、有结构的培训课程框架就形成了。

2. 编撰课程内容

当设计好课程框架后，将列出的每一个小的关键点进行细化，增加实质性的课程内容。企业内部培训的课程内容一般是基础性知识加上案例、实际操作等。课程内容要突出，方法和措施要配合好，课程内容设置中要善于利用表格、图形、模型等形象的工具，便于参训者更好地理解及掌握所学知识，使员工一学就会。

课程内容的编撰并非一蹴而就，在这一过程之中，课程开发者可能会发现，已经建构的课程框架存在某些部分的缺陷或者针对框架中的某部分的内容所收集的信息、资料不充分，这时就需要对先前的课程框架进行局部修改并对相应的所需材料进行收集，随后再完善课程内容。这样循环重复的开发步骤会一直持续，直至课程内容编撰工作完成。

3. 课程试讲

内训师可以开展模拟课程教学，或外请专家、组织企业内专业人员、内训师等召开课程研讨会，征集大家的意见和建议，发现课程开发中存在的问题和不足。由于较多参训者容易从主观角度对课程进行评论，且教师授课效果直接影响到学员对课程的感受，导致参训者容易将对课程内容的意见与对教师的意见混为一谈，所以，课程试讲时选择合适的讲师更有利于课程开发者准确把握课程优化的方向。同时，课程试讲的次数也需要根据专家的权威性以及参训对象的知识水平来确定。

4. 课程优化

课程试讲结束后，根据课程开发的目的及原则，并结合专家、参训者提出的意见，对课程内容进行适当的修改和完善。在此阶段，主要是针对课程的深度、顺序以及课程的时间安排进行调整，对于课程大的模块不做调整。

5. 课程定版和转移

课程定版是指最终确定应用课程版本。课程定版后，如何能够顺利转移是需要考虑的问题。转移包括培训内训师、推广课程等工作。目前，已有学术界专家总结出了内训师培养"七步法"：讲师选拔、示范课试听、培训师培训、教研组活动、标准课试听、集体备课、登上讲台。这一方法已被证明是非常行之有效的课程转移方法。

◎ 案例

企业培训课程与职业院校课程开发异同比较

企业培训与职业教育人才培养各有自身特定的目标，但它们之间又存在相似之处，表4-5从培养对象、培养目的、培养周期、岗位面向与培养绩效考核等方面概述了企业培训目标与职业院校人才培养目标的异同。

表4-5　企业培训与职业教育的比较

类别	培养对象	培养目的	培养周期	岗位面向	绩效考核
企业培训	新员工培训 转岗培训 新技术培训	缩短员工知识能力与岗位要求的差距	周期短，不固定，阶段性	特定岗位	提高企业整体业绩
职业教育	在校学生	满足目标就业岗位知识能力要求	周期长，固定，系统性	岗位群	提高就业率、用人企业及学生满意率

职业教育的目的是使学生经过职业教育成为一名合格的高端技术技能人才。例如，高职教育的人才培养目标，是面向行业企业，培养学生的专业知识、能力与素质，使之达到企业要求。职业教育必须兼顾学生求职与职业生涯发展需要，即培养目标必须考虑学生短期与长期的需要。短期目标是实现学校教育与企业培训的对接，使学生毕业后能在尽可能短的时间内达到上岗作业要求。

企业培训课程与职业教育课程都是针对岗位工作任务和对应的职业能力需求进行课程开发。不同之处是，企业培训通常针对特定需求，目的性强，培训周期较短，对课程的系统性与课程之间的关联性要求不高。而高职课程是一个系统化的学历课程，以学生职业生涯发展及人格养成为主要培养内容，需要兼顾知识、能力、素质的综合培养，不仅要关注其初次就业的需求，更需要考虑其长远发展需要，课程体系必须具备较强的综合性、系统性。

因此，职业教育课程不能演化成简单的企业培训课程，必须考虑学生职业生涯发展需要，培养目标不仅面向初次就业岗位，还必须为学生向更高的岗位层次甚至向管理者发展做准备。

企业培训课程和职业院校课程开发流程异同点如表4-6所示。

表4-6　企业培训课程和职业院校课程开发流程异同点

序号	企业培训	职业教育
1	工作任务分析	目标就业岗位分析
2	能力需求分析	人才培训目标确定
3	培训分析	知识、能力、素质培养要求分析
4	培训课程开发	课程体系确立
5	培训实施	课程开发
6	培训绩效评估	课程实施
7	——	质量评定与跟踪

五、培训需求分析与目标定位

企业培训需求分析是培训课程目标定位的关键环节。现代企业越来越关注企业培训的系统性，一些企业专门为岗位培训开发了系统化的培训课程方案，学习型企业成为企业文化的标配。但企业的根本任务是经营而非教学，因此，企业培训总是短期性、阶段性的，是为解决企业在某些阶段和环节存在的问题而专门实施的，实质是企业经营的一个环节，根本目的是提高经营绩效。

从我国企业培训课程开发的实践来看，培训需求分析主要从组织层次、任务层次、人员层次3个方面进行分析。每一层次的需求分析都反映了企业中不同侧面的培训需求。组织分析可以确定组织在哪些地方需要培训以及实施培训的环境和条件如何；任务分析的目的是明确在有效地完成某项工作时必须要做什么；人员分析能够决定哪些员工需要接受培训以及对其的培训内容。企业培训需求分析的基本框架如图4-22所示。

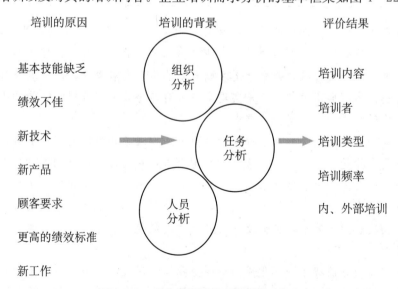

图4-22　企业培训需求分析的基本框架

（一）组织分析

组织分析是指通过对组织的目标、资源、氛围和环境等方面进行分析，准确地找出组织存在的问题，同时确定培训是否是解决这些问题的最有效的方法。组织分析确定组织范围内的培训需求，以保证培训计划符合组织的整体目标与战略要求。一般情况下，组织分析主要包括组织目标分析、组织资源分析、组织氛围分析和组织环境分析等方面。

1. 组织目标分析

明确、清晰的组织目标决定着培训活动的重心，对员工知识和技能的提升有着约束导向作用，有助于更好地确立培训与开发活动的目标，明确组织要实现其目标所需要的知识、技能和能力以及组织现有的知识、技能和能力状况。组织目标分析主要围绕组织目标的达成、政策的贯彻是否需要培训，或者组织目标未达成、政策未贯彻是否与没有进行培训有关等展开。

2. 组织资源分析

组织资源分析包括对组织的金钱、人力和时间等资源进行的分析。必须考虑到组织的有限资源，培训需求分析的一个重要方面就是确定组织的资源。组织所能提供的经费将影响到培训与开发活动的范围和深度；培训是需要时间的，如果时间紧迫或安排不妥，则可能造成糟糕的培训结果；对组织人力状况的了解是决定是否进行培训的关键因素。

3. 组织氛围分析

如果组织不存在对培训与开发工作友好和支持的氛围，那么培训与开发活动就不可能获得员工的积极支持和参与，培训与开发工作的具体设计和实施将会遇到很大困难。如果管理者和其下属之间不信任，管理者可能不积极支持下属参加培训活动，这将影响其下属全心全意地参加培训以及学习成果的有效转化。当组织存在良好的氛围时，管理者会积极支持并激励其下属在实际工作中运用培训中学到的新知识。组织培训态度的调查是获得有关组织氛围的最佳方法，组织培训态度调查是指收集所有人员包括一般员工、管理者或有关团队等对其工作、绩效、培训等的看法，以获得管理者和全体员工对培训与开发工作的支持，帮助企业明确其最需要培训的领域。

4. 组织环境分析

组织环境分析是对与企业的培训需求有着广泛影响的经济及法律问题等环境因素、市场竞争、本行业的技术水平、其他同类企业的培训水平以及企业外部的资源状况等外部因素的分析。比如，政府每颁布一项涉及劳动的法律时，企业都会进行相关的遵守法律的培训。

（二）任务分析

任务分析主要是通过对工作任务和岗位职责的研究，发现从事某项工作的具体内容和完成该工作所需具备的各项知识、技能和能力，以确定培训项目的具体内容。任务分析的结果是设计和编制相关培训课程的重要资料来源之一。

任务分析一般遵循以下 5 个步骤。

1. 建立工作说明书

进行工作分析，需要建立全面的工作说明书。工作说明书主要是对岗位的任务职责及任职条件的描述。并不是每一次培训都必须重新进行工作分析，在先前建立起来的岗位说明书和工作规范上通过不断改进也可以完成此项任务。

2. 进行职责任务分析

职责任务分析即对工作中的结构、内容、要求等进行分析，弄清楚每个职位的主要任务是什么、每项任务完成后应该达到什么标准。

3. 确定完成任务所需的 KSAO

KSAO 即知识（Knowledge）、技能（Skill）、能力（Ability）及其他（Others）个性特征。对完成职责任务所需的 KSAO 进行分析、确定，为培训与开发活动提供目标和依据。

4. 确定培训需求

分析和比较每个任务及其相应的任职条件的评估分数，包括任务的重要性、出现的频率（或者所花费的有效工作时间）、完成的难度，任职条件相对职位工作绩效的重要性、学习难度、在工作中可获得的机会等，以具体确定哪些任务与 KSAO 应该纳入培训需求中，最终形成培训需求系统。任务分析调查问卷如表 4-7 所示。

表 4-7　任务分析调查问卷

姓名		日期	
职位			
请从以下 3 个方面给每一项任务评分：任务对工作绩效的重要性、任务执行的频率和任务执行的难度。在评分时请参照下列尺度：			
重要性	4＝任务对有效绩效至关重要 3＝任务比较重要但并非至关重要 2＝任务比较重要 1＝任务不重要 0＝没有执行过这项任务		
频率	4＝每天执行一次任务 3＝每周执行一次任务 2＝几个月执行一次任务 1＝一两年执行一次任务 0＝没有执行过这项任务		
难度	4＝有效执行这项任务需要有丰富的工作经验和培训经历（12～18 个月或更长） 3＝有效执行这项任务需要有一定的工作经验和培训经历（6～12 个月或更长） 2＝有效执行这项任务需要以前有过短期的工作经验和培训经历（1～6 个月或更长） 1＝有效执行这项任务不需要以前有过特定的工作经验和培训经历 0＝没有执行过这项任务		

续表

任务	重要性	频率	难度
1. 维修设备、工具和安全系统			
2. 监督员工工作绩效			
3. 为员工制订工作日程进度			
4. 使用计算机统计软件			
5. 监控生产过程			
6. 统计方法带来的变化			

资料来源：金延平. 人员培训与开发［M］. 大连：东北财经大学出版社，2006：115.

5. 确定培训需求系统的因素级别和开发顺序

由于支持组织培训的资源有限，不可能实现所有的培训需求都得到满足。因此，需要考虑每一种需求的优先级别，确定培训需求系统中每项任务与 KSAO 的培训与开发顺序。

（三）人员分析

人员分析是对员工现有的绩效水平与期望绩效或绩效标准进行比照分析，发现两者之间的差距，以确定谁需要和应该接受培训以及培训的内容，以此来形成培训目标和内容的依据。人员分析的目的是确认员工个人对培训的需求，一般地，人员分析可以遵循以下几个步骤进行。

1. 查找绩效差距

查找绩效差距即寻找员工实际工作绩效与工作岗位要求的绩效标准之间存在的差距，或者员工实际能力与企业战略所需要的员工能力之间的差距。

2. 分析绩效差距的原因

发现了绩效差距以后，还需要寻找到差距的原因，因为并不是所有的绩效差距都可以通过培训的方式消除。影响绩效的因素有很多，如员工个人的知识、技术或能力，个人的态度和动机，薪酬等激励机制，设备、预算等资源的支持等。

3. 确定消除绩效差距的方案

找到绩效差距的根本原因以后，接下来需要准确地判断应该采用培训方式还是非培训方式来消除存在的绩效差距。可以通过以下问题来确定采用培训是否是解决绩效差距的最佳方式：

（1）该员工工作绩效问题的严重程度如何？

（2）该员工是否知道如何有效地进行工作？

（3）该员工是否掌握并正确运用了岗位所要求的知识、技能和行为方式？

（4）该员工是否得到了恰当的激励和工作反馈？

（5）是否还存在其他可代替的解决方案？

如果员工缺乏完成该岗位要求的知识、技能或能力，则需要对员工进行培训以消除存在的绩效问题。如果员工具备岗位所要求的知识、技能和其他条件，但是其工作输入、工作输出、工作结果或工作反馈不足，则培训不是解决其绩效问题的最有效途径。

在进行培训需求分析过程中，有许多方法可以用于信息的收集，如问卷调查法、访谈法、观察法、文献研究法等。这些方法都有各自的优势和不足，在需求分析中可以使用一种方法，或几种方法同时使用，以发挥多种方法的优势，弥补其缺陷。

六、基于胜任力模型的企业培训需求分析

近年来，培训需求分析的重大进展在于基于胜任力的培训需求分析的提出和应用，即考虑组织战略、组织环境等变量对培训需求分析的影响。下面重点介绍基于胜任力的培训需求分析的特点和一般程序。

（一）胜任力模型的内涵

1. 胜任力的概念

胜任力是指能将某一工作或组织中表现优异者与表现一般者区分开来的个人潜在的、深层次特征，它可以是动机，特质，自我形象，态度或价值观，某领域的知识、认知或行为技能，即那些可以被可靠测量或计数的、并且能显著区分优秀绩效和一般绩效的个体特征[①]。

胜任力的概念主要包含 3 个方面：深层次特征、引起或预测优劣绩效的因果关联和参照效标。深层次特征是指人格中深层次、持久的部分，它所显示的行为方式和思维方式具有跨时间、跨情境的稳定性，能够预测多种情境中人的行为。因果关联是指胜任力能引起或者预测个体的行为、绩效，它是导致人的绩效深层次的原因。参照效标是衡量某特征预测其在现实情境中工作优劣的效度标准，它是胜任力内涵中最为重要的方面。

2. 胜任力模型

胜任力模型是指担任某一特定任务角色所需要具备的一系列胜任力的总和，它是胜任力的结构形式[②]。通常，胜任力模型被描述为在水面漂浮的一座冰山，即胜任力的冰山模型。该模型的水上部分代表表层的特征，如知识、技能等，这些特征容易被发现和测量，也容易通过培训来改变和发展；水下部分代表深层的胜任特征，如社会角色、价值观、自我概念、特质和动机等，这些特征较难被发现和测量，但却是决定人的行为及表现的关键因素。表 4 - 8 是某企业培训师的胜任力模型。

---

① 叶茂林，杜瀛. 胜任特征研究方法综述 [J]. 湖南师范大学教育科学学报，2006（4）：101 - 104.
② 薛琴. 胜任力及相关概念辨析 [J]. 商场现代化，2008（3）：277 - 278.

表 4-8 某企业培训师的胜任力模型

胜任力的维度	胜任力描述
个人效力	表现个人自信：相信自己有能力处理好培训，即使在具有挑战性的情况下，也可以使学习变得容易。它包括独立行动、寻求挑战和处理极具挑战性的情况等行为
	表现适应性：具有适应和有效完成工作的能力，要根据情况变化的需要来调整教授方法。具体行为包括在不明确的情况下有效工作，以及在紧张和压力下进行建设性的工作
	表现对秩序和质量的关注
	追求上进和自我发展：要表现出一种想要促进学习以及个人和他人发展的愿望和意图
对顾客的了解程度	确定顾客的需要：在作出决定和采取行动前充分理解和考虑顾客（培训参加者、主办人和外部顾客等）的需要
	具有分析能力和概念性思维
技术或功能性专长	基本知识：了解本领域的基本组成
	能够胜任的知识：表现出对本领域工作知识的掌握
	熟练掌握的知识：对该领域知识熟练掌握，有能力通过融合其他领域的知识来扩展自己的知识
辅助技能	促进学习：能够创造一个有助于学习的环境，能够使用多种多样的讲授技巧和辅助工具来促进学习和自我发展。这种胜任力的外在行为表现为有进行介绍的能力
	相互理解：能够理解他人没有说出或表达了一半的思想、感觉和顾虑
演讲发挥技能	高水平的讲授

资料来源：大卫·D 迪布瓦. 胜任力 [M]. 北京：北京大学出版社，2005：202-205.

（二）基于胜任力的培训需求分析的特点

采用胜任力思维来进行培训需求分析，对员工个人职业发展和组织发展都具有重要意义，它能够更有效地提高培训需求分析与企业战略目标的一致性，避免盲目培训带来无效甚至消极的后果。

基于胜任力的培训需求分析吸收了传统培训需求分析的3层次结构，以及定性和定量的评估方法，并在此基础上有所改进。在进行基于胜任力的培训需求分析之前，必须开发出一套结合对特定知识、技能和个人特质等描述的胜任力模型，作为评估个人目前能力和需要加强到什么程度的依据。这样确定出来的培训内容和程序，一方面能够满足企业当前对岗位的要求，另一方面又适应企业发展的需要，按照企业未来发展的要求来重构任务与职责，确认岗位要求。与传统培训需求分析相比，基于胜任力的培训需求分析具有以下几个特点：

（1）提供任务分析和人员分析的组织背景，以组织分析统领其他两个层次的分析。

（2）从较多注重绩效差距、缺点分析等消极因素，向注重胜任力等积极因素的方向转移，具有范式转移的意义。

（3）调整培训与组织的长期匹配，并与组织战略、经营目标紧密联系。

（4）关注优秀员工的关键特征，具有较高的表面效度，容易被受训人员接受。

（5）强调培训方法分析，提倡"内隐"学习模式。

（三）基于胜任力的培训需求分析模型的构建

基于胜任力的培训需求分析主要包括以下几个步骤。

1. 确定组织培训需求

确定组织培训需求主要包括确定组织的核心技术能力、核心运作能力和学习文化的分析。以上 3 个方面组成识别组织的标识，体现整个企业的集体学习和绩效能力。另外，在分析组织的核心胜任力时，培训需求必须与组织战略、目标、文化等相结合，保证将要建立的胜任力模型适合本企业文化。最后，应对组织环境和变量进行分析，以预测组织的发展和工作任务的变化，推测组织未来发展所需要的职位胜任要求。

2. 确定任务和群体培训需求

确定任务和群体培训需求主要包括确定绩效标准、确定访谈样本、收集资料、确认工作任务特征以及胜任力要求和验证胜任力模型 5 个步骤。例如，首先通过对利润率、销售额、成本等硬指标，以及主管评价、同事评价、下属评价和顾客评价等软指标的关注，以确定绩效评估标准。绩效评估标准确定以后，再选择工作表现优秀的样本和一般的样本进行比较，通过观察样本、行为事件访谈等，区分优秀业绩者与一般业绩者的关键行为。然后再运用关键事件分析技术、问卷调查方法以及统计分析技术等确认工作任务特征和胜任力要求。最后，应对胜任力模型进行验证，考察假设的胜任力是否能有效区分业绩优秀者与业绩一般者，进行研究的效度检验。

3. 进行个体分析

根据上述第二步确定的胜任力模型，通过对个体进行培训需求调查和访谈，收集分析关键事件，通过对员工技能、知识和态度等方面的了解来决定员工是否需要培训以及需要培训什么内容。

4. 培训方法需求分析

基于胜任力的培训有别于传统的模式，因为"内隐知识"依靠经验的积累而获得。所以，进行方法的需求分析与确认胜任力结构同样关键。在正式进行培训时，应尽量采用仿真程度较高的方法进行培训，如师徒制、现场学习、情景模拟等方法。

5. 剪裁培训程序

完成上述 4 个环节以后，则会进入正式的培训。培训要与员工职业生涯、组织发展和后备计划等有机结合起来，选择合适的培训内容，进行科学合理的安排。

这样，根据胜任力模型来确定培训需求并进行员工胜任力开发，寻找员工实际胜任力水平和理想胜任力的差距，从而对症下药，使员工的培训与开发工作具有更强的针对性。当然，建立胜任力模型是一个非常困难的过程，不仅需要外脑的介入，还需要企业全员自上而下共同思考和努力，并经过不断修正，最终形成科学实用的胜任力模型。

◎ **案例**

某公司中层管理人员技能培训需求分析报告

一、培训需求分析实施背景

2018年5月，对企业中层管理人员进行年度培训需求调查，了解到企业现任的中层管理人员大部分在现任的管理岗位上任职时间较短，并大多是从基层管理职位或各部门的业务骨干中提拔上来的。

通过需求调查分析，把管理技能的提升列为中层管理人员培训的重点内容之一。

二、调查对象

企业各职能部门主要负责人（共计40人）。

三、调查方式及主要内容

（一）调查方式

调查方式分为访谈和问卷调查两种。

（1）访谈。由人力资源经理作为培训需求分析的主要负责人，同企业各职能部门负责人（共计40人）分别进行面谈，并与企业部分高层分别就这40人的工作表现进行沟通。

（2）问卷调查。问卷调查共发出40份，回收有效问卷35份。

（二）调查主要内容及其分析

（1）从表4-9可以看出，50%的中层管理者到现任岗位的任职时间都不足1年，说明其管理经验尚有待提高。

表4-9　岗位任职时间调查表

任职时间	1~6个月	6个月~1年	1~2年	2年及以上
中层管理者人数（人）	4	16	8	12
所占比例（%）	10	40	20	30

（2）管理幅度。从表4-10中可以看出，20%的中层管理者直接管理的人员在10人及以上，40%的中层管理者直接管理的人员在4~6人，目前有8个管理者没有直接管理下属，但只是暂时的，企业对这部分业务正在进行调整或重组。因此，管理者角色认知是其必备的管理知识之一。

表4-10　管理幅度调查表

管理幅度	无	1~3人	4~6人	6~10人	10人及以上
中层管理者人数（人）	8	0	16	8	8
所占比例（%）	20	0	40	20	20

（3）制订工作计划。从访谈及问卷中获得的信息来看，大多数中层管理者是以月或季度作为单位制订工作计划，很少有人制订长期规划。从与他们访谈的信息中得知，在制订具体计划的过程中，如何围绕总目标制订具体的可行性计划、如何确保计划的实现

等问题还存在诸多不足之处，但重要性程度综合平均得分为 0.92 分（满分为 1 分）。

（4）有效授权与激励。授权与激励是管理者的重要管理技能之一，根据培训需求调查的结果来看，35 人都表示自己会给予下属一定的权限并激励员工，但是在工作中具体如何操作，40% 的人员表示希望得到此方面的培训。

（5）高效团队的建设。如何带领及组建一支高效的团队，60% 的人员表明缺乏这方面的技巧。

（6）员工培训。所有此次培训对象的管理者都会选择对员工进行培训，但是只有 10% 的人员制订了员工培训计划且认真执行，10% 的人员制订了员工培训计划但没有落到实处，70% 的人员对员工培训随意性较大，10% 的人员认为没有时间对下属进行培训。由此可以看出，他们都意识到对下属进行培训的重要性，但真正落实的比较少，且对于培训技巧的掌握还需要学习。

四、培训计划建议

（一）时间安排

培训时间：2018 年 12 月 5 日至 7 日，共计 3 天。

（二）课程设置安排

中层管理人员培训课程安排如表 4-11 所示。

表 4-11　中层管理人员培训课程安排一览表

培训课程	培训课时
管理者的角色定位与主要工作职责	2
部门工作计划的制订和执行	4
有效的授权	4
员工激励	4
高效团队建设	4
培训技巧	3
如何与上级领导进行有效的沟通	2
如何与下属员工进行有效的沟通	2

资料来源：孙宗虎，姚小凤.员工培训管理实务手册［M］.北京：人民邮电出版社，2010：15-17.

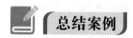

总结案例

北京市工业技师学院
"竞赛引领，培训助推"企业高技能人才培训模式
的创新与实践

北京市工业技师学院是首批 20 个国家高技能人才培训基地建设项目单位之一。培训模式创新是项目重点建设任务，在多年的实践中，学院创新实践了"竞赛引领，培训助推"等企业高技能人才培训模式。

一、"竞赛引领，培训助推"培训模式的内涵

"竞赛引领，培训助推"模式是以促进企业高技能领军人才选拔、助推技能人才梯

队建设为目标，依据企业技能提升和技术推广需求，借鉴世赛和国赛理念，构建竞赛纲要、引领竞赛培训运行的模式，如图 4-23 所示。该模式顶层设计立足技能领军人才遴选和梯队建设；竞赛纲要聚焦岗位核心技能和新技术，借鉴世赛和国赛标准；培训内容来源于企业内部工艺革新、新品试制等典型案例；培训进程按全员培训与初赛、骨干集训与复赛、精英特训与决赛三个阶段进行。该培训模式构建了促进企业新技术推广和应用的新路径，提出了加速技能领军人才选拔和成长的新方式，实践了产教融合培训服务的新形式，履行了国家高技能人才培训基地的责任与使命。

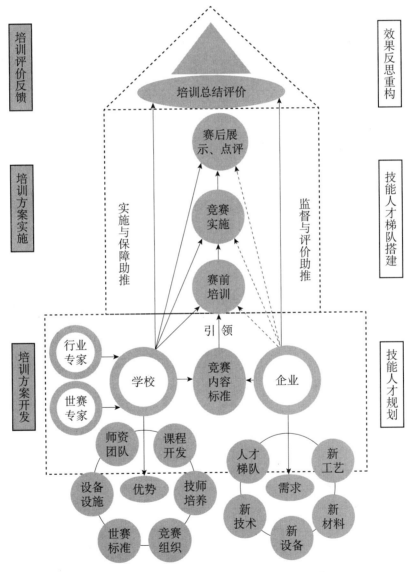

图 4-23　"竞赛引领，培训助推"培训模式示意图

二、培训方案开发与实施

"竞赛引领，培训助推"培训模式由竞赛培训方案开发、实施和培训总结三部分组成，其中实施细分为赛前培训、竞赛实施和赛后展示与点评三个阶段，人员分工和工作

流程如图 4 - 24 所示。

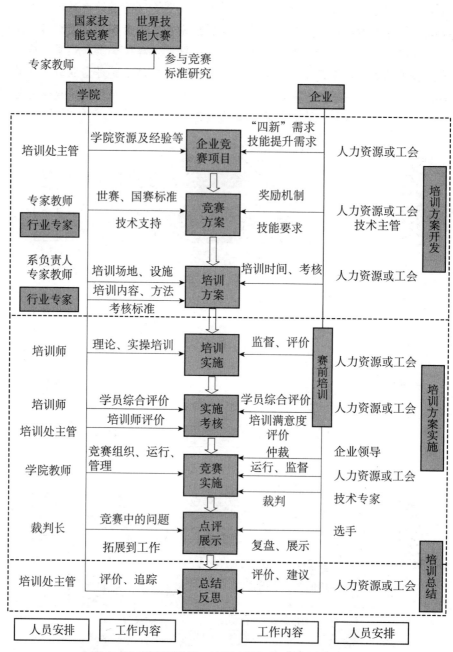

图 4 - 24 "竞赛引领，培训助推"培训模式运行过程

　　培训方案开发工作中，根据企业发展需求，对接学院专业优势，由校企共同研究选择有针对性的竞赛项目。院校教师与企业人力资源部门协商确定竞赛项目及组织时间；院校教师、竞赛专家、企业技术人员商议竞赛内容，制定竞赛标准，编制竞赛方案；根据竞赛内容和标准，由学院培训处协调，专业系牵头组织校内教师和企业专家编制培训计划。

　　培训实施过程中，由学院组织培训计划实施，培训形式采用项目教学模式为主，针对技术难点等采用集体研讨，比赛规则等采用讲授法等。培训评价由企业与学院共同开展，评价结果与企业职工相关补助、奖励等挂钩，评价内容除学院完成培训项目考核分数外，还包括学员出勤、团队互助和经验共享、培训现场5S以及安全意识、环保意识和经济意识等。

竞赛实施是该培训模式的关键，具有画龙点睛之作用，是兑现技能人才待遇的重要依据。该环节实施的关键是能够做到"公平、公正、公开"和竞赛各环节的科学性、严谨性。具体过程如下：

（1）按照竞赛方案，在企业监督下，学院负责全程实施。

（2）聘请行业知名第三方竞赛专家进行命题。

（3）裁判长由学院选派且竞赛企业认可的专家担任。

（4）裁判员队伍由学院骨干教师、相关设备提供商的技术人员组成。

（5）企业人力资源、工会或二级企业负责人共同监督竞赛过程。

（6）由企业主管领导担任竞赛仲裁。

（7）对于需要赛后检测的项目，必须委托第三方检测机构进行；主观评判的项目，参照世界技能大赛评判原则，聘请多名裁判评价。

竞赛培训完成后，企业和学院对内容安排、组织过程等进行总结。学院向企业交付竞赛培训结果，对培训对象整体表现给予反馈，为企业评价提供数据；企业负责人对学院竞赛、培训组织等给予评价，对赛事组织和授课教师提出建设性意见。

三、特色创新之处

"竞赛引领，培训助推"模式的特色与创新在于：一是构建了促进企业新技术推广和应用的新路径。该模式在顶层设计上将岗位技能、培训课程、竞赛标准三者有机结合，围绕核心技能的提升和改进，将企业核心技能、新技术、新工艺、新材料、新设备与培训重点内容、评分标准进行统一，实现企业新技术推广与员工培训、技能竞赛的统一。关注不同岗位要求、工人个体发展需求，从易到难、从点到面构建课程内容和竞赛试题的梯级结构。结合层层深入、分类推进的培训课程和竞赛阶段，实现了对不同技能等级水平技术工人的培训。整合课程目标、教学内容、教学方法等教学要素和企业技术特征，保障了培训、竞赛的效率和效果。二是提出了加速企业技能领军人才成长的新方式。该模式将竞赛和培训两者紧密结合，围绕初赛、复赛、决赛不同阶段试题，对标技能工人、技术骨干、技能精英等岗位人群，打造"全员初训、骨干集训、精英特训"的培训形式。初训以培训高标准的合格技能工人为目标，瞄准普通生产岗位技能达标、产品合格标准，进行全员培训、全员参赛、全员达标；集训对接班组长、质控人员等岗位，聚焦岗位专项技能提升、产品质量改进和关键部件生产等核心要素，带动工人成长为某一领域技术能手；特训对接工艺革新、新品试制等岗位，强调产品研发、工艺改进和生产难点等关键技能的研究，培养攻坚克难的技能领军人才。

📖 **课后思考**

1. 阐述企业培训课程的主要模式和开发流程。

2. 阐述基于胜任力的企业培训课程需求分析的基本方法。

单元三　职业培训包开发的实践探索

▶ 培训目标

◆ 了解职业培训包的概念和内涵

◆ 掌握职业培训包开发的过程

◆ 了解职业培训包开发的组织和保障

导入案例

澳大利亚 TAFE 培训包

20 世纪 80 年代末，澳大利亚开始对职业教育进行一系列重大改革。澳大利亚技术与继续教育体系（TAFE）以政府牵头制定权威的职业教育培训包为载体，构建了相对统一的教学标准对各领域从业者进行培训，同时也建立了权威且统一的职业技能评判标准评价从业者技能。培训包制度与国家资格框架有效链接，工学结合成为澳大利亚职业教育培训包课程开展的普遍形式。学生在学习理论知识的同时也在一线工作环境，这种以行业需求为导向、以能力为本位、以学习者为中心的办学理念，能够适应不断变化的全球经济技术进步需求的模式，为我国建立"职业培训包"服务提供了借鉴。

分析：校企合作开发的"职业培训包"，不断创新培训资源，满足各层次学习者的不同需求。各个培训模块相对独立，实现校企共赢局面的同时，更实现了资源的整合，满足了区域经济发展的需求，有效推进了职业院校专业建设发展，提升人才培养质量，促进企业技术革新，提高生产效率，服务区域经济发展。企业可以结合员工的实际情况与职业生涯发展要求，任意搭配培训包内容，定制个性化培训内容，有效提升培训效率，降低培训成本，避免传统企业员工培训中容易出现的问题。与此同时，更是提升了劳动者素质、促进产业调整升级、加快转变发展方式；促进职业培训与就业需求有效衔接；加强职业培训规范化、科学化管理；汇聚社会各方面力量共同开展职业培训。

一、关于职业培训包

培训包（Training Packages）是澳大利亚国家职业教育与培训制度中重要的官方文件和教学法规，被称为"培训指南"或一整套培训计划。其基本特点是由行业制定全国统一且通用的资格体系和能力标准。所谓培训包，指的就是一套认识和评估人们关于某一行业或企业能力的，在内容上具有连贯与可信赖特点的，并且在全国得到认可的能力标准、评估指南和资格。培训包是澳大利亚职业教育课程开发的指导性材料。一个完整的培训包包括由学习策略、评估材料和职业发展材料等组成的辅助材料。它描述人们在工作场所有效开展工作所需要的知识与技能。每个培训包主要包括两部分内容。第一部分是国家认证，这是培训包的主体。第二部分是非国家认证。国家认证部分包括能力标准、国家资格及鉴定指南；非国家认证部分包括学习策略、鉴定材料及教学辅助材料。

培训包的构成如图 4-25 所示。

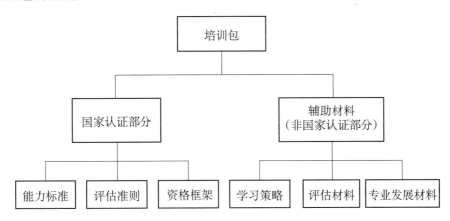

图 4-25　培训包的构成

（一）职业培训包的概念和功能

1. 职业培训包的概念

职业培训包是为加强职业培训标准化管理，结合新经济、新产业、新职业发展，依据职业标准或企业岗位技术规范，针对某一职业及其主要工种、重要岗位、特殊工位开发的集培养目标、培训要求、培训内容、考核大纲等为一体的职业培训资源的总和，是职业培训机构对从业人员开展职业培训服务的工作规范和行动指南，还可组合扩展成为职业教育的专业课程包。职业培训包可分国家基本职业培训包、地方（行业）特色职业培训包两大类。国家基本职业培训包由人力资源和社会保障部组织制定颁布，地方（行业）特色职业培训包由各省（区、市）人力资源和社会保障厅（局）或人力资源和社会保障部会同有关部门和行业协会制定颁布。在职业培训包中具有特殊重要作用的过程评价是职业培训包不同于专业课程包的关键因素。通过过程评价，职业培训包不断适应新技术、新材料、新设备、新工艺的应用和生产岗位的要求，形成规范、标准、科学的职业培训体系。

2. 职业培训包的功能

职业培训包是职业培训的纲领性文件，为学员搭建即时学习训练的平台，为鉴定考核提供服务，是培训教师从事职业培训工作的技术性文件，能促进职业培训机构能力建设水平的提升。

（1）职业培训包要成为职业培训的纲领性文件。职业培训包依据国家职业标准确定培训标准，对培训模式、培训内容、培训方法、师资队伍、设备与环境等方面进行规范化和标准化，是职业技能培训组织、实施和规范管理的依据。

（2）职业培训包要成为培训教师从事职业培训工作的技术性文件。职业培训包有丰富的培训资源，供培训对象、培训教师、培训机构使用。职业培训包不仅是培训教师从事职业培训工作的技术性文件，也是教师上岗培训、指导学员训练的得力工具。

（3）职业培训包要为学员搭建即时学习训练的平台。职业培训包可提供培训导航服务、信息咨询服务。其丰富的学习资源有助于学员学习和训练。

（4）职业培训包要为鉴定考核提供服务。职业培训包是职业技能鉴定考核的规范性标准，其鉴定规范和鉴定指南是职业技能鉴定考核评价的依据。

（5）职业培训包为培训机构建设提供服务。职业培训包要针对培训机构的环境设施问题、培训设备配备问题、培训师资配备、能力水平问题建立一系列标准，能为培训机构完善培训建设、培训教师队伍建设、开展硬件环境建设、规范管理制度建设等提供依据和标准要求。

（二）职业培训包的结构

我国的职业培训包体系在结构上一般包括标准包、指南包和资源包三部分。培训包体系框架如图 4-26 所示。

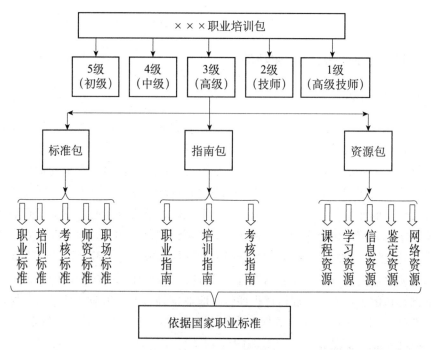

图 4-26　培训包体系框架

（1）标准包是针对职业技能培训所做的统一规定，是指导职业技能培训的标准性文本和实施培训的依据，也是学员接受培训遵守的准则。标准包要对培训模式、培训内容、培训方法、师资队伍、设备与环境、培训考核等方面进行严格规范。它主要包括职业标准、培训标准、考核标准、师资标准、职场标准五大部分。

（2）指南包是供培训学员和培训教师了解、使用职业培训包的服务性文本。一是为培训学员提供职业培训、技能鉴定、职业介绍、就业咨询服务窗口。指南包要为培训学员推荐培训菜单，便于培训学员方便快捷地选择培训模块；指南包要为学员提供丰富的培训项目、大量的职业信息、就业岗位信息，为培训学员培训、择业、就业搭建服务平台。二是为培训教师提供职业技能培训组织、教学和规范管理的技术性和指导性文本。指南包中的培训指南即为培训教师必须执行的培训大纲或培训方案。指南包主要包括职业指南（职业培训包介绍）、培训指南（模块化培训体系、培训计划）、考核指南三大部分。

（3）资源包是职业培训包的重要组成部分。资源包不仅跟进新技术、新工艺、新材料应用，而且设有资源维护和版本升级，根据职业发展情况，定期调整更新职业培训包内容，以保障职业培训的可持续性、技术应用的先进性。其资源的先进性和可操作性，不仅方便教师直接选用，而且能为教师采用先进的教学手段提供便利，是培训教师上岗组织培训、指导学员训练的有力工具；其丰富的学习、信息资源，也成为培训学员即时学习和训练的得力助手。资源包主要包括课程资源、学习资源、信息资源、鉴定资源和网络资源。

（三）职业培训包的命名及代码

职业培训包以《中华人民共和国职业分类大典》中的职业冠名，以职业资格等级打包。如维修电工职业含有五个培训包：维修电工初级资格（5级）培训包、维修电工中级资格（4级）培训包、维修电工高级资格（3级）培训包、维修电工技师级资格（2级）培训包、维修电工职业高级技师级资格（1级）培训包。

职业培训包的命名格式为：职业名称—等级资格培训包

代码格式为：（地区首字母大写）B＋a＋（b）—＋c

格式说明：

B：代表职业培训包。

a：表示职业（工种）名称编码，按国家标准统一编制代码。

b：表示等级资格，包括初级（5级）、中级（4级）、高级（3级）、技师（2级）、高级技师（1级）。

c：表示版本号，用罗马数字Ⅰ、Ⅱ、Ⅲ、Ⅳ、Ⅴ标记。

例如：天津数控车工中级资格（4）培训包，Ⅰ版本，代码为：TJB6040101（4）—Ⅰ。

二、职业培训包的开发要点

为保证开发的职业培训包能充分满足行业需求，拟开发职业培训包的行业首先应成立培训包开发决策委员会，以制定相关的政策、规则及开发程序，并指导和监控培训包的开发过程。职业培训包的开发主要包括培训包职业标准开发、培训标准开发、考核标准开发、师资配备标准开发、培训场所环境标准开发、职业指南开发、培训指南开发、考核指南开发、课程资源开发、学习资源开发以及信息资源开发。

职业培训包开发的要点在于培训包职业标准开发、培训标准开发这两个关键步骤。

（一）培训包职业标准开发

1. 培训包职业标准的概念

培训包职业标准是对国家职业标准的提升标准，是适用于培训包培训模式的职业标准。国家职业标准和新开发的培训包职业标准即为职业培训包开发的依据。

2. 培训包职业标准开发工作任务及标准要求

（1）采取多种形式和手段，深入细致地做好职业岗位工作调研。各开发团队要充分认识职业培训包职业标准开发的重要性，把培训包职业标准开发作为第一重要工作。因为它是整个项目开发的基础，是创新培训包培训模式，建立培训包职业的源头。

（2）建立调研档案，做好调研准备和调研组织工作，按调研场次建立档案，保留纪实材料。纪实材料内容包括：企业名称、企业性质、规模、人员身份、调研方法、调研时间、地点、调研岗位、调研内容、调研过程、调研结果等。

（3）完成高质量的培训包标准开发调研报告。调研报告是培训标准产生的重要基础，其重点是综合论述调研对象（整个调研企业明细，包括名称、性质、人员）、调研方法、调研岗位、调研场次、调研过程、调研结果等内容。

（4）提交培训包职业标准开发调研报告的调研档案纪实材料及国家职业标准提升依据汇总表。

（5）完成培训包职业标准文本撰写。

（6）组织进行职业培训包培训标准的开发论证工作，并提交论证报告。

3. 培训包职业标准开发步骤

（1）深入研究国家职业标准。认真学习国家职业标准，全面掌握国家职业标准的基本框架与基本内容，深刻领会国家职业标准按职业等级提出的职业功能、工作内容、技能要求、相关知识的基本内涵。

（2）认真做好职业岗位工作情况的调查研究。一是要在高端技术产业领域选择大量行业、企业单位，采取多种方式广泛调查了解当前职业岗位工作内容、工作任务、"三新"技术应用情况，做好调查记录、立档建案。二是分析研究现行国家职业标准与目前产业生产实际差异、差距大小及其占比。三是依照国家职业标准框架对职业功能、工作内容、技能相关要求及相关知识等方面内容提出处理意见及其依据。

（3）在充分调研基础上按国家职业标准框架撰写各等级培训包职业标准初稿。

（4）按职业进行各等级培训包职业标准论证。一是各开发单位要按照职业召开培训包职业标准论证会，聘请企业行业专家对各等级培训包职业标准内容进行充分论证和交流，并做好相应的论证记录。二是按等级梳理修改职业培训包职业标准内容。三是提交论证报告。

（5）完成修改稿。

当然，在开发培训包职业标准时，还应该明确开发起始和截止日期。

4. 检查验收材料清单

培训包职业标准验收的材料包括：国家职业标准提升依据汇总表、培训包职业标准开发调查报告、培训包职业标准文本、培训包职业标准论证报告、培训包职业标准调研档案等。

5. 培训包职业标准开发相关文本撰写模板

相关文本撰写模板包括国家职业标准提升依据汇总表模板、培训包职业标准调研报告模板、培训包职业标准模板、培训包项目专家论证报告模板等。

培训包职业标准模板如表 4-12 所示。

表 4-12　培训包职业标准（模板）

职业功能	工作内容	技能要求	相关知识
×××职业中级资格（4）—Ⅰ培训包职业标准			
维修电工（TJB6070605）中级资格（4）—Ⅰ培训包职业标准			
工作要求			
1.×××	1-1×××	1-1-1×××	1-1-1×××
		1-1-2×××	1-1-2×××
	1-2×××	1-2-1×××	1-2-1×××
		1-2-2×××	1-2-2×××
		1-2-3×××	1-2-3×××
	1-3×××	1-3-1×××	1-3-1×××
		1-3-2×××	1-3-2×××
2.×××	2-1×××	2-1-1×××	2-1-1×××
		2-1-2×××	2-1-2×××
		2-1-3×××	2-1-3×××
	2-2×××	2-2-1×××	2-2-1×××
		2-2-2×××	2-2-2×××
		2-2-3×××	2-2-3×××
3.×××	3-1×××	3-1-1×××	3-1-1×××
		3-1-2×××	3-1-2×××
	3-2×××	3-2-1×××	3-2-1×××
		3-2-2×××	3-2-2×××
	3-3×××	3-3-1×××	3-3-1×××
		3-3-2×××	3-3-2×××
		3-3-3×××	3-3-3×××
基本要求			
职业道德			
基础知识			

（二）培训标准开发

1. 培训标准开发的概念

培训标准是培训机构组织实施技能培训的纲领性文本，是衡量评价培训对象的知识、技能、素质水准的依据。培训标准所设定的培训内容源于且高于培训包职业标准。培训标准开发就是要依据国家职业标准和培训包职业标准所确定的职业功能、工作内容、技能要求及相关知识，开发与培训内容相关的标准性文本，将培训标准与从业人员的职业知识、职业技能、职业道德三个方面的培训目标建立一一相对应的关系，对职业培训适应范围提出严格要求，以保证职业培训内容与国家职业标准、国家职业资格认证紧密对接。

2. 培训标准开发工作任务及标准要求

（1）深入企业职业岗位，做好岗位工作指标的调研。

培训标准开发是培训包开发的难点。各项目开发团队要对应培训包职业标准中的职业功能和岗位工作内容，在不同性质企业寻找多个典型工作岗位，调查每个岗位工作任务，了解其工艺流程，熟悉技能操作规程和工作质量标准，分析研究每项技能工作为达到质量指标对从业人员的能力要求，分析岗位所需的知识、技能、素质水准，为确立岗位工作能力单元要素和实作指标找到科学依据。

（2）依据职业功能和岗位工作内容划分能力单元（单项工作任务），归纳确立能力单元要素和实作指标，确立培训后应达到的学历水平和能力水平。

能力单元是对任务和技能的描述，是培训对象需要完成的单项任务；能力单元要素阐述能力单元基本学习目标，包括职业知识、职业技能、职业道德；实作指标是对需要完成的任务和技能指标的描述，也是培训鉴定指标的依据。

注意：能力要素中对文明生产、职业习惯、团队合作等也要提出明确具体的要求。如工作现场准备布置，工具、材料准备，工作区域清洁，设备维护，记录信息。

（3）建立能力单元编码。

为方便开发内容编写，方便明示模块化培训体系、培训标准与培训包职业标准建立的对应关系，对各能力单元建立能力单元编码。

（4）确定能力单元要素和实作指标适应范围。

考虑到企业及工作场所之间的差异，要对各单元任务涉及的领域、设施设备使用范围、工具材料、工作标准要求、职场健康与安全、产品质量要求进行描述，以示规范。要求结合生产实际，并体现新技术、新工艺、新材料的应用要求，重点可从下述几方面详细说明。

①实作对象：描述岗位工作涉及领域及所面临的实操新型设备，包括类型、规格、配置等。

②工作标准要求：描述岗位工作工艺流程及规范要求、质量标准要求，提出按操作规程进行工作的要求等。

③工具材料：描述完成岗位工作任务必备的辅助设施、工具、材料等，包括类型、

数量等。

④场所环境：废物处理、噪声和灰尘控制、清洁管理等。

⑤健康与安全：劳动保护规定用品、安全设施、安全操作规范等。

（5）撰写培训标准草稿。

（6）培训标准论证与修改。

3. 培训标准开发步骤

（1）分组做好岗位工作指标调研。首先，在培训包职业标准调研的基础上，分组到不同企业，抓住重点岗位、有代表性的岗位，了解岗位工作内容、任务要求，了解岗位工作指标，做好调查记录，建档立案。其次，结合调研情况和目前社会培训实际，分析每项技能工作对从业人员的能力项目要求和能力标准要求，分析岗位所需的知识、技能、素质水准。最后，论证学员培训后理应达到的学习水平和能力水平。

（2）编写能力单元要素和指标细目。首先，依据职业功能和岗位工作内容划分能力单元，建立能力单元编码。其次，从典型工作任务出发，基于工作过程，分析从业人员应有的技术水准及能力款项，并从职业知识、职业技能、职业道德等方面提出具体能力单元要素，在技术专家的指导下将工作需要的能力要素进行梳理、归纳并使之系列化、规范化。最后，编写能力单元要素和实作指标细目。

（3）确立能力单元要素和实作指标适用范围。

（4）完成培训标准撰写草稿。

（5）完成培训标准论证，提交论证报告。

（6）修改培训标准文本。

当然，应明确开发起始和截止日期。

4. 检查验收材料清单

检查验收的材料包括国家职业标准提升依据汇总表、培训包职业标准开发调查报告、培训包职业标准文本、培训包职业标准论证报告、培训包职业标准调研档案等。

（三）考核标准开发

1. 考核标准是什么

考核标准是客观、公正、公平、实事求是地评价学员培训成果，客观衡量培训学员的知识、技能、素质水准的评价规则，也是实施职业技能鉴定考核的依据。其中包括考核项目、考核内容、考核比重、考核评分、考核时间、鉴定指南等，要与国家职业资格认证考核（职业技能鉴定考核）相统一。

2. 考核标准开发工作的任务及标准要求

（1）确定考核内容。考核内容不能脱离培训标准中的能力单元要素和实作指标。要用表格列出鉴定考核要点细目（包括理论基础和技能要点）。注意参考国家职业标准中提出的基础知识。

（2）确定考核比重表（参考国家职业标准）。

（3）确定考核时间（参考国家职业标准）。

（4）确定评价方式（创新建立考核评价方案）。确定最优的考核方式，创新与培训包培训模式相适宜的考核评价模式，也是培训包开发的难点之一。对不同职业、不同等级考核可采取不同的方式，也可能是几种考核方式结合在一起。考核方式主要包括现场观摩考核、虚拟考核、项目实操考核、笔试考核、口试考核、作品展示考核以及最后的综合评审。

（5）明确鉴定规范标准。首先，培训包要对鉴定范围提出明确的要求，如：实操鉴定应在职场或模拟环境下进行；按照培训包职业标准、安全操作规范、职场健康安全法规要求进行鉴定。其次，培训包要对鉴定方法提出明确的要求，如：鉴定方法必须确认基础知识与技能的一致性和准确性；鉴定中必须采取直接观察工作任务的完成情况、询问知识点掌握情况、考察知识与技能结合情况、考察职业素质情况的方法；鉴定必须在项目相关的状况下进行，要求提供过程证据；鉴定的证据收集由鉴定机构提供。

3. 考核标准开发步骤

（1）确定考核内容，提交鉴定考核要点细目表（包括理论基础和技能要点）。

（2）确定考核比重表。

（3）确定考核时间。

（4）确定考核方案，按鉴定考核形式进行鉴定考核方案的开发设计。

（5）明确鉴定规范标准，形成文本。

当然，应明确开发起始和截止日期。

4. 检查验收材料清单

鉴定考核要点细目表、考核比重表（理论、技能操作）、考核鉴定方案设计以及鉴定规范标准（文本）。

5. 考核标准开发相关文本编写模板

其中包括能力单元要素和实作指标细目模板、能力单元要素和实作指标适用范围汇总模板。

（四）师资配备标准开发

1. 师资配备标准是什么

为保证培训质量和效果，培训包要对培训教师提出严格的标准要求，包括任职基本条件、职业素质和能力水平要求等。

2. 师资配备标准开发工作任务及标准要求

（1）确定教师任职基本条件。要求至少要明确以下几方面：学历（大专以上）；从事本职业工作多少年以上；有技师、高级技师资格等级（职业资格比学员至少高一等级）；获得培训包师资培训证等。

（2）明确教师职业素质和能力水平要求。包括：爱岗敬业品质、职业道德、职业培训教育经历、水平和能力。

（3）教师数量配备。以培训班为单位，对不同等级培训，其规模可按照 10 人/班、20 人/班、40 人/班定制，教师配备 2～4 人/班不等。教师配备不低于国家职业标准。

3. 师资配备标准开发步骤

（1）确定教师任职基本条件。

（2）明确教师职业素质和能力水平要求。

（3）教师数量配备。

（4）完成文稿。

当然，应明确开发起始和截止日期。

4. 检查验收材料清单

师资配备标准文稿。

（五）培训场所环境标准开发

1. 培训场所环境标准是什么

培训场所环境标准就是满足培训包培训模式要求的培训与考核场所要求、职场环境要求及设施设备条件等。

2. 场所环境标准开发工作任务及标准要求

（1）确定培训、考核设施标准。

培训包培训对理论场所、实操场所提出了严格的标准要求，包括场地条件、设备条件、安全条件、劳动保护条件等。

（2）确定职场环境标准。

按企业生产氛围建设职场环境。主要是在设施、设备布局，培训场所职场范围，培训场所维护制度、安全文明生产制度这三个方面建立标准。

（3）确定设备配备标准（清单）。

按培训包培训标准配置设备及辅助工具材料等。

3. 培训场所环境标准开发步骤

（1）确定培训、考核设施标准。

（2）确定职场环境标准。

（3）确定设备配备标准（清单）。

当然，应明确开发起始和截止日期。

4. 检查验收材料清单

场所环境标准文稿。

5. 场所环境标准开发相关文本编写模板

其中相关模板包括场所设施标准模板和场所配备标准模板。

（六）职业指南开发

1. 职业指南是什么

职业指南是指为了让培训学员了解职业工作、职业认证，了解培训项目、培训模式而编写的服务性文本。

2. 职业指南开发工作任务及标准要求

（1）撰写职业介绍。

详细描述职业定义、工作职位（岗位）、工作任务、内容、工作场所、专业技术背景、基本职业素质、专业技能、职业认证、就业前景等内容。

（2）撰写职业培训包介绍。

①对职业培训包的整体内容进行描述，具体包括如下内容：

培训目的：从职业知识、职业技能、职业道德三个方面阐述通过培训达到的标准与水平。

培训对象：适应不同需求的人群。

培训目标：取得相应等级的职业资格证书或专项技能。具体阐述经过培训后本职业专业理论与职业技能应达到的水平。

②培训包的框架，包括如下内容：

培训模块：选重点介绍。

培训时数：一般说明总课时数和模块课时数，可参考国家职业标准学时。

培训特点：一般描述。

①项目化培训特色：由生产项目导入学习和训练内容，从"用"入手"学"，使学习内容与训练项目紧密结合，理论与实操结合。

②职业化培训特色：职业技能培训，必须体现职业属性，把企业对职业属性的要求体现在培训包中，把学习训练过程与生产过程结合起来，把培训过程作为生产能力培养过程。

③模块化（菜单式）培训特色：借鉴国际劳工组织开发的 MES 模式，按照职业或岗位应具备的职业划分模块，紧密结合任务模块中完成典型工作任务应具备的知识、技能和综合职业能力要求设计模块内容，其中每个单项知识和技能又作为任务模块中的能力单元。以此建立模块化培训体系，方便不同层次人员选择适宜的模块或能力单元培训学习。

④新技术应用培训特色：根据行业、企业需求，不断拓展职业培训包覆盖的职业范围，同时根据职业发展情况不断调整更新职业培训包的内容，保持技术的先进性。

（3）编写培训学员选择模块方法介绍。

①培训模块选择指导。

②培训项目选择指导。

③考核方式选择指导。

3. 职业指南的开发步骤

（1）撰写职业介绍。

（2）撰写职业培训包介绍。

（3）撰写培训学员模块选择方法。

（4）完成职业指南文稿。

当然，应明确开发起始和截止日期。

4. 检查验收材料清单

职业指南文稿。

（七）培训指南开发

1. 培训指南是什么

培训指南包括模块化（菜单式）培训体系，即培训方案和培训计划。模块化培训体系是培训包的重要组成部分，是按技能认知、形成的规律设计的培训方案。其中包括对培训内容、培训模块、培训评价的具体描述，以及对培训条件、培训方法的具体说明。

2. 培训指南开发工作任务及标准要求

（1）课程码编制。

模块化课程编码格式：a（b）–c–d

a 位：职业（工种）编码，按国家标准统一编制代码。

b 位：等级码。5—初级，4—中级，3—高级，2—技师，1—高级技师。

c 位：版本号，用罗马数字Ⅰ、Ⅱ、Ⅲ、Ⅳ、Ⅴ标记。

d 位：课程码，用 00、01、02、03、04、05 表示。

例如：课程 6040101（3）–Ⅰ–04 表示数控车，高级工，Ⅰ版本，数控车床维护与故障诊断训练课程。

（2）搭建培训体系框架。

模块化划分方法：

①按照职业功能、岗位任务划分模块，紧密结合在任务模块中完成典型工作应具备的知识、技能和综合职业能力要求设计模块课程，而其中每个单项知识和技能又作为任务模块中的能力单元。

一门模块化课程可对应职业标准中的一个或几个"职业功能"。每个能力单元对应职业标准中的一项工作内容。一个能力单元对应一个实训项目，一个实训项目中可包含多项实训任务。

②每个实训任务必须与培训标准中的能力单元要素（学习目标）和技能实作指标建立对应关系。用恰当方式详细、具体表述培训内容、过程、方法、手段等内容，使培训者能够清楚了解整个培训体系（或模块）结构。

（3）编写培训计划。培训计划以表格的形式呈现。

①课程类型：采用"一体化"教学方式。

②培训形式：多媒体教学、现场教学或其他。

③课程资源：包所含的资源，以及参考书、网站、专业影像资料、课件、软件、学校或企业参观等其他参考资料和资源。

④学时：每个培训包学时数不低于国家职业标准的规定。

⑤培训环境条件：

一般要求：实训现场环境要求，设备，工具、材料等。

特殊要求：水、电、气以及要求其他。

⑥考核鉴定：包括鉴定申报，审批；考核时间、地点，准考证确定；理论考核、实操考核组织。

3. 培训指南开发步骤

（1）完成课程码编制。

（2）搭建培训体系框架。

（3）编写培训计划。

（4）完成培训指南文稿。

当然，应明确开发起始和截止日期。

4. 检查验收材料清单

材料清单包括培训体系、培训计划以及培训指南文稿三部分。

5. 培训指南开发相关文本编写模板

编写模板包括模式化培训体系模板和培训计划模板。

（八）考核指南开发

1. 考核指南是什么

培训包要为学员技能考核提供服务窗口，包括申报条件介绍、考核形式介绍、考核细目介绍、报考方法介绍、证书情况介绍。

2. 考核指南开发的工作任务及标准要求

要求编写内容描述清晰、翔实，便于理解，便于操作，用框图、图表的形式呈现会更为直观。

（1）申报条件介绍。

（2）考核形式介绍。

（3）编写各等级鉴定考核要素细目。

（4）报考办法介绍。

①报名程序。

②报名信息。

（5）证书样本介绍、证书查询介绍。

3. 考核指南开发步骤

（1）编写申报条件介绍。

（2）编写考核形式介绍。

（3）编写各等级鉴定考核要素细目。

（4）编写报考办法介绍。

（5）完成考核指南文稿。

当然，应明确开发的起始和截止日期。

4. 检查验收材料清单

考核指南文稿。

（九）课程资源开发

1. 课程资源是什么

课程资源是为培训对象提供的系统学习材料，是为培训机构提供的教学指导材料。课程资源是培训包开发的动态资源。其重点是模块（整体设计）与开发、教学资源积累。

2. 课程资源开发的工作任务及标准要求

（1）模块设计与开发。

以模块课程—实训项目为设计单元。

（2）教学资源汇编（图片、录像、动画）。

自行开发。

（3）完成文本。

3. 课程资源开发步骤

（1）模块设计与开发。

（2）教学资源汇编。

（3）编写课程资源文本。

当然，应明确开发的起始和截止日期。

4. 检查验收材料清单

（1）模块设计与开发。

（2）教学资源汇编。

（3）课程资源文稿。

5. 课程资源开发相关文本模板

本部分提供课程资开发的工作任务及标准要求、开发步骤、检查验收材料清单的文本撰写模板，供开发者参考。

（十）学习资源开发

1. 学习资源是什么

学习资源是为保证培训质量，方便学员学习、训练的资料。学习资源包括：学习指南、练习题册、模拟试卷等。

2. 学习资源开发的工作任务及标准要求

（1）学习指南开发。

这是开发的重点之一，为学习指导教材。

（2）编写练习题册。

为学员日常练习之用。

（3）编写模拟试卷 10 套。

为学员最终复习总结之用。

3. 学习资源开发步骤

（1）编写学习指导。

（2）编写练习题。

（3）编写模拟试卷。

当然，应明确开发的起始和截止日期。

4. 检查验收材料清单

（1）学习指南。

（2）练习题册。

（3）模拟试卷 10 套。

（十一）信息资源开发

1. 信息资源是什么

信息资源是让培训包的使用者更多地了解、熟悉职业领域发展的动态及基本状况的多种途径。如：职业领域信息介绍、职业技术水平案例展示等。

2. 信息资源开发工作任务及标准要求

（1）职业发展动态信息介绍。

（2）职业技能新技术应用案例汇编。

（3）其他自主开发的培训资源。

3. 信息资源开发步骤

（1）收集、编写职业发展动态信息介绍。

（2）收集、编写职业技能新技术应用案例汇编。

当然，应明确开发的起始和截止日期。

4. 检查验收材料清单

（1）新技术动态信息介绍。

（2）职业技能水平项目案例。

三、我国职业培训包的开发现状与展望

(一) 国家层面的开发工作进展

自"十二五"以来，人力资源和社会保障部陆续开展职业培训包的开发建设工作，力图通过调研分析、研究探索与试点实践，适应国家资历框架总体要求，进一步完善职业培训包开发工作机制，创新行政管理机构、用人培训机构、技术专家团队三结合的质量控制模式，加强职业培训包项目管理，规范项目开发、应用，保证项目开发质量和推广，促进经济社会发展和创新创业常态化，加快培养高素质劳动者和高技能人才，建立职业培训包开发专家库，开展人员培训，加强专业技术力量。人社部作为职业资格的政府综合管理部门，加强对职业标准和评价规范的制订工作，实行职业培训包制度的目的就是在新形势下，更好地促进职工技能提升、更好地服务于生产需要。国家基本职业培训包旨在贯彻落实《中华人民共和国国民经济和社会发展第十三个五年规划纲要》提出的"实行国家基本职业培训包制度"的要求，进一步规范职业培训过程管理，切实提高职业培训质量。2016 年 11 月，人力资源和社会保障部职业能力建设司在北京召开全国职业培训工作座谈会，并确定首批研究开发 10 种国家基本职业培训包。2022 年，人力资源和社会保障部又颁布了 41 个国家基本职业培训包。

近年来，人力资源和社会保障部积极加大改革和创新力度，遵循"十三五"规划纲要要求，推进职业培训包工作，力求通过职业培训包，规范职业培训机构的入口，强化职业培训的市场化管理，保障职业培训质量和效果，为政府加强监管提供利器。

(1) 人力资源和社会保障部将指导部分地区试行餐厅服务员、维修电工职业培训包，并结合人力资源市场需求和职业培训工作需要，制订后续开发计划，依据《规程》抓紧组织职业培训包开发工作。建立职业培训包开发专家库，开展人员培训，加强专业技术力量。

(2) 鼓励支持地方、有关部门和行业协会开发适合当地经济和行业发展需要的特色职业培训包，鼓励支持企业承担职业培训包开发任务。对于质量水平高、实际效果好的地方（行业）特色职业培训包，经人社部组织专家论证可改造提升为基本职业培训包。

(3) 各地在职业培训工作中大力推广应用基本职业培训包和地方（行业）特色职业培训包，实现职业培训过程管理与结果管理相结合，全面提升职业培训质量，提高职业培训工作规范化、科学化水平。

(二) 天津市"职业培训包"开发情况

近年来，天津市围绕经济发展和产业升级需求，积极促进技能型人才队伍培养建设，政府陆续出台促进技能型人才队伍培养的政策，并逐步形成政策体系。为满足天津经济社会发展的迫切需要，培养较高素质劳动者和高技能人才，天津市政府印发《关于

印发天津市"职业培训包"项目开发实施方案的通知》，全面实施全市职业培训资源的建设与开发，通过开发实践初步形成职业培训工作的天津特色和模式，同时，建设一支规模宏大、结构合理、技能精湛、素质优良的高技能人才队伍，是实施天津定位的迫切要求。

天津市人力资源和社会保障部门探索开展了职业培训包开发工作。在现有工作基础上，继续推进职业培训包工作，面向各类就业群体，开展基本职业培训服务，对推行终身职业技能培训制度，促进职业培训与就业需求有效衔接，加强职业培训规范化、科学化管理，汇聚社会各方面力量共同开展职业培训具有重要意义。

天津市在开发"职业培训包"过程中，积极探索具有天津职业特色的职业培训模式。职业技能培训的对象主要是在职职工、职业院校在校生和失业人员三类人群。培训等级分为初级工、中级工、高级工、技师、高级技师五个等级，每个等级又由若干专项能力组成。

天津市的主要做法是：第一，采取政府部门主导，研究制定就业准入办法；第二，行业企业根据职业标准和实际需求，开发"职业培训包"；第三，职业院校依照"职业培训包"整合课程资源，开展一体化"双证书"培训，使在校学生毕业时即可获得学历证书和职业技能等级证书（职业资格证书）。

1. 天津"职业培训包"开发任务及原则

（1）开发任务。

实现职业技能培训与国家职业资格证书有效对接，实现职业培训要求的针对性、可持续性、规范性和有效性。天津市分六个批次启动开发了 242 个职业 1 056 个培训包，涉及 11 个产业类别，基本涵盖了天津市优势支柱产业和技术技能复杂、涉及人民生命财产安全的主要职业。

（2）开发原则。

职业培训包的设计与开发是以用户和社会需求为根本前提，在充分调研和分析各类职业的工作环境、典型任务和职业综合能力要求的基础上，确定培训资源开发的内容，以职业岗位能力要求为依据，紧密联系职业资格标准，以真实存在的项目为基础，以典型任务为载体。因此，在职业培训包设计与开发过程中应遵循需求性、开放性和创新性原则。

首先，需求性原则。在充分调研、分析的基础上，结合天津市支柱产业、优势产业的技能人才需求，按照相关职业工作环境、典型工作任务，以及综合职业能力要求，确定应开发的培训包，科学设置培训包课程，精选培训课程内容。

其次，开放性原则。充分依托各类社会教育资源，通过招标或者委托等方式，在行业企业、科研院所、职业院校、专业培训机构中选择承担职业培训包开发任务的单位。既要根据行业、企业需求，不断拓展职业培训包建设，扩大职业覆盖范围，又要根据职业发展的需要，不断调整更新职业培训包的内容。

最后，创新性原则。培训包建设要吸纳最新的技术、工艺、设备、材料等，不断创新培训方式方法，开发具有创新性的"立体化"教材，适应培训对象不同层面的需求。

2. 开发方式及内容

在国家职业标准框架下，结合天津产业技术的实际，扩充新内容和新要求，包括职业功能、工作内容、技能要求、相关知识等方面内容，形成培训包提升标准，拟解决职业技能培训与实际工作紧密联系，与职业标准、国家职业资格证书紧密对接问题。此外，"标准包"对培训机构从管理建设方面也提出标准要求，拟将培训结果管理转变为过程管理。对市场需求进行有针对性的岗位培训资源包设计与开发，从而提高相关职业技能培训的水平，帮助学员掌握必要的理论知识和操作技能。

（1）开发方式。

①优选"职业培训包"项目开发单位。通过科研项目招标方式，面向行业、企业、职业院校、科研院所、社会培训机构等，遴选具备开发条件的单位。

②实行"职业培训包"项目管理。按照目标管理与过程管理相结合的方法，制定"职业培训包"项目开发管理办法，严格开发流程，将"职业培训包"项目开发的选题、申报、日常管理、验收等环节全面纳入规范化管理，确保开发质量。

③规范"职业培训包"项目开发模式。制定"职业培训包"项目开发指导方案、"职业培训包"项目开发指南等操作性技术文件。

④加强组织实施。围绕"职业培训包"项目开发、实施过程，指导职业院校和职业培训机构在教学理念、培养模式、师资培训、教学手段等方面适应新的培训模式，提高职业培训的针对性、实效性。

（2）开发内容。

①标准包。标准包是规定职业技能培训必须达到的目标和要求，也是对实施职业技能培训各个要素应当达到的标准和要求所作出的规范性文件和规定，是学员经过职业培训后，应当实现的学习目标。标准包括职业标准、培训标准、设施环境标准、师资配备标准和考核标准五个部分，主要是对培训内容、培训方法、师资队伍、设备与环境、培训考核等方面进行严格规范。

②指南包。指南包主要是在职业培训、技能鉴定、职业介绍和就业咨询等方面提供服务，指导学员和教师如何使用职业培训包，同时，也是指导教师在开展职业技能培训过程中，规范组织教学、严格管理的指导性文件。完整的指南包一般应该包括职业指南、培训指南、考核指南三大部分。根据使用对象培训需求的不同，指南包又分为企业版、培训机构版和学员版三个版本。

③资源包。资源包是职业培训包的核心组成部分，一般应该包括课程资源、学习资源和信息资源三部分。课程资源是为培训机构和培训对象提供的相对完整和系统的教学指导资源，包括模块课程、培训指导、PPT教案、视频讲授等。学习资源和信息资源是方便学员学习、练习和熟悉职业领域发展动态的资源，包括学习指南、练习题册、模拟试卷、职业技术水平案例和学习网站等。

3. 天津市"职业培训包"项目开发流程

"职业培训包"项目工作周期约 8 个月，按"职业培训包"项目开发、试验与改进、验收与发布三个阶段进行，工作程序如图 4-27 所示。

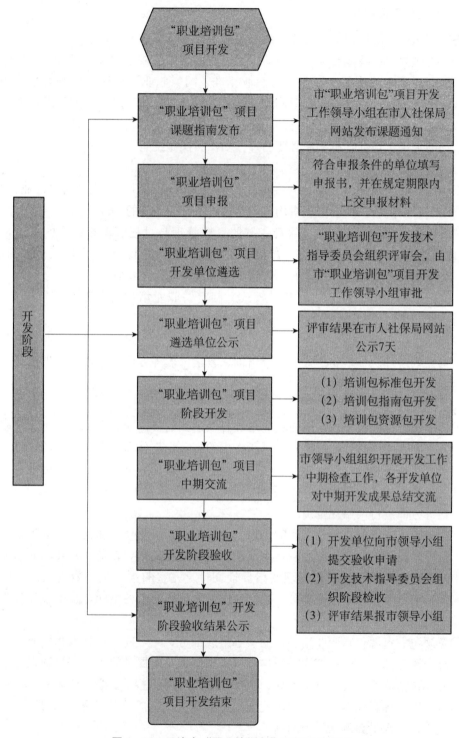

图 4-27　天津市"职业培训包"项目工作程序

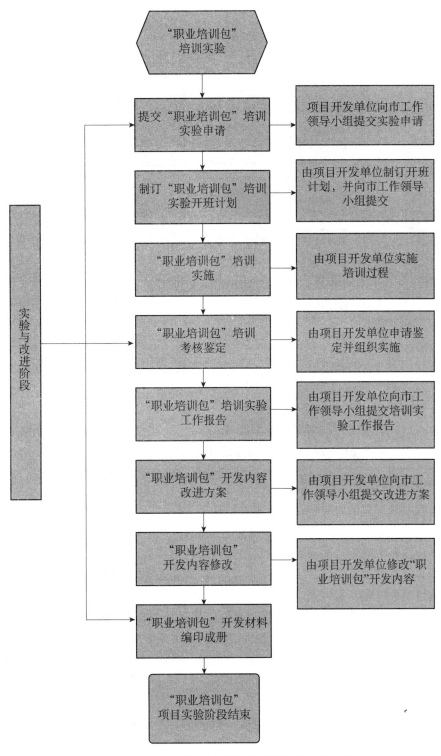

图 4 - 27 天津市"职业培训包"项目工作程序（续）

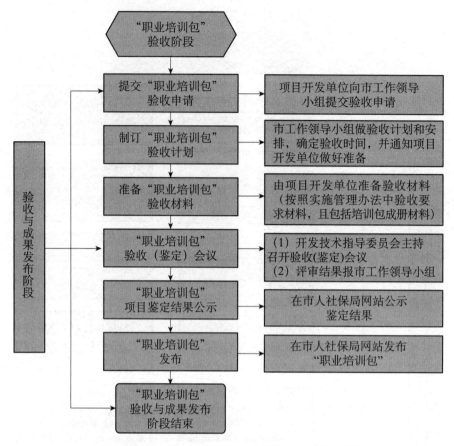

图 4-27　天津市"职业培训包"项目工作程序（续）

4. 职业培训包的主要特色及应用

（1）职业培训包的主要特色。

①职业培训包是结合职业的工作条件、典型工作任务、综合职业能力要求，在调研、分析的基础上确定开发项目，设置培训课程，精选培训内容。由生产项目导入学习和训练内容，从"用"入手"学"，使学习内容与训练项目紧密结合，达到理论与实际相结合的目的。

②职业培训。职业培训包体现职业属性，把企业对职业属性的要求体现在培训包中，把学习训练过程与生产过程结合，把培训过程作为生产能力培养过程。

③模块化超市培训。职业培训包将职业等级、岗位工作内容划分为课程模块和训练项目模块，方便不同岗位工作培训对象的选择，方便不同等级的培训学习和考核鉴定，适应不同层面人员的需求。

④新技术应用培训。职业培训包根据行业企业需求和职业发展情况调整更新职业培训包的内容，实现版本升级，保持技术应用的先进性。

（2）职业培训包的应用。

通过边开发、边推广的方式，重点面向三类人群（在职职工、职业院校在校生、失业人员）开展培训。以行业企业为主体，以职业院校为基础，以职业培训机构为补充，以校企合作为纽带，实施职业培训包培训模式，实现职业教育学制教育与社会培训规模达到1：2，切实提高培训质量，提高职业院校毕业生、社会各类人员的职业技能与水平。

5. 开发项目评价

天津市"职业培训包"项目是政府主导项目。为保证培训包评价工作的有效进行，必须做好评价方案设计，重点考虑以下几个方面：

（1）确定评价维度。评价维度是对职业培训包进行有效性评价的前提，决定了各阶段的评价内容、评价方法以及评价工作程序。

确定评价指标。评价指标是职业培训包评价工作最基本和关键的一步，评价指标是科学、合理评价开发成果的准则和标准。

（2）确定评价主体。选择多元化评价主体有利于评价结果的客观公正性，有利于提高培训包项目的可信度，有利于后期的应用与推广。

（3）确定评价规划。评价规划是对评价过程的计划，根据评价目标，选择评价形式、方法，分析评价模型，确定评价时间和操作程序。

（4）确定评价操作方式。根据评价指标和评价规划对各项评价指标进行客观准确的测量，评价操作方式应兼顾科学、客观、实用和效益等原则，保证测量的客观准确。

（5）完成评价分析。根据原始的测评资料，按评价指标确立的测评项目逐一进行统计分析，形成评价分析结果或评价报告，为改进培训包提供依据。

6. 开发工作机制

一是由政府部门牵头、组织实施职业培训包工作，依托职业培训包实施培训监管、对有关人员提供职业培训补贴；职业培训机构依据职业培训包开展职业培训服务；劳动者结合自身就业和技能提升需要自愿选择参加职业培训；组织第三方机构参与培训考核评估等。

二是政府部门组织制定职业培训包，职业培训机构依据职业培训包开展职业培训服务，劳动者结合自身就业和技能提升需要自愿参加职业培训，政府实施培训监管、对有关人员提供职业培训补贴并组织第三方机构参与培训考核评估，为各类就业群体参加培训创造条件，提供帮助。

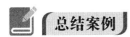 **总结案例**

"信用管理师职业培训包"开发

"信用管理师职业培训包"是在原信用管理师国家职业标准规范下，按照行业企业标准，结合天津市经济社会发展对信用管理岗位人才需求的实际情况，所开发建设的职业技能培训教学资源的总和。它从根本上缓解天津社会信用体系建设对信用管理人才培养的需求，满足新时代产业转型发展对中高级技能型人才的需要，推动产业转型发展。通过对不同类型的40多家企业和不同岗位信用经理人的广泛调研，结合天津滨海新区开发开放和经济社会发展的现状，研究社会信用体系建设的新内容、职业标准和技能要求在天津的适用性，开发的职业标准力图体现天津特色和天津元素，为制定《天津市信用管理师职业培训包职业标准》提供科学依据和支撑。

"信用管理师职业培训包"的开发采取"理实（理论＋实操）一体化"设计，在保证基本信用管理理论教学的基础上，注重岗位实践技能环节的训练与评价。在内容整体设计上采取"教、学、做一体化"的职业技能培训模式，在内容上与实际岗位对接，最终达到提升培训质量的目的。伴随着国家《关于推行终身职业技能培训制度的意见（国发〔2018〕11号）》的出台，其作为今后一个时期推进职业技能培训工作的指导性文件，从培训政策目标、培训类型、培训供给和质量监管等方面作出要求，为终身职业技能培训制度的建立指明了方向。

资料来源：杨冬梅，王忻. 信用管理师"职业培训包"开发探究［J］. 合作经济与科技，2014（10）：76-77.

 课后思考

1. 试叙述职业培训包的概念和内涵。
2. 简述职业培训包开发的过程以及工作机制。

课程开发的国际经验借鉴

模块导读

"他山之石，可以攻玉"。 通过本模块的学习，学习者可以了解目前对我国影响最大的两种国际职业教育模式以及与该两种模式相应的课程开发方法。

本模块的主要内容包括：（1）泰勒的课程开发模式内容。 （2）起源于加拿大和美国，流行于全世界多国的能力本位职业教育模式内涵；能力本位中"能力"的界定；DACUM 课程开发的流程。 （3）20 世纪末德国发起的工作过程导向职业教育模式的内容；职业能力的界定；学习领域课程开发步骤。

本模块还特别说明了两种课程开发方法对我国职业教育的影响，以及它们各自的适用范围。

单元一 CBE 能力本位课程开发

培训目标

◆ 了解能力本位课程的定义
◆ 了解 DACUM 课程开发方法的流程
◆ 理解能力本位课程的特征

导入案例

认识不清

几个初入学的职业教育硕士生在议论能力本位的教育模式，其中一人说："能力本位的课程不就是 DACUM 课程吗？"另一人说："能力本位是课程还是教育模式？我听说还有能力本位的培训呢。"还有一人问："能力和技能是一回事吗?"几个学生都很迷茫。

分析： 为了正确认识以上问题，需要厘清以下几个概念：

（1）能力本位：指职业教育和培训的模式，区别于只注重知识教学的模式。

（2）能力：能力本位职业教育模式中的能力指岗位胜任力，它由若干专项能力组成，包括知识、态度、经验和反馈。

（3）DACUM：这是能力本位职业教育中常用的课程开发方法。该方法以委员会的形式对某个职业任务进行分析，获得该职业任务所需要的知识、技能与态度，其本质是一种分析和确定某种职业所需要能力的方法。

课程是为达到一定教育目标而为学生设计的学习计划或方案，是对学生的学习目标、学习内容和学习方式所做的设计与规定。课程开发是确定课程内容的主要方法，是课程从无到有的发展过程，它是一项复杂的系统工程，不仅包括学习内容的选择和确定，还包括课程的组织实施、评价和质量监控等。

泰勒的课程开发方法是科学化课程开发模式的经典，也是最有影响力的课程开发模式。泰勒在《课程与教学的基本原理》[①] 一书中指出制定任何课程及教学计划时必须回答的一些问题，这些问题包括：学校应力求达到何种教育目标？要为学生提供怎样的教育经验，才能达到这些教育目标？如何有效地组织好这些教育经验？如何才能确定这些教育目标正在得以实现？这四个问题形成了泰勒课程开发方法的核心。泰勒课程开发模式如图 5-1 所示。

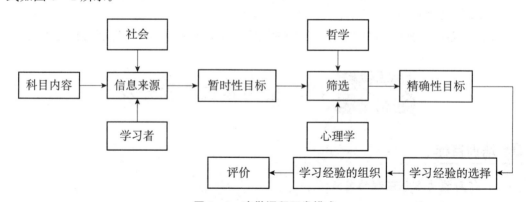

图 5-1 泰勒课程开发模式

在教育目标的确定方面，泰勒认为确定课程目标来源的依据主要有学习者、当前社会生活、学科。确定课程目标时要考虑学生的需要、学生的兴趣，教育目标力图体现学生行为模式的变化；对当前社会生活研究的一种手段就是工作分析，分析工人在某一特定领域里从事的各种活动，从而使训练和课程计划以工人以后要进行的那些关键活动为重点；通过听取学科专家的意见来获取关于学科内容方面的建议。当根据学习者、社会

---

① RALPH W TYLER. 课程与教学的基本原理 [M]. 罗康，张阅，译. 北京：中国轻工业出版社，2008：3-44.

和学科等课程目标来源确定课程的暂时性目标后,依据哲学和心理学的理论对这些目标进行筛选、修正,即对已列出的可能的一般目标进行过滤,去掉不重要的和矛盾的目标,形成精确性的教学目标。

学习经验是学习者与使他起反应的环境中的外部条件之间的相互作用,学习是通过学生的主动行为而发生的,学生学到什么取决于学生做了什么,而不是教师做了什么。在选择学习经验方面,泰勒认为选择学习经验要遵循以下基本原则[①]:为了达到所规定的目标,学生必须具有使他有机会去实践这个目标所承载的那种行为的经验;学习经验必须使学生从目标所含载的行为中获得满足;学习经验所期望的反应须在学生力所能及的范围内;有许多特定的经验可用于达到同样的教育目标;同样的学习经验往往会产生不同的几种结果。

在有效地组织学习经验方面,泰勒认为任何单一的学习经验都不能对学习者产生极其深远的影响,只有历经长年累月的积累后,才能看到一些主要的教育目标呈现显著的、具体的变化。在学习经验的组织上要注重连续性、顺序性和整合性,并注意经验之间的横向联系。所谓的评价,主要是评估学习经验的有效性,判断课程和教学计划在多大程度上实现了教育的目标,其中一个主要的方面是评价学生行为的改变。

泰勒的课程开发模式以明确且具体的行为目标作为课程开发的核心,该模式将工作分析作为确定课程目标的重要方法,强调实践是达到目标的有效手段。正是由于具有这些特征,泰勒课程开发模式对注重实践性的职业教育的课程开发产生了重要影响,为职业教育课程开发的研究与实践提供了普适性的操作流程。

职业教育是有目的、有计划地使受教育者具备某些知识和技能、培养特定职业或岗位所需要的人才的教育活动。职业教育是为从事社会职业进行准备的一种教育类型,它应该:使学习者获得某一领域内的若干职业所需要的广泛知识和核心技能,使个人在选择职业时不至于受到限制,且能在日后的职业生涯中从一种职业转向另一种职业;为初次就业,包括自谋职业及就业后的培训提供充分的专业准备;为学生在知识技能和态度诸方面提供基础,以便在个人职业生涯中的任何时候都能接受继续教育[②]。课程是达到教育目标的主要载体,职业教育的课程应使受教育者达到"面向就业"的职业性要求,但受普通教育的学科系统化课程的影响,职业教育的课程总是不断地平衡学术性和职业性之间的关系。在职业教育发展过程中,形成了一些影响力较大且独具特色的课程开发模式和课程开发方法,其中最典型的是以加拿大、美国为代表的CBE能力本位课程开发模式和以德国为代表的工作过程导向的课程开发模式。

一、能力本位思想的起源与发展

CBE的全称为"Competence Based Education",即能力本位教育,CBE课程即能力

---

① 郝德永.课程研制方法论[M].北京:教育科学出版社,2000:151.
② 王文槿.教产结合课程改革实践研究:高、中职院校电子信息类能力本位课程[M].北京:海洋出版社,2010:9.

本位教育课程。能力本位教育的雏形源于第二次世界大战期间美国对技术工人的再培训，目的是使技术工人掌握机械、枪弹制造等的技术与技能以满足战争的需要，但随着第二次世界大战的结束，美国便不再使用该模式进行培训。直到 20 世纪 60 年代，美国学校中面临着繁重的青少年教育任务，但新教师的实际教学能力存在着明显不足，无法适应繁重的学校教育任务的要求。于是人们对传统的美国师范教育产生了怀疑，传统的美国师范教育认为学生只要学好学校规定的理论知识就是一名好老师，这显然不是提高教师实际教学能力的有效方法。因此，亟须加强师范教育中师资培训的针对性，提高教师与教学有效性相关的能力，使教师既具备系统的学科知识结构，又能妥善处理教育教学中出现的实际问题。在这种背景下，美国课程改革运动中提出了用能力本位教育取代传统的以学科培养教师的师范教育方案。1965 年，美国教育总署资助 10 所高校开发培养小学教师的示范性培训方案[1]，以确定教师需要掌握的能力或行为，并将对教师工作分析的结果具体化为教师必须具备的能力标准，然后按照这些能力标准设计课程进行教学。教师在实际操作中表现出来的能力水平成为教师资格证书授予与评估的依据。

随着能力本位教育思想的日渐成熟，能力本位思想由高等学校教师教育领域扩展到职业教育与培训领域。20 世纪 80 年代中后期，能力本位教育思想在职业教育领域全面兴盛，这与当时产业界普遍反映的职业教育与就业需求不直接相关的现象直接有关，即当时的职业教育只重视学生知识的获得，而非实际操作能力的获得。能力本位职业教育就是为了解决学生实践能力缺失、与产业界要求严重脱节的问题而在职业教育领域中被提出并应用的。能力本位职业教育主要盛行于美国、加拿大等北美国家，所以能力本位职业教育模式通常被称作北美能力模式或加拿大能力本位模式[2]。20 世纪 80 年代后期及 90 年代初，主要的英联邦国家，如英国、澳大利亚、新西兰等也根据能力本位教育理念来重新构建各自国家的职业教育与培训体系。

作为起源于北美的职业教育思想和模式，能力本位教育于 20 世纪 90 年代初通过中国与加拿大的合作项目被引入中国。从 1989 年开始，为建立中加两国高中后的职业学校间的合作，加拿大国际开发署资助设立了"中加高中后职业技术教育项目"，自 1991 年启动至 1996 第三轮合作项目结束，中方共有 29 所院校参与该项目，并且带动了国内 200 多所职业学校进行能力本位教育试点，在国内产生了广泛而持久的影响。[3]

二、能力本位教育中的能力内涵

培养学生的职业能力，是职业教育课程开发理论关注的核心问题，对职业能力内涵的全面理解是能力本位职业教育课程开发的关键。

---

① 庞世俊，姜广坤，王庆江."能力本位"教育理念对职业教育的理论意义与实践启示 [J]. 中国大学教学，2010（10）：21-23.
② 徐涵. 中德中等职业教育课程改革比较研究 [M]. 北京：中国社会科学出版社，2015：77.
③ 同①21-23.

（一）心理学中对能力的界定

对能力研究最早的领域是心理学领域，心理学中通常认为能力是人们完成某种活动所必须具备的个性心理特征[①]。人的能力包括一般能力和特殊能力，即英国心理学家斯皮尔曼（C. Spearman）提出的能力结构二因素理论，其中一般能力是指大多数活动所共同需要的能力，是人所共有的最基本的能力，如观察能力、记忆力等；特殊能力是指完成某项专门活动所必须具备的能力，如驾驶能力等。也有研究者将能力分为"所能为者"和"可能为者"。"所能为者"是指一个人的实际能力，"可能为者"是一个人的潜在能力，它不是指已经发展出来的实际能力，而是指可能发展的潜在能力[②]。

（二）不同的职业能力观对职业能力的不同理解

从汉语词语构成来看，职业能力由"职业"和"能力"组成，可以理解为在职业工作或活动中所表现出来的或所需要的能力。职业能力也称"任务胜任力"，任务所描述的是在某个岗位上要完成的事情，而能力是人的要素，它所描述的是完成某个岗位的事情的人所应具备的条件。职业能力是一个历史性概念，它是不断发展的。对职业能力构成的不同认识，形成了不同的职业能力观。总体来说，职业能力观大体包括三类：行为主义导向的任务技能观、整体主义导向的关键能力观、建构主义导向的整合能力观[③]。

行为主义导向的任务技能观认为能力就是一系列孤立的行为，"职业能力"就是"操作能力""动手能力"，它强调岗位任务技能的培养，重视彼此孤立技能的培训，很少会顾及任务技能之间的联系性及其所共有的一般素质的要求。

整体主义导向的关键能力观将能力视为具有普适性的一般素质，它是掌握具体的任务技能的基础，能普遍应用于许多不同的工作情境中。德国社会教育学家梅腾斯（Mertens）提出的"关键能力（Key Competencies）"就是一般素质的典型代表，关键能力是指那些与专业实际技能不直接相关的知识、能力和技能，整体主义导向的关键能力观强调大多数职业所共有的一般的素质和能力。

建构主义导向的整合能力观认为职业能力是个体在工作中体现出来的知识、技能和态度的整合，能力是与具体职业情境联系在一起，是在个体完成工作任务时才能表现出来的。美国学者盖力（L. Gale）和波尔（G. Pol）认为"能力是与职位或工作角色联系在一起的，胜任一定工作角色所必需的知识、技能、判断力、态度和价值观的整合就是能力"[④]。

（三）CBE 课程中的能力

CBE 课程是一种预先确定某个岗位或岗位群完整的职业能力标准，引导学生进行相关知识、技能学习并达到行业精通水准，获得具体行为表现的课程模式。该课程模式打

---

①② 叶奕乾，何存道，梁宁建. 普通心理学 [M]. 6 版. 上海：华东师范大学出版社，2021.

③ 陈鹏. 职业能力观演变的历史逻辑及其理论评述：基于能力本位教育与培训发展的研究 [J]. 中国职业技术教育，2010（6）：54-57.

④ 吴晓义. "情境-达标"式职业能力开发模式研究 [D]. 长春：东北师范大学，2006.

破了由学校教师根据知识系统性开发课程的思路，转向以岗位职业能力为依据开发课程。[①] 徐国庆认为，CBE 课程中的岗位职业能力主要强调能力的外显性、操作性和结果性，即在岗位上所表现出来的实际操作能力。徐涵教授认为，CBE 课程中，能力（Competency）实际上指的是岗位胜任力，由若干专项能力（Skill）组成，专项能力包括四个方面：知识（Knowledge，与本职相关的知识领域）、态度（Attitude，动机、动力情感的领域）、经验（Experience，活动的领域）和反馈（Feedback，评价、评估的领域）[②]。从以上两种对能力的理解中可以看出，CBE 课程中的能力即对工作岗位的胜任力，强调学生的培养过程与实际工作岗位紧密联系，职业教育与培训的内容就是相应的岗位能力分析结果，这其中的能力既包括岗位操作技能等的显性知识，也包括态度、经验等隐性知识的支持。对 CBE 课程中能力内涵的深入理解，可以为后续的职业教育中能力本位的课程开发提供理论依据。

三、能力本位的职业教育课程开发

美国、加拿大等国家提出的能力本位教育模式，是以能力为基础的教育指导思想和教育模式。在能力本位的职业教育中广泛采用了 DACUM（Develop a Curriculum，课程开发）方法进行课程开发，在我国，通常将用 DACUM 方法开发的课程称为 CBE 课程或 DACUM 课程。

DACUM 方法最初由加拿大和美国联合开发的，课程开发的双方分别是加拿大人力及移民署下属的试验项目部、纽约通用教育公司，双方负责为艾奥瓦州克林顿市的"妇女就业"培训计划开发课程指导书，旨在使用开发的课程指导书促进受训人员参与培训计划，并达到培训目标，结果在开发课程指导书的过程中形成了一个类似时间安排表的图示课程表。之后，加拿大又通过该方法为一个较典型职业开发了培训课程，此后该方法经过进一步修正和改进，形成了职业教育课程开发的一套完整方法，即 DACUM 方法。

CBE 课程开发的核心是 DACUM 方法，该方法以委员会的形式对某个职业任务进行分析，获得该职业任务所需要的知识、技能与态度，其本质是一种分析和确定某种职业所需要能力的方法。

CBE 课程开发是一个复杂的过程体系，该过程体系由多个环节组成，包括：对当前经济形势和教育形势的分析；劳动力市场的调查与分析；职业分析；工作分析、专项能力分析；教学分析；教学设计与开发；教学实施与反馈阶段[③④]。其中对当前经济形势和教育形势的分析、劳动力市场的调查与分析、职业分析等主要是由政府有关部门组织开展的，这些环节的分析结果为学校相关专业的开设提供宏观指导。工作分析和专项能力分析是 DACUM 方法的具体实施过程，DACUM 方法的总体思路是把某个具体职业或岗位的全部工作分解成相对独立的工作职责，每项工作职责可以看作从事该职业或岗位工

① 徐国庆. 职业教育课程论 [M]. 上海：华东师范大学出版社，2008：37.
② 徐涵. 中德中等职业教育课程改革比较研究 [M]. 北京：中国社会科学出版社，2015：77
③ 田英玲. CBE 课程模式评价 [J]. 职教通讯，2012（25）：31-34.
④ 同②79-90.

作应具备的一项能力领域；接着把每项工作职责（能力领域）分解成若干个工作任务，每项工作任务可以看作从事该职业或岗位工作应具备的一项专项能力。DACUM 的分析流程如图 5-2 所示。

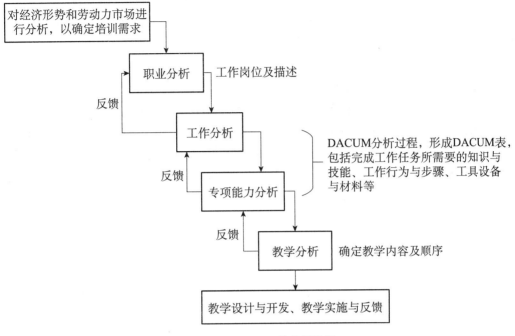

图 5-2　DACUM 的分析流程

（一）对经济形势和劳动力市场的分析

该阶段主要统筹考虑国家或地区经济发展状况与发展规划、社会文化政策、产业政策、教育政策等具有全局战略意义的宏观因素，从宏观上把握职业教育课程开发的总体目标和价值观念。其中，对劳动力市场的分析主要包括地区的人口状况、劳动力市场的供求关系、潜在的工作机会与职业、所需的劳动力缺口等。进行劳动力市场分析的目的是了解地区对劳动力的需求状况，为后续课程开发提供决策依据和现实基础。通过对劳动力市场的实际调查与分析，使职业教育人才培养的规模、数量与区域劳动力人才需求相匹配，避免造成人才培养的浪费与不足。

（二）职业分析

与普通学校教育不同，CBE 课程开发的基础是就业后的工作或工作岗位，这是职业分析的出发点和立足点。劳动力市场的调查与分析的结果是获得目前市场上对劳动力有需求或有潜在需求的职业，在职业分析阶段，相关人员会按照劳动力市场的调查与分析结果对职业范围进行选择，并对某个具体职业展开相关分析，通常以经济领域作为划分依据来对工作岗位进行横向或纵向分组，然后在选择的职业范围内以复杂程度为标准进行具体工作说明，并对职业或岗位进行描述。职业分析阶段通常借鉴本国职业分类标准中的分类体系进行职业或岗位描述。

（三）工作分析

工作分析是对某一具体工作岗位进行能力分析，从而确定该工作岗位所需要的能力素质要求，其中的工作岗位是职业分析阶段所确定的工作岗位。工作分析所使用的工具是 DACUM，这是 CBE 课程开发中最为关键的一步，它将具体工作岗位与培养目标联系在一起，是实现课程与职业要求紧密相关的保证。

在运用 DACUM 方法时，通常会邀请行业内十多位优秀工作人员组成 DACUM 委员会，借助于领域内优秀工作人员的经验，通过头脑风暴法，对胜任工作岗位需要完成的各项任务进行描述，将某个具体岗位的全部工作分解成相对独立的工作职责（能力领域），然后把每项工作职责分解成若干工作任务（专项能力），同时对每项能力的操作频率和任务完成标准做出评定，最终生成一张由专项能力和综合能力构成的 DACUM 工作分析表。借助于 DACUM 工作分析表呈现工作分析的结果，便于能一目了然地展示分析结果，使分析结果更具体、明确。同时，DACUM 工作分析表也是教师开发教学材料和实施教学的基础。

1. DACUM 的参与人员

在利用 DACUM 方法进行岗位能力分析的过程中，需要多方人员的参与，这些人员在 DACUM 能力分析的不同阶段发挥着不同的作用。从具体职责与任务分工来看，DA-CUM 工作分析阶段的参与人员主要有组织协调人（Coordinator）、主持人（Facilitator）、记录员（Recorder）、DACUM 研讨委员会成员（Members of the DACUM Committee）、研讨列席人员（Observers）等。

DACUM 工作分析是通过 DACUM 研讨会的形式展开的。自 DACUM 研讨会的筹备到结束的整个过程都需要一位组织协调人对研讨会所需的人力、物力、财力等进行组织协调，以保证研讨会的顺利开展，并最终生成有效的 DACUM 分析结果。

DACUM 主持人是 DACUM 研讨会的引导者。DACUM 研讨会不同于一般的研讨会，DACUM 的主持人也不同于一般会议的主持人，DACUM 研讨会对支持人有较高的要求，通常由经过专门培训并获得 DACUM 主持人资格的人员担任。DACUM 主持人应熟悉 DACUM 工作分析的程序与技巧，有效激励 DACUM 委员会成员积极参与到研讨会中，引导委员会成员就关键问题进行展开讨论，力争尽快达成一致认可的结论，并在有限时间内形成 DACUM 工作分析表。

为了保证 DACUM 研讨会的有效开展，在 DACUM 研讨会中需要为 DACUM 主持人配备一名得力的助手——DACUM 记录员。记录员的主要工作就是记录，负责将研讨时所有达成的一致意见逐条写在卡片上，张贴在讨论墙上，便于直观展示讨论结果，并及时对讨论结果进行修改或调整。需要注意的是，记录员并不参与 DACUM 研讨会的讨论。

DACUM 研讨委员会是 DACUM 研讨的主体人员，这些人员的能力与素质直接决定着整个研讨过程的效果，同时也在很大程度上决定着 DACUM 工作分析表的质量。DA-CUM 研讨委员会的成员并不是由大学教师组成的，而是从被分析职业中具有代表性的产业中聘请的，且均为从工作岗位上精心挑选的具有丰富实践经验的专业技术人员和管理人员，这些人员长期在本职业岗位上从事专职工作，在相应的产业领域通常具有较高的权威性和代表性，他们对完成该职业工作中各项任务所应掌握的理论知识、技能、具备的能力、需要的工作态度，以及各项知识、技能和能力应达到的等级水平等都有明确的认识和理解。由这些人员分析、确定与描述的本职业岗位工作所需的能力更符合工作岗位的实际需要，而且更具体准确、更具可操作性。他们具备良好的口头表达能力，能准确描述他们所从事的工作。另外，在选择 DACUM 研讨委员会成员时，需要综合考虑成员的性别、企业规模、工作年限等因素。

研讨列席人员主要由来自教学设计与开发、教学实施与评价阶段的参与人员、一般管理人员、教师、教辅人员、专业顾问等组成，有利于这些人员更精准地依据 DACUM 分析结果，有效进行后续教学资源的设计与开发、教学过程的实施等。同样，研讨列席人员也不参与研讨会的讨论过程。

2. DACUM 中工作分析的实施过程

DACUM 工作分析的具体实施过程如下：先成立一个由相关专业或岗位的十几位优秀工作人员组成、记录员与列席人员共同参与的 DACUM 能力分析委员会，在研讨会协调人的安排与主持人的引领下，DACUM 研讨委员会成员以头脑风暴的形式通过集体讨论对职业、工作岗位进行能力分析。会议室应做特别布置，会议室里要有一面长度为7～8 米的墙面，足够的长度可以避免研讨委员会成员在列举工作职责或工作任务时因墙面太窄而产生意欲结束列举之感。研讨会会场布置如图 5-3 所示。

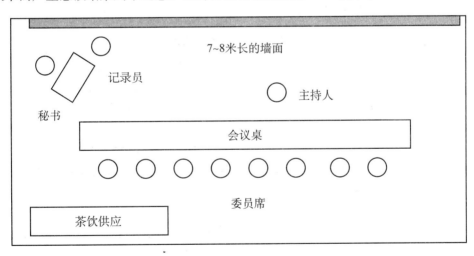

图 5-3　研讨会会场布置

DACUM 工作分析的具体操作步骤如下：

（1）主持人向委员会说明 DACUM 讨论的内容与方向，并简要说明 DACUM 方法，包括陈述 DACUM 方法的宗旨，介绍 DACUM 研讨的过程与步骤，指出 DACUM 研讨中应注意的问题，使委员会成员了解 DACUM 工作分析的流程与要求。主持人提醒委员注意以下事项：职业分析委员会成员是平等的；每一位成员均可自由发表意见和主张；

所提的意见和主张应当是建设性的，而不是批评性的；要相互尊重对方的意见和建议；工作任务的描述必须用动词开头，表述为一个可见的、可评价的活动。

（2）DACUM 委员会成员就研讨的工作岗位展开讨论，写出职业岗位名称，并讨论出与本职业相关的工作岗位，形成相关工作岗位的整体框架。

（3）DACUM 委员会成员运用头脑风暴法就工作岗位充分发表个人意见，分析出相应工作岗位所需要的能力领域和专项能力，同时对每项能力的操作频率和任务完成标准做出评定。需要注意的是，对能力领域和专项能力的描述要用动词开头，且字数不宜过多。如对"人力资源开发经理"岗位进行工作分析之后，将其一项能力领域描述为"管理薪酬"，其专项能力描述为："制定薪酬政策；建立薪酬系统；保证薪酬体系正常运转；改进薪酬体系；编制新预算；分析运用薪酬的调查结果"等。

（4）DACUM 委员会成员列出工作岗位所需的基本知识与技能，工作行为（所需的态度与特点），工具、设备、后勤与材料，并对该工作岗位未来的发展趋势进行预测与综合考虑。

（5）再次检查并简化对职业能力与专项能力的描述，并对职业能力和专项能力进行排序，进一步完善 DACUM 工作分析表。

DACUM 工作分析表一般包括名称、能力领域、专项能力和操作评定等级四项内容。DACUM 工作分析表的基本结构如表 5-1 所示，其中的能力领域是对岗位工作职责划分的结果，每一个工作岗位通常由 8～12 项工作职责（能力领域）构成，专项能力是完成每一项能力领域所需要的能力，每个能力领域可具体化为 6～30 项专项能力。在实际工作任务分析中，每一个工作岗位能分解成的能力领域的数量及专项能力的数量，与该工作岗位的具体业务范围有关。

表 5-1　DACUM 工作分析表的结构

能力领域	专项能力				
A	A1	A2	A3	A4	……
B	B1	B2	B3	B4	……
C	C1	C2	C3	C4	……
……					……

操作考核评定等级标准，是为了定义实际工作中专项能力操作水平而设计的，评定等级标准通常设定为四级六个水平，具体如表 5-2 所示。

表 5-2　操作考核评定等级

等级		评定标准
4	C	能高质量、高效地完成此项任务的全部内容，并能指导他人完成
	B	能高质量、高效地完成此项任务的全部内容，并能解决遇到的特殊问题
	A	能高质量、高效地完成此项任务的全部内容
3		能圆满地完成此项任务的全部内容，不需要任何指导
2		能圆满地完成此项任务的全部内容，偶尔需要帮助和指导
1		能圆满地完成此项任务的全部内容，但需要在现场指导下进行

资料来源：徐国庆. 职业教育课程论［M］. 上海：华东师范大学出版社，2008：41.

（四）专项能力分析

专项能力分析主要是对工作分析生成的 DACUM 工作分析表进行修订与具体化，包括对专项能力进行删减、增补、组合等，并按照逻辑顺序对支持每项专项能力所需的知识与技能进行排序。专项能力分析的结果集中体现在该能力的最终绩效目标、相应行为、行为标准、结果等方面，以及达到最终目标的具体操作步骤、相关知识与技能等要求。专项能力分析完成后需要征求该岗位工作人员的意见，专项能力分析结果是开发教材与学习资料的依据。

（五）教学分析

参与教学分析的人员包括经验丰富的专业教师、课程与教学设计人员、开发人员、协作人员等。在教学分析阶段，需要将专项能力分析结果转化为教学单元，并将专项能力目标转化为教学目标，将相关的知识技能转化为具体的学习、训练内容[①]。在转化的过程中，要避免遗漏目标与内容，并消除目标与内容的重复现象，同时对教学目标的描述应体现出其可操作性，尽量采用活动、条件、标准等三要素进行描述。转化后的教学单元具有明确的学习时间以及起点、终点，所以这种教学单元也被称为模块，这在一定程度上也体现了职业教育课程的模块化理念。

教学分析阶段还要确定教学单元内具体内容的顺序以及各教学单元之间的排序，通常单元内的内容排序根据实际工作需要而定，单元之间的排序需要借助于工作分析与专项能力分析所提供的信息，同时遵从成人学习规律[②]。在该阶段，还需要确定工作岗位对应的专业教学的核心课程及相应的预备性知识与技能，从而形成该专业的完整的课程结构。

（六）教学设计与开发

教学设计与开发阶段依据教学分析的目标结果开发与审阅教学大纲、设计并开发学习包。学习包是指导和帮助学生掌握某项能力的学习材料，通常包括培训目标、学习资料、辅导材料、考核评估标准等。其中学习资料有学习指导书、教材、讲稿、实习实验指导书、摘录期刊的文章、设备操作手册、音像及计算机辅助教学软件资料等。教学设计与开发阶段由教师、企业优秀工作人员、课程开发专家等共同负责，同时在该阶段还需要设计各模块的教学方法、准备相应的学习设备、设计各模块的评价方法等，教学方法的设计、学习设备的准备等还需要考虑学校条件、学生心理及接受程度等，这些因素都决定着 CBE 课程教学是否具有可操作性以及教学目标是否具有可实现性等。

（七）教学实施与反馈阶段

该阶段是教学的具体实施阶段，教师依据教学大纲开发的课堂教学计划、学习包等开展教学活动，帮助学生逐步达到学习目标的要求。在教学实施过程中需要依据学生学

---

① 姜大源. 职业教育学研究新论 [M]. 北京：教育科学出版社，2007：157.
② 徐涵. 中德中等职业教育课程改革比较研究 [M]. 北京：中国社会科学出版社，2015：84.

习或教师教学的反馈、技术进步与行业企业要求，对课程与教学进行相应的调整，以保证教学内容的时效性和教学的有效性。同时也可以根据教学结果对 DACUM 工作分析表进行修改和完善。

CBE 课程体系开发的八个步骤是紧密联系在一起的，而且要依据一定的先后顺序进行，不可跳跃或孤立进行。同时，CBE 课程体系是各方共同努力的结果，既有政府、学校、教师的参与，也有各类专家、企业的参与，不能由学校完全包办整个课程体系的开发与实施过程。

四、能力本位课程开发的特征分析

（一）以能力为核心为进行课程开发，突破了学科化的藩篱

能力本位职业教育的核心是"能力"，能力本位职业教育的目标是使受教育者具备从事某一种职业工作岗位所必需的职业能力，这些能力是由对岗位进行工作分析和专项能力分析而得出的。基于生产岗位实际能力需求而开展的教学，打破了传统职业教育的做法，以学科的学术体系安排教学和学习的教育体系，保证了学生能力培养目标的实现，并能为学生有效地就业做好准备。更重要的是，它缓解了职业教育与就业需求不直接相关的现象，实现了职业教育中的学习与生产实际和劳动力市场的需要有机结合。

（二）形成了以 DACUM 为核心的职业教育课程开发方法

在能力本位的职业教育课程开发中形成了以 DACUM 为核心的职业教育课程开发方法，该方法被许多国家认为是一种"独特的、高效的、低成本"的课程开发方法。DACUM 是一种针对具体工作岗位、具有很强可操作性的课程开发方法，它从实际岗位工作任务出发，由岗位优秀工作人员通过工作分析与专项能力分析对具体工作岗位所需的能力进行分析，获得该工作岗位应具备的知识、技能和态度，从而确定该工作岗位所需要的能力与素质要求。在 DACUM 工作分析中，职业能力由若干能力领域组成，每一能力领域又由若干专项能力组成。能力领域和专项能力都是由具体的工作任务来描述和规定的，由优秀工作人员分析、确定与描述的本职业岗位工作所需的能力，更符合实际工作的需要，也更具体、更准确。目前，DACUM 工作分析法已广泛应用于职业教育与培训领域的课程开发。

（三）DACUM 课程开发的局限

DACUM 方法受泰勒科学管理主义思想和流水线生产组织方式的影响较大，将工人看作生产流水线的一环，在工作岗位能力分析时侧重对工人的岗位操作技能进行分析，并把能力看作一系列孤立行为，这使得 DACUM 方法无法充分满足职业教育对全面提高受教育者素质的要求；DACUM 方法中将单项能力组合成综合能力的方式，忽视了劳动过程的内在联系和工人劳动的整体特性，对工人的工作经验也未太多考虑，但像工作经验等隐性知识正是促进职业教育受教育者能力发展的关键因素；DACUM 方法对能力内涵的理解有一定的局限性，即把能力等同于技能或行为，而且在课程开发中只强调外在

行为的变化，忽视了学习者的内在能力和情感，这些都影响了 DACUM 课程开发方法在职业教育领域的全面应用及推广。

 **总结案例**

××职业学院用 DACUM 方法做出的职业分析见表 5－3 和表 5－4。

表 5－3　电子信息工程技术专业职业分析表

综合技能		专项技能								
		1	2	3	4	5	6	7	8	9
A	实用电路的分析设计与制作能力	A1 能运用电路基本定律分析和计算简单直流、交流电路参数	A2 能读懂一般直流、交流电路原理图	A3 会使用常用电工仪表测量电压、电流等基本参数	A4 能对照实际电路绘制简单直流、交流电路原理图	A5 会按照原理图进行实用电路的分析与安装	A6 能对实用电路检查分析并排除简单故障	A7 能正确识别、检测和选用电子元器件	A8 能对典型电路进行分析和计算	A9 能读懂实用电子电路原理图
		A10 能对照不同电路方案分析选择性价比高的电路	A11 会正确使用免焊面包板按照电路原理图搭接实用电路	A12 能够按照电路原理图焊接实用电路	A13 熟练使用万用表、信号发生器、模拟示波器等电子测量仪器进行电路基本参数的测试	A14 能够对制作完成的电路进行调试以满足设计要求				
B	电子产品的设计与制作能力	B1 能正确识别集成电路的引脚、选用和测试常用模拟与数字集成电路	B2 能读懂电子产品电路原理图，会分析信号流程	B3 会用计算机软件设计印制板电路，会手工制作简单印制线路板	B4 能正确布线和制作线缆	B5 能按照实际电路用手工熟练焊接装配电子产品	B6 熟练使用数字示波器、使用 AM/FM 信号发生器、扫频议、数字频率计等电子测量仪器对电子产品进行调试	B7 能用 EDA 工具进行简单电路设计	B8 能进行品质管理、可靠性测试、工艺文件编写	B9 能利用单片机设计小型电子电路
C	电子整机的安装调试与检验能力	C1 能读懂工艺文件	C2 能分析小型整机电路的信号流程	C3 能用 EDA 工具与小型工业制板系统设计和制作印制电路板	C4 会手工焊接与拆焊片式元件；会利用 SMT 装配元器件	C5 能运用静电防护知识和安全生产知识按照电路原理图和装配图进行小型电子整机的组装	C6 会编制印制电路板组装（PCBA）的工艺流程	C7 能正确选用和熟练使用测试仪器仪表调试小型电子整机	C8 会判断小型电子整机的一般故障并加以解决	C9 能正确填写调试记录、检验报告

课程建设与专业建设

续表

综合技能		专项技能								
		1	2	3	4	5	6	7	8	9
D	电子整机维修能力	D1 能阅读较复杂电子整机电路图和相应的印制电路板图	D2 能叙述较复杂的电子整机的系统组成、基本工作原理和信号流程	D3 会判断较复杂和电子整机的一般故障并加以解决	D4 能用电视信号发生器、无线电信号综合测试仪、数字存储示波器、扫频仪、频谱仪等仪器对较复杂的电子整机进行测试与维修	D5 能正确填写产品维修报告				

表 5-4 专项技能解析举例

专项技能	能够识别、检测和选用电子元器件	编号	A7
具体描述	能够识别电阻、电容、电感、二极管、三极管等元器件，能够利用万用表判断电阻、电容、电感、二极管、三极管等元器件的性能，并能判断二极管、三极管的类型和极性；能够识别各种常用的集成电路（集成运放、集成功放、集成稳压器、集成门电路、集成触发器、编码器、译码器、计数器、寄存器等），了解其功能；能够按照电路要求正确选用电子元器件		
步　骤	1. 明确元器件类别、型号 2. 判断元器件好坏 3. 检测元器件基本功能参数 4. 按照电路要求正确选用元器件		
工具与设备	万用表		
知识基础	1. 电子分立元器件原理 2. 万用表的使用方法		
通用能力与职业素质	C2 信息处理能力 D1 科学思维能力		
考核标准	1. 正确识别电阻、电容、电感、二极管、三极管、常用集成电路等元器件 2. 使用万用表正确判断 R、L、C、二极管和三极管等元器件的性能好坏，读出 R、L、C 的数值，判断二极管、三极管的类型和极性 3. 正确说明常用集成电路的功能		

课后思考

1. 谈谈你对能力本位中"能力"的理解。

2. 试复述 DACUM 课程开发方法中工作分析的步骤。

单元二　工作过程导向课程开发

▶ 培训目标

- ◆ 了解工作过程导向职业教育的发生背景
- ◆ 了解德国职业教育专家对职业能力的界定
- ◆ 能够说明学习领域课程开发的具体步骤

导入案例

我的典型工作任务在哪里？

张老师在某高职学院教授数学多年，看到学院对专业课教师进行"学习领域"课程开发的培训，他也积极地旁听。听完专家讲座，张老师想，找到典型工作任务是课程开发的关键环节，我也去试一试吧。张老师跟随专业课教师走进企业，参加了几场实践专家研讨会，也看到专业课教师们为研讨会确定的典型工作任务。可是张老师越听越迷惑：我的典型工作任务在哪里？数学到底有没有典型工作任务？

分析：要解决张老师的疑惑，我们首先要弄明白学习领域课程的适用范围。

（1）德国为了改进双元制职业教育与真实的工作世界相脱离情况提出了工作过程导向的职业教育理论，学习领域课程是该教育理论实践的一种课程开发方法。

（2）学习领域课程开发需要通过工作分析法总结某一职业的典型工作任务，并对典型工作任务进行分析，从而形成相应的学习目标及要求。厘清工作过程与工作过程知识的内涵是工作过程导向课程开发的基础。

由以上两点不难看出，典型工作任务并不直接对应数学一类的基础课程，这就是张老师迷惑的原因。

数学课的改革不能从寻找典型工作任务开始。

一、工作过程导向课程的缘起

"双元制"是德国独具特色、企业与职业学校密切配合、实践与理论并重的职业教育制度，其根本标志是学生一边在企业接受职业技能培训，一边在部分时间制的职业学校中接受包括文化基础知识和专业理论知识在内的教育。在双元制职业教育中，企业和学校分别按照各自的课程标准开展教学，由企业培训的课程标准称为培训条例，职业学校的教学遵循的标准被称为教学计划纲要（见图 5-4）。培训条例中的课程计划包括实践课程计划和理论课程计划，教学计划纲要规定了职业学校的理论课程计划。在学校与企业协调基础上开展的双元制职业教育，为德国培养了大量的技术工人。

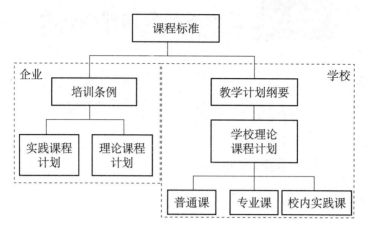

图 5－4　德国职业教育课程标准

　　在传统的双元制职业教育实施的过程中，学生很难将学校的理论学习与企业的实践学习有效联系起来，形成整体化的职业能力。同时，随着技术进步与发展，企业的生产方式、劳动组织方式、管理模式等发生了诸多变化，这对职业教育人才所需的能力和培养过程提出了新的要求。企业的劳动组织方式逐渐从科学管理模式向扁平化管理模式变化。扁平化管理模式不再强调过细的分工，而是强调各部门密切合作，这就要求一线生产人员不仅仅只是从事简单而重复的劳动，而且要具备制订计划、判断决策、分析复杂系统的能力；扁平化管理模式下，岗位分工弱化，各个岗位之间的界限变得越来越模糊，致使在课程开发中对工作岗位进行分析、评价变得越来越困难，基于此而开发的课程的准确性与有效性也会降低。这也直接导致了企业界和经济界对德国传统双元制职业教育的不满，认为双元制职业教育与真实的工作世界相脱离的情况比较普遍。

　　现代企业需要的不再是掌握固定知识和单一技能的劳动者，而是具有创新能力、合作精神以及计划设计、实施和评估反馈等系统行动能力的劳动者，具备这些能力储备的劳动者才能适应未来社会和技术变革的需要。相应地，职业教育人才培养的重点也会转向对人才全面能力的培养，同时在职业教育中要用整体的观念来对待劳动和技术的关系，做到理论与实践紧密结合。在这种背景下，德国职业教育学者劳耐尔（F. Rauner）教授和他的团队提出了工作过程导向的职业教育理论，该理论得到了德国学术界的普遍认同，并成为德国职业教育改革的理论指导。工作过程导向的职业教育理论在实践中的典型应用是德国 20 世纪 90 年代后期开始推行的"学习领域课程方案"。工作过程导向的职业教育和学习领域课程方案于 21 世纪初被介绍到我国，引起了我国职业教育界的普遍关注，对我国近年来职业教育的改革与发展产生了深远的影响。

二、工作过程导向职业教育中的职业能力

　　职业能力是职业教育的出发点和归宿，准确把握工作过程导向的职业教育中职业能力的结构与发展规律，对充分理解工作过程导向的职业教育理论和学习领域课程方案的

开发具有重要的意义。工作过程导向的职业教育中通常采用德国联邦职教所对职业能力的界定，即职业能力为"人们从事一门或若干相近职业所必备的本领，是个体在职业工作、社会和私人情境中科学的思维、对个人和社会负责任行事的热情和能力，是科学的工作和学习方法的基础"[①]。

（一）职业能力的结构

赫尔巴特曾将教育目的分为"可能的目的"（或称"选择的目的"）和"必要的目的"（或称"道德的目的"）。"可能的目的"指与学生将来所要选择的职业活动有关的目的；"必要的目的"指学生不管将来从事什么职业活动都必须达到的目的，也就是必须具备的完善的道德品格[②]。这为划分职业能力的结构提供了教育学意义上的依据，职业教育的目标是发展学生的职业能力，所以职业能力的构成也应体现出"可能的目的"和"必要的目的"两方面的要求。德国学者对职业能力结构的划分就体现了这一要求，即从内涵上把职业能力划分为方法能力、社会能力和专业能力；从性质上，则把职业能力划分为关键能力和基本职业能力。职业能力的结构如图 5-5 所示。

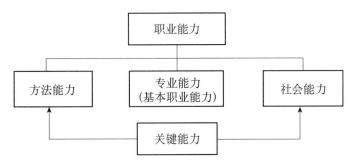

图 5-5　职业能力的结构

专业能力是指在专业知识和技能的基础上，有目的的、符合专业要求的、按照一定方法独立完成任务、解决问题和评价结果的热情和能力；方法能力是指具备从事职业活动所需要的工作方法和学习方法，包括制订工作计划的步骤、解决实际问题的思路、独立学习新技术的方法、评估工作结果的方式等；社会能力指的是具备从事职业活动所需要的行为能力，包括人际交往、公共关系、职业道德、环境意识[③]。其中，专业能力就是基本职业能力，关键能力是方法能力和社会能力的总称，它是超越某一具体职业范畴的能力，与专门的职业知识和技能无直接关系。对职业能力的结构进行划分是出于研究和实践的需要，但这并不意味着舍弃对职业能力整体性的要求。

专业能力依托于行业和企业的需求，不同的工作岗位对专业能力的要求不同。关键能力是不同行业、企业及社会中对职业能力的共性要求，不同国家对关键能力结构界定稍有不同，但大都包括基本能力（如读写计算能力、技术能力）、交流与合作能力、思

① 赵志群. 对职业能力的再认识 [J]. 职教论坛，2008（3 下）：1.

② 刘新科. 国外教育发展史纲 [M]. 北京：中国人民大学出版社，2007：212.

③ 严中华. 职业教育课程开发与实施：基于工作过程系统化的职教课程开发与实施 [M]. 北京：清华大学出版社，2009.

维能力（如问题解决能力、规划和组织能力、创新能力、学习能力、信息处理能力等）、个人品质（如诚实和正直、自我管理、责任感等）。德国培训与教育协会提出的关键能力包括①：交往与合作、与人交谈的技巧、组织与执行工作任务、解决问题和判断能力、学习与工作技巧的使用、独立性与责任感、承受能力、创造性与适应能力、学习能力、外语能力。

（二）职业能力的发展

职业能力的形成和发展主要有两种途径：一是通过学校教育学习前人已经形成并认可的知识和技能来提升职业能力；二是通过直接体验来提升职业能力，"经验是最好的老师"，与工作相关的学习是形成并发展职业能力的重要途径。研究也证实，工作中所需要的能力有70%～80%源自工作中的学习②，即参与真实工作任务是提升学生职业能力的有效途径。从知识与能力的关系来看，知识是能力形成的前提，对知识理解得越深刻、掌握得越牢固，越有利于能力的形成和发展，职业能力的发展也离不开相关知识的支持。

从职业能力的形成和发展来看，缄默知识比显性知识更为重要。③ 匈牙利裔英国哲学家波兰尼（M. Polanyi）将知识分为显性知识和缄默知识两类。其中，显性知识是可以用语言表达或文字描述的知识；而缄默知识是不能表述或不能言传的知识，但它广泛存在于我们的生活与工作中，许多技能、方法、态度、体会等都是缄默知识。缄默知识虽然难以传递，但它支配着人的认识和实践活动的过程，缄默知识的丰富程度是领域内专家和新手的重要区别之一。缄默知识的不可言传性，使得其不可能通过"教师讲、学生听"的方法来习得，缄默知识的获得依赖于学习者的亲身体验与实践。

职业能力的发展与实际问题和任务解决密切联系，而问题和任务总是被置于一定的"情境"中，所以职业能力发展应尽可能在真实工作情境中实现。姜大源也认为，职业能力来自职业情境中的行动训练且超脱职业情境而本体存在，职业能力源于职业情境而又高于职业情境，个体行为的表层结构与个体行为的深层结构是不同的，旨在能力开发的学习，其目标是在个体与环境互动中持续而渐进地改变行为的深层结构。情境理论也强调学习的本质就是参与社会实践，只有将学习镶嵌于它所维系的情境之中，学习才会被赋予真正的意义。情境学习理论也特别强调两条学习的原理：在真实情境中呈现知识，把学与用结合起来，让学习者像专家、"师傅"一样进行思考和实践；通过社会性互动和协作来进行学习。

能力的形成是一个从知识到动作、由不熟练到熟练、由不准确到准确、由静态向动态转化的过程。人并不是从一开始就能胜任工作任务并达到工作要求，职业能力的发展有一定的过程性和渐进性。职业能力的习得是一个从业者由初学者到专家的成长过程，具有阶段性④。德莱福斯（Dreyfus）认为人的职业发展遵循着"从初学者到专家"的逻

---

① 庞世俊. 美、英、德、澳四国综合职业能力内涵的比较 [J]. 中国职业技术教育，2009（4）：67－70.
② 庞世俊. 职业教育视域中的职业能力研究 [D]. 天津：天津大学，2010：78.
③ 吴晓义. "情境-达标"式职业能力开发模式研究 [D]. 长春：东北师范大学，2006：77.
④ 张元. 职业院校学生职业能力的获得及其培养 [J]. 高等教育研究，2008（7）：68－71.

辑发展规律，并在此基础上提出了人的职业能力发展的五阶段模型：第一阶段为新手；第二阶段为高级初学者；第三阶段为胜任者（或内行行动者）；第四阶段为能手（或熟练者）；最后一个阶段为专家。[1] 劳耐尔通过比较某一领域内新手和专家的职业能力的差异，将新手到专家的发展过程中所经历的五个阶段的人员所需要的职业知识和学习范围进行了梳理，如图5-6所示。

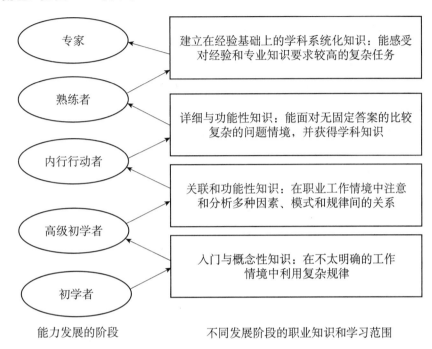

能力发展的阶段　　　　　　不同发展阶段的职业知识和学习范围

图5-6　从初学者到专家的发展过程

资料来源：赵志群. 职业教育与培训学习新概念［M］. 北京：科学出版社，2003：89.

　　职业能力发展不同阶段需要的知识类型不同，面临的工作任务的复杂性和结构化程度也不同。入门与概念性知识是职业定向的知识，使学习者对本职业的工作有一个总体性的认识，从感性上了解本职业要涉及的工作内容是什么；关联和功能性知识主要是指与工作任务相关联的知识，即完成工作任务所需要的各项知识，并从整体上促进学生对完成工作任务所需要知识的关联性的理解；详细与功能性知识要求学习者能处理工作情境中的特殊工作任务，能分析问题、确定问题并制订工作计划和方案，完成这一阶段的任务需要学习者有一定的知识基础和个人经验；建立在经验基础上的学科系统化知识阶段需要学习者能处理不可预见的、非结构化的工作任务，该阶段的学习者应有高度发展的工作经验。

三、学习领域课程开发的过程

　　职业教育要有效培养适应经济与社会发展需求的人才，除了要培养学生的专业能力

---

① S LAN ROBERTSON. 问题解决心理学［M］. 张奇，等译. 北京：中国轻工业出版社，2004：249.

外，更要关注学生的关键能力和个性特征等综合素质的发展。职业能力的发展与解决实际问题密切相关，工作过程导向的职业教育课程开发就是通过工作分析法总结某一职业的典型工作任务，并对典型工作任务进行分析，从而形成相应的学习目标及要求。典型工作任务体现出工作过程要素的全面性和过程的完整性，厘清工作过程与工作过程知识的内涵是工作过程导向课程开发的基础。

（一）工作过程与工作过程知识

1. 工作过程

工作过程是在企业中为完成一件工作任务并获得工作成果而进行的一个完整的工作程序。一个职业区别于其他职业的关键就在于其具有独特的工作过程，即在工作方式、内容、方法、组织以及工具的历史发展方面的独特性，并且能满足个人、社会、企业的特别要求。汉堡理工大学的潘伽罗斯（P. Pangalos）教授建立了由工作人员、工具、产品和工作行动四个要素组成的工作过程模型（见图5-7），工作过程是在特定的环境中这四个元素按照一定的时间和空间顺序达到所要求的工作成果的过程[①]。从工作过程模型可以看出，工作过程不是相互孤立的知识和技能点的集合，而是一个由工作人员、工具、产品和工作行动构成的动态变化且结构相对固定的系统。

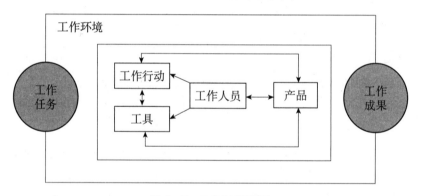

图5-7 工作过程模型

工作过程是在特定的工作环境中完成工作任务的完整进程，其所要达到的目标是生成工作成果。其中工作人员是工作过程的核心，工作过程关注的是工作人员使用什么样的工作工具，采取怎样的工作行动，作用于什么样特性的工作对象上，最终生产出产品。在工作过程中同时也要考虑社会、企业及顾客对工作的要求。工作对象是工作人员可以改变、加工、运输或再加工的原料；工具是技术的外显形式，工具处于工作人员和工作对象之间；工作行动是工作过程中工作人员为完成任务而采取的行动过程与方式。工作过程的关注点不在于各个要素本身，而是强调各个要素之间的相互联系、相互作用，体现出工作过程的要素完整性。

一个工作过程的成果可以是一个有代表性的中间产品，完成最终的产品可能需要由

---

① 赵志群. 职业教育与培训学习新概念 [M]. 北京：科学出版社，2003：97-98.

多个工作过程实现，企业的整个生产经营过程就是由多个相互联系的工作过程构成的，这就要求职业教育学生在培训中对企业的生产经营过程有整体的认识，除了要明确自身在企业生产经营过程中的任务与角色，还要了解自身的工作与其他人员工作之间的联系。因此工作过程导向的职业教育课程开发不应只关注于某一个岗位的知识和技能，同时也应关注工作过程的完整性和企业生产经营的整体性。

工作过程是"人"完成工作任务的过程，工作过程应体现工作人员完成工作任务、解决问题的完整行动过程，通常这一行动过程包括明确任务、制订计划、做出决策、实施、检查和评估反馈等六个阶段。在解决工作任务时，工作人员首先需要明确具体的工作任务及目标，收集与工作任务相关的信息；根据收集到的信息，确定完成工作任务的内容、阶段和程序，并形成解决问题的工作方案；对形成的解决问题的工作方案进行决策，选择最佳的解决方案，在做出决策时通常以小组形式完成；在实施阶段，按照选定的解决方案完成工作任务；在检查阶段对工作过程和工作结果进行评估，以保证工作过程和成果的质量；最后，工作人员要对完成的工作过程和工作结果进行评价及反思，促进自身职业能力的发展。完整的行动过程为工作过程导向的职业教育课程教学提供了教学方法选择的依据。

2. 工作过程知识

学习者的职业能力遵循着"从初学者到专家"的规律不断发展，知识在学习者从初学者到专家的发展过程中发挥着基础性的作用。在职业能力发展的不同阶段，学习者所需要的职业知识的类型有所不同。传统职业教育的教学内容大都是抽象的专业理论知识和专业技能，极少考虑工作过程中生成的、对学生职业能力发展至关重要的过程性知识。以工作过程为导向的职业教育课程不以传授学科知识为目的，工作过程和任务在教学中处于中心地位，教学内容也就相应地转变为职业的工作任务、工作的内在联系和工作过程知识，其中的工作过程知识对促进学生职业能力的发展具有至关重要的作用。

工作过程知识（Work Process Knowledge）是指有丰富经验的技术工人所特有的、与生产过程相关的知识。它不仅是在工作过程中直接需要的，而且是在工作过程中自我获得的，特别需要通过经验性学习后，在工作经验与理论反思间的特定关系中产生[①]。工作过程知识涉及企业整个工作过程，并且是与情境直接相关的知识，是在具体的工作情境中积累起来的知识。工作过程知识不仅包括显性的工作策略和操作方面的知识，也包括如经验、技巧、诀窍等隐性知识，隐性知识是促进学习者在工作中职业能力发展的关键因素，也是企业具有核心竞争力的源泉。

（二）学习领域课程开发的基本思路

工作过程导向的职业教育课程开发的典型实践应用是学习领域课程方案的开发。学习领域课程开发的基本思路是：由与该职业相关的职业行动体系中的全部"行动领域"导出相关的"学习领域"，再通过适合教学的"学习情境"使之具体化，这一过程的本

---

① 徐涵. 工作过程为导向的职业教育理论与实证研究 [M]. 北京：商务印书馆，2013：57-58.

质为"行动领域—学习领域—学习情境"[①]，如图5-8所示。

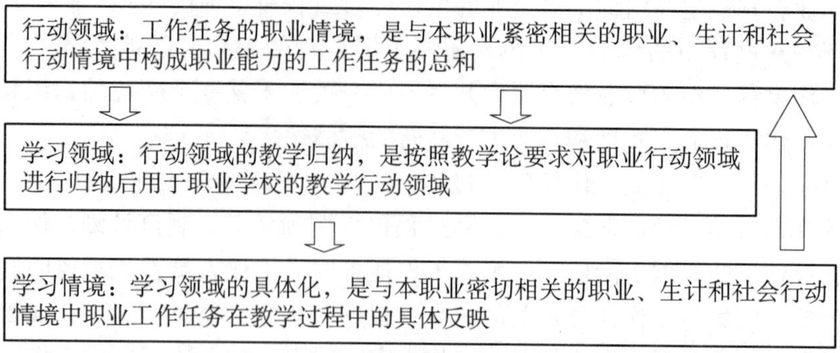

```
┌─────────────────────────────────────────────────────────┐
│ 行动领域：工作任务的职业情境，是与本职业紧密相关的职业、生计和社会  │
│ 行动情境中构成职业能力的工作任务的总和                        │
└─────────────────────────────────────────────────────────┘
         ↓                    ↓                      ↑
┌─────────────────────────────────────────────────────────┐
│ 学习领域：行动领域的教学归纳，是按照教学论要求对职业行动领域      │
│ 进行归纳后用于职业学校的教学行动领域                         │
└─────────────────────────────────────────────────────────┘
         ↓
┌─────────────────────────────────────────────────────────┐
│ 学习情境：学习领域的具体化，是与本职业密切相关的职业、生计和社会行动 │
│ 情境中职业工作任务在教学过程中的具体反映                     │
└─────────────────────────────────────────────────────────┘
```

图5-8　学习领域课程开发的基本思路

行动领域是一项综合性的工作任务，它产生于人们在职业或社会生活中的重要活动情境中，一般以问题的形式表述，行动领域是技术、职业、社会和个人问题的综合。

学习领域是一个跨学科的课程计划，是案例性的、经过系统化教学处理的行动领域。每一个学习领域都是一个学习课题。通过一个学习领域的学习，学生可以完成某一职业的一项典型的综合性任务。通过若干个相互关联的所有学习领域的学习，学生可以获得某一职业的从业能力和资格。

学习情境是一个案例化的学习单元，它把理论知识、实践技能与实际应用环境结合在一起，是学习领域的具体化。[②]学习领域相当于课程标准，而学习情境则是具体的课程方案。

（三）学习领域课程开发的具体步骤

学习领域课程是工作过程导向的职业教育课程开发的典型实践应用，是理论和实践教学一体化的职业教育课程开发模式。学习领域课程的开发遵循着"行动领域—学习领域—学习情境"的流程展开，确定行动领域是学习领域课程开发的出发点。任何一个社会关键问题的解决，可能都需要通过多项行动才能完成。所谓的行动就是工作任务，课程开发的首要工作就是从多项工作任务中找出有教学价值的工作任务，并将其工作过程描述出来，从而归纳成相应的行动领域。开发学习领域课程时确定行动领域也需要采用一定的方法对相关职业工作任务进行分析。

研究表明，可以使用与工作过程相关的典型职业工作任务对职业活动进行描述，并在此基础上开发职业教育课程。典型职业工作任务，简称典型工作任务，描述的是一项具体的专门工作，是根据一种职业中可以传授的工作关系和典型的工作任务来确定的，具有该职业的典型意义，同时具有促进该职业领域的职业能力发展的潜力。典型工作任务不是具体的职业工作或工作环节，在一个复杂的职业活动中典型工作任务的工作过程具有结构上的完整性，这个完整的工作过程包括计划、实施、工作结果的检查和评价等

---

① 严中华.职业教育课程开发与实施：基于工作过程系统化的职教课程开发与实施［M］.北京：清华大学出版社，2009：17-21.

② 赵志群.职业教育与培训学习新概念［M］.北京：科学出版社，2003：102-105.

环节。

典型职业工作任务分析法（BAG）是职业教育课程开发者进行工作分析的一种简单易行的工具，借助该工具可实现对企业实际工作过程中的典型工作任务进行深入分析。BAG 是在"专家工人访谈会（又称实践专家研讨会）"的基础上，把工作放在企业生产运营过程和学习者全面发展的大环境中进行分析的方法。[①] 它是建立在对职业工作进行整体化的分析和描述的基础上，开发工作过程导向的职业教育课程。BAG 的核心内容是"实践专家研讨会"和"典型职业工作任务分析"。[②] 即通过实践专家研讨会确定典型职业工作任务，形成行动领域的内容。通过职业分析得到的典型工作任务按照职业成长的规律划归到各个学习难度范围中，就可以将客观的工作任务按照一定的主观标准进行系统化的处理。[③]

学习领域课程开发的具体步骤如下。

1. 召开实践专家研讨会确定被分析职业的典型工作任务，形成行动领域

在召开实践专家研讨会之前，首先要确定被分析的职业，然后组织领域内的实践专家通过研讨会的形式确定该职业的典型工作任务。实践专家研讨会的成功与否与实践专家的选择紧密相关。在实践专家研讨会召开前，应根据研讨会的目的来选择实践专家。参加研讨会的实践专家一般是具有高级职业能力的优秀技工和技师，其当前工作任务和工作岗位与被分析的职业相符、接受过相关职业培训、有丰富的职业经验、在相应的职业领域不间断地继续学习、在技术先进的工作岗位工作、工作任务是整体的和综合的、在任务范围内有较大的设计余地、自愿参加分析活动等[④]。参与实践专家研讨会的人数不是一概而定的，根据企业的规模、需要的覆盖面的不同有所不同，通常由 10～12 人组成，其中 2/3 的人员应该由直接从事所研究的专业劳动的技术工人构成，1/3 的人员来自间接领域，如师傅、培训者、车间主任，这些人员代表着生产一线的管理层，能够从企业的任务组织的角度对职业工作任务进行评价[⑤]。

实践专家研讨会需要有一名主持人引导会议的进程，主持人应具备被分析职业的基本专业知识、技能和经验，对被分析的职业有足够的认识，主持研讨会的方法与经验也是研讨会主持人应具备的能力和素质。研讨会的主持人在研讨过程中应保持中立的立场。

组织实践专家研讨会的目的是分析与表述被分析职业的典型工作任务并按照难易程度进行归类。

实践专家研讨会的基本流程如下：

（1）主持人解释研讨会的目的、方法以及日程安排。

（2）介绍实践专家研讨会的参与人员，实践专家可采用自我介绍的方法说明当前工

① 赵志群. 职业教育与培训学习新概念［M］. 北京：科学出版社，2003：119.
② 欧盟 Asia-Link 项目"关于课程开发的课程设计"课题组. 职业教育与培训：学习领域课程开发手册［M］. 北京：高等教育出版社，2007：18.
③ 同②11-15.
④ 严中华. 职业教育课程开发与实施：基于工作过程系统化的职教课程开发与实施［M］. 北京：清华大学出版社，2009：55-56.
⑤ 徐涵. 工作过程为导向的职业教育理论与实证研究［M］. 北京：商务印书馆，2013：49-50.

作岗位、所受职业教育情况和职业历程等。

（3）主持人向实践专家解释清楚"典型工作任务"和"职业发展阶段"。

（4）实践专家个体选择、确认、表述职业工作任务，在此阶段实践专家可以单独通过填写表格的形式，列出个体职业发展中的重要阶段及各阶段代表性的工作任务，并标记有助于个人能力提升的工作任务。

（5）以小组形式对工作任务进行汇总，将所有实践专家列出的工作任务汇总在一起，汇总工作任务时的小组由 3～4 名实践专家构成，在汇总工作任务时要特别注意确定以下三类工作任务：所有成员在各自职业发展历程中都从事过的工作任务；只有个别成员从事过、但对职业有普遍意义的工作任务；所有组员都未从事过、但对职业有代表性或在不久的将来有需要的工作任务。工作任务汇总的结果是带有标题的工作任务列表，并对各项工作任务进行简要的描述。

（6）小组汇报工作任务，每个小组依次介绍一项工作任务。介绍工作任务时要体现出详细的工作描述，着重从工作对象、工具、方法、组织形式和工作要求等方面进行描述。其他小组可以从自己组内找出相同或类似的工作任务，实现对工作任务的归类处理。小组汇报结束后，将相似的工作任务归在一起，并用适当的标题表述出来，这些标题即为典型工作任务的名称。小组汇报工作任务的最终成果是被分析职业的典型工作任务表，并最终形成被分析职业的行动领域。行动领域是在对典型工作任务解释的基础上建立的，对行动领域的描述与对典型工作任务的解释是一致的。在描述职业行动领域时要明确两个问题：在这项典型工作任务中要做哪些具体事情？完成工作任务的过程是怎样的？前者是指工作的对象，后者则涉及工作中的工具、方法、劳动组织等内容。如对工业机械工的"技术系统的保养"典型工作任务的行动领域描述为"为保证生产设备的运行状态并避免出现停车，必须对相关技术系统进行周期性检查并进行必要的维修。检查包括对技术系统实际参数的确定和评价，并与资料中的额定值进行比较。当实际值与额定值之间出现偏差时，必须对维修措施进行计划、准备并最后实施，此时有必要得到其他专业部门的支持。最后要对维修保养过程进行记录，以确保今后的检查。"[1]通过职业行动领域的描述，为对典型工作任务进行分析提供基础依据。

（7）对典型工作任务按难易程度进行归类。在此阶段需要确定哪些典型工作任务是由初学者就能解决的？哪些典型工作任务要由专家完成？即将生成的典型工作任务表的难度级别归类到职业能力发展的五个阶段中：初学者、高级初学者、内行行动者、熟练者和专家。

一个职业的典型工作任务之间不是各自独立的、缺乏内在联系的能力列表，而是反映了职业内从初学者到专家不断进阶的综合性典型工作任务，这为通过职业教育对学生进行整体的、面向工作过程的职业教育提供了可能。

2. 选择工作岗位，开展典型工作任务分析

通过实践专家研讨会确定了典型工作任务后，还需要对典型工作任务进行深入分

---

① 欧盟 Asia-Link 项目"关于课程开发的课程设计"课题组. 职业教育与培训：学习领域课程开发手册 ［M］. 北京：高等教育出版社，2007：88.

析,即依据工作过程要素及行动的完整性过程,细化典型工作任务,明确典型工作任务的内容、方法、工具、组织等。在分析工作任务时,可以采用多种方法收集典型工作任务的相关信息,丰富对典型工作任务的认识与理解,观察、访谈、记录、制作草图照片、收集相关工作资料等都是典型工作任务分析的常用方法。在典型工作任务分析之前,应选择典型工作岗位及调查对象。典型的工作岗位应包含计划、实施、评价在内的完整工作过程,并且具有独特的职业特征,体现出其在整个职业中的功能与意义,还可以为工人提供一定的自主权限[①]。负责工作岗位选择的人员通常是企业人员,他们既熟悉企业的工作过程,又能为后续的现场调查分析提供支持与保障。

在分析典型工作任务之前,首先确定参与工作任务分析的人员。为高效率地进行工作任务分析,通常由3~4位人员组成工作任务分析小组,分析小组成员有1~2名实践专家、一位职业学校教师和一位企业培训师。在分析典型工作任务的过程中,分析小组深入选定工作岗位的工作过程,观察员工的工作,并在观察过程中通过提问补充对工作任务的认识,也可以借助拍照记录工作现场,为后续的分析提供多方面的资料。

任何一项典型工作任务都会体现完整的工作过程,所以对工作任务进行分析时要从以下几个方面展开:工作与经营过程、工作岗位、工作内容、工具、工作方法、劳动组织、对工作的要求、综合性问题等。在进行工作任务分析时,可以借助于一些引导性的问题逐步明晰工作任务分析的要点,并得出有价值的分析结果。各个要点的引导性问题如表5-5所示。

表5-5　工作任务分析各个要点的引导性问题

分析内容	引导性问题
工作与经营过程	该任务与哪些工作过程有联系?生产什么产品或提供哪些服务?怎样获得原料?怎样获得合同?顾客是谁?产品如何得到再加工?
工作岗位	被分析的岗位在哪里?环境条件如何(如温度、辐射、灰尘等)?有哪些肢体活动?
工作内容	工作任务的内容是什么(如技术产品或过程、服务、文献整理、控制程序等)?在工作过程中的角色如何(操作或维修哪些设备)?
工具	完成任务需要用到哪些工具(如机床、计算机、软件)?如何使用这些工具?
工作方法	如何完成工作任务(查找故障、质量保证、加工、装配)?
劳动组织	工作是如何组织安排的(独立工作、团组工作、部门)?哪些级别对工作有影响?与其他职业或部门有哪些合作及界限?同事有哪些能力?
对工作的要求	完成任务时必须满足企业的哪些要求?顾客有哪些要求?社会有哪些要求?要注意哪些法律法规及质量标准?
综合性问题	与其他典型工作任务有哪些联系?与其他的任务分析有何不同?与其他岗位的相同任务有何共同点?本岗位有培训的可能性吗?

资料来源:赵志群.职业教育与培训学习新概念[M].北京:科学出版社,2003:120.

---

① 赵志群.职业教育与培训学习新概念[M].北京:科学出版社,2003:119.

3. 基于典型工作任务分析的结果设计学习领域

通常情况下，一个典型工作任务与一个学习领域相对应。所谓学习领域，是指由目标、内容和时间指南描述的主题单元，它由描述职业能力的学习目标和描述工作任务的学习内容构成，同时包含相应的学习时间。学习领域相当于课程标准。通过一个学习领域的学习，学生可以完成某一职业的一个典型工作任务，通过若干个相互关联的所有学习领域的学习，学生可以获得某一职业的从业能力和资格。一般来说，每个培训职业由10～20个学习领域构成。

学习领域的设计过程就是对典型工作任务分析结果进行教学化处理的过程，包括描述学习目标、确定学习内容，并且按照职业发展规律确定每一个学习领域的难度范围及排列顺序。在学习领域设计中，除学习领域的内容和名称外，学习领域的学习目标、学习内容、学习时间等都是由课程开发者确定的。

学习领域的结构如表5-6所示，其中学习领域的名称与典型工作任务的名称一致，通常采用"工作对象＋动作"的结构形式进行描述，如"生产设备的调整与改装"，避免使用理论基础、简单的、不具体或不完整的任务描述等作为学习领域的名称，如"电子技术基础""了解生产过程"等都不是合适的学习领域名称，学习领域名称要让人们了解工作关系的内涵。另外，每个学习领域都有一个编号及所处的学习难度范围。

表 5 - 6　学习领域的结构

学习领域_____ 学习难度范围_____	学习领域/典型工作任务名称	学习培训时间 企业：_____周；学校：_____周
职业行动领域描述		
各学习场所的教育与培训目标		
企业的培训目标		学校的教育目标
工作与学习内容		
工作对象：	工作工具： 工作方法： 劳动组织	对工作的要求：

资料来源：徐涵. 工作过程为导向的职业教育理论与实证研究［M］. 北京：商务印书馆，2013：104 - 106.

将典型工作任务分析结果设计为学习领域主要包括学习目标的描述以及工作与学习内容的确定。

（1）学习目标的描述。学习目标描述中的能力要求是职业行动领域明确提出的内容，而且与典型工作任务的核心内容紧密联系；学习目标应该包含实践教学目标和职业学校的理论教学目标，两者之间通过"工作对象"建立关联，实现理论教学与实践教学的有机融合；学习目标的描述要体现职业能力的整体性和综合性特征，避免使用简单的技能操作描述学习目标。从格式上看，学习目标的描述应当是完整的语句；从表达形式上看，对学习目标的描述尽量不要采用列表的形式，因为列表的形式很难体现各项目标之间的内在联系。表5-7是工业机械工"技术系统的保养"学习领域的企业和学校的学习目标描述示例。

表5-7　工业机械工学习目标描述示例

学习领域_____ 学习难度范围_____	技术系统的保养	时间 企业：_____周 学校：_____小时
职业行动领域描述		
各学习场所的培训与教育目标		
企业的培训目标 　　为确保生产设备、机器和运行器材处于运行准备状态，受训者进行规律性的保养工作。为此要掌握和分析技术系统的实际值。要根据企业及厂家特殊的保养说明进行实际值与额定值的比较，在出现偏差时决定使用适合的方法、工艺和工具以实现理想状态。此时要考虑设备的适用性，调查替代需要，与其他工作领域进行协调。对预防性的保养措施要遵循安全规程与环境保护规章		学校的教育目标 　　学生描述对生产设备运行准备状态的影响和预防性保养工作的意义。根据修理与损失的成本对不同的维修保养策略进行评价，充分利用并评价折旧现象。学生使用技术信息资源"维修保养技术系统"制订维修结束后的功能检查计划并验收。最后使维修计划适应无故障运行的要求，撰写故障分析报告并准备统计结果

资料来源：欧盟Asia-Link项目"关于课程开发的课程设计"课题组.职业教育与培训：学习领域课程开发手册［M］.北京：高等教育出版社，2007：88.

（2）工作与学习内容的确定。传统的学习内容表述是学科系统化的，学生很难将与情境无关的知识有效转换为职业能力，学习领域中的"工作与学习内容"应体现职业教育与工作和学习的关联性，学习内容与实际工作过程密不可分，学习内容应体现工作过程的完整性。

获得学习领域中的工作与学习内容要从工作对象，专业工具、方法和组织，对专业工作的要求三个维度入手。工作对象可以是工作过程中的具体事物，如机器、设备等，也可以是工作过程中的一项具体功能，如设备与机器状态的检查和评价，在描述工作对象时应从其所处的工作过程来展开。对工具的描述要体现出其在完成该学习领域的专门任务过程中的特性；工作方法部分应体现学习者在职业发展不同阶段应掌握的具体方法；不同的劳动组织方式反映了学习者在工作责任心、合作能力等方面的差异，劳动组织方式也表明了学习者的工作任务与整个工作过程的关系。对专业工作的要求部分要综合考虑企业、社会和个人等对工作过程和工作对象提出的要求，如企业对成本效益、合同期限、质量标准等的要求，行业企业的国际与国家标准的要求，法律法规方面的要求（如环境保护、劳动安全等的规定），技术工人的要求（如健康保护、事故防护等）。对工业机械工"技术系统的保养"学习领域的工作与学习内容的描述如表5-8所示。

表 5-8　工业机械工学习领域的工作与学习内容描述示例

学习领域 4 学习难度范围 2	技术系统的保养	学习培训时间 企业：_____周；学校：_____周
职业行动领域描述		
各学习场所的教育与培训目标		
企业的培训目标	学校的教育目标	
工作与学习内容		
工作对象： ·预防性保养 ·设备与技术状态的检查与评价 ·必须确保处于运行准备状态的技术系统 ·机器、设备、手动仪表和运输系统的功能组件与器件 ·功能与安全检查	工作工具： ·技术文件，如电路图、拆卸和安装计划、验收记录 ·检查计划与运行指导 ·合同处置、替代件处置 ·标准工具与专用工具 ·诊断系统、测试器材 工作方法： ·维修的计划与评价 ·维修策略的确定 ·技术系统的实际值与额定值的比较 ·磨损件的更换 ·磨损原因的确定，如腐蚀、摩擦、过热 ·材料分析 ·采用测试器材进行功能分析 劳动组织： ·维修策略 ·集中与分散维修 ·合同实施的组织 ·运行前的设备独立检查 ·不同专业部门与设备操作者之间的合作	对工作的要求： ·机器与设备运行准备的保障 ·停车时间的减少与防止 ·修理成本的降低 ·生产成本与制造时间的关注 ·按照时间要求和成本要求实施替代件处置 ·维修策略的设计与适配 ·必需信息的有效选择 ·磨损原因评价的材料学知识 ·劳动与健康保护 ·防止故障产生环境问题

　　资料来源：欧盟 Asia-Link 项目"关于课程开发的课程设计"课题组.职业教育与培训：学习领域课程开发手册［M］.北京：高等教育出版社，2007：88-89.

4. 依据学习领域设计与开发学习情境

　　学习情境就是一个案例化的学习单元，它把理论知识、实践技能与实际应用环境结合在一起，是学习领域宏观计划的具体化。学习情境常常表现为具体的学习任务，学习任务是学习情境的物化表现，它来源于企业生产或服务实践，能够建立起学习和工作的直接联系，但并不一定是企业真实工作任务的完全再现。学习情境既是教师引导学生主动学习的教学安排，又是学生对职业行动情境的反思。学习领域是行动领域的教学化处理，学习情境是学习领域的具体案例[①]。

　　设计与开发学习情境就是将学习领域的内容细化为具体的学习任务。设计与开发学习情境包括三个环节，分别是开发学习情境、确定教学组织、实施开发评估[②]。

---

　　①　赵志群.职业教育与培训学习新概念［M］.北京：科学出版社，2003：105.
　　②　姜大源，吴全全.当代德国职业教育主流教学思想研究［M］.北京：清华大学出版社，2007：171.

开发学习情境时要重点通过以下问题进行引导：该学习领域在教学中处于何种地位以及重点培养哪种能力？采用哪些学习任务可以培养这些能力？这些能力与职业、社会和个人有哪些关系？开发这些能力需要哪些知识和内容？需要注意的是，学习情境应体现出工作过程的完整性，包括明确任务、制订计划、做出决策、实施、检查和评估反馈等环节，同时应按照典型工作任务对应的岗位、产品类型、操作部位或系统、复杂性或难度级别、工艺流程、服务对象等要素设计学习情境。

在确定教学组织形式时，需要根据具体的学习情境和教学的实际情况设计学习环境、选择教学方法等，在这一环节通常关注以下问题：在考虑学校和地区特殊要求情况下可以采用哪些行动导向的教学方法？可以采取哪些合作学习形式？这些学习情境对激发学生的学习动机合适吗？所选择的学习情境满足现实要求吗？其基本学习程序是合适的吗？在工作过程导向的课程教学中，通常会采用行动导向的教学法，该方法体现了人类职业活动的完整过程。

四、工作过程导向课程开发的经验借鉴

（一）工作过程导向的课程开发中强调对学生综合职业能力的培养

综合的职业能力既包括从事某一领域所需工作的专业能力，也包括超越某一具体职业范畴、与专门的职业知识和技能无直接关系的关键能力，关键能力的提出使职业能力不再局限于岗位操作技能，而且关键能力对学生未来的职业发展和终身持续学习起着重要的迁移作用。工作过程导向的职业教育强调对学生综合职业能力的培养，并且根据学习者职业能力从"初学者到专家"的发展规律，为职业能力处于不同阶段的学习者设计相应的知识类型，为学习者职业能力的快速发展提供有效支持。

（二）构建了工作过程导向的课程开发流程：行动领域—学习领域—学习情境

工作过程导向的课程开发流程是从与该职业相关的职业行动体系中的全部行动领域导出相关的学习领域，再通过适合教学的"学习情境"使学习领域具体化。工作过程导向的职业教育课程开发中，需要对与职业相关的行动体系进行分析，此时工作分析的对象不再是相对孤立的一个个单项能力，而是典型工作任务。典型工作任务包含着完整的工作过程，完成典型工作任务需要经过明确任务、计划、决策、实施、检查、评价反馈等，在这一过程中能有效地训练学习者的分析问题与解决问题的系统化综合能力，也更加突出了职业教育课程的核心内容关注"如何工作"，而不仅仅关注岗位操作技能。工作过程导向的课程开发中强调了工作过程知识等隐性知识对职业能力发展的关键作用。在工作过程导向的职业教育课程开发中，通过对工作过程所需知识的系统分析形成学习领域，以此为基础选择课程内容，以工作任务为学习形式，实现理论性的间接经验与实践性的直接经验的对接，以此加强课程内容与职业之间的联系。

（三）有效促进工作过程导向的课程开发与行动导向的教学的有机衔接

工作过程导向的课程开发基于对工作过程中典型工作任务的分析而确定教学目标和

内容，典型工作任务分析中强调工作任务的解决过程的完整性，即包括从任务的计划、实施、控制到对工作成果的评价，基于典型工作任务分析结果而形成的学习领域充分体现了工作过程的整体性。针对工作过程导向的课程开发结果而开展的教学也应符合课程开发的设计逻辑，在教学中让学生在真实或仿真的工作环境中，体验工作过程中任务解决的完整过程，使行动导向的教学成为工作过程导向的课程教学的主导范式，实现学习过程与工作过程有效融合，彻底消除职业教育中普遍存在的学科体系化问题的影响，使职业教育更加符合自身的目标定位。

以工作过程为导向的职业教育理论在德国实践中并没有得到完全实现，实际上并不是所有的教学内容都是按照职业能力的成长规律进行了重新构建，特别是在职业基础教育阶段还保留着部分传统的学科课程。尽管如此，以工作过程为导向的职业教育理论在德国乃至欧洲都产生了巨大影响，使职业教育更加接近真实的职业世界，不断推动着职业教育的发展。

 **总结案例**

从世赛标准提取典型工作任务

为培养出企业需要的高素质人才，北京市工贸技师学院服装专业开展了"基于时装技术项目世赛标准的服装专业一体化课程"开发工作。

该校通过对服装行业、企业调研并对世赛技术标准研究，经过分析，确定服装设计与制作专业（技师层次）培养面向服装设计定制公司、服装生产加工企业的服装设计、制版、制作等岗位（群），从事服装设计师助理、服装制版师、服装工艺师、服装样衣师等工作，具备良好职业道德和职业素养的高素质技能人才。

学校遴选合适的企业专家，并邀请时装技术项目世赛基地技术专家，组织召开了"基于时装技术项目世赛标准的服装专业一体化课程"实践专家访谈会。在召开实践专家访谈会时，首先由主持人向到会人员介绍了本次课程转换的目的是将时装技术项目世赛标准引入课程中，并展示了世界技能大赛时装技术项目的考题类型，使企业专家对世赛有了一定的了解；随后，主持人详细介绍了服装设计与制作专业的招生对象、学制、培养层次以及本专业的人才培养目标。

在主持人的引导下，实践专家回顾了个人发展历程，并详细描述了每个发展阶段代表性工作任务与内容，系统地梳理了代表性工作任务，完成了典型工作任务的提取。经过分析，确定了服装专业典型工作任务。

接下来，学校召集了时装技术项目世赛实训基地技术负责人、较高层次的企业技术专家和教学管理人员，与服装专业教师一起召开了课程开发研讨会。在主持人的引导下，结合时装技术世赛技术标准，大家共同对典型工作任务进行了描述，经过讨论并达成共识，结合企业实际情况，将世赛技术标准、国家标准、企业标准融入典型工作任务描述。

经过讨论分析，专家们确定，世赛"时装技术项目"可以融入"服装设计与制作"专业（技师层次）的典型工作任务为：成衣设计、成衣结构设计、高级定制服装设计、高级定制服装结构设计、服装制作和服装装饰设计共计六项，并在此基础上进行课程化转化，形成了新的课程体系，如表5-9所示。

表5-9　基于时装技术项目世赛标准的服装专业一体化课程体系

技师层次						
成衣			高级定制服装			
典型工作任务 成衣设计	成衣结构设计	服装制作	高级定制服装设计	高级定制服装结构设计	服装制作	服装装饰设计
一体化课程名称 成衣设计	成衣结构设计	服装制作	高级定制服装设计	高级定制服装结构设计	服装制作	服装装饰设计
参考性学习任务 女式OL风格基本款连衣裙项目			高级定制连衣裙项目			
女式OL风格基本款连衣裙设计	女式OL风格基本款连衣裙结构设计	女式OL风格基本款连衣裙制作	高级定制连衣裙设计	高级定制连衣裙结构设计	高级定制连衣裙制作	连衣裙装饰
女式休闲连衣裙项目			……服装项目			
女式休闲连衣裙设计	女式休闲连衣裙结构设计	女式休闲连衣裙制作	……	……	……	……
……服装项目			……服装项目			
学习任务1: ……	……	……	……	……	学习任务n:	

在项目化课程体系的构建中，实现一个项目贯穿多门课程，多个项目贯穿技师阶段所有一体化课程。如表5-9中"女式OL风格基本款连衣裙项目"所涉及的"女式OL风格基本款连衣裙设计"、"女式OL风格基本款连衣裙结构设计"和"女式OL风格基本款连衣裙制作"分别是"成衣设计""成衣结构设计""服装制作"等一体化课程中的一个学习任务；以此类推，实现"女式休闲连衣裙项目""高级定制连衣裙项目"贯穿服装女裙类课程。外套类、礼服类服装与女裙类的开发思想相同。

该课程体系按照工作过程对服装进行大的分类，并通过流程划分课程，保证了课程之间的衔接。课程的设计突出了对懂服装设计、精制版、精制作人才的培养。

学校、企业和世赛基地专家依据典型工作任务描述表5-9中的相关内容，对照世赛标准和国家标准，确定课程的职业能力要求，编写一体化课程学习目标和学习内容。完成所有课程标准初稿后，系统化调整整个课程体系的学习内容，完成对6门课程课程标准的撰写。

资料来源：祁东霞. 基于时装技术项目世赛标准的服装专业一体化课程开发：中国职协2016年度优秀科研成果获奖论文集（学校二等奖）[C].

 课后思考

1. 试举出1~3个缄默知识的例子。

2. 学习领域课程开发的具体步骤是什么？

第二部分
职业院校专业定位与专业建设

职业院校专业定位

本模块主要介绍了职业院校专业与职业的关系、专业设置与管理规定，以及专业定位的方法与过程。

单元一 职业分类与专业设置

培训目标

◆ 理解职业分类规则
◆ 理解专业设置条件与管理办法
◆ 理解专业建设的内容与保障

导入案例

专业设置不可一哄而上

2011—2012 年，全国房地产业红火兴旺，工程造价专业招生火爆。某电子职业学院虽然没有建筑、工程类专业，为了好招生，开设了工程造价专业；第一年学生进校后，发现师资不具备、实训条件不具备、教学质量得不到保障，学生反应强烈；到第二年，生源大幅下降，到了第三年，该专业招生人数不足一个班，不得不停办。

分析： 该校没有认真按专业设置必须坚持的原则进行新专业设置调研论证，导致专业"上马"快，"下马"也快。

一、职业分类

（一）职业的概念与特点

职业是参与社会分工，利用专门的知识和技能，为社会创造物质财富和精神财富，获取合理报酬，作为物质生活来源，并满足精神需求的工作。职业涵盖技术、经济和社会三个方面的因素，具有如下的特点。

1. 社会性

职业的产生和发展是随着社会及管理的变革、科学技术的进步、经济的发展、技术的变革、产业及行业的演变及社会的方方面面都不停地变迁着的。职业也随之在不断的产生和消亡变化过程中，经历了逐步变化的、漫长的、复杂的产生、发展及演变的历史过程。原始社会后期出现了职业，奴隶社会职业种类有了增加，封建社会职业得到了发展，到了资本主义社会职业得到繁荣；进入 21 世纪，职业得到了空前的发展。

由于社会的进步，社会科技文明的发展，推动生产力的发展，社会分工越来越细，职业种类也就越来越多，新的职业随着科学技术的迅猛发展不断涌现出来。在没有汽车之前，就不会有汽车司机这个职业。类似的还有代理经纪、宠物医生、快递服务、物流管理、网络管理、心理咨询、家政服务、家教、科学咨询、信息传递、时装模特等。因此，随着劳动力市场的不断变化发展，职业的新老更替也就随之加快，新职业的开发利用以及相关就业环节的促进工作就显得特别有意义和重要了。

2. 经济性

职业活动的经济性是指劳动者从事职业活动是以获得现金或者实物等报酬为目的的。通常这种报酬应该比较稳定，并在较长时间内持续从事某种职业方面的活动，该活动才能被称为职业活动。职业活动正是由于具有了经济性和连续性，才与劳动者的生计紧紧联系在一起。职业活动既满足职业者自己赖以谋生的需要，同时，也满足社会的需要，只有把职业的个人功利性与社会功利性结合起来，职业活动及其职业生涯才具有生命力和意义。

3. 技术性

职业的技术性包括方法、技术和工具。这种技术性已经成为职业行为模式的一部分，决定了对从业人员不同的素质要求。即使是简单劳动的职业，也存在一个方法和技术的问题。职业准入制度和职业资格证书制度就是针对职业技术性特征所采取的管理办法。

4. 规范性

职业的规范性应该包含两层含义：一是指职业活动必须符合特定生产技术和技能规范要求。从业者在职业活动中总是要接受相应的职业规范的约束，不同的职业在其劳动过程中都有一定的专业性要求。二是职业活动必须符合国家法律和社会道德规范，不同职业在对外展现其服务时，存在伦理范畴的规范性，即职业道德。这两种规范性构成了职业规范的内涵与外延。

5. 时代性

不同时代造就不同的职业，不同的职业服务于不同的时代。例如，农业社会催生出大量农民职业，而信息社会则孕育大量技术、管理服务类的职业。职业的时代性，决定了职业的发展变化总是打着时代的烙印。造就时代的发展，满足时代的需要，是职业发展的永恒主题。

一般情况下，职业发展变化的主要表现形式如下：

（1）职业的科技含量增高。

（2）对从业人员的素质要求越来越高。

（3）职业内容不断吐故纳新，新型职业不断产生。

（4）职业结构不断调整，职业分工由简单到精细。

6. 稳定性

虽然职业具有时代性，会随着时代的发展而演变，但这种演变一般是渐进的。职业的劳动内容和行为模式都是相对稳定的，由此职业劳动者也有了稳定的职业形象。

7. 群体性

职业必须具有一定的从业人数。

（二）职业、工种、岗位之间的区别和联系

职业是具有一定特征的社会工作类别，它是一种或一组特定工作的统称。

工种是根据劳动管理的需要，按照生产劳动的性质、工艺技术的特征或者服务活动的特点而划分的工作种类。目前大多数工种是以企业的专业分工和劳动组织的基本状况为依据，从企业生产技术和劳动管理的普遍水平出发，为适应合理组织劳动分工的需要，根据工作岗位的稳定程度和工作量的饱满程度，结合技术发展和劳动组织改善等方面的因素进行划分的。

岗位是企业根据生产的实际需要而设置的工作位置。企业根据劳动岗位的特点对上岗人员提出的综合要求形成岗位规范，它构成企业劳动管理的基础。

如"教师"是一个职业，"高校教师"是一个工种，"××高校会计教师"是一个具体的岗位。

一般来说，一个职业包括一个或几个工种，一个工种又包括一个或几个岗位。因此，职业与工种、岗位之间是一个包含和被包含的关系。

（三）职业成长与职业成长规律

1. 职业成长

职业成长是指劳动者在职业生涯中自身才能、业绩及社会地位等不断得到提升的过程。职业成长的外在表现为技能娴熟、人格完善、职位晋升、薪金增加、声誉提高；职

业成长的内在因素为态度、自信心、学习力、进取精神、务实作风、沟通能力、良好习惯、竞争意识；职业成长的基本模式有循规蹈矩式、职业流动式、自我创业式等。

职业成长是衡量个人职业生活好坏、职业生涯成败的根本标准，其内容主要表现在以下四个方面：

（1）职业生涯发展。从本质上说，职业人生是一个整体，人人都离不开职业生活，任何职业活动对人的成长都具有重要作用。每个人可以拥有不同于他人的职业生涯道路，也可以拥有不同于他人的职业成长道路。人的成长方式多种多样，职业成长虽然只是其中的一种，却是最重要的。这种成长方式是通过职业活动来实现的，带有明显的职业烙印。职业成长不是自然形成的，而是在职业生活实践中锻炼成长的。没有职业生活及职业生涯，就没有职业成长，而职业生活及职业生涯为职业成长提供了机会和舞台。

（2）职业成才道路。职业成才就是在职业劳动中锻炼成才。人才是一个社会性概念，只有被社会承认的，才是人才。而职业成长是一个个体性概念，只有自己在进步，就属于在成长。也就是说，人才是在和别人比，成长是在和自己比。但是，两者的价值取向是一致的，都是追求在职业生活中有所发展、有所进步和有所成就。无论是成长还是成才，都与具有的职业性质、类别和活动方式联系在一起。社会职业成千上万，有多少种职业，就有多少种职业成长方式，也意味着有多少种职业成才方式。职业成长反映的是职业成才的过程，职业成才反映的是职业成长的结果。职业成长是职业成才的必由之路，职业成才是职业成长的最高境界。成长与成才，一脉相承，水到渠成。

（3）循序渐进原则。我们不能排除在职业成长中偶然机遇的重要作用，实际生活中一举成名、一夜暴富的人屡见不鲜。但是就职业成长的一般规律而言，职业成长过程应该是循序渐进的积累，而不是一蹴而就的突变。因为职业成长是贯穿职业生涯全过程的职业活动方式，而不是一时一事的职业行为方式，职业生涯活动周期也可以成为职业成长周期，只要职业生涯没有结束，职业成长也不会结束。

（4）职业成长的结果无统一模式。无论是事物的成长还是生物的成长，都不可能是无限的成长，而必然有它的成长阈值，即成长的界限、范围和标准。职业成长也是如此，虽然人人都有职业成长的潜力和可能，但是由于主客观条件的制约，每个人的职业成长的结果是不同的。

2. 职业成长规律

本耐（P. Benner）和德莱福斯（S. E. Dreyfus）等人的研究发现：人的职业成长遵循"从初学者到专家"的逻辑发展规律，其发展过程分为初学者、高级初学者、有能力者、熟练者和专家等五个阶段，具体如图 6-1 所示。

劳耐尔（Felix Rauner）等发现和确认了各发展阶段对应的知识形态，体现在以下四个层次：

（1）从新手到进步的初学者，核心是掌握定向与概况知识。

学习本职业的基本工作内容，了解职业轮廓，完成从职业选择向职业工作世界的过渡并初步建立职业认同感。该层次的学习任务是日常或周期性的工作、设备装备制造和简单修理技术等，目的是帮助学生了解职业的基本概念、标准化要求和典型工作过程。学生完

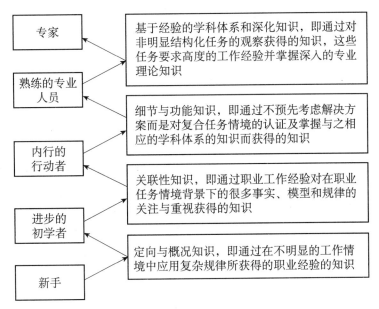

图 6-1　职业成长的五个阶段

成该任务必须遵循特定的规律和标准，能逐步建立质量意识并有学习反思的机会。

（2）从进步的初学者到内行的行动者，核心是掌握关联性知识。

对工作系统、综合性任务和复杂设备建立整体性的认识，掌握与职业相关联的知识，了解生产流程和设备运作、思考人与人之间的关系以及技术与劳动组织间的关系、获取初步的工作经验并开始建立职业责任感。该层次典型的学习任务有设备检修、流程或系统调整等，其特征是：在职业情境中完成有一定难度的专业任务，利用专业规律系统化地解决问题，针对部分任务和环节独立制订计划、选择工艺和工具并进行质量控制，在此过程中注意与他人合作，体验任务的系统性并发展相应的合作能力，养成反思的习惯。

（3）从内行的行动者到熟练的专业人员，核心是掌握细节和功能知识。

掌握与复杂工作任务相对应的功能性知识，完成非规律性的任务（如故障诊断）并促进合作能力的进一步发展，成长为初步的专业人员并形成较高的职业责任感。完成这一层次的学习任务，无法简单按照现有规则或程序进行，需要学习课本之外的拓展知识，并综合运用理论知识和工作经验，需要按照自己的标准、流程和进度独立或合作完成任务，具备一定的质量和效益意识以及反思能力。本层次典型的学习任务如功能分析、单件产品制造和投诉处理等。

（4）从熟练的专业人员到专家，核心是基于经验的学科体系和深化知识。

旨在培养学生完成结果不可预见的工作任务的能力、建立学科知识与工作实践的联系，并发展组织能力和研究性学习的能力，即培养"实践专家"。从第三层次到实践专家的过程是漫长的，需要不断实践和高度的敬业精神。本层次典型的学习任务如复杂故障诊断和排除、技术系统优化和营销方案策划。其特征是：在一般技术文献中，而没有记录、相关信息不全面，学生需要自己确定问题情境和设计工作方法，甚至制作部分工具（如软件等）对完成任务的过程全面负责、具备高度的质量意识并关注环保和产品成本，具备较强的反思和革新能力。

（四）职业分类与职业分类大典

1. 职业分类

职业分类是指按一定的规则、标准及方法，按照职业的性质和特点，把一般特征和本质特征相同或相似的社会职业，分成并统一归纳到一定类别系统中去的过程。

职业分类的意义如下：

（1）便于针对管理。同一性质的工作往往具有共同的特点和规律，把性质相同的职业归为一类，有助于国家对职工队伍进行分类管理，根据不同的职业特点和工作要求，采取相应的录用、调配、考核、培训、奖惩等管理方法，使管理更具针对性。

（2）提供岗位依据。职业分类给各个职业分别确定了工作责任以及履行职责和完成工作所需要的职业素质，这就为岗位责任制提供了依据。

（3）有利于岗位管理。职业分类有助于建立合理的职业结构和职工配置体系。

（4）有利于规范的制定。职业分类是对职工进行考核和智力开发的重要依据。考核就是要考查职工能否胜任他所承担的职业工作，考查他是否完成了他应完成的工作任务。这就需要制定出考查标准，对各个职业岗位工作任务的质量、数量提出要求，而这些都是在职业分类的基础上才能加以规定的。职业分类中规定的各个职业岗位的责任和工作人员的从业条件，不仅是考核的基础，同时也是进行培训的重要依据。

2. 职业分类因素

进行职业分类时，需要考虑以下基本要素：

（1）产业性特征。一个国家，一个社会，就大的方面可以分为三类产业。第一产业包括农业、林业、牧业和渔业等；第二产业是工业和建筑业，工业中包括采掘业、制造业等；第三产业是流通和服务业。在传统农业社会，农业人口比重最大；在工业化社会，工业领域中的职业数量和就业人口显著增加；在科学技术高度发达和经济发展迅速的社会，第三产业职业数量和就业人口显著增加。

（2）行业性特征。行业是根据生产工作单位所生产的物品或提供服务的不同而划分的，行业主要是按企业、事业单位，机关团体和个体从业人员所从事的生产或其他社会经济活动的性质的同一性来分类的。可以说，行业表示了人们所在的工作单位的性质。

（3）职位性特征。职位是一定的职权和相应的责任的集合体。职权和责任的统一形成职位的功能，职权和责任是组成职位的两个基本要素；职权相同，责任一致，就是同一职位。职业分类中的每一种职业都含有职位的特性。比如：大学教师这种职业包含助教、讲师、副教授、教授等职位；国家机关公务员包括科级、处级、厅（局）级、省（部）级等职位系列。

（4）组群性特征。无论以何种依据来划分职业都带有组群特点。例如，科学研究人员中包含哲学、社会学、经济学、理学、工学、医学等；咨询服务事业包括科技咨询工作者、心理咨询工作者、职业咨询工作者等。

（5）时空性特征。随着社会的发展和进步，职业变化迅速，除了弃旧更新外，还有同一种职业的活动内容和方式也发生变化，所以职业的划分带有明显的时代性。从大的方面来说，在职业数量较少的时期，职业与行业是同义语，但现在职业与行业是既有联系又有区别的两个概念，在职业划分中，行业一般作为职业的门类。在空间上，职业种类分布有区域、城乡、行业之间或者国别上的差别。

3. 职业分类大典

职业分类大典是按照国家确定职业分类的规定制定的，与国家标准《职业分类与代码》相对应，是对职业进行科学分类的权威性文献。

《中华人民共和国职业分类大典》（以下简称《职业分类大典》）是由劳动和社会保障部、国家质量监督检验检疫总局、国家统计局联合组织编制的。中央、国务院 50 多个部门以及有关研究机构、大专院校和部分企业的近千名专家学者参加，依据《中华人民共和国劳动法》规定的"国家确定职业分类，对规定的职业制定职业技能标准，实行职业资格证书制度"编制，由中国劳动社会保障出版社出版。

《职业分类大典》编制工作于 1995 年初启动，历时 4 年，1999 年初通过审定，1999年 5 月正式颁布。2010 年逐步启动了各个行业的修订工作。2015 年 7 月 29 日，国家职业分类大典修订工作委员会召开全体会议审议、表决通过并颁布了新的《职业分类大典（2022 年版）》。2022 年《中华人民共和国职业分类大典》正式颁布，该版大典包含 8 大类 79 中类 450 小类共计 1 639 个职业，列举了 2 967 个工种信息，标注了 97 个数字职业和 135 个绿色职业，既是数字职业又是绿色职业的有 23 个。

（1）职业分类基本结构。

职业按层次分为四层：大类、中类、小类、细类。一个大类含有若干中类，一个中类含有若干小类，一个小类含有若干细类，如图 6-2 所示。

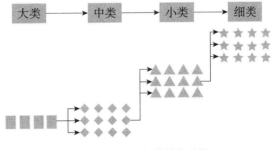

图 6-2　职业分类基本结构

（2）职业分类的基本原则。

职业分类主要是按照工作性质的同一性进行分类。

大类：主要考虑从业人员职业范围、从业人员受教育程度、国家政治制度、国家管理体制、国家科技水平、国家产业结构。

中类：主要考虑职业活动所涉及的知识领域、工具设备、技术方法、产品或服务种类。

小类：主要考虑作业环境、工作条件、技术性质。

细类：主要是在工作性质相近的基础上，逐一考虑应用工艺技术、使用工具设备、使用主要原材料、产品用途和服务等因素相近。

（3）《职业分类大典》结构体系。

《职业分类大典》各层内容如下：

大类：包括编码、大类名称、大类概述、所含中类编码和名称。

中类：包括编码、中类名称、中类概述、所含小类编码和名称。

小类：包括编码、小类名称、小类概述、所含细类编码和名称。

细类：包括职业编码、职业名称、职业定义、工作描述、本职业包含（但不限于）的工种。其含义有二：一是同时包括与对应职业名称重名的工种；二是对检验、试验、修理、包装、营销等因其工作性质相似、数量众多、无法穷尽的工种未予列举。

《职业分类大典》的结构体系如图 6-3 所示。

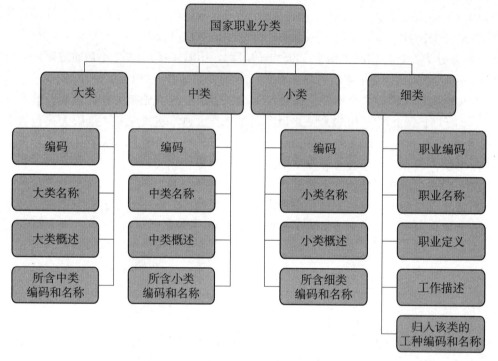

图 6-3 《职业分类大典》的结构体系

例 1：大类——第二大类

大类代码：2（1 位）

大类名称：专业技术人员

大类描述：从事科学研究和专业技术工作的人员。

本大类包括下列中类：

2-01 科学研究人员

2-02 工程技术人员

2-03 农业技术人员

2-04 飞机和船舶技术人员

2-05 卫生专业技术人员

2-06 经济和金融专业人员

2-07 法律、社会和宗教专业人员

2-08 教学人员

2-09 文学艺术、体育专业人员

2-10 新闻出版、文化专业人员

2-99 其他专业技术人员

例2：中类——科学研究人员

中类代码：2-01（3位）

中类名称：科学研究人员

中类描述：从事社会科学和自然科学研究工作的专业人员。

本中类包括下列小类：

2-01-01 哲学研究人员

2-01-02 经济学研究人员

2-01-03 法学研究人员

2-01-04 教育学研究人员

2-01-05 历史学研究人员

2-01-06 自然科学和地球科学研究人员

2-01-07 农业科学研究人员

2-01-08 医学研究人员

2-01-09 管理学研究人员

2-01-10 文学、艺术学研究人员

2-01-11 军事学研究人员

2-01-99 其他科学研究人员

例3：小类——自然科学和地球科学研究人员

小类代码：2-01-06（5位）

小类名称：自然科学和地球科学研究人员

小类描述：从事数学、物理学、化学、天文学、生物学和地球科学理论与应用研究的专业人员。

本小类包括下列职业：

2-01-06-01 数学研究人员

2-01-06-02 物理学研究人员

2-01-06-03 化学研究人员

2-01-06-04 天文学研究人员

2-01-06-05 生物学研究人员

2-01-06-06 地球科学研究人员

例4：细类——数学研究人员

职业编码：2-01-06-01（7位）

职业名称：数学研究人员

职业定义：从事数学理论研究，开发和改进数学方法，运用数学原理和技术解答科学研究、工程设计、计算机应用等领域专门问题的专业人员。

工作描述：

主要工作任务：

①研究基础数学、应用数学、计算数学、概率统计、运筹学与控制论和其他数学分支的基础理论。

②建立数学模型、假设并检验数学原理，提出和改进数学方法。

③运用数学理论和方法，结合领域知识，解答自然科学研究、工程设计、信息技术、管理决策和社会经济等领域的专门问题。

（4）2022 年版《职业分类大典》简介。

2022 年 9 月，《中华人民共和国职业分类大典》（2022 年版）终审通过，修订工作圆满完成，新版修订过程中把新颁布的 74 个职业纳入大典当中。

2022 年版《中华人民共和国职业分类大典》在保持 8 大类职业类别不变的情况下，净增了 158 个新的职业，现在职业数达到了 1 639 个。如围绕制造强国，此次修订把工业机器人操作员和运维人员纳入大典当中。根据乡村振兴的需要，把农业数字化技术员和农业经理人纳入大典当中。结合绿色职业发展状况，及时将碳排放管理员、碳汇计量评估师等新兴职业纳入大典中。

对相关职业信息描述做了一些修订。对两个大类职业的名称和定义做了调整，对 30 个中类、100 余个小类的名称和定义做了一些调整，对 700 多个职业的信息描述做了调整。

对数字职业和绿色职业进行了标注。此次修订共标注了 97 个数字职业，占职业总数的 6%。职业分类延续了 2015 年版大典对绿色职业标注的做法，标注了 134 个绿色职业，占职业总数的 8%。其中既是数字职业也是绿色职业的共有 23 个。

（五）职业标准、职业资格、职业准入

国家职业标准（示例见图 6-4）是在职业分类的基础上，根据职业（工种）的活动内容，对从业人员工作能力水平的规范性要求。它是从业人员从事职业活动、接受职业教育培训和职业技能鉴定以便用人单位录用、使用人员的基本依据。

国家职业标准包括职业概况、基本要求、工作要求和比重表四个部分，其中工作要求为国家职业标准的主体部分。国家职业标准内容结构如图 6-5 所示。

职业概况是对本职业的基本情况的描述，包括职业名称、职业定义、职业等级、职业环境条件、职业能力特征、培训要求、鉴定要求等内容。

基本要求包括职业道德和基础知识，其中职业道德是指从事本职业工作应具备的基本观念、意识、品质和行为的要求，一般包括职业道德知识、职业态度、行为规范；基础知识是指本职业各等级从业人员都必须掌握的通用基础知识，主要是与本职业密切相关并贯穿于整个职业的基本理论知识、有关法律知识和安全卫生、环境保护知识。

工作要求是在对职业活动内容进行分解和细化的基础上，从技能和知识两个方面对完成各项具体工作所需职业能力的描述，包括职业功能、工作内容、技能要求、相关知识。其中职业功能是指一个职业所要实现的活动目标，或是一个职业活动的主要方面（活动项目）。根据不同职业的性质和特点，职业功能可按工作领域、项目或工作程序来

(a) 调香师职业标准　　　　(b) 货运员职业标准

图 6-4　国家职业标准示例

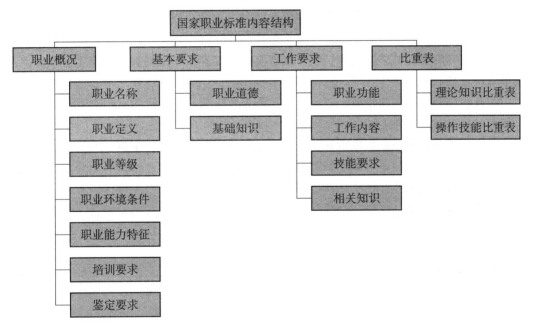

图 6-5　国家职业标准内容结构

划分。工作内容是指完成职业功能所应做的工作，可以按种类划分，也可以按照程序划分。每项职业功能一般包含两个或两个以上的工作内容。技能要求是指完成每一项工作内容应达到的结果或应具备的技能。相关知识是指完成每项操作技能应具备的知识，主要指与技能要求相对应的技术要求、有关法规、操作规程、安全知识和理论知识等。

比重表包括理论知识比重表和操作技能比重表。其中，理论知识比重表反映基础知识和每一项工作内容的相关知识在培训考核中应占的比例；操作技能比重表反映各项工作内容在培训考核中所占的比例。

职业标准是职业教育培训课程开发的依据。国家职业标准通过工作分析方法，描述了胜任各种职业所需的能力，反映了企业和用人单位的用人要求。职业教育和职业培训的课程按照国家职业标准进行设置，能够摆脱学科本位教育"重理论、轻实践，重知识、轻技能和重学业文凭、轻职业资格证书"的做法，保证职业教育密切结合生产和工作的需要，使更多的受教育者和培训对象的职业技能与就业岗位相适应。职业技能鉴定命题是按照国家职业标准，在对其所要求的知识和技能进行具体化和典型化的基础上，命制用来测量鉴定对象职业能力是否达标的试题或试题库。鉴定考核则是运用职业技能鉴定试题，按照国家职业标准规定的时间和方式，组织对鉴定对象的职业能力进行测试。

开发制定国家职业标准，对于提高广大劳动者素质，引导职业教育培训，推动职业资格证书制度建设，促进就业和劳动力市场建设都将起到积极而重要的作用。其作用和意义主要体现在以下三个方面：

一是促进就业与再就业工作。当前，我国就业方面的主要矛盾，是劳动者充分就业的需求与劳动力总量过大、素质不相适应之间的矛盾。十六届六中全会提出：要实施积极的就业政策，发展和谐劳动关系；健全面向全体劳动者的职业技能培训制度，加强创业培训和再就业培训。因此，依据国家职业标准的要求，对新生劳动者、失业下岗人员、在岗职工和创业者开展有针对性的职业培训，帮助他们获得技能，增强工作适应能力，提高就业能力，实现素质就业，对于构建促进就业的长效机制具有重要作用。

二是引导职业教育培训工作。职业教育培训的根本任务是培养各类实用型人才。不同职业的工作内容、操作技能、理论知识不尽相同。职业标准的颁布为技工学校、技师学院以及各类职业教育院校确定培养目标、设置教学课程、制定教学内容和开展校企合作培养技能人才具有重要的导向作用。

三是职业分类和职业标准体系为构建职业资格证书制度提供了有力的支持。国家职业标准是国家职业资格证书制度的重要组成部分，也是开展职业技能鉴定的前端性和基础性工作。制定国家职业标准，并按国家职业标准编写教材、开发题库、开展培训、实施鉴定，构建国家职业资格证书制度基础工作体系，这为提高劳动者素质，实现素质就业、技能就业、技能成才奠定了基础。

二、专业设置

（一）课程

职业教育课程是指职业教育机构设计的专业教育目标、教学内容和实践活动及其组织、教学材料、教与学的主要方式所构成的育人的一组必要因素。

课程是达到教育目标理想彼岸的桥梁，其是把宏观的教育理念和目标等与微观的教学实践联系起来的一座桥梁。

1. 职业教育课程的特征

尽管职业教育课程与普通教育课程在含义上没有本质区别，但两者在课程形态上还是有差异的，这主要是通过职业教育课程所具有的定向性、实践性、适应性等特征体现出来的。

（1）定向性。

职业教育是以就业为导向的教育。职业教育培养的人才，都有具体行业、专业或工种的职业方向要求，因此，职业教育课程定位于特定的职业或职业群。即使是职业教育中的普通文化课程，一般来说也要求体现出一定的职业性，如计算机英语、旅游英语等课程。虽然职业教育也要求学生达到课程目标的要求，但课程目标仅仅是中介，职业教育的终极目标是促进学生在今后的工作中获得成功。所以，对职业教育课程的评价不仅是学生的学习成绩，更重要的是要以学生在劳动世界中被认可的程度来衡量。因此，职业教育课程在定位于学习和活动的同时，更要定位于产品，这也意味着离开行业、企业参与的职业教育课程的开发、实施和评价是难有效果的。

（2）实践性。

与普通教育不同，职业教育是为具体工作做准备的教育。职业教育培养的学生必须能有效地完成工作任务。对于职业学校的学生来说，"会做"比"会说"更重要，因为工作中所依赖的知识大部分是实践知识，理论知识只有转化为实践知识后，才能被应用到行动中去。所以，职业教育课程是一种以实践知识为主的课程。实践知识学习最为有效的途径是实践过程，因此，职业教育学生的学习过程应尽可能与工作实践过程相结合，"在黑板上开机器"的教学方式是很难培养出高质量职业教育人才的。

（3）适应性。

职业教育课程的适应性主要体现在两方面：一是要适应经济社会不断发展的需要。根据社会需要培养实用人才是职业教育的根本任务。社会需要是不断变化的，因此，职业教育课程必须适应这种变化，并能根据社会需要的变化及时调整课程内容。这就要求职业教育课程开发必须进行劳动力市场需求分析，以使各专业课程内容与地区、行业的实际需求相适应，与技术的变迁相适应。二是要适应不同学习者的需求。职业教育课程要与不同学习者的需求相适应，直接帮助学生形成广泛的知识、技能和良好的态度与价值观，增强学生的就业能力。

2. 职业教育课程的类型

在职业教育课程理论与实践中，用不同的维度可以区分出不同的课程类型。

（1）按课程教学要求的不同，职业教育课程可分为必修课程与选修课程。

必修课程是由政府或学校规定，学生必须学习而且要达到规定标准的课程；选修课程不是政府或学校规定必须开设的，学生可以在一定范围内选择学习。选修课程又可以分为两类：一类是学校规定学生必须在若干课程中选择学习一门或几门，称为限定选修课程；一类是并不规定选择范围，学校允许学生在学校开设的所有课程中选择学习，称为自由选修课程。

（2）按课程内容性质的不同，职业教育课程可分为公共基础课程与专业课程。

公共基础课程是各专业学生均需学习的有关基础理论、基本知识和基本素养的课程，专业课程是支撑学生达到本专业培养目标，掌握相应专业领域知识、能力、素质的课程。

党和国家有关文件明确规定，中等职业学校各专业人才培养方案中应明确将思想政治、语文、历史、数学、英语、信息技术、体育与健康、艺术等课程列为公共基础必修课程，并将物理、化学、中华优秀传统文化、职业素养等课程列为必修课或选修课。

高等职业学校各专业人才培养方案应明确将思想政治理论课、中华优秀传统文化、体育、军事课、大学生职业发展与就业指导、心理健康教育、信息技术等课程列入公共基础必修课程，并将马克思主义理论类课程、党史国史、大学语文、高等数学、公共外语、创新创业教育、健康教育、美育课程、职业素养等列为必修课或选修课。

（3）按与就业岗位相关性的不同，职业教育课程可分为核心课程和非核心课程。

核心课程是从职业教育专业主要工作岗位的主要工作任务和完成任务的核心能力要求出发而确定的，直接与就业岗位核心能力相关的课程。核心课程是整个课程体系的精粹和升华，是培养学生适应企业实际工作环境和完成工作任务能力的主要手段，是奠定学生职业生涯发展和就业竞争力基础的主要途径，因此，核心课程改革与建设应成为专业建设的首要任务，成为人才培养模式改革和专业特色发展的重要关注点。

（4）按课程表现形式的不同，职业教育课程可分为显性课程与隐性课程。

显性课程是指学校情境中以直接的、明显的方式呈现的课程。大多数情况下，显性课程是以学校教育中有计划、有组织地实施的"正式课程"（Formal Curriculum）或称"官方课程"（Official Curriculum）的方式呈现。

隐性课程是指学校情境中以间接的、内隐的方式呈现的课程。隐性课程时常带有非预期性、非计划性，以非正式的、非官方的课程方式呈现，具有潜在性，因此隐性课程也被称作潜在课程。隐性课程是教育过程中由物质、文化、社会关系等要素构成的教育环境，大体可分为以下几种：一是制度性隐性课程，如学校所制定的各种规章制度、校训、校风、校服、告示等；二是关系性隐性课程，如学校中的师生关系、生生关系、社会上的人际关系等；三是校园文化隐性课程，指校园文化产生的影响，如文化活动的价值取向、文化活动的氛围等；四是校园环境隐性课程，指校舍及各种功能场所的设计分布，以及校园的美化、绿化和宣传设计等。

隐性课程具有潜移默化的教育功能。我国职业教育先驱黄炎培先生在实践活动中早就注意到了运用校风、校歌、校训和校徽的作用来对学生进行职业道德教育和职业意识的培养。

（5）按课程实施阶段的不同，职业教育课程可分为建议课程、书面课程、感知课程、教授课程、体验课程、评价课程、拓展课程。

建议课程是指由研究机构、课程专家提出应该开设的课程；书面课程是指教育行政部门规定的教学计划、教学大纲；感知课程是指教师感觉到的课程；教授课程是指课堂上实施的课程；体验课程是指学生实际体验到的东西；评价课程是指评价者能够评价到的内容；拓展课程是超出正规课程所覆盖的广度和深度内容的课程。

（二）专业

职业教育的专业指职业院校的学业门类。职业教育专业是围绕职业岗位任职要求相关课程的总和。专业目录是职业院校设置与调整专业、实施人才培养、组织招生、指导就业的基本依据，是教育行政部门规划专业布局、安排招生计划、进行教育统计和人才预测等工作的主要依据，也是学生选择就读职业院校专业、社会用人单位选用职业院校毕业生的重要参考。

职业教育中，通常把培养目标聚焦到某一个或几个点上，在某一方面做强做精加以突出，称之为专业方向；把符合"专业基础相通、技术领域相近、职业岗位相关、教学资源共享、服务相同产业链"原则要求的专业组成一个集体，称之为专业群。

1. 专业目录

专业目录是规定专业划分、名称及所属门类的标准规范。专业目录由教育部发布和调整。

教育部发布了《中等职业学校专业设置管理办法（试行）》和《普通高等学校高等职业教育（专科）专业设置管理办法》，对专业目录的调理与使用及各职业院校专业设置和管理作出了明确的规定。

（1）职业教育专业目录。

2021年，教育部颁布了《职业教育专业目录（2021年）》（示例见表6-1，以下简称《目录》）。《目录》服务产业基础高级化、产业链现代化，统一采用专业大类、专业类、专业三级分类，一体化设计中等职业教育、高等职业教育专科、高等职业教育本科不同层次专业，共设置19个专业大类、97个专业类、1 349个专业，其中中职专业358个、高职专科专业744个、高职本科专业247个。《目录》以原高职专科专业目录框架为基础，对专业类进行了小幅更名、新增、合并、撤销和归属调整。

表6-1　职业教育专业目录（2021年）示例

中等职业教育专业（大类编号：61-79）		
序号	专业代码	专业名称
61农林牧渔大类		
6101农业类		
1	610101	种子生产技术
2	610102	作物生产技术
3	610103	循环农业与再生资源利用
4	610104	家庭农场生产经营
5	610105	园艺技术
6	610106	植物保护
7	610107	茶叶生产与加工
8	610108	中草药栽培
9	610109	烟草栽培与加工
10	610110	饲草栽培与加工
11	610111	农村电气技术
12	610112	设施农业生产技术
13	610113	农机设备应用与维修
14	610114	农产品加工与质量检测
15	610115	农产品贮藏与加工
16	610116	农产品营销与储运
17	610117	棉花加工与检验
18	610118	休闲农业生产与经营
19	610119	农资营销与服务
……	……	……

续表

高等职业教育专科专业（大类编号：61-59）		
41 农林牧渔大类		
4101 农业类		
1	410101	种子生产与经营
2	410102	作物生产与经营管理
3	410103	现代农业技术
4	410104	生态农业技术
5	410105	园艺技术
6	410106	植物保护与检疫技术
7	410107	茶叶生产与加工技术
8	410108	中草药栽培与加工技术
9	410109	烟草栽培与加工技术
10	410110	饲草生产技术
11	410111	食用菌生产与加工技术
12	410112	设施农业与装备
13	410113	现代农业装备应用技术
14	410114	农产品加工与质量检测
15	410115	绿色食品生产技术
16	410116	农产品流通与管理
17	410117	棉花加工与经营管理
18	410118	休闲农业经营与管理
19	410119	现代农业经济管理
20	410120	农村新型经济组织管理
……	……	……
高等职业教育本科专业（大类编号：21-39）		
21 农林牧渔大类		
2101 农业类		
1	210101	现代种业技术
2	210102	作物生产与品质改良
3	210103	智慧农业技术
4	210104	设施园艺
5	210105	现代农业经营与管理
……	……	……

19 个专业大类如下：

41 农林牧渔大类

42 资源环境与安全大类

43 能源动力与材料大类

44 土木建筑大类

45 水利大类

46 装备制造大类

47 生物与化工大类

48 轻工纺织大类

49 食品药品与粮食大类

50 交通运输大类

51 电子与信息大类

52 医药卫生大类

53 财经商贸大类

54 旅游大类

55 文化艺术大类

56 新闻传播大类

57 教育与体育大类

58 公安与司法大类

59 公共管理与服务大类

根据有关规定，涉及临床医学、教育、公安、司法涉警类等高职专科专业为国家控制专业，纳入行政审批事项。高职本科暂未设置国家控制专业。撤销中职学前教育专业，引导有关学校转设幼儿保育专业；撤销中职农村医学专业，引导有关学校进一步优化医药卫生类专业结构，加强布局婴幼儿托育、养老服务、健康管理等大健康相关专业。

《目录》围绕有关领域对高层次技术技能人才需求，聚焦确需长学制培养的相关专业，论证设置了 247 个高职本科专业。教育部指导符合条件的职业院校按照高起点、高标准的要求，积极稳妥设置高职本科专业，避免"一哄而上"。

2021 年起，职业院校拟招生专业设置与管理工作按《目录》及相应专业设置管理办法执行。

（2）技工院校专业目录。

目前正在实施的《全国技工院校专业目录（2022 年版）》（以下简称《目录》），是在 2018 年版《目录》基础上进行的全面修订，反映了近年来国家对技工院校开设相关专业培养技能人才的要求，广泛吸收了国务院有关部门、地方、行业企业和技工院校意见，并根据国家职业分类及职业资格更新调整对相关内容进行了全面梳理。

技工院校专业目录中设置了 15 个专业类，分别是：01 机械类、02 电工电子类、03 信息类、04 交通类、05 服务类、06 财经商贸、07 农业类、08 能源类、09 化工类、10 冶金类、11 建筑类、12 轻工类、13 医药类、14 文化艺术类、15 其他。

具体专业如表 6-2 所示。

表 6-2 全国技工院校专业目录（2022）示例

大类编码	专业大类	专业编码	专业名称	层次编码	培养层次
01	机械类	0101	机床切削加工（车工）	0101—4	中级
01	机械类	0101	机床切削加工（车工）	0101—3	高级

续表

大类编码	专业大类	专业编码	专业名称	层次编码	培养层次
01	机械类	0101	机床切削加工（车工）	0101—2	预备技师
01	机械类	0102	机床切削加工（铣工）	0102—4	中级
01	机械类	0102	机床切削加工（铣工）	0102—3	高级
01	机械类	0102	机床切削加工（铣工）	0102—2	预备技师
01	机械类	0103	机床切削加工（磨工）	0103—4	中级
01	机械类	0103	机床切削加工（磨工）	0103—3	高级
01	机械类	0103	机床切削加工（磨工）	0103—2	预备技师
……	……	……	……	……	……
01	机械类	0133	飞机制造与装配	0133—4	中级
01	机械类	0133	飞机制造与装配	0133—3	高级
01	机械类	0134	产品检测与质量控制	0134—4	中级
01	机械类	0134	产品检测与质量控制	0134—3	高级
01	机械类	0135	工业机械自动化装调	0135—3	高级
01	机械类	0135	工业机械自动化装调	0135—2	预备技师
01	机械类	0136	数字化设计与制造	0136—3	高级
01	机械类	0136	数字化设计与制造	0136—2	预备技师
01	机械类	0137	智能制造技术应用	0137—3	高级
01	机械类	0137	智能制造技术应用	0137—2	预备技师
……	……	……	……	……	……
15	其他	1501	幼儿教育	1501—4	中级
15	其他	1501	幼儿教育	1501—3	高级
15	其他	1502	环境保护与检测	1502—4	中级
15	其他	1502	环境保护与检测	1502—3	高级

2. 专业设置与调整

职业院校专业设置要坚持以服务发展为宗旨，以促进就业为导向，遵循职业教育规律和技术技能人才成长规律，主动适应经济社会发展，特别是技术进步和生产方式变革以及社会公共服务的需要，适应各地、各行业对技术技能人才培养的需要，适应学生全面可持续发展的需要。教育部负责全国高校高职专业设置的宏观管理和指导。省级教育行政部门负责本行政区域中等职业学校专业设置的统筹管理。市（地）、县级教育行政部门管理中等职业学校专业设置的职责由各省（区、市）自行确定。

（1）专业设置的条件。

职业院校设置专业须具备以下基本条件：

①有翔实的专业设置可行性报告。

②有科学、规范、完整的专业人才培养方案。

③有完成专业人才培养所必需的教师队伍和教学辅助人员，且"双师型"教师应具有一定比例。

④具备开办专业所必需的经费和校舍、仪器设备、实习实训场所、图书资料等办学条件。

⑤有保障开设本专业可持续发展的规划和相关制度。

各地应根据区域经济社会发展实际，结合教育部公布的《专业教学标准》和各专业特点，进一步明确上述基本条件的相关细化指标，使专业设置条件要求具体化。

职业院校设置专业应紧密围绕经济社会和产业发展实际需求，注重结合自身的办学优势，重点发展与学校办学定位和特色相一致的专业。

（2）专业设置的程序。

职业院校专业设置应以专业目录为基本依据，遵循以下基本程序：

首先，开展行业、企业、就业市场调研，做好人才需求分析和预测，包括：

①分析当地产业结构或就业结构、行业发展现状与趋势。

②开展专业人才需求调研。分析行业从业人员基本情况、对应的职业岗位、人才招聘渠道。

③调研区域高等职业院校专业设置现状。

④调研求学者及其家长的就读意愿。

⑤调研相近专业毕业生。

⑥选定拟开设的专业。

其次，进行专业设置必要性和可行性论证包括：

①必要性分析。

②调研结论审核，分析办学条件（含内部资源利用及教学管理）。

③根据国家有关规定，制定符合专业培养目标的完整的人才培养方案和相关教学文件，包括：专业教学标准、人才培养方案、课程标准、教学管理文件、考核题库。

④经相关行业、企业、教学、课程专家论证。专业委员会应广泛吸收有关政府部门及行业、企业的负责人、专家、技术人员等参与，共同研究论证专业设置的必要性和可行性。专业委员会在听取上述调查研究形成的调研报告的基础上，重点开展专业对应的职业和职业资格分析，论证专业的必要性和可行性，确保专业设置的科学性。

⑤报教育行政部门备案或审批。须每年通过专门网站将拟招生专业（次年招生）及相关信息报省级教育行政部门备案。省级教育行政部门于当年10月31日前将本地区专业设置情况报教育部。教育部对各地上报的专业信息进行汇总，并于当年12月31日前向社会公布。

（3）专业设置的要求。

①高职专业设置的要求。

高校设置高职专业，须每年通过专门网站将拟招生专业（次年招生）及相关信息报省级教育行政部门备案。省级教育行政部门于当年10月31日前，将本地区专业设置情况报教育部。教育部对各地上报的专业信息进行汇总，并于当年12月31日前向社会公布。

除国家控制的高职专业以外，高校可根据专业培养实际，自行设置专业方向，无须备案或审批，但专业方向名称不能与专业目录中已有专业名称相同，不能涉及国家控制专业对应的相关行业。招生录取和人才培养一致的专业方向可在学历证书中注明。

高校新设国家控制的高职专业，须通过专门网站填报相关材料，取得省级教育行政部门及相关行业主管部门意见后，于当年 10 月 31 日前，将拟新设国家控制的高职专业（次年招生）申请材料报送教育部。教育部依法组织审批，并于当年 12 月 31 日前公布审批结果。

省级教育行政部门要设立由行业、企业、教育等方面专家组成的高职专业设置指导专家组织，充分发挥其在高职专业建设中的作用。

高校应设立学术委员会或高职专业设置评议专家组织，根据区域经济社会发展实际需求和学校办学定位、办学条件等，定期对高职专业设置情况进行审议。

高校应加强对所开设高职专业的评估、监督和信息公开，出现下列情形的应调减该专业招生计划或停止招生，并对该专业点进行整改：

A. 办学条件严重不足、教学管理混乱、教学质量低下。

B. 人才培养明显不适应社会需求，就业率连续 2 年低于 60%、对口就业率连续 2 年低于 50%。

C. 须参加准入类职业资格考试，应届毕业生考试通过率连续 3 年低于全国平均水平。连续 3 年不招生的专业点，高校应及时撤销。

省级教育行政部门应对本地区高职专业设置情况加强指导和监督，组织或委托第三方定期对高职专业办学情况进行评价，发现存在第十九条所列情形的，应及时督促学校进行整改，逾期不改正的，可采取调减、暂停招生等措施；情节严重的，应责令撤销该专业点。

省级教育行政部门要建立健全本地区高职专业设置的预警和动态调整机制，把招生计划、招生计划完成率、报到率、就业率、生均经费投入、办学情况评价结果等作为优化专业布局、调整专业结构的基本依据。

②中职专业设置的要求。

中等职业学校开设《目录》内专业，须经学校主管部门同意，报省级教育行政部门备案；开设《目录》外专业，须经省级教育行政部门备案后试办，按国家有关规定进行管理。

中等职业学校开设医药卫生、公安司法、教育类等国家控制专业，应严格审查其办学资质。开设"保安""学前教育"专业以及"农村医学""中医"等医学类专业，应当符合相关行业主管部门规定的相关条件，报省级教育行政部门备案后开设。

中等职业学校应根据经济社会发展、职业岗位和就业市场需求变化，及时对已开设专业的专业内涵、专业教学内容等进行调整。

中等职业学校根据办学实际停办已开设的专业，报市（地）级教育行政部门备案。

省级教育行政部门对本行政区域内的中等职业学校专业设置实行指导、检查和监督。各地要定期对本地区中等职业学校专业设置管理情况进行检查指导，对试办的《目录》外专业要限期检查评估。新设《目录》外专业，由省级教育行政部门于每年 3 月报教育部备案。

各地要建立由行业、企业、教科研机构和教育行政部门等组成的中等职业学校专业建设指导组织或机构，充分发挥其在中等职业学校专业建设中的作用。

中等职业学校应建立专业设置评议委员会，根据学校专业建设规划，定期对学校专业设置情况进行审议。

　　省级教育行政部门每年要对本行政区域内的中等职业学校专业设置情况进行汇总，并向社会集中公布当年具有招生资格的学校和专业。对专业办学条件不达标、教学管理混乱、教学质量低下、就业率过低的，主管教育行政部门应责令学校限期整改；整改后仍达不到要求的，应暂停该专业招生。

　　（4）专业设置管理平台。

　　教育部开发了全国职业院校专业设置管理与公共信息服务平台，网址是：https：//www.zyyxzy.cn，负责专业设置的申报、审核、批准及专业招生许可等。

三、专业设置规划

　　专业是人才培养和社会服务的载体，一个学校设置什么专业需要经过严密的分析和研究，必须做好专业设置规划。

（一）专业设置规划需要考虑的因素

　　专业设置主要考虑两大因素：经济社会因素和学校条件因素。

1. 经济社会因素

　　影响专业设置的经济社会因素包括以下四个方面的内容：

　　（1）技术发展水平。

　　技术发展水平决定了职业院校专业开设的广度和深度。20 世纪 70 年代末，世界各工业发达国家逐步进入信息技术时期，生产技术已发展成为一种全新的、与传统技术有着质的不同的"全方位的技术"。在高科技时代，企业大多采用了"精益生产方式"，劳动分工弱化，岗位分工被灵活的、整体性的、以解决问题为导向的"职业工作"所代替，企业对宽基础复合型员工的需求增加。从总的发展趋势看，现代企业生产中的劳动分工是越来越细密了，劳动的专门化程度也越来越强。在现代企业中，生产第一线技术工人和技术管理人员的职业范围正在不断扩大，精一兼数、一专多能、多工序轮换以至多工种复合的需求正在上升。

　　（2）产业结构。

　　产业结构是指各产业的构成及各产业之间的联系和比例关系，一般以产业增加值在GDP 中的比重来表示。产业结构对职业院校专业设置的影响主要表现在以下几个方面：第一，产业结构决定专业的分布结构。产业结构是一个动态发展的过程，始终处于不断调整和升级中，产业结构的调整意味着资源在各产业部门之间的重新调整与配置，每一种产业结构要求根据产业的特性配置一定的劳动力，从而形成与这种产业特性相对应的职业结构，这决定了人力资源的流动方向，进而影响职业院校的专业结构，即专业门类在第一、二、三产业之间的比例。第二，产业结构决定着专业种类的区域性。受地理条件、自然资源、政治环境、经济基础、人文积淀的影响，某一地区的产业结构呈现明显的地域优势和特色，职业院校在开设专业时要充分考虑地方行业、经济结构调整的趋势、特点，以区域支柱产业和高新技术产业发展为主导，本着为地方、为行业经济服务的目的开设专业。作为同一类型的教育机构，职业院校也必将随着产业结构的调整而对专业进行相应的变动。

（3）社会岗位需求。

职业院校专业人才培养的最终目标是培养满足社会，尤其是区域对技术技能人才的需求，社会需求是专业设立的指挥棒。社会需求因素对与专业的影响来自以下方面：首先是市场对劳动力的需求，即能提供的职业岗位，也表明对专业人才的需求程度。其次是市场对专业能力的需求，它决定着专业的人才培养目标和专业人才培养规格。当然在开设专业时也不能完全受社会需求因素的制约，社会需求具有不稳定性，受诸多因素的影响而瞬息万变，所以开设专业还必须具有一定的超前性，将稳定性与灵活性结合起来。

（4）学生和家长的认同。

生源是一个专业必不可少的要素之一，没有充足的生源，专业就难以维持。职业院校在开设专业时必须将社会、学校和学生三者协调起来统一考虑。同时，也要注意学生的专业选择往往受主观意愿的影响，盲目地选择所谓的热门专业，会造成一些专业人满为患，对学生的就业造成负面影响，给学校的声誉带来一定的负面效应。所以专业设置时要适度把握好学生需求因素。

2. 学校条件因素

学校条件因素包括师资条件、实习实训条件、校企合作资源、相关专业开设、生源数量质量、政府政策要求等多个方面。

（1）师资条件。

教师是办学的第一资源条件，没有数量充足、合理结构的教师，专业是很难开办的。在师资方面，既要有从事专业课教学的专业教师，也需要有从事公共课教学的教师。由于职业教育的特点，学校还应该有一定数量来自行业企业的技术能手作为兼职教师。

（2）实习实训条件。

由于职业院校人才培养类型的特殊性，使其更加注重实践技术的操作练习，因此对教学条件，尤其是实训设施的要求较高。宽敞的教学场地、先进的教学设备与技术、充足的教学经费有利于专业的设立和专业人才的培养。

（3）相关专业资源。

职业院校开办新专业应充分考虑学校现有的专业结构，如果有相近专业，就可以在师资和实习实训设备等教育资源上实现共享，有助于短期内增强专业的办学实力。如果设置的专业与现有专业跨度较大、相关性差，各种教育资源需要全部新的投入，投资比较大，如果投资不足，就会影响专业发展；有些教育资源不是短期内能够满足的，师资、硬件条件即使能够满足了，但由于新专业刚开始招生量比较小，资源的利用效率也较低。因此，要尽可能在学校现已开设的专业类别内发展新的专业，以便于优化教学资源配置，实现教学资源共享。现实中，可以在基础稳固、经验成熟、具有优势的老专业的基础上，延伸、派生出一些与老专业性质相近、相关的专业，形成专业系列或专业群。如护理专业可以拓展中医护理专业，在此基础上还可以继续拓展老年人服务与管理专业。根据市场需求，也可以利用现有专业复合一些新的专业，如利用现有的计算机专业和艺术专业可以复合出动漫专业等。当然，如果市场急需，需求量和发展潜力比较大，有充足的经费，预期办学效益明显，也可以开设完全没有关联性的新专业。

（4）校外可用资源。

职业教育不仅要有学校内部资源，也要有学校外部资源。学校外部资源主要指政府的投入、与学校所办专业相关的企业或社会组织等。政府投入是学校开办专业的重要资源，为了促进区域经济主导产业的发展，地方政府往往投入一定的资金支持学校兴建新专业。而与院校所办专业相关的企业或社会组织的存在可以满足工学结合和校企合作的需要。除此之外，教学管理体制、运行机制、管理制度等相关的软件资源都是必不可少的。

（5）生源的数量、质量状况。

职业院校开办新专业时必须考虑生源的数量和质量。一方面，生源的数量取决于当地潜在的生源数量，即目前符合职业院校招生要求的对象总量；另一方面，这些潜在的生源能否变成现实的生源还取决于学生的就业意向，即专业吸引力，现实中可能存在社会很需要的专业，但由于受就业观念等的影响，学生或家长可能对这一专业不感兴趣。生源数量还受招生政策的影响，目前一些地区不允许高职院校跨地区招生，这样生源只能是本地生源，极大地制约了生源数量。生源质量主要与当地初中及初中后教育的发展水平有关。高职院校很多专业投资比较大，开设专业时必须高瞻远瞩，不仅要考虑现实的生源状况，还应预测未来的生源状况。

（6）国家或地方政府的教育政策。

在专业目录中，国控专业设置的条件是比较高的，需要经过严格论证、审批。高职院校必须创建最有特色、社会急需的专业，招录最有职业潜力、最为满意的考生。

（二）专业设置规划的原则

职业院校要科学合理地设置专业，提升专业建设水平，须把握好以下四个原则。

1. 准确把握方向，适度超前

职业院校专业设置可借鉴其他院校的成功经验，并结合本地特点，准确把握经济和社会发展趋势、科技发展走向，特别是本区域内支柱产业、第三产业、高新产业的发展趋势。在科学预测人才需求远景的基础上，专业设置可适度超前，经过一定时期的建设和完善，其成熟期可与人才需求的高峰期相一致，从而使专业具有良好的发展潜力。提高专业设置水平的一条重要途径，就是确保专业设置适应经济和社会发展的动态需求，实现"三紧贴"——紧贴市场、紧贴产业、紧贴职业。职业院校要根据当地产业政策的要求和产业结构、技术发展的变化开设专业，并在保证相对稳定的前提下，根据职业岗位群所要求的技能变化及时调整专业构成要素。

2. 加快布局调整，服务发展

专业布局涉及专业的数量、规模、类型、内涵等。职业教育专业布局调整优化，就是实现职业院校专业结构与产业结构、区域结构、层次结构的相互协调。一是围绕产业布局专业。应对产业转型升级的需要，职业教育要实现"产业—专业"的链接。参照《产业结构调整指导目录》，重点设置区域经济社会发展急需的鼓励类产业相关专业，减少或取消设置限制类、淘汰类产业相关专业；各地、各职业院校要围绕国家战略和新兴产业发展需要，积极推进相关专业建设。二是对接区域布局专业。要统筹管理本地区专业设置，围绕区域产业转型升级，加强宏观调控，形成与区域产业分布形态相适应的专业布局。这样的布局既可以着眼像"一带一路"这样的国家倡议，也可以着眼像长江经济带这样的经济带、产业带和产业集群，同时要注意东部、中部和西部职业教育合作中专业发展的良性互动及对民族特色专业的扶持。三是衔接层次布局专业。技能人才系统化培养已是趋势。中等职业教育—专科层次职业教育—本科层次职业教育的纵向衔接，实质是专业课程体系的衔接。中高职衔接专业要统筹制订专业教学标准，统筹安排开展公共基础课、专业课和顶岗实习，注重不同层次培养规格、课程设置、工学比例、教学内容、教学方式方法、教学资源配置的衔接，合理确定各阶段课程内容的难度、深度、广度和能力要求。专业设置动态调整机制的建立和专业设置预警信息的发布，以及职业教育国家级、省级示范专业点的遴选，将有利于推动专业布局进一步优化。

3. 拓宽专业口径，提升机会

随着科学技术的进步，职业岗位的智能内涵和技术含量日益丰富，职业岗位的变更周期日趋缩短，技术含量高、复合型职业岗位不断涌现，而低技术岗位则大量消失。在快速多变的知识经济时代，职业院校专业设置不仅要考虑学生专业技术能力的培养，还要考虑他们未来技术岗位发展与变化的需要。为此，应抛弃那种认为职业教育应针对具体的职业岗位设置专业的片面认识，积极拓宽专业设置的口径，使毕业生有广泛的就业机会。要注重传统产业相关专业改革和建设，服务传统产业向高端化、低碳化、智能化发展；要围绕"十四五"国家发展战略等要求，适应新技术、新模式、新业态发展实际。这是职业院校提升专业设置水平的一个重要途径，同时也是经济规律和教育规律的必然反映。

4. 立足自身条件，突出优势

校内实验实训基地、设备，校内专职教师和兼职教师数量、层次、结构组成，校外实验实训基地、合作培养单位及相近专业在校生数、毕业生就业率等软硬件条件是专业设置的物质和人才基础，是专业得以正常运行和实现专业培养目标的基本条件，也是提高教学质量和完成教学任务的根本保证。因此，职业院校专业设置一定要立足自身条件，发挥自身优势，不能以降低人才培养规格和水准为代价而盲目开设专业。

(三) 专业规划的内容

职业院校专业设置与专业建设是分不开的，一般来讲，学校专业设置中，根据专业地位、建设水平、支持力度等因素进行分级管理，专业设置和专业发展同步规划。专业规划需要考虑以下基本要素：

（1）发展现状及面临形势。

（2）指导思想、发展思路与具体目标。其中总体目标包括专业规模、专业结构、发展水平，具体目标包括结构规模、发展分类、建设指标等。

（3）具体措施，包括体制机制、重要举措、年度任务、条件保障等。

⊚ **案例**

××职业技术学院"十四五"专业建设规划

为了主动适应区域经济社会的发展和产业结构升级需要，不断推动我校专业建设和发展，全面提高人才培养质量和办学水平，根据《××职业技术学院"十四五"改革和发展规划纲要（2021—2025)》精神，特制定本规划。

一、专业建设现状与分析

"十三五"期间，学校坚持"依托产业办专业，办好专业促产业"的专业建设思想，不断加强专业建设，深化教育教学改革，积极实施教学质量与教学改革工程，建设省级示范性高职院校，创建国家骨干院校，提高了教育教学质量，提升了教育教学水平。

（一）主要成就

1. 服务社会，专业建设规模逐步扩大

学校按照"服务社会设专业、依托行业建专业、校企合作强专业"的专业建设思路，结合学校的办学条件，改造老专业，发展新专业。"十五"末，学校共有专业37个，"十三五"期间，学校增加新专业19个，报停老专业5个，2个专业更名。学校现有专业51个，涵盖了制造、土建、财经、电子信息、旅游、交通运输、农林牧渔、医药卫生等14个专业大类。五年内，累计培养全日制普通高职生近20 000人。

学校注重专业建设，打造专业特色。"十三五"期间，新增省级重点专业5个，省级教改试点专业2个，校级示范专业9个。到目前为止，学校累计建成省级重点专业5个，省级教学改革试点专业3个，校级示范专业9个。

2. 合作共建，课程建设水平大有提高

学校十分重视课程建设。各专业按照"课程体系职业化，课程内容项目化"的课程建设思路，与行业企业合作开发课程，通过与行业企业技术人员及能工巧匠的广泛交流与研讨，不断优化课程体系，改革课程内容。"十三五"期间，建成国家级精品课程4门，省级（含教指委）精品课程18门，校级精品课71门，网络课程237门；公开出版国家级规划教材28部，省规划教材18门。到目前为止，累计建有国家级精品课程4门，省级（含教指委）精品课程20门，校级精品课78门，网络课程237门；公开出版国家级规划教材28部，省规划教材18门。

3. 校企互通，专兼结合教学团队初步形成

按照"校企互通、专兼结合"的师资队伍建设思路，通过外出学习、实践锻炼、课题研究、教育教学能力测试、教学竞赛和教学研讨等多种途径，着力培养"双师"素质、多元角色的师资队伍，初步形成了由专业带头人、专业骨干教师为核心的教师梯队。学校现有专任教师592人，其中具有"双师"素质的教师245人；建立了稳定的兼职教师资源库，常年聘请兼职教师240人。"十三五"期间，聘请了技能名师11名；建成省级优秀教学团队3个，校级优秀教学团队8个。

4. 内外结合，实训条件大幅改善

学校采取校内实训基地建设和校外实训基地建设相结合，开发虚拟实训平台和生产

性实训基地建设相结合的原则，与企业合作共建实训基地。到目前为止，校内建有83个实训中心（实训室），其中建成中央财政支持的高职教育实训基地2个（中央财政支持的实训基地累计达到3个），省级高职教育实训基地6个；建有校外实训实习基地436个。校企共建实训基地形成了"基地托管式、筑巢引凤式、借船出海式、文化引入式"等方式，基本达到了"校企双赢"的效果。

5. 深化改革，教研教改取得实效

学校以提高教学质量为目的，大力开展教育教学研究与改革。初步形成了"三双"（双境培养、双师共教、双证融通）工学结合人才培养模式，探索和实践了"做中学，做中教，教学做合一"的教学模式，推行"全程系统训练法""模块教学法""项目教学法"等行动导向的教学方法，教学研究与改革取得了实效。"十三五"期间，学校累计承担教育教学研究项目104项，其中省级15项，教指委1项，长江教育研究院项目3项，校级83项；获省高等学校教学成果奖二等奖1项，三等奖3项；学生参加全国职业技能大赛71项，共有482名学生获奖；参加省级职业技能大赛137项，共有836名学生获奖；学生就业率持续保持在98%以上。

（二）专业建设存在的主要问题

1. 专业结构有待进一步优化

学校现有51个专业，但是涉及节能环保、新能源、新能源汽车、电子信息、新材料、生物医药、生物育种等新兴产业的专业较少。部分专业设置对区域产业背景、行业格局、企业需求和自身条件的分析不充分，在一定程度上带有盲目性，与区域经济的契合度不高，改造和调整任务还比较艰巨，专业结构有待进一步优化。

2. 专业建设水平有待进一步整体提升

各专业建设水平参差不齐，优势专业数量不多，专业特色不鲜明。部分专业建设思想老化和定位不清，对新技术、新工艺研究少，引入少，专业建设的整体水平有待提高。

3. 人才培养模式、课程体系和教学内容的改革还不够深入

人才培养模式有待完善，课程体系有待进一步优化，教学内容需进一步改革；专业与产业、就业的融合程度有待加深，学校与行业企业的深度融合有待加强，行业企业人员在课程建设及质量评价方面的参与度有待提高。

4. 师资队伍建设有待进一步加强

教师的数量和质量与人才培养的要求都存在一定差距，特别是在"工学结合"的高职教育教学改革大背景下，现有的专任教师队伍还不能完全适应教育教学改革的要求，符合要求的兼职教师数量不足，教师队伍建设亟待加强。

二、专业建设指导思想、发展目标及主要任务

（一）指导思想

深入贯彻落实科学发展观，坚持"以服务为宗旨、以就业为导向、走产学研用结合发展道路"的办学方针，按照"校企合作，引领行业，服务社会"的专业建设思路，主动适应区域经济社会发展的需要，调整专业设置，优化专业结构。以校企合作体制机制创新为突破点，以人才培养模式改革为切入点，以课程体系与教学内容改革为重点，以师资队伍建设为关键，以培养具有创新精神和实践能力的高素质技能型专门人才为目的，打

造重点专业、建好骨干专业、培育特色专业、发展新兴专业，分层次、分类别开展专业建设，不断提高专业整体水平和教育教学质量，为区域经济社会发展做出积极贡献。

（二）发展目标及主要任务

根据学校《"十四五"改革发展规划纲要》精神，调整院系设置专业布局，优化专业结构体系，巩固和加强基础优势专业，改造竞争力不强专业，淘汰不适应市场需求专业，开发社会急需专业，合理配置教学资源。以重点专业建设为龙头，以骨干专业建设为重点，以特色专业打造为突破点，进一步培育新兴产业专业，形成数量适宜、结构合理、优势互补、特色鲜明的专业体系；创新校企合作机制，完善人才培养模式，深化教育教学改革，增强专业社会服务能力，不断提高专业整体水平和教育教学质量。

1. 构建规模适度、结构合理的专业体系

"十四五"期间，学校开设专业数达到60个，全日制普通高职在校生规模达到××××人左右。主动适应国家产业振兴计划和地方经济社会发展，调整专业布局与结构，加强重点专业、骨干专业建设，打造专业特色，培育新兴专业。建成国家级重点专业5个，新建省级重点专业5个，新建校级重点专业5个、骨干专业7个；打造特色专业7个，开发新兴产业专业10个；建成战略性新兴（支柱）产业人才培养基地2~3个。通过分类打造，带动专业建设整体水平提高。专业发展规划如表6-3所示。

表6-3 专业发展规划

计划指标	目前数据	发展增量规划				
		2021	2022	2023	2024	2025
专业数	5	4	7	9	8	5
（1）重点专业	5	2	2	3	3	2
（2）骨干专业	0	0	2	2	2	1
（3）特色专业	0	1	2	2	1	1
（4）新兴专业	0	1	1	2	2	1

2. 建立校企深度合作的专业办学体制机制

探索校企合作"双主体"培养高技能人才新机制，建立16个专业校企合作理事会，5~8个校企合作专业性学院。进一步完善并实施系列促进校企合作制度，形成人才共育、过程共管、成果共享、责任共担的校企合作长效机制；力争实现建成1~2个国家级校企合作示范基地、3~4个省级校企合作示范基地的目标。专业办学体制机制创新计划如表6-4所示。

表6-4 专业办学体制机制创新计划

计划指标	目前数据	发展增量规划				
		2021	2022	2023	2024	2025
专业群校企合作理事会数	0	5	3	3	3	2
校企合作共同体数	0	2	2	1	0	0
校企合作示范基地	0	0	1	2	2	1
（1）国家级校企合作示范基地	0	0	0	1	1	0
（2）省级校企合作示范基地	0	0	1	1	1	1

3. 完善多样化人才培养模式

在"双境培养、双师共教、双证融通"的"三双"工学结合人才培养模式的基础上，各专业根据专业特点，结合教育教学实际，开展校企合作、工学结合、顶岗实习，探索并实践能力递进工学交替等多样化人才培养模式，形成适合不同专业人才培养的各具特色的人才培养模式。

4. 建设开放实用的优质课程

构建完整科学的课程体系，引入行业企业技术标准开发专业课程，增强课程的实用性。以精品课程建设为抓手，带动全校课程建设水平提高。力争新建国家级精品课程5～7门、省级（含教指委）精品课程15～18门、校级精品课程40～50门、网络课程300门；出版教材100部，其中建成国家级规划教材10部，省级规划教材20部。

5. 完善内外结合的实训实习条件

与行业企业合作，加强实训实习基地建设，建好中央财政支持的高职教育实训基地，新建省级高职教育实训基地3～4个，学校再建"校中厂"式实训基地4～6个，"厂中校"式基地30个，校外实训实习基地保持在1 000个左右，其中合作紧密型校外实训基地保持在500～600个，实现校企合作共建，校企双方共赢。完善实训条件管理制度，全面提高实训实习管理水平和实践性教学质量。

6. 打造专兼结合的教学团队

与行业企业合作培养专业教师，选拔、培养、聘用专业带头人60名和骨干教师200名，培养双师素质教师，使具有双师素质的专业教师达到90%以上；力争培养国家级名师1名，省级名师2名，校级名师15名，建立名师工作室1～3个；建成国家级教学团队1～2个，省级教学团队5～6个，校级教学团队8～10个。聘请技能名师15～18名；完善兼职教师资源库，常年聘请兼职教师400人左右，使兼职教师承担的专业课学时比例达到50%。

7. 建成构架合理、充分共享的教学资源库

加强优质教学资源库建设，主持或参与开发国家专业教学资源库3～5个，带动各专业教学资源库建设水平。按照校企联合、共建共享、边建边用的原则，加强教学信息化平台建设，购置或开发共享型专业教学资源管理系统，建成数字化学习中心，实现教学资源充分共享。

8. 深入推进教育教学研究与改革

深化教育教学改革，积极开展教育教学研究，力争国家级教育教学研究项目立项2～3项，省级教育教学研究项目立项15～18项；获得国家级高等学校教学成果奖1～2项、省级高等学校教学成果奖3～5项。实施教学质量与教学改革工程，全面提高人才培养质量。教学质量与教学改革工程（质量工程）规划见表6-5。

表6-5　教学质量与教学改革工程（质量工程）（规划）

计划指标	目前数据	发展增量规划				
		2021	2022	2023	2024	2025
国家级、省级重点专业总数	5	2	3	2	2	1
（1）国家级重点专业数	0	1	2	1	1	0

续表

计划指标	目前数据	发展增量规划				
		2021	2022	2023	2024	2025
（2）省级重点专业数	5	1	1	1	1	1
省级新兴产业培训基地	0	1	1	1	0	0
国家级、省级精品课程总门数	22	5	7	5	4	4
（1）国家级精品课程门数	4	1	2	2	1	1
（2）省级（含教指委）精品课程门数	18	4	5	3	3	3
教学名师总人数	0	0	1	0	2	0
（1）国家级教学名师人数	0	0	0	0	1	0
（2）省级教学名师人数	0	0	1	0	1	0
教学团队个数	3	1	2	1	1	2
（1）国家级教学团队个数	0	0	1	0	0	1
（2）省级教学团队个数	3	1	1	1	1	1
实训基地总个数	9	1	2	2	2	0
技能名师岗位数	4	2	2	2	2	2
技能名师数	7	3	2	2	2	2
教学成果奖总数	4	0	5	0	0	0
（1）国家级数	0	0	1	0	0	0
（2）省级数	4	0	4	0	0	0

9. 建成功能强大的社会服务体系

增强学校服务社会能力，拓展社会服务功能。面向行业企业开展技术服务，每年服务经费收入不低于200万元。面向社会大力开展各类培训，累计培训达12万人次。开展继续教育、普通大专学历教育累计达到2 000人左右。其中：为在岗中职毕业生提供高等学历教育800人；建成国家级高技能人才培训（培养）基地1～2个。全面实施"十百千万"社会服务工程，建设10个技术服务基地，建设社会主义新农村建设示范点；完成好"一村一名大学生计划"；开展职业技能鉴定，每年面向社会技能鉴定人数达2 000人次；建成国家级高技能人才培训（培养）基地1～2个。

10. 扎实开展对外合作与交流

对口支援3所中西部高职院校。扩大国际交流与合作，每年招收留学生20人以上。每年聘请8名外籍教师来校任教，招收20名以上的外国留学生，组织2次以上国外职业教育专家来我校开展学术交流活动，利用各种合作渠道，每年派遣20名以上专业教师到国外进修学习，通过国际交流，学习国外先进的职教理念，交流改革成果，扩大学校国际影响力。

三、专业建设措施及实施保障

（一）深化校企合作

围绕国家产业振兴计划和地方经济社会发展需要，在学校理事会领导下，建立由相关行业企业人员、教学院系领导、专业负责人、部分骨干教师等组成专业校企合作理事会，总体协调校企之间专业共建、课程共建、教师培训及兼职教师聘任、实训基地共建、学生实训实习与就业、先进技术研发应用与推广、员工培训等工作；2021年建立植物生产类专业、动物生产类专业、土建类专业等11个专业群校企合作理事会；2022年建立材料能源类专业、物流管理专业、工商管理类专业等5个专业校企合作理事会，两年共计建立16个专业校企合作理事会，覆盖学校所有的专业；制定理事会章程，明确校企双方的责权利，充分发挥专业校企合作理事会功能，形成合作办学、合作育人、合作就业、合作发展的体制机制。以重点专业为突破口，与规模以上企业合作，共同投入，建立鲁班学院、××东风汽车服务学院、××正大牧业学院、春靓园林学院、恒信会计学院等5~8个校企合作专业性学院；专业性学院实行董事会制，董事会主要对办学过程中的重大问题进行审议、决策、检查、指导、咨询、监督和协调；学校将校企合作专业性学院纳入学校的发展战略，合作企业把校企合作专业性学院纳入企业的发展战略；校企双方共同组建校企合作共同体管理机构，企业派出人员参与校企合作专业性学院的行政管理和教学管理，企业给校企合作专业性学院投入相应的资金、设备、技术和人员，学校提供相应的场地、设施、设备、资金和师资等；通过校企共建专业、共同管理，实现人才共育、过程共管、成果共享、责任共担。

（二）优化专业结构

成立校长负责，分管教学副校长、教务处处长和教学学院院长为主体的专业建设小组，分析现有专业现状和发展趋势，建立专业建设预警机制，开展中学阶段学生从业意向和社会人才供求关系调研，巩固和加强基础优势专业，改造和调整竞争力不强专业，开发社会急需专业，主动适应区域经济社会发展和地方产业结构升级的需要。根据区域经济发展和市场对人才需求的变化，逐步淘汰信息安全技术、社区管理与服务等一批不适应区域经济发展需要的专业，新建电子信息工程技术、物联网、电动汽车检测与维修、康复技术、医学美容技术等一批新兴专业，形成特色鲜明、结构合理的专业群。建立专业建设水平评估标准，打造汽车检测与维修、建筑工程技术、会计、护理等重点专业；保障机电一体化、会计等骨干专业的建设；形成工程造价、制冷与冷藏技术、应用化工等特色专业；开发电子信息工程、电动汽车检修等新兴专业，形成结构合理、特色鲜明的专业体系。按照专业等级、类别给予不同的建设支持力度，对于重点专业，全方位投入保障，形成优势，打造品牌；对于骨干专业，确保专业建设和发展的基本条件，不断提高人才培养质量；对于特色专业，重点投入特色内涵建设，将特色打造得更加鲜明和突出；对于新兴专业，要加大投入，促使其发展壮大。

（三）优化人才培养方案

各专业合理调整专业建设委员会，依托校企合作理事会、专业建设委员会，广泛开展职业岗位对人才要求调研，建立毕业生跟踪反馈制度，以社会需求为依据，明晰人才培养目标；参照职业岗位任职要求，改革人才培养模式，与行业企业共同制订专业人才培养方案。各专业人才培养方案每三年进行一次系统修订；每年根据教学过程遇到的问题和社会需求变化情况进行必要的调整。加强各层次（中等职业教育、高等职业教育）人才培养方案之间的衔接，构建人才培养立交桥。

（四）改革人才培养模式

根据职业成长规律和学生学习认知规律，在"双境培养、双师共教、双证融通"人才培养模式基础上，依据专业特点和企业生产要求，实施能力递进工学交替等多样化的人才培养模式改革。在完善"做中学、做中教、教学做合一"的教学模式基础上，全面实施项目导向、任务驱动的教学模式。试行多学段、分级式的教学组织模式。运用现代信息技术，利用互联网、数字虚拟、多媒体等技术手段，发挥"天空课堂""专业教学资源库"等教学资源的作用，采用现场教学、仿真教学、虚拟情境教学等教学方式，采用任务实操法、角色扮演法、合作学习法等教学方法，创新教学形态，开展创新创业实践活动。建立符合高等职业教育专业人才培养特点，以学习能力、职业能力和综合素质为导向的科学化、社会参与的评价体系，促进学生能力递进、素质提升。突出教学过程的实践性、开放性和职业性，认真抓好实验、实训和实习三个关键环节，加强顶岗实习管理，提高顶岗实习质量。通过人才培养模式改革，提高学生的职业素质和可持续发展能力，增强学生的学习能力、实践能力、创新能力、就业能力、创业能力。

（五）加强课程建设

以课程教学资源建设为重点，加强课程建设；基于职业岗位工作分析，引入行业企业技术标准，与企业合作共同开发专业课程和教学资源，构建并优化课程体系；将国际通用的高技能人才职业资格标准融入教学内容；全面实施项目导向、任务驱动、教学做一体的教学模式。继续实行精品课程建设项目化管理制度，继续设立精品课程专项建设资金，完善精品课程建设激励机制，按照"学院先行建设，学校择优推荐参加省级精品课程评审，省教育厅再推荐参加国家级精品课程评审"的程序加强省级、国家级精品课程建设；更新精品课程管理系统，按照"每年末位淘汰10％，逐年发展"原则，加强院级精品课程建设与管理；通过精品课程建设，带动课程建设整体水平。鼓励教师参加各级规划教材研发，支持教师开发优质校本教材或讲义，定期组织优秀教材评选活动，加大优秀教材奖励力度。以现代信息技术为支撑，以国家级重点建设专业为龙头，带动其他专业加强专业教学资源库建设；丰富专业教学资源库内容，建立数字化学习平台，充分实现教学资源共享，为高等职业院校师生、企业和社会学习者提供资源检索、信息查询、资料下载等服务。

（六）推进教学研究与教学改革

在专业建设小组领导下，成立教学改革与建设科，具体负责全校教学改革与建设项目指导、管理工作。以提高教学质量为目的，完善教学改革与教学研究管理办法，创新教学改革与教学研究激励机制，围绕人才培养模式改革、教学模式改革、教学组织模式改革、教学手段与方法改革、学业考核与评价办法改革等加大教学改革与教学研究力度。进一步规范教育教学研究与改革课题立项、结题程序和管理，加强教育教学研究与改革课题研究过程中的监督与管理，实施重点教育教学研究与改革项目年度跟踪指导制度，促进教育教学研究与改革顺利开展，提高教育教学研究与改革优秀成果产出率。

（七）加强师资队伍建设

弘扬老区精神，加强师德师风建设，把教师的师德师风作为对教师考核聘用的重要内容。把培养良好的职业道德和强烈的社会责任感作为教师队伍建设的首要任务。认真实施好《××职业技术学院教师职业道德规范》。根据师资队伍建设整体规划，加大教师培养、引进力度，适度扩大教师队伍规模，优化教师队伍结构；实施"专业带头人培养工程""骨干教师培养工程""双师素质教师培养工程""兼职教师队伍建设工程""优秀教学团队建设工程""师德师风建设工程""学历职称提升工程"等七大工程，创新管理机制，提升教师的整体素质。

（八）完善实训条件建设

按"校内基地生产化、校外基地教学化"的思路，完善校内外实训条件建设。加强实训室管理，重点建设医药卫生类专业和其他新专业实训室；由学校提供场地，与行业企业合作，将企业生产设备、技术人员等资源引入学校实训基地，与学校设备、师资进行整合，按企业化要求组织生产和科研，结合生产按学校要求开展教学，着力推进集生产、教学功能于一体的"校中厂"式校内实训基地建设；加强校外实习基地建设，进一步完善校外基地认定制度，重点建设"厂中校"式校外实习基地，加强校外基地教学功能建设，建立学校专业教师与企业技术人员联合管理校外基地制度，增大校内专业教师校外基地建设、管理参与度和话语权，培训校外基地企业技术人员教学管理与教学组织能力，探索校外实习基地校企双方"共管双赢"管理机制和体制。

（九）全方位开展社会服务

创新社会服务体制，建立社会服务长效机制，成立学校产学研合作领导机构，成立应用技术研究机构，成立产学研创新团队，教学院系成立企业技术服务小组，建立社会服务长效机制。全面实施"十百千万"社会服务工程，做好与10县的实质性对接工作，与百村共建社会主义新农村建设示范点，探索学校参与支持社会主义新农村建设新模式。广泛开展职工技能培训、农村实用技术培训和农村劳动力转移培训等培训工作。完成好"一村一名大学生计划"。充分发挥学校专业技术优势，采取"结对帮扶"、送科技下乡等有效方式，为农村、企业提供广泛的技术服务，辐射带动区域经济快速发展。充分发挥学校现有的国家职业技能鉴定所的作用，常年开展面向行业企业的职业技能鉴定与专业技能认证工作。积极开展继续教育，不断探索继续教育新模式。

（十）加强对外合作与交流

继续与中西部3所高职院校开展对口支援、交流和合作。充分利用现代信息技术，共享优质教学资源。每年安排2名以上教师和管理人员分别到对口支援院校交流，每年组织一次合作院校交流活动。积极开展国际交流与合作，加强与国外合作院校的师资交流，每年聘请8名左右外籍教师来校任教，每年派遣10～20名专业教师到国外进修学习。每年招收留学生20人以上，组织国外职业教育专家来我校开展学术交流活动。通过国际交流，引进国外先进的职教理念和教育方法，同时通过交流教育教学改革建设成果，扩大学校国际影响力。

（十一）完善质量保障体系

构建适合于校企合作、工学结合、顶岗实习等多样化人才培养模式的柔性化教学管理机制。实施学校、教学院系二级管理，力求管理柔性化。进一步完善教学质量监控与评价体系。完善各教学环节的质量标准和工作规范，形成系统的教学质量评价标准体系；完善教务处检查员、督导室督导员、教学院系教务员、学生信息员、企业人员"五员联动"监控机制，加强对教学情况的反馈，保证教学信息反馈渠道的畅通；吸纳行业企业参与人才培养与评价，将就业水平、企业满意度作为衡量人才培养质量的核心指标，实施学校、社会、用人单位、学生家长和学生共同参与的"五位一体"教学质量评价体系，及时改进教学，促进教学质量的提高。

（十二）加强组织管理

学校成立专业建设领导小组，负责对专业建设工作进行统一协调和指导。各教学院系由主要负责人任组长，分管以教学工作领导、专业负责人为主体的专业建设工作小组，负责专业建设工作的具体实施，确保专业建设规划顺利实施。学校每年投入不少于200万元的资金作为专业建设专项经费（含课程建设、教材建设、教研教改、教学成果奖励），各教学院系通过培训、技术服务及与企业合作办学、社会力量融资、捐资等方式筹备一定比例专业建设经费。专业经费设立专项资金账号，严格管理，出台专门的管理办法，确保专款专用。建立目标责任制度，根据建设规划的总体目标和主要任务，由学校教务处分解工作任务，落实工作责任，确保各项建设内容责任明确、落实到位。各教学院系按照《××职业技术学院"十四五"专业建设规划》精神制定《院系"十四五"专业建设规划》，各专业也应制订《专业建设实施计划》。学校进一步完善《××职业技术学院专业建设管理办法》《××职业技术学院课程建设管理办法》等一系列相关制度措施，并予以严格执行，从制度上保障《××职业技术学院"十四五"专业建设规划》顺利实施。

总结案例

专业建设的前瞻性

武汉地铁集团与武汉铁路职业技术学院的缘分始于2002年，彼时武汉地铁刚刚开始建设，学院认为，专业设置不仅要贴近市场，更要超越市场，因此主动联系地铁集团询问地铁线路开通后需要哪些专业人才，学院随之开设了城市轨道交通相关的专业。"等到2004年武汉地铁1号线开通时，学院的毕业生已经可以做顶岗实习了。"武汉铁路职业技术学院院长程时兴认为，在专业设置上，"我们不是考虑企业现在需要什么人才，而是企业将来需要什么人才"。

课后思考

职业院校的专业设置忌讳随意性，讲究科学性，特别要遵循专业设置的原则，即按一定的要求来设置、调整专业，以收到良好的效果，反之，就可能事倍功半，影响学校发展。就此谈谈你的看法。

单元二　专业定位

▶ 培训目标

- ◆ 理解专业定位的重要意义
- ◆ 理解社会需求调研分析的方法
- ◆ 理解专业培养目标拟定的具体方法和过程

导入案例

错乱的专业定位

某职业技术学院应用化工技术专业定位为：主要面向精细化工、化学制药等行业，培养德智体美劳全面发展，具有良好的职业道德和敬业精神，具备与化工专业技术领域相适应的文化水平和素质，掌握化工专业必备的理论基础知识，具有化工专业相关领域工作的岗位能力和专业技能，具有一定的可持续性发展能力的，能从事精细化工、化学制药等企业的生产操作、设备维护、产品质量分析检验、生产工艺管理等工作的技术技能人才。

学生毕业时才发现，本地化工企业主要是日用化工，学生学习的内容与工作内容有区别，不能很好地适应工作的要求，学生意见很大。

一、社会需求调研分析

社会需求调研分析是在开展专业人才需求调研的基础上进行针对性的分析，目的是从宏观上把握行业、企业的人才需求与职业学校的培养现状，依此确定专业建设思路、培养目标、职业岗位、专业方向和对应的职业资格证书等。成果形式是"专业人才需求调研报告"。

（一）专业人才需求调研

在调研之前，要设计好调研方案，方案要明确调研背景、调研目的、调研对象、调研形式、调研时间、调研内容、调研方法、人员安排、经费保障、提交成果等，并对调查问卷、访谈要点、数据规范做出必要的规定。其中，要特别注意以下方面：

（1）调研内容包括相应行业的专业人才结构现状、专业人才需求发展趋势、人才需求的数量与规格、岗位对知识能力和素质的要求、相应的职业资格、学生就业去向等。如果调研对象是学校毕业生或对学校的情况比较了解的对象，还可以进一步深入调研专业改革的思路与对策（包括确立新的理念、正确定位培养目标；重构课程框架；调整教学内容；改革教学方法；建立新的实训体系等）、专业对应的工作岗位分析、典型工作任务分析、对应的职业资格证书和应设置的专门化方向、对学校招生就业和教育教学的建议。

（2）调研对象要能全面反映专业的人才需求、岗位对人才的要求，要深入行业、企业、中高职院校和职业资格鉴定机构调研，对行业、企业业务骨干、人力资源管理人员、专业负责人、毕业生等进行访谈，综合运用资料查阅、问卷和访谈等调查方法，掌握真实、可靠、有用的信息。

（3）调研方法要因调研内容和对象而变。如调研工作岗位需求可以先通过问卷的形式，了解专业所涉及的工作岗位以及工作职责，查看企业招聘要求，再与企业人事部门和岗位人员进行访谈交流，进一步确认。调研职业活动时，可以通过问卷、采访企业岗位人员等多种形式，了解专业相关工作岗位日常的职业活动，归纳出每一岗位完成职责任务的工作流程，确定每一岗位的工作内容、对专业人员的能力要求、知识要求和素质要求，为职业教育课程体系与教学内容的设计提供指导。调研专业最重要的 10 项工作任务时，可以通过问卷、采访企业相关岗位人员、座谈会、电话采访、毕业生的采访等多种形式，调研分析专业最重要的 10 项工作任务，为职业教育课程内容的设计提供资料。

（二）专业人才需求调研分析

调研结束后，需要对收集的信息和数据进行分析，对收集到的信息进行确认、筛选、分类、统计，进行定性和定量分析，并对产生结果进行原因分析，思考解决相关问题的对策。

在进行人才需求调研分析中，需要把握以下几点：

（1）回顾调研的目的，确认调研方法与目标是否相符、确认收集的数据是否准确、确认有没有充足的数据来得出结论。

（2）把相关的数据汇总、排列，并转化成信息。

（3）详细分析。借助数据处理工具，比如 SPSS、Excel 等，可以做出数据图，或把问题与趋势的关系进行对比。

（4）可视化呈现。一是图表式分析。图表式分析就是把数据用可视的格式呈现出来以利于找到不同。有许多不同的表格可以选择使用，最常用的有柱图、饼图和线图，还有其他的图表形式，例如线图、点状图和星图。这些图可以用来表示一段时间内的同一数据变化。二是频率表格。频率表格是做基本分析的又一格式，这类表格可以表达出可能的反馈，每部分反馈的总人数和每一选项的百分比。频率表格对大量选项数据或每个选项所占百分比差别很小的数据处理非常有用。三是交叉表格。交叉表格适用于对比两个分支类的信息。交叉表格可以帮助你把两个问题做对比并得出它们之间的关系。像频率表格一样，交叉表格可以把一个问题的答案用行展示，把另一个问题的答案用列展示。

（三）岗位职业能力分析

在人才需求调研中，对岗位进行职业能力分析是一项重要内容。对工作岗位及岗位群进行职业活动和工作任务分析，得到工作所需的知识点、技能点、素质点，确定专业职业能力。成果形式是"职业能力分析报告"，重点是职业能力标准或职业能力框架体系。

1. 操作方法

工作任务分析主要采用"头脑风暴法"。即通过一位主持人依据精心设计的分析技术对若干行业技术专家进行引导来实施。其成功与否，很大程度上取决于主持人的水平与能力，以及行业技术专家的人选，他们务必是从事生产、服务与管理的第一线的行业技术专家。为了保证分析结果的全面和完整，每个岗位都必须有专家参加。专业教师可通过适当方式参与分析过程。

（1）主持人要求。

主持人要熟练掌握工作任务分析技术，善于引导行业技术专家小组按照任务引领型课程开发要求进行工作任务分析，并善于归纳、整合、提炼专家的意见。

（2）行业技术专家要求。

①数量要求：一般聘请8～10位。

②单位要求：要求聘请在技术、服务、管理方面处于行业领先地位、熟悉中高职毕业生岗位职业能力的企业的技术专家，有跨国企业的技术专家更好。

③职务要求：行业技术专家以一线技术骨干，如班组长、车间主任一类人员为宜，有人力总监和技术总监更好。

④岗位要求：行业技术专家要覆盖本专业所面向的工作岗位。

⑤能力要求：应尽量聘请善于思考，表达能力强（至少书面表达能力要强），并乐于、善于与人合作，能虚心听取他人意见的行业技术专家。

⑥经验要求：聘请的行业技术专家应具有高级工及以上或相应职业资格证书，具有5年以上工作经历，对所从事的工作岗位有较全面的了解。

（3）会议准备。

会前向行业技术专家提出分析任务与要求，并做好如下充分准备：

①介绍专业教学标准开发的背景情况。

②介绍生涯路径。

③介绍分析会的有关技术。要坚持从工作岗位的实际需要确定工作领域、工作任务和职业能力。

④提供专人服务和技术支持，如记录员、电脑、投影屏幕、纸笔、分析表等。

（4）基本步骤。

①确定工作领域。将本专业毕业生所涉及的职业活动按工作的性质和要求分解成若干个工作领域。一般每个专业对应的工作领域为8～10个。

②确定项目（工作任务）。按工作的性质与要求，将每一工作领域分解成若干相对独立的单项任务，也可以将每一工作领域作为综合项目（工作任务）。工作任务分析要求：一是应当是岗位上实际存在的工作任务；二是应当涵盖岗位的所有要求，一般每个工作领域的工作任务以5～7个为宜；三是任务分解要体现出清晰的逻辑线索，要避免任务之间的交叉，还要注意同级的工作任务应当大小比较均衡；四是工作任务表述采取"名词＋动词"的短语形式，如"产品制作"。

③确定职业能力。即分析完成每项工作任务应具有的职业能力。职业能力分析应注意：一是涵盖主要职业能力要求，每项工作任务的职业能力以4～6个为宜；二是职业能力要求用简洁的语言表述，建议采用"能或会＋操作要求＋操作对象"的格式，如"能熟练操作示波器"。职业能力描述不能笼统地进行，如"表达能力""沟通能力"是不合适的，只有结合具体任务所描述的职业能力才对课程开发具有重要意义；三是可列出与工作任务相关的、独立于具体任务的理论知识作为能力。

④形成职业能力标准。把确定好的工作领域、项目与职业能力填入"职业能力标

准"表格，形成正式的职业能力标准。

依据相应职业教育人才培养层次对职业能力的要求，确定职业能力的学习要求。

2. 注意要点

（1）分析的对象是工作而不是员工，要关注事而不要关注人。

（2）工作任务分析可分岗位进行，也可把岗位综合在一起进行，根据专业特点而定。

（3）工作任务与职业能力分析结果梳理后，仍须经行业技术专家充分论证。

（4）工作领域与工作任务分析不要机械地按照工作流程进行，路径选择应以能获得实际内容为基本依据。

（5）要根据各专业面向各行业企业人才培养要求，准确判断职业能力描述的恰当性。

（四）专业人才需求调研报告

在人才需求调研结束后，在分析的基础上应该形成调研报告，并组织相关学校和行业技术专家对专业人才需求调研报告初稿进行充分论证，并加以完善，形成专业人才需求调研报告。专业人才需求调研报告形成后，仍要不断完善、提炼，使文字简洁、表述清晰、数据翔实、逻辑严密、结论科学且有深度。

专业人才需求调研报告包括的主要内容有：调研的目的、调研的范围（对象）、调研的内容分析（包括行业发展现状调研分析、人才需求状况调研分析、本学院专业在全省同类院校设置情况分析、本院相关专业现状分析、职业岗位调研分析、课程设置及课程与职业标准对接情况分析、校企合作、师资队伍、实训条件建设、人才培养质量与社会服务分析等）、调研方式、调研结论与建议、本次调研所存在的问题、附录等。

📧 案例

××××专业人才需求调研报告

一、专业人才需求调研的指导思想、基本思路和方法

调查的质量取决于调查的过程，而调查的过程又取决于调查的设计。调查设计应包括调研过程、调研方式、调研范围（对象）及调研内容等。在调查设计阶段应制作调查问卷和调查提纲，应准备必要的录音录像器材和收集资料提纲，还有行程路线、开支费用等。调研的对象有毕业生、顶岗实习的学生、行业专家、企业人力资源总监和技术总监、企业一线技术骨干等。调研的主要内容有职业资格标准、行业或企业职业能力标准、全省各兄弟院校现行的专业教学标准资料。

二、专业人才需求状况分析

1. 行业发展现状与趋势

2. 行业从业人员基本情况

3. 专业对应的职业岗位

专业对应的职业岗位、从业人员的基本情况、过去三年人才招聘情况、未来人才需求趋势、对学历与职业资格证书的要求。

4. 专业对应的职业资格证书

列出社会通用的职业资格证书，经分析，确定社会认可度高、对学生就业帮助大的证书，明确这些职业资格证书与专业（技能）方向和职业岗位之间的对应关系。

5. 专业人才招聘渠道

专业所对应的岗位目前主要招聘渠道，能否满足需要，其中中职学生所占比例。

三、专业现状分析

1. 专业点分布情况

主要分析省内中等和高等职业院校该专业布点情况。

2. 专业招生与就业岗位分布情况

主要分析该专业近三年来在校生数和招生数，以及近三年来该专业毕业生就业的岗位分布情况。

3. 专业课程与教学情况及存在的主要问题

包括课程设置、教材使用、师资条件、实训条件、考证情况等。

四、专业教学改革的思路与对策

1. 专业培养目标与专业方向调整建议

根据以上调查结果，确定专业培养目标和专业方向。

2. 专业课程设置的原则建议

包括对课程模式、课程结构以及具体课程设置提出建议。

3. 专业教学内容改革建议

包括对课程内容、知识结构以及技能要求等提出教学改革建议。

4. 专业师资与实践条件配置建议

主要对教师的能力要求，职业资格要求，实验实训场地、设备以及校外实训、实习基地建设等提出系列建议。

@ 案例

××××专业人才职业能力分析报告

一、专业人才职业能力分析基本思路和方法

在专业人才需求调研基础上，对工作岗位及岗位群进行职业活动和工作任务分析，分析中职和高职毕业生就业面向岗位的任职能力要求，得到工作所需的知识点、技能点、素质点，确定中高职专业职业能力，成果形式是"职业能力分析报告"，重点是中高职职业能力标准或职业能力框架体系；明确中高职专业教育定位，明晰中职和高职专业教育的分工与衔接问题。

主要采用"头脑风暴法"，聘请8～10位行业技术专家，通过主持人依据精心设计的分析技术对若干行业技术专家进行引导来实施；行业技术专家要覆盖本专业所面向的工作岗位，应具有高级工及以上或相应职业资格证书，具有5年以上工作经历，对所从事的工作岗位有较全面的了解；专业教师可通过适当方式参与分析过程。

二、确定就业面向

将本专业毕业生所涉及的职业活动按工作的性质和要求分解成若干个工作领域,归纳分析中职和高职专业毕业生主要就业的职业岗位群和相近职业岗位群。

1. 初始岗位群

包括中职和高职专业毕业生主要就业的职业岗位群和相近职业岗位群。

2. 发展岗位群

经过一定的经验积累,中职和高职专业毕业生可从事(或升迁)的工作领域或工作岗位。应有工作年限,如:二年至三年、三年至五年、五年至八年等可从事(或升迁)的工作领域或工作岗位。

三、确定职业典型工作任务

进行整体化的职业分析,运用典型的职业工作任务描述职业工作,主要采用实践专家研讨会的方式进行。通过访谈得到实践专家成长历程,以及成长历程中各阶段完成的工作任务,进行工作任务汇总,由此得到典型工作任务。

首先,分析职业成长过程中的不同阶段以及完成的工作任务,归纳其职业成长历程。

表6-6为建筑装饰专业人才职业成长历程分析表。

表6-6　建筑装饰专业人才职业成长历程分析表

工作岗位	工作职责	具体工作任务内容
建筑装饰绘图员	·绘制规范、准确 ·表现充分 ·任职要求:熟练使用 Autocad、Coreldraw、Photoshop、3Dmax等电脑设计软件;熟悉室内装修、水电施工图及竣工图的绘制;工作认真负责、吃苦耐劳,具有良好的沟通协调能力及团队合作精神	·根据设计师的意图完成效果图制作 ·根据设计方案绘制装饰施工图纸
建筑装饰施工员	·协助项目经理组织好工程项目施工,根据合同中的工期要求,安排好各工种穿插施工 ·根据工程质量标准,把好质量关,严格按照施工规范施工 ·在项目经理的领导下,负责项目现场具体的施工进度、质量、安全和成本管理工作	·负责完成工程项目进场前各项准备工作 ·负责按照工程整体施工进度计划,安排落实分部(项)工程作业任务 ·根据工程质量标准,把好质量关,严格按照施工规范施工,做好施工记录,及时对工期、质量存在的问题提出整改意见和具体办法 ·做好施工前的技术交底工作,并对施工过程中的各个环节进行指导监督,协助项目经理编制工程质量相关报表,对施工现场严格监督,发现问题及时反馈,限期整改 ·根据施工进度随时制订材料使用计划,填写领料单 ·协助项目经理制订人工投入计划,确定人工费控制目标并实施,降低成本,提高效益 ·安全文明施工,严格执行现场管理规定,及时发现安全隐患,注意防火、防盗,保证不出任何事故

续表

工作岗位	工作职责	具体工作任务内容
室内设计师（家装）	·方案设计合理，符合业主要求	·前期沟通交流 ·调研现场勘测 ·方案初步设计 ·业主交流反馈 ·方案优化修改 ·签订合同 ·施工图设计 ·技术交底 ·施工图纸变更
室内设计师	·客户调查报告 ·装饰设计方案：设计说明、总平面图、总顶面图、重点区域图、剖面图、大样图、区域色彩效果图 ·装饰材料提案表 ·隔断与家具造型及色彩配置提案表	·接收招标函或甲方委托 ·在有限的时间内，依据建筑图纸、实地考察后完成整体方案设计 ·整体方案的系统化设计 ·参加投标及唱标，中标后签订合同 ·出施工图纸，参与工程招投标中的答疑，工程进场后进行技术交底
建筑装饰工程项目经理	·根据标书、施工图等文件在装饰施工现场监督指导施工 ·负责全部施工工程的技术指导、施工组织、验收等工作 ·主要对施工企业和甲方负责	·辅助投标，制作标书 ·辅助方案设计 ·装饰工程施工工艺流程确定 ·装饰工程施工组织和管理 ·施工工程验收

再通过职业工作历程分析，了解其职业历程中完成的工作，由此得到工作任务汇总表。

表6-7为建筑装饰专业人才工作任务汇总表。

表6-7 建筑装饰专业人才工作任务汇总表

工作任务汇总
·效果图制作
·施工图绘制：平面、立面、剖面、大样详图
·办公附属楼接待处雅间项目：采购、材料选择、施工人员选定、施工工艺布置、手绘施工图、甲方谈判、工程构造 ·办公楼高级套间项目：效果图 ·办公楼外立面改造项目 ·宾馆项目：大厅、商务中心、休息区、服务台 ·酒店内装工程：迪厅、包间、办公空间 ·餐饮项目 ·迪厅内装修工程 ·建筑外装设计施工 ·洗浴中心内装修工程 ·建筑幕墙设计 ·医院内装工程
·别墅项目：设计方案、施工图、预算、材料选购、施工管理 ·小区住宅装修
·各装饰装修工程项目管理：日常现场管理、施工工程管理

最后，由工作任务汇总可以得到主要工作任务，为了更清晰地把握该职业所需培养的专业能力和素质，对职业工作任务进行分析，得到典型工作任务。

表6-8为建筑装饰专业人才典型工作任务表。

表6-8 建筑装饰专业人才典型工作任务表

工作任务	典型工作任务
• 效果图制作	效果图制作
• 施工图绘制：平面、立面、剖面、大样详图	施工图绘制
• 办公附属楼接待处雅间项目：采购、材料选择、施工人员选定、施工工艺布置、手绘施工图、甲方谈判、工程构造 • 办公楼高级套间项目：效果图 • 办公楼外立面改造项目 • 宾馆项目：大厅、商务中心、休息区、服务台	公装工程项目整体方案设计
• 酒店内装工程：迪厅、包间、办公空间 • 餐饮项目 • 迪厅内装修工程 • 建筑外装设计施工 • 洗浴中心内装修工程 • 建筑幕墙设计 • 医院内装工程	不同装饰工种施工实施
• 别墅项目：设计方案、施工图、预算、材料选购、施工管理	家装工程项目整体方案设计
• 小区住宅装修	不同装饰工种施工实施
• 各装饰装修工程项目管理：日常现场管理、施工工程管理	建筑装饰工程项目管理

四、描述职业能力

对典型工作任务进行分析，得到工作所需的知识点、技能点、素质点，确定相应的职业能力。表6-9为职业能力分析表。

表6-9 职业能力分析表

典型工作任务	职业能力			知识	技能	素质	中职	高职
1.	1.……	1.1……	1.1.1……				√	
			1.1.2……				√	
		1.2……	1.2.1……				√	√
			1.2.2……					√
	2.……						√	√
2.							√	√
3.								√
……								

二、专业培养目标推定

在调研和分析的基础上，应该进行专业培养目标推定。专业培养目标推定包括以下几个方面的内容：人才类型定位、人才职业面向定位、人才培养目标定位、人才培养规格定位等推定。

（一）职业教育培养的人才类型定位

1. 职业人才培养类型变化的梳理

我国职业教育办学时间不长，中等职业教育在改革开放之后才有规范的发展，大多数高职院校是由"三改一补"而来，即改造高等专科学校、职业大学、成人高校，由中等专业学校办高职班作为补充。从历史进程上看，教育部对职业教育办学走什么道路一直在探索中逐步完善，体现为各时期政策文本表述不一，致使我国职业教育人才培养目标表述历经多次变动。

第一阶段是 20 世纪 80 年代，高等职业教育人才培养目标定义为技术型人才。1982年教育部《中国短期职业大学和电视大学发展项目报告》中指出，职业大学的人才培养目标是培养满足"地方需要"的技术员，由于职业大学在当时承担了相当一部分高等职业教育的任务，表明高等职业教育在诞生之初就将目标定位于技术型人才培养上，这一时期，中等专业学校培养目标定位也是技术员。

第二阶段是 20 世纪 90 年代，职业教育人才培养目标定义为实用型人才。1991 年 10月国务院出台的《关于大力发展职业技术教育的决定》（国发〔1991〕55 号）提出，高等职业教育要"为地方经济建设和社会发展培养高级实用技术、管理人才"。《中国教育改革和发展纲要》（中发〔1993〕3 号）提出，职业教育的培养目标应以培养社会大量需要的具有一定专业技能的熟练劳动者和各种实用人才为主。1996 年 6 月的第三次全国职业教育工作会议上，时任国家教委主任的朱开轩提出，"高等职业教育主要培养高中后接受两年左右学校教育的实用型、技能型人才"。1999 年，国务院批转了教育部《面向21 世纪教育振兴行动计划》（国发〔1999〕4 号），提出"高等职业教育必须面向地区经济建设和社会发展，适应就业市场的实际需要，培养生产、服务、管理第一线需要的实用人才"。中等职业教育培养目标的表述也与此类似。

第三阶段是 2000 年前后，高等职业教育人才培养目标定义为应用型人才。2000 年下发的《国务院办公厅关于国务院授权省、自治区、直辖市人民政府审批设立高等职业学校有关问题的通知》（国办发〔2000〕3 号）指出：高等职业院校的主要任务是面向地方和社区经济建设及社会发展，培养"生产、服务、管理第一线岗位需要的应用型、技能型专门人才"。同年，教育部印发《关于加强高职高专教育人才培养工作的意见的通知》（教高〔2000〕2 号），对高等职业教育人才培养目标的表述为"适应生产、建设、管理、服务第一线需要的德、智、体、美等全面发展的高等技术应用性专门人才"。2002 年 8 月国务院《关于大力推进职业教育改革与发展的决定》（国发〔2000〕16 号）提出：职业教育要培养"生产、服务第一线的高素质劳动者和实用人才"。

第四阶段是 21 世纪初，高等职业教育人才培养目标定义为技能型人才，其中又细分为高技能、高端技能、高素质技能、复合技能、知识技能等。2004 年国务院印发的《2003—2007 年教育振兴行动计划》（国发〔2004〕5 号）中提出：高等职业教育要"大量培养高素质的技能型人才特别是高技能人才"。同年印发的《教育部关于以就业为导向深化高等职业教育改革的若干意见》指出：高等职业院校要坚持培养面向生产、建设、管理、服务第一线需要的，实践能力强、具有良好职业道德的高技能人才。2006年《关于进一步加强高技能人才工作的意见的通知》（中办〔2006〕15号）指出："加快培养一批数量充足、结构合理、素质优良的技术技能型、复合技能型和知识技能型高技能人才。"2006年11月教育部在《关于全面提高高等职业教育教学质量的若干意见》（教高〔2006〕6号）中明确提出培养"高素质技能型人才"。《教育部财政部关于进一步推进"国家示范性高等职业院校建设计划"实施工作的通知》指出，要发挥高职院校培养"高素质高级技能型专门人才"的重要作用。2010年7月，在《国家中长期教育改革和发展规划纲要（2010—2020年）》中，首次从建立现代职业教育体系的角度提出要"发挥高等职业学校的引领作用，重点培养高端技能型人才"。2011年《教育部关于推进高等职业教育改革创新引领职业教育科学发展的若干意见》对高等职业教育人才培养目标表述为"高端技能型人才"。

第五阶段是2012年以来，高等职业教育人才培养目标定义为技术技能型人才。如2012年《国家教育事业发展第十二个五年规划》指出"中等职业教育重点培养现代农业、工业、服务业和民族传统工艺振兴需要的一线技术技能人才；高等职业教育重点培养产业转型升级和企业技术创新需要的发展型、复合型和创新型技术技能人才"的职业教育人才培养分层目标。2014年《国务院关于加快发展现代职业教育的决定》（国发〔2014〕19号）提出"职业教育培养服务区域发展的技术技能人才"等。2019年1月24日发布的《国务院关于印发国家职业教育改革实施方案的通知》（国发〔2019〕4号）指出：职业教育要坚持以习近平新时代中国特色社会主义思想为指导，把职业教育摆在教育改革创新和经济社会发展中更加突出的位置。牢固树立新发展理念，服务建设现代化经济体系和实现更高质量更充分就业需要，对接科技发展趋势和市场需求，完善职业教育和培训体系，优化学校、专业布局，深化办学体制改革和育人机制改革，以促进就业和适应产业发展需求为导向，鼓励和支持社会各界特别是企业积极支持职业教育，着力培养高素质劳动者和技术技能人才。

纵观我国高等职业教育的发展历程，其人才培养目标随着社会经济和教育的发展而不断变化，伴随目标表述不断变化，其内涵不断丰富，定位逐渐清晰。

2. 职业教育人才培养类型表述的解析

在我国职业教育发展的不同历史阶段，人才培养目标曾经出现技术型、技能型、实用型、技术技能型等不同的概念表述，这些彼此相近的概念使得职业教育人才培养目标定位愈益模糊。对这些概念进行具体分析并有效区分，是厘清职业教育人才培养目标、确定目标内涵特征的关键。

一般而言，复合型、创新型、应用型、发展型、技术型、技能型人才的概念可分别界定如下：

复合型人才包括知识复合、能力复合、思维复合等多方面，是指那些在各个方面都有一定能力，在某一具体方面又能出类拔萃的人。换句话说，复合型人才不仅在专业技能方面有突出的经验，还具备较高的相关技能。

创新型人才是指富于开拓性，具有创造能力，能开创新局面，对社会发展做出创造性贡献的人才。通常表现出灵活、开放、好奇的个性，具有精力充沛、坚持不懈、注意力集中、想象力丰富以及富于冒险精神等特征。

应用型人才是指能将专业知识和技能应用于所从事的专业社会实践的一种专门的人才类型，是熟练掌握社会生产或社会活动一线的基础知识和基本技能，主要从事一线生产的技术或专业人才，其具体内涵是随着高等教育历史的发展而不断发展的。

发展型人才是近两年由我国政府提出的，它指的是具有较强的社会责任感、使命感、懂技能、懂知识、肯于吃苦、肯于攀登、头脑灵活、思维发散，能顺应时代变化，听从时代召唤的，具有发展潜能的适应社会需求的新型人才。

技能型人才是指在生产和服务等领域岗位一线，掌握专门知识和技术，具备一定的操作技能，并在工作实践中能够运用自己的技术和能力进行实际操作的人员，主要包括具备技工、技师及其他相应水平或拥有各种技能的人员（其中，技师分高级技师和技师两类，技工分高级工、中级工、初级工三类）。

技术型人才是指通过学习接受某方面技术知识，具备该专业技术能力的人员。其中较为突出的是熟悉相关技术，并具有自主创新能力的，称为专业技术人才。区别于专业技能人才，专业技术人才需要借助自身以外的载体来完成任务，即需要掌握一定的专业工具使用能力；而专业技能人才则通过语言和行动就可以表达其专业技能，完成任务。

从上述相关概念的界定及对比可知，复合型、创新型、应用型、发展型人才规格相对比较抽象，并不指向某一特定教育类型及教育层次人才所需的专业知识与职业能力，而是泛指为适应当今社会发展所需具备的通用性能力与相关素质，因而不能作为高职这一特定类型、层次教育的人才培养目标。而技术型、技能型人才则是指向特定类型、层次教育的职业能力概述，通过对技术型、技能型人才的进一步细分，我们可以逐渐明晰职业教育内部各层次教育的人才培养目标。

3. 各级职业教育人才培养目标的区分

职业教育人才类型定位是职业教育所培养的"人"与其他类型教育相区别的最本质特征，体现职业教育在教育体系中的任务分工。人才层次定位是职业教育体系内部的各自分工，避免各层次职业教育交叉重复。职业教育培养规格是培养目标的具体化，对培养的人才应具备的资格标准，包括知识、技能和能力等方面提出的具体要求，是检验人才培养质量的重要标准。

中职教育是为生产领域培养能够完成熟练常规生产的初、中级技术技能人才；专科高职教育是为技术生产领域培养能够应用较为复杂的技术进行熟练生产并能够适应产业转型升级和企业技术创新需要的发展型、复合型和创新型的中高层次技术技能人才；应用技术本科教育是为技术生产领域培养能够综合应用各种技术知识创造性地解决生产现场实际技术问题、进行生产现场管理和监督等工作的高层次技术技能人才。

（二）职业教育培养的人才职业面向定位

职业教育是指对受教育者实施可从事某种职业或生产劳动所必需的职业知识、技能和职业道德的教育，包括职业学校教育和职业培训。高职教育是一种专门教育，具有定向性的特点，职业教育所培养的技术技能人才，都有具体的行业、专业或工种的职业方向要求。

职业教育的职业面向有以下几种可能：一是面向某些区域，直接为区域经济服务；二是面向某些行业，直接为这些行业服务；三是范围更小，为某区域的某行业或某个企业单位服务。

职业教育还有面向一线、面向基层的特点，要针对某些具体岗位组织教学，毕业生初始工作主要面临这些岗位，可以参照现行的《国民经济行业分类》确定面向行业；参照现行的《国家职业分类大典》确定主要职业类别，参照服务行业企业的主要岗位类别（或技术领域）确定需要取得的职业资格证书或技能等级证书。

（三）职业教育人才培养目标定位

1. 职业教育人才培养目标定位原则

职业教育人才培养目标在不断适应经济、技术、社会和教育发展过程中动态发展，其目标定位要遵循如下原则：

（1）适应性原则。

职业教育本质上是一种跨界性教育，它跨越了产业界与教育界，需要满足产业界与教育界的不同需求。从这个角度来看，职业教育既要适应企业的岗位人才需求，又要适应学生的成长成才需求，应在兼顾企业的人才需求与学生的成才需求的基础上，科学确定高等职业教育人才培养目标定位。

（2）多样性原则。

不论是学生的成长成才需求，还是企业的岗位人才需求，均具有多样性特点。对于学生而言，普遍希望成为管理人才、技术型人才和工程型人才；对于企业而言，迫切需要营销人才、技能型人才和管理人才。从上述适应性原则及满足利益相关者需求的角度出发，职业教育人才培养目标定位应满足多样性要求，即满足学生成长成才多种目标需求和企业岗位的多种人才需求。

（3）多因素分析原则。

学生的成才目标受多种因素的影响：一是院校因素，包括学校的发展水平、特点、专业结构、学制长短等；二是学生因素，包括学生的性别构成、生源地、学习基础、家庭经济水平、入学原因等；三是行业因素，包括相关行业的岗位分布、技术技能需求、职业发展等。因此，我们在进行职业教育人才培养目标定位时，必须综合考虑上述相关因素。只有通过多因素分析，才能对人才培养目标进行分层、分类，形成具有职业教育特色的职业院校人才培养目标体系，完善学校整体的培养目标、专业培养目标、课程教学目标乃至职业培训目标。

（4）针对性原则。

相关调查结果表明，国有大型企业与民营中小型企业对人才的类型、岗位、学历要求均有较大差异。相对于民营企业而言，国有企业要求更高。所以，职业教育在人才培养目标定位方面，必须考虑毕业生的就业去向和发展定位，具有针对性。如果将培养目标锁定在国有大型企业，应针对研发岗位、销售岗位和生产岗位，重点培养营销人才、工程型人才和研发人才；如果将培养目标锁定在民营中小型企业，则应针对销售岗位、生产岗位和中层管理岗位，重点培养管理人才、营销人才和技能型人才。

（5）能力导向原则。

国外发达国家的职业标准是高等职业教育人才培养目标定位的重要依据，如美国确定了高度标准化、科学化、规范化的国家职业标准，英国基于国家职业标准的国家职业资格证书制度闻名于世，德国形成了以工商会 IHK 证书为代表的职业资格证书体系。发达国家职业教育的经验表明，明确各个行业所涉及的工作岗位，明晰相关岗位从业人员工作能力水平等规范性要求，是准确定位职业教育人才培养目标的关键。英国、澳大利亚、德国、日本等均以职业资格的方式规范岗位职业能力需求，开展职业能力分层，形成了较为典型的基于"层级"的职业能力形成观。以国家职业资格框架为基础，基于能力导向原则，我们可以确定职业教育内部不同层次的目标定位，从而明确职业教育的目标定位。

2. 职业教育人才培养目标定位的方法

基于上述职业教育人才培养目标定位的原则，在中职-专科高职-应用本科衔接互通的框架体系内，我们可以从供需调研、职业能力分析入手，按照能力核心、系统培养的理念，针对性地开发出一系列职业教育人才培养目标定位方法，并通过实践构建具有院校特色的不同层次职业教育人才培养目标体系。

（1）供需调研、明确方向。

在职业教育领域，供需调研是一种教育供给和产业需求（受教育者需求）的对比分析。通过供需调研，可以反映经济社会发展中的人才需求，以及职业院校学生的学习需求，也可以反映作为供给方的职业院校的人才培养水平和质量，进而通过供给与需求对比，寻找解决供不应求、供大于求等供求结构失衡问题的对策。供需调研可以发现人才培养过程中的优势与不足，特别是不同层次职业教育人才培养目标定位的偏差。通过调研相关行业的人才需求变化、职业院校在校生学习需求（就业目标、成才意愿）、职业院校相关专业人才培养方案，比较分析不同类型企业（不同规模、不同性质、不同区域企业）的岗位能力需求差别，以及不同职业院校及同一职业院校不同生源（普通高考、单独招生、技能高考、3＋2 贯通生源等）的人才培养方案的差别，可以兼顾和适应企业、学生等不同主体的多样性需求，综合确定职业教育人才培养的目标定位。

供需调研可为准确定位各层次职业教育的人才培养目标提供重要依据。通过供需调研中的企业人力资源经理访谈及毕业生就业岗位调研，可以获得相关专业所对应的职业岗位群信息，并在分析与综合的基础上，绘制出该专业毕业生的职业生涯发展路径图。通过这一职业生涯发展路径图，明晰该专业面向的初始岗位、发展岗位，并将该职业岗位层级及相应的职业能力与不同的职业教育层次相对应。

（2）能力分解、对应目标。

在供需调研的基础上，我们需要将行业企业的人才需求以职业能力的方式表现出来，并以此作为区分不同层次职业教育及对应岗位的工具。从专业能力和职业素养两个维度，通过专业对接职业岗位、职业岗位细分为工作项目、工作项目细分为工作任务、工作任务细分为职业能力四个步骤，最后从完成工作任务应具备的技能、工具、方法、要求、知识五个方面解析职业能力。通过能力分解，有效地将行业企业对人才能力（特别是岗位核心能力）的需求显性化，为后续的人才培养目标定位奠定基础。

根据职业教育系统内部不同层级教育所对应的不同层级职业岗位的能力要求，可以明确职业教育内部不同层级的人才培养目标。如中职教育主要培养第一、二级的岗位能力，高等职业教育主要培养第三、四级的岗位能力，应用型本科教育主要培养第五级岗位能力，以此类推，更高层次教育对应更高层级的能力培养，以能力为载体，从而实现了对职业教育内部不同层次的人才培养目标区分。

（3）目标定位、固化成果。

将行业内岗位的职业能力进行分解后，开展职业教育内部的人才培养目标定位便水到渠成。一般而言，职业院校培养目标既要与国家总体培养目标保持一致，又要突出专业特色，还要体现中高职目标的区分与衔接，可以采取"行业（企业）＋岗位＋职业能力"的表述形式，特别要从就业领域、岗位及发展速度、职业能力水平、职业资格层次四个方面明确中职、高职与应用型本科培养目标的层次性。

（4）规范表述。

培养目标的表述必须是规范的，基本格式是：培养思想信念坚定，德、智、体、美、劳全面发展，适应……需要，具有……素质，掌握……等知识和技术技能（直接性），面向……领域（定向性）的高素质劳动者和技术技能人才（兼容性）。

其中，要充分体现直接性、定向性和兼容性。定向性是指职业教育是一种专门教育，它与基础教育有性质不同的任务，高职教育所培养的高技能人才都有具体的行业、专业或工种的职业方向要求，而职业的类别、水平千变万化，因此，职业教育的课程必定有明确的职业针对性，且十分繁杂。直接性是指职业教育与生产的关系具有直接性，即职业教育所培养的均是生产第一线直接从事生产、管理、服务的技术技能人才。职业教育培养目标更侧重于实现生产第一线的操作人员或技术人员的职业岗位规格要求；而与工程教育、高等科学教育更侧重于生产发展的未来研究或生产后方的设计、规划人才有所不同，不仅要求职业教育专业人才培养目标更为符合生产一线的实际技能和能力培养，还要求能及时反映生产第一线的变化。兼容性是指职业教育专业人才培养目标不能仅限于行业相关素质的提高，应考虑培养对象的全面提高和可持续发展。

例如，高职汽车检测与维修专业人才培养目标可叙述为：本专业培养理想信念坚定，德、智、体、美、劳全面发展，具有一定的科学文化水平，良好的人文素养、职业道德和创新意识，精益求精的工匠精神，较强的就业能力和可持续发展的能力；掌握本专业知识和技术技能，面向汽车制造业、汽车摩托车维修技术服务人员等职业群，能够从事汽车质量检测、汽车故障返修、汽车机电维修等工作的高素质技术技能人才。

（四）职业教育人才培养规格定位

培养规格由素质、知识、能力三个方面的要求组成。

1. 素质

具有正确的世界观、人生观、价值观。坚决拥护中国共产党领导，树立中国特色社会主义共同理想，践行社会主义核心价值观，具有深厚的爱国情感、国家认同感、中华民族自豪感；崇尚宪法、遵守法律、遵规守纪；具有社会责任感和参与意识。

具有良好的职业道德和职业素养。崇德向善、诚实守信、爱岗敬业，具有精益求精的工匠精神；尊重劳动、热爱劳动，具有较强的实践能力；具有质量意识、绿色环保意识、安全意识、信息素养、创新精神；具有较强的集体意识和团队合作精神，能够进行有效的人际沟通和协作，与社会、自然和谐共处；具有职业生涯规划意识。

具有良好的身心素质和人文素养。具有健康的体魄和心理、健全的人格，能够掌握基本运动知识和一两项运动技能；具有感受美、表现美、鉴赏美、创造美的能力，具有一定的审美和人文素养，能够形成一两项艺术特长或爱好；掌握一定的学习方法，具有良好的生活习惯、行为习惯和自我管理能力。

2. 知识

包括对公共基础知识和专业知识等的培养规格要求。

3. 能力

包括对通用能力和专业技术技能等的培养规格要求。

其中通用能力一般包括口语和书面表达能力，解决实际问题的能力，终身学习能力，信息技术应用能力，独立思考、逻辑推理、信息加工能力等。

◎ 案例

高等职业学校汽车检测与维修技术专业培养规格

本专业毕业生应在素质、知识和能力方面达到以下要求。

1. 素质目标。

（1）具有正确的世界观、人生观、价值观。坚决拥护中国共产党领导，树立中国特色社会主义共同理想，践行社会主义核心价值观，具有深厚的爱国情感、国家认同感、中华民族自豪感。

（2）崇尚宪法、遵守法律、遵规守纪。

（3）具有社会责任感和参与意识。

（4）具有良好的职业道德和职业素养。崇德向善、诚实守信、爱岗敬业。

（5）热爱汽车服务行业，具有精益求精的工匠精神。

（6）尊重劳动、热爱劳动，具有较强的汽车维修技术实践能力。

（7）具有较强的汽车维修质量意识，以国际标准要求自己。

（8）具有绿色环保意识、安全意识。

（9）具有较强的集体意识和团队合作精神，能够进行有效的人际沟通和协作。

（10）具有职业生涯规划意识。

（11）具有良好的身心素质和人文素养。

（12）具有健康的体魄和心理、健全的人格。

（13）具有感受美、表现美、鉴赏美、创造美的能力，具有一定的审美和人文素养。

（14）掌握高效的学习方法，能有效利用信息化手段自学提升。

（15）具有良好的生活习惯、行为习惯和自我管理能力。

2. 知识目标。

（1）掌握扎实的自然科学基础知识，具备一定的人文、社会科学和管理科学基础知识。

（2）掌握体育运动、科学锻炼和健康生活的基本知识。

（3）掌握汽车专业英语相关知识。

（4）掌握计算机应用的基础知识。

（5）掌握机械制图、机械基础、电工电子基础、钳工基础、汽车材料等专业基础知识。

（6）熟悉发动机原理和汽车理论，掌握汽车构造与工作原理、汽车检测、汽车维护、汽车故障诊断、汽车故障排除、汽车电子控制技术等专业知识。

（7）熟悉汽车维修企业管理、安全生产与环境保护、维修质量管理、现代汽车新技术及相关法律法规等方面的专业知识。

3. 能力目标。

（1）具有分析汽车构造及工作原理的基本能力。

（2）具有对汽车进行维护作业的能力。

（3）具有对汽车系统技术状况、故障、损伤、事故的检测、鉴定、分析、评估能力。

（4）具有正确使用工、量具和维修设备对汽车各系统部件进行检测维修的能力。

（5）具有查找和利用资料的能力，具有英文专业资料阅读翻译的基本能力。

（6）具有信息收集与加工能力，具有信息技术应用能力。

（7）具有独立思考、掌握汽车及其维修新技术的终身学习能力。

（8）具有良好的沟通能力。

总结案例

为某校医学营养专业的调整支招

某医学高等专科学校医学营养专业自××××年开办以来，已有四批学生学成毕业。日前，该院对该专业历届毕业生的就业情况做了全面分析，并通过召开医院主任联席会议和走访行业专家等方式深入行业调研。调研结果显示，该专业学生存在职业面向不准确、基础知识不扎实、学习主动性偏弱、实习安排不对口等问题。

针对这些问题，学校专业建设指导委员会结合行业调研情况，围绕医学营养专业的培养目标、课程设置、师资队伍建设、实习单位拓展等展开了专题研讨，从而进一步聚焦行业需求，调整专业定位，实现与行业企业的"零距离"对接。

经过讨论，明确了专业职业面向"三条腿走路"的方案，即聚焦医院、食品和药物监督管理部门、企业三个方面的人才"出口"，根据市场需求来调整培养目标，为社会培养知识应用型、技术技能型人才，而不应专注于学术型人才的培养。

　　根据培养定位，下一步要进一步加强校企合作、确定培养目标、推动课程改革、提高学生就业能力，充分发挥医学背景特色，在为医院营养科室培养所需人才的同时，开拓视野，努力帮助学生拓展就业领域。

课后思考

　　1. 专业定位要考虑哪些因素？
　　2. 人才培养方案如何落实专业定位？

职业院校专业建设

模块导读

本模块针对职业院校专业建设中的困惑，重点阐述如何利用专业教学标准编制人才培养方案、教学条件建设、师资队伍建设等问题，以及如何实施专业建设的质量管理与持续改进。

专业是职业院校人才培养的载体，是职业院校与社会需求的结合点，是体现学校办学实力、办学特色、人才培养水平的标志，也是职业院校内涵发展的基本依据。职业院校的内涵建设聚焦在专业与课程建设、人才培养模式改革、师资队伍建设、实训条件建设、数字资源建设、服务能力建设、质量保证体系建设、人事制度改革等方面，专业建设是龙头和方向，抓好职业院校的专业建设，打造特色优势，是学校内涵发展顶层设计的关键。

职业院校的专业建设与管理，涉及专业目录开发、专业教学标准编制、专业申报与审批备案、人才培养方案编制、课程建设与改革、师资队伍建设、实训条件建设、数字教学资源建设、教学诊断与改进、专业动态调整等环节和方面。其中，专业目录开发、专业教学标准编制、专业申报与审批备案由教育行政主管部门负责管理，面向社会发布高职/中职专业目录、国家专业教学标准，以及专业设置备案结果公示。专业教学标准具有指导性，职业院校根据区域经济社会发展和职业岗位的实际情况编制本校的人才培养方案，定期或不定期修订人才培养定位与目标，完善课程体系，改革课程内容，使之符合职业岗位对职业人才知识、能力和素质的新要求。双师结构教学团队、教学所需实训条件、信息化平台和资源建设都是开展专业教学的基本保障，直接影响人才培养的质量和效益。教学诊断与改进是专业教学质量的监督保障环节，特别是加快实现"智能教育"的全流程诊断与改进，对促进职业教育高质量发展具有重要意义。专业发展具有动态性，随着产业转型升级和职业岗位变化，职业院校要对专业设置进行动态调整，及时进行老专业改造，撤销旧专业和开发新专业。职业院校需要确定自己的专业设置，保持专业相对稳定性，积累专业核心竞争力，跨专业融合发展新专业，逐步形成学校的办学特色和竞争优势。

单元一 专业教学标准与人才培养方案制定

▶ 培训目标

◆ 了解专业教学标准的意义与作用

◆ 能够在专业教学标准的基础上，编制合格的人才培养方案

导入案例

怎样借助专业教学标准编制人才培养方案？

刚参加工作的小李被分配到某高职院校教务处，一心想努力干好领导分派的工作。他的第一项工作就是帮助处长审核各系部交上来的人才培养方案。不知从何下手的小李在网上搜索其他院校的人才培养方案，还没等他弄明白，教育部下发了一批专业教学标准。这下子小李更糊涂了，这两者是什么关系啊？人才培养方案到底应该写些什么？

分析：在这个案例中，小李由于经验不足，完全不了解怎样借助专业教学标准编制人才培养方案。小李需要了解国家层面专业教学标准的内容以及该标准与人才培养方案的关系，还要学习人才培养方案的编制原则、具体步骤和方法，才能帮助处长审核人才培养方案。

职业教育国家教学标准体系目前包括专业目录、专业教学标准、公共基础课程标准、岗位实习标准和教学条件建设标准等，与中等职业学校设置标准、高等职业学校设置标准、教师专业标准、校长专业标准等共同组成了较为完善的国家职业教育标准体系，涵盖学校设置、专业教学、教师队伍、学生实习等各个方面，为我国职业教育依法治教、规范办学奠定了基础，从不同方面为职业院校教育教学提供了规范和依据。

一、专业教学标准的内涵及制订

专业教学标准是国家指导和管理职业院校教学工作的主要依据，是保证教育教学质量和人才培养规格的纲领性教学文件。按照教育部职业教育国家教学标准体系建设的工作部署，在教育部统一领导下，实行领导小组、专家组和行业工作组相结合的方式，整体部署，分步实施，协调推进，陆续发布国家高等职业教育和中等职业教育专业教学标准。

（一）国家专业教学标准的内涵

1. 制订专业教学标准的重要意义

（1）专业教学标准是国家教学标准体系的重要组成部分，专业教学标准建设对完善中国特色社会主义教育制度、推进教育治理体系和治理能力现代化具有重要意义。职业

教育人才培养从过去的"参照普通教育做"到现在的"依据专门制度和标准办",标志着我国现代职业教育体系建设向前迈进了一大步。

（2）专业教学标准建设是职业教育内涵发展的根本保障。当前经济社会飞速发展,新业态、新职业、新岗位不断涌现,加强专业教学标准建设,建立健全紧跟产业最新发展、不断完善并动态更新的专业教学标准建设机制,有利于推动职业教育提升内涵和可持续发展,为提高技术技能人才培养质量提供明确的规范和引领。

（3）专业教学标准是教育与产业深度融合发展的生动体现。产教融合、校企合作是职业教育的基本特征,国家专业教学标准由国务院教育行政部门与行业联合制定,定位人才培养规格要求,明确专业教学的内容标准,以及相关课程设置要求等。

（4）专业教学标准是评价技术技能人才培养质量的重要依据。专业教学标准对培养目标与规格、课程体系与教学内容、专业办学基本条件和教学建议等提出的明确要求,为有关机构和社会评价监督职业教育质量提供了标尺,也为行业企业选用职业院校毕业生提供了参考。专业教学标准是开展专业教学的基本文件,是组织实施教学、规范教学管理的基本依据。开发专业教学标准的根本目的是从国家层面解决培养什么样的人、如何培养人、为谁培养人的问题。

（5）专业教学标准是中国职业教育走向世界舞台的亮丽名片。我国职业教育正在迈向世界舞台的中心,中国职业教育的实践和成就赢得了国际社会的广泛认可和赞许。服务"一带一路"建设和国际产能合作,中国职业教育正在"走出去"。专业教学标准可以说是"走出去"的职业教育标准体系的核心内容。

2. 专业教学标准的主要内容

专业教学标准主要依据专业目录及专业简介来制定,是开展专业教学的基础性文件。服务经济社会发展和人的全面发展是专业教学标准制定的出发点和落脚点。专业教学标准不仅提出体现行业企业最新技术技能水平、成熟岗位规范的主要学习内容和要求,同时也对职业院校学生思想政治素质、职业素养等方面的培养提出要求,全方位保障人才培养规格。

中职专业教学标准的内容包括专业名称（专业代码）、入学要求、基本学制、培养目标、职业范围、人才规格、主要接续专业、课程结构、课程设置及要求、教学时间安排、教学实施、教学评价、实训实习环境、专业师资等,是指导和管理中等职业学校教学工作的主要依据,是保证教育教学质量和人才培养规格的纲领性教学文件。高职专业教学标准的主要内容包括专业名称（专业代码）、入学基本要求、基本修业年限、职业面向、培养目标、培养规格、课程设置及学时安排、师资队伍、教学条件、教学资源、质量保障和毕业要求。

（1）专业名称（专业代码）。

专业名称和代码来源于专业目录。教育部建立了专业目录动态调整机制,每年各省市组织职业院校进行拟开设新专业的论证和申报,教育部组织专家进行审批,同意设立的,由教育部作为专业目录的增补专业予以公布。

（2）入学要求。

给出入学生源的条件和范围。例如:高职入学要求为普通高级中学毕业、中等职业学校毕业或具备同等学力。

（3）基本修业年限（基本学制）。

高职和中职学校基本学制为3年。

（4）职业面向。

力求体现出专业与行业、专业与职业、专业与岗位（群）的对应关系。强调对应国家职业分类大典（2022版），证书举例不唯"国家职业资格证书"，未来更多体现职业技能等级证书。

（5）培养目标。

培养目标是对该专业毕业后3年左右（中职1~3年）能够达到的职业和专业成就的总体描述，同时还应包括学生毕业时的要求。培养目标应该适应社会经济发展的需要。其基本体例为"本专业培养德、智、体、美、劳全面发展，践行社会主义核心价值观，具有一定的文化水平、良好的职业道德和人文素养，掌握本专业的基本知识和主要技术技能，面向×××等行业/职业类别/技术领域，能够从事×××等工作的高素质技术技能人才"。中等和高等职业教育在培养目标上要实现分层和衔接，中职培养定位是高素质劳动者和技术技能人才（中职）/高素质技术技能人才（高职专科）/高层次技术技能人才（高职本科）。

（6）培养规格。

培养规格是对学生毕业时所应掌握的素质、知识、能力的具体描述，是检验人才培养质量的起点和终点。培养规格是对培养目标的细化，是对培养质量的规定，是给毕业生的画像，包括素质（思想政治素质、文化素质、职业素质、身心素质等）、知识（文化基础知识、专业知识）、能力（核心为专业的技术技能，还有创新创业能力、分析解决问题能力、信息技术应用能力、沟通表达能力、团队合作能力、终身学习能力等）。

（7）课程设置及学时安排。

课程设置的依据是培养目标和培养规格（毕业要求），每门课程设置都应服务于培养目标和培养规格。课程设置应落实国家有关文件中关于课程设置的相关要求，与职业教育工学结合、校企合作的人才培养模式相呼应，并在调研代表性学校课程设置情况的基础上，科学合理地确定课程设置基本要求。

课程设置分为公共基础课和专业课。公共基础课指同一学院，甚至同一年级都一样的课程，是各专业学生共同必修的课程。高职公共基础课包括思想政治理论课、体育、军事课、心理健康教育、大学语文、高等数学、公共外语、信息技术、职业生涯规划、创新创业教育、中华优秀传统文化、职业素养等课程，还包括国家安全教育、节能减排、绿色环保、金融知识、社会责任、人口资源、海洋科学、管理等人文素养、科学素养方面的选修课程、拓展课程或专题讲座（活动）。高职专业课程包括专业基础课程、专业核心课程、专业拓展课程，并涵盖有关实践性教学环节。中职的公共基础课包括思想政治（德育）、语文、历史、数学、外语（英语等）、信息技术、体育与健康、公共艺术，并将物理、化学、中华优秀传统文化、职业素养等列为必修课或限定选修课程，公共基础课程必修课的教学大纲由国家统一制定。中职专业技能课要与培养目标相适应，课程内容要紧密联系生产劳动实际和社会实践，突出应用性和实践性，注重学生职业能力和职业精神的培养。一般按照相应职业岗位（群）的能力要求，采用专业核心课和专业（技能）方向课和专业选修课的课程结构。中职的部分基础性强、规范性要求高、覆盖专业面广的专业核心课程的教学大纲由国家统一制定。实训实习是专业技能课程教学的重要内容，是培养学生良好的职业道德，强化学生实践能力和职业技能，提高综合职业能力的重要环节。实训实习包含课内实验实训、专周综合实训、认识实习、岗位实习和毕业实践（限高职）等多种形式。

学时是指学习时间以课时为单位的计算单位，一般不少于 45 分钟为一个学时。在课程学时设置方面，《教育部办公厅关于制订中等职业学校专业教学标准的意见》（教职成厅〔2012〕5 号）对中职教育提出明确要求。中职教育每学年教学时间 40 周（含复习考试），每周一般为 26～28 学时。综合实训和岗位实习每周按 30 学时计，三年的总学时数为 3 000～3 300 学时，总学分不少于 170 学分。其中，公共基础课程学时一般占总学时的 1/3，专业技能课程学时一般占总学时的 2/3，实训实习课时不少于总学时的 60%，岗位实习累计总学时原则上为 1 学年，要落实教育部、财政部关于《中等职业学校学生实习管理办法》的规定和要求，在确保学生实习总量的前提下，可根据实际需要，集中或分阶段安排实习时间。课程设置中应设立一定量的选修课程，占总学时的比例约 10%。

高职总学时一般为 2 500～2 800 学时。其中，公共基础课总学时一般不少于总学时的 25%，各类选修课程学时不少于总学时的 10%。实践性教学学时原则上不少于总学时的 50%。其中，岗位实习累计时间原则上为 6 个月（可分段进行），各专业可结合实际情况调整。

除国家明确规定的必修课程之外，其他课程性质（必修、选修）的界定由学校自主确定。

（8）教学基本条件。

教学基本条件包括师资队伍、教学设施和教学资源。

师资队伍包括校内专任教师和兼职教师，兼职教师应主要来自行业企业。中职学校的专任教师应为相应专业或相关专业本科以上学历，并具有中等职业学校教师资格证书、专业资格证书及中级以上专业技术职务所要求的业务能力；具备良好的师德和终身学习能力，适应产业行业发展需求，熟悉企业情况，积极开展课程教学改革。高职院校的专任教师应具备硕士及以上学历。高职院校在校生与该专业的专任教师之比不高于25∶1（不含公共课）。专业带头人原则上应具有高级职称，避免盲目上新专业，保证专业建设水平。

教学设施以校内外实习实训基地为主。实验室的面积、设备设施应能支撑专业实践教学需要。实训实习环境是保障职业教育质量的基本条件，应能够支持专业与课程教学改革的需要。职业院校的实训实习环境要具有真实性或仿真性，支持理实一体化教学，具备实操训练、技术研发等多项功能。校内实训基地应包括岗位技能实训室和综合技能实训中心等，支撑单项技能训练、专周综合实训或生产性实训教学。校外实训基地承接学生校外专周实训，基地环境应满足专业教学要求。职业院校应开发一定量的校外岗位实习、毕业实践等实习基地，满足学生岗位实习和毕业实践等教学需求。教育信息化条件应支持信息化教学、信息化管理，支持学生自主学习、教师网络研修。创新创业教育平台（基地）也属于教学设施。

教育部组织行业专家，开发了中等职业学校专业实训教学条件建设标准、高等职业学校专业实训教学设施建设标准和专业仪器设备装备规范，职业院校的实习实训设备配置应不低于此标准或规范。

教学资源主要包括能够满足学生专业学习、教师专业教学研究和教学实施需要的教材、图书和数字资源，还有讲义/实训指导书、教具挂图，以及信息化教学所需的数字化教学资源。教材执行国家教学标准，优先从国家规划教材中选用，鼓励与行业企业合作开发特色鲜明的专业课校本教材。教育部主持的国家职业教育专业教学资源库建设，对学校选用网络学习空间和共享优质资源创造了条件。

（9）质量保证体系。

质量保证体系是指以保障和持续提高教学质量为目标，运用系统方法，依靠必要的组织结构，把学校各部门、各环节的教学质量管理活动严密组织起来，将教学和信息反馈的整个过程中影响教学质量的一切因素控制起来，形成一个有明确任务、职责、权限的相互协调、相互促进的质量管理有机整体。在质量保证体系建设中，质量标准是前提，各主要教学环节均应有质量标准，包括教学准备、课堂教学、答疑、批改作业、实验、实习、实训、考试、毕业设计等；办学条件是基础，包括专业教学经费、设施、质量监控机构和人员等；过程管理是重点，包括规章制度、校院两级管理等；自我评估是动力，建立周期性的院系、专业、课程、实习实训、毕业论文（设计）等在内的系统的评估制度，以及在校生与毕业生跟踪调查和社会评价等；反馈改进是保证，充分利用评价分析结果有效改进专业教学，形成持续改进的机制。

（二）国家专业教学标准制定的程序和方法

2012年以来，在教育部职业教育与成人教育司的领导下，由教育部职业技术教育中心研究所主持研究中职专业教学标准，由教育部行业职业教育教学指导委员会工作办公室主持研究高职专业教学标准。

1. 组织分工

中等职业学校专业教学标准制定工作由教育部统一领导，实行领导小组、专家组和行业工作组相结合的方式，整体部署，分步实施，分层管理，协调推进。高等职业院校专业教学标准制定工作由教育部统一领导，教育部职成司统筹负责，委托教育部行业职业教育教学指导委员会工作办公室（以下简称行指委工作办）具体组织实施。

领导小组负责专业教学标准制定工作的整体规划、组织协调和质量监控。领导小组下设办公室，负责日常工作。

专家组（综合组）由职业教育领域教学专家、行业专家等组成，主要负责确定制订标准的原则、规范、框架；指导行业职业教育教学指导委员会（以下简称行指委）分期分批开展专业教学标准的制定工作等；参与研究并解决制定工作中出现的有关问题；负责专业教学标准的审定、汇总以及整理等组织工作。专家组成员根据分工对口指导相应行指委相关专业教学标准的制订工作。

行业工作组具体负责开发相关专业教学标准，按照专业教学标准制订工作的统一规范和要求，依靠本行业的骨干企业和重点学校，做好本行业负责专业的教学标准的制订工作，严格按照工作流程有序推进各项工作。

2. 工作步骤

（1）筹备部署。教育部成立标准制订工作领导小组和专家组，形成《关于制订中等职业学校专业教学标准的意见》《关于做好高等职业学校专业教学标准修（制）订工作的通知》，全面启动职业学校专业教学标准制（修）订工作。

（2）申报标准开发专业。行指委根据相关要求和实际情况，自主申报分批次开发的专业教学标准，统筹安排开发计划。

（3）成立行业工作组。行指委根据获准专业，组建专业教学标准制订行业工作组（人员构成中行业企业、科研院所、中等职业学校以及高等职业学院代表各占合理比例），并制订工作计划（计划包括目标、实施步骤、队伍构成情况以及保障等内容）。

（4）开展调研。工作组根据工作方案和调研要求，搜集信息，组织相关调研工作，完成调研报告，填写工作岗位任务与职业能力分析表。

（5）起草标准。工作组根据调研结果研究制订《专业教学标准（草稿）》文本，并及时与专家组（综合组）沟通工作进展情况，研究解决专业教学标准制订工作中出现的有关问题。

（6）内部审定。各行指委组织行业内部审定会，审阅调研报告和专业教学标准，专家组委派相关专家参加。行指委根据有关意见和建议修改并完成送审稿。

（7）审定发布。行指委申请专家组审定并提交调研报告、专业教学标准送审稿以及专业标准制订工作报告。专家组通过相关程序分批审定，经领导小组审批后集中发布、立项出版。

《专业教学标准》制（修）订工作是深化职业教育教学改革，提高人才培养质量，创新发展高等职业教育的重要基础性工作。依据 2010 年修订的中职专业目录，教育部于 2014 年、2015 年分两批制订并公布了 230 个中职专业教学标准，第一次大规模规范了中职专业教学的基本要求。2012 年教育部公布了首批 410 个高职专业教学标准。依据 2015 年修订的高职专业目录，教育部组织了新一轮的高职专业教学标准制（修）订工作，2019 年 7 月底，教育部发布了 347 项高等职业学校专业教学标准。

（三）国家专业教学标准的基本特征

专业教学标准是国家职业教育标准体系的重要组成部分，是指导和管理职业院校教学工作的主要依据，是保证教育教学质量和人才培养规格的基本教学文件。专业教学标准是明确培养目标、组织实施教学、规范教学管理的基本依据。制（修）订专业教学标准的根本目的是从专业教学层面解决培养什么样的人、如何培养人、为谁培养人的问题。国家专业教学标准具有以下基本特征。

1. 坚持几个基本原则

（1）全面落实党和国家对人才培养方面的宏观政策和具体要求，贯彻党的教育方针，落实立德树人根本任务，把社会主义核心价值体系融入教育教学全过程，重点强调了思想政治素质；着力培养学生的职业道德、职业素养、技术技能、就业创业能力，增加了创新创业教育、工匠精神、质量意识、中华传统文化、安全意识、环保意识等教育内容；对人文素质和身心素质也分别提出了相应要求；能力培养方面既强调了与行业企业对接的技术技能，也强调了信息技术应用、终身学习、沟通表达、团队合作等方面能力，培养又红又专、德才兼备、全面发展的高素质劳动者和技术技能人才。

（2）坚持"五个对接"，以岗位职业资格标准为制订专业教学标准的重要依据，努力满足行业科技进步、劳动组织优化、经营管理方式转变和产业文化对技能型人才的新要求。

（3）坚持校企合作、工学结合、产教融合、知行合一的办学理念，创新人才培养新模式，强调实习实训和岗位实习，注重"做中学、做中教"，突出职教特色。

（4）坚持整体规划、系统培养，促进学生的终身学习和全面发展。正确处理公共基础课程与专业技能课程之间的关系，合理确定学时比例，改革教学评价，注重中高职课程衔接。

（5）坚持先进性和可行性，遵循专业建设规律。注重吸收职业教育专业建设、课程教学改革的优秀成果，借鉴国外先进经验，兼顾行业发展实际和职业教育现状。

2. 形成几个经验做法

（1）以科研为引领支撑标准开发。专业教学标准开发从调研入手，调研行业企业及职业学校两类主体。通过企业调研，收集相应行业的人才结构现状、行业企业人才需求状况、企业岗位设置及对人才结构类型的要求、岗位对知识技能的要求、相应的职业资格或职业技能要求；通过学校调研，了解现行专业教学情况、学生就业去向、学生继续学习的要求与培养现状、企业对现行专业教学的要求与建议，总结地区、学校标准制订的经验做法，为制订专业教学标准提供比较全面、客观的依据。同时，专家组对德国、英国、澳大利亚等西方国家相关职业教育标准体系进行研究，借鉴以职业分析为基础开发专业标准的通行做法，明确教学标准开发路线。另外，针对教学标准制订过程中出现的问题，及时召开研讨会并组织专家团队进行攻关，研制印发调研方案、教学标准编写说明和工作任务与职业能力分析表，供各起草工作组参照遵循。

（2）以服务为宗旨开发专业标准。服务经济社会发展和人的全面发展是专业教学标准制订工作的出发点和落脚点。

一是服务"中国制造2025"等国家发展战略和新兴产业发展要求，优先开发急需专业标准。瞄准先进制造业、战略性新兴产业和现代服务业等未来发展需求，关注新技术、新业态、新产业、新模式，开发制定光仪器制造与维修等36个先进制造业类专业教学标准；开发制定医学生物技术、生物技术制药、高分子材料加工工艺等27个战略性新兴产业类专业教学标准；开发制定航空服务、营养与保健、保险事务等128个现代服务业类专业教学标准。

二是服务行业企业发展需求。进入 21 世纪，行业企业科技更新周期缩短、劳动组织优化、经营管理方式转变和产业文化对技术技能人才的素质提出更高要求，更加注重人才能力的综合化。专业教学标准制定在注重专业技能的同时更加突出创新能力、绿色发展、合作意识以及学习能力等的培养要求。

三是服务职业院校特色发展需求。职业教育人才培养要求职业院校必须与企业密切联系，课程教学遵循行业规则和快速变化的人才市场规律，需要给职业院校专业人才培养预留自主特色发展的空间。因此，专业教学标准支持职业院校自主设置专业技能方向、设置新专业技能方向课程和 10% 的选修课程等来满足人才培养的需要。如冶金和煤炭行业都有采矿技术专业，但专业技能方向差异大，使用的机器、设备不同，操作流程规范不同。为此分别委托冶金行指委和煤炭行指委，平行开发设置了采矿技术（冶金方向）、采矿技术（煤炭方向）两个专业技能方向的专业教学标准。

四是服务技术技能人才成长需求。职业院校的专业教学标准开发，从学生实际出发，强调了技术技能人才必须在实践中培养，强化职业技能训练，明确实习实训的教学时间要求，如护理专业、烹饪专业延长实习实训时间到 1 年，建筑类专业根据企业用工存在高峰低谷的实际情况，结合专业知识技能学习实施分阶段、递进式实习实训等。在培养学生知识与技能的同时，面向学生未来发展，还要培养人发展成长的学习能力，培养适应不同岗位的迁移能力，以满足学生终身学习和未来可持续发展的需要，对公共基础课程设置和学时安排提出了明确要求，同时考虑了中高职标准衔接，明确了中职到高职专科、高职专科到本科的接续专业，为学生成长、终身学习奠定基础。

（3）通过行业企业参与开发专业标准。校企合作的重要方面就是校企共同设计、共同开发专业、共同开发课程，行业企业参与是职业教育提高人才培养与职业岗位人才需求吻合度的重要保证。

一是 12 600 多家企业参与了问卷调研和实地调研，每个专业实地调研企业数量不少于 10 个，企业代表性上兼顾发达欠发达、规模大中小、技术密集型和劳动密集型。行业代表性企业结合本单位人才数量、素质、结构、分布和使用等情况，分析本行业经济结构调整和产业转型升级对特定职业岗位人才培养所产生的影响，提出本行业职业岗位发生的新变化、出现的新技术、人才培养规格的新要求，发挥了企业咨询作用。

二是参与起草，发挥主体作用。44 个行业职业教育教学指导委员会（专业类教学指导委员会）牵头承担了标准制订工作，1 700 位来自行业企业的专家参与了教学标准制订工作，每个教学标准文本参与起草过程的行业企业专家不少于 40%。

三是参与审定，发挥质量把关作用。教学标准审定专家队伍中有 1/3 是来自行业企业的专家。行业企业专家在审定环节从技术技能人才培养的规格、具体岗位操作能力要求等角度严把教学标准质量关。

二、人才培养方案与专业教学标准等的关系

专业人才培养方案是职业院校落实党和国家关于技术技能人才培养总体要求，组织开展教学活动、安排教学任务的规范性文件，是实施专业人才培养和开展质量评价的基

本依据。职业院校依据教育部颁布的国家专业教学标准，在相关文件的规范要求下制订本校的人才培养方案，对于确立职业院校面向人才市场自主办学的地位、提升人才培养的针对性、促进专业建设的主动性具有重要意义。

专业教学标准是职业院校制订专业人才培养方案的依据，职业院校面向人才市场，依据国家专业教学标准开发具有自身特色的人才培养方案。专业教学标准是国家对本专业人才培养的兜底性要求，职业院校根据区域需求和本校特色，在制订专业人才培养方案时可以适当提高要求和体现特色，但不能低于专业教学标准的基本要求。

（一）人才培养方案的内涵与地位

《教育部关于职业院校专业人才培养方案制订与实施工作的指导意见》（教职成〔2019〕13号，以下简称《指导意见》）中明确提出"专业人才培养方案应当体现专业教学标准规定的各要素"，包括：专业名称及代码、入学要求、修业年限、职业面向、培养目标与培养规格、课程设置及要求、学时安排、教学进程总体安排、实施保障、毕业要求等10个要素，学校可根据自己的办学定位和发展规划，参照《指导意见》制订本校开设专业的人才培养方案。

（1）职业面向，包括本专业所属专业大类、专业类，以及本专业所对应的行业、主要职业类别、主要岗位类别或技术领域、职业技能等级证书等6个栏目。该要素将我国职业教育的专业分类（普通高等学校高等职业教育（专科）专业目录及专业简介）与我国国民经济行业分类（《国民经济行业分类》）、我国主要职业分类（《中华人民共和国职业分类大典》）和广泛调研取得的主要岗位类别或技术领域进行对接，引导职业院校根据专业培养目标进行系统设计，使学生在入学初就知晓毕业后的行业所属与职业发展去向，便于实施基于人生规划和职业生涯发展的学习[①]。

（2）培养目标，是对本校毕业生毕业后3年左右能够达到的职业和专业成就的总体描述。职业院校应根据区域社会经济发展需求，依据《指导意见》、公共基础课程标准和本专业的《专业教学标准》、相关职业标准和学校办学层次、办学定位，通过调研、讨论，科学合理确定专业培养目标。我国高等职业教育专业人才培养目标要求的首句是"培养理想信念坚定，德、智、体、美、劳全面发展"，强化了"德育"要求，加入了"劳动"教育的目标维度。

（3）培养规格，包括了素质、知识、能力三个要素，注重学用相长、知行合一，着力培养学生的创新精神和实践能力，增强学生的职业适应能力和可持续发展能力。在素质要素方面，首先要求：坚定拥护中国共产党领导和我国社会主义制度；崇尚宪法、遵法守纪、崇德向善、诚实守信、尊重生命、热爱劳动。在知识要素方面，首先要求：掌握必备的思想政治理论、科学文化基础知识和中华优秀传统文化知识；熟悉与本专业相关的法律法规以及环境保护、安全消防等相关知识。在能力要素方面，首先要求：具有探究学习、终身学习、分析问题和解决问题的能力；具有良好的语言、文字表达能力和

---

① 江小明，王国川，李志宏. 优化高职专业目录，服务现代职教体系建设［J］. 中国职业技术教育，2016（4）：24－28.

沟通能力。将"素质"要素放在三个要素之首，体现了"立德树人"的时代要求。

（4）课程设置，是根据专业人才培养目标与培养规格而确定的各类课程的设置和安排。以往人们把"课程设置"多理解为教学计划内课程的开设，这是不全面的。在当前强调"立德树人"的新形势下，人才培养方案中的课程设置既包括传统教学计划内设置的必修课程和选修课程（第一课堂），也包括教学计划外设置的学科与技能竞赛、创新创业实践、志愿服务及其他社会公益活动课（第二课堂），还包括自修网上精品课程、MOOC课程等体现学生终身学习的课程（第三课堂）。

人才培养方案中设置的课程，强调德技并修、工学结合，进行理实一体化设计，用项目来带动，进行模块化设计。模块化教学将真实的项目与任务融入教学内容与过程，根据任务需要将相关素质、知识与能力要求进行重新构建，形成项目与任务导向的学习。要根据产业、行业与社会经济发展的新业态、新技术、新方法、新管理模式、新服务方式等需要开设专业拓展课程。根据有关文件规定开设关于国家安全教育、节能减排、绿色环保、金融知识、社会责任、人口资源、海洋科学、管理等人文素养、科学素养方面的选修课程或专题讲座活动。还可以进行跨学科、跨专业学习认定，促进专业交叉和复合性技术技能人才的培养，同时展现出不同学校相同专业的不同特色。

课程是职业教育质量与特色的基本保障与抓手，教学内容与方法是促进人才培养目标与规格实现的关键。普及项目教学、案例教学、情境教学、模块化教学等教学方式，广泛运用启发式、探究式、讨论式、参与式等教学方法，推广翻转课堂、混合式教学、理实一体教学等新型教学模式，推动课堂教学革命，努力打造出一大批高职教育的"特色高水平课程"，为"中国特色高水平高职学校和专业（群）"的建设奠定基础①。

（5）教学进程总体安排，是为了专业人才培养方案的实施，学校在时间、空间、资源利用等维度上对设置的课程及递进关系做出的科学合理安排。教学进程的总体安排体现师生共同遵守教学规律与教学秩序，集中体现在教学进程表上。在教学进程表编排时既要遵循学生认知规律，由浅入深合理安排课程之间的先后顺序，还要考虑教学资源的合理利用，提高实训室和实习资源的利用效率。专业教学进程总体安排表的相关信息一般有：课程类别及性质、课程代码、课程名称、学分、学时、教学进程、考核方式、备注等，体现《指导意见》和《专业教学标准》的要求。

（6）实施保障，主要包括师资队伍、教学设施、教学资源、教学方法、学习评价、质量管理等方面。师资队伍对专兼职教师的数量、结构、素质等提出有关要求，涉及生师比、双师素质教师占比、专任教师企业实践经历和兼职教师教学指导能力、专业带头人影响力等基本要求。教学设施对教室，校内、校外实习实训基地等提出有关要求，以及信息化教学所需的条件与设施。教学资源对教材选用、图书文献配备、数字资源配备等提出有关要求。教学方法对实施教学应采取的方法提出要求和建议，推行项目教学、案例教学、情境教学、模块化教学。质量保障对专业人才培养的质量管理提出要求，建立教学过程质量监控机制、教学管理机制、毕业生跟踪反馈及社会评价机制、教育教学评价及持续改进等。六个方面的保障措施，确保"三教"改革、"三全"育人的有效落

---

① 教育部、财政部《关于实施中国特色高水平高职学校和专业建设计划的意见》（教职成〔2019〕5号）.

实，为持续提高人才培养质量提供了政策引导和制度保障。

（7）毕业要求，是学生通过规定年限的学习，须修满的专业人才培养方案所规定的学时学分，完成规定的教学活动，毕业时应达到的素质、知识和能力等方面要求。毕业要求应依照教育部颁布的《专业教学标准》，结合区域、学校、专业自身特点来制定，并能够支撑该专业培养目标的达成，需要在人才培养全过程中分解落实。所以，各专业需将本专业的毕业要求逐条细化为可落实、可测量、可评价、有逻辑性和专业特点的指标点，形成毕业生画像，引导教师有针对性地教学，引导学生有目的地学习。

为准确描述毕业要求，细化指标点，可参考布鲁姆教育目标分类法描述学生的预期学习成果的表述。布鲁姆教育目标分类法将教育教学的目标分为 6 个层次，即：记忆、理解、应用、分析、评价、创造。每个层次描述学习成果采用的动词如表 7-1 所示。

表 7-1　布鲁姆教育分类目标及描述动词

目标层次	采用动词举例
记忆	认识、界定、复述、重复、描述、列举
理解	比较、辨别、推论、解释、论证、预测
应用	应用、执行、实施、开展、推动、操作
分析	分析、解构、重构、整合、选择、关联
评价	评价、检查、判断、批判、鉴赏、协调
创造	开发、建立、制定、解决、设计、规划

专业人才培养方案中的其他要素，如专业名称及代码、入学要求、修业年限等，可以按《专业教学标准》的规范要求来确定。附录一般包括教学进程安排表、变更审批表等，可以包含新制订专业人才培养方案的实施要点和教育教学改革及措施等相关说明，可以附录方式列于以上要素之后。其中的方案实施要点可以包括：课程结构与比例、课程与专业核心能力对照表、产学合作方式与要求、教师队伍建设、学分计算与替换等内容。教育教学改革及措施可以包括：人才培养模式改革、课程体系改革、实践教学改革、教学方法改革等内容。特别是目前全国正在进行的"1+X"证书制度试点，应在制订专业人才培养方案时给予特别的考虑与设计，将其改革实施计划纳入新制订的专业人才培养方案中。

（二）人才培养方案与专业教学标准的关系

学校的人才培养方案与国家的专业教学标准之间有着密切的联系，内涵高度一致但又有区别。专业教学标准是职业院校制订专业人才培养方案的依据，人才培养方案是职业院校落实专业教学标准的具体体现。专业教学标准是国家对专业人才培养的兜底要求，院校可以根据区域需求和本校特色，在制订专业人才培养方案时提高要求和体现特色，但不能低于专业教学标准的基本要求。

（1）专业教学标准是国家教学标准体系的重要组成部分，体现了国家对某专业（方向）教学的基本要求，是所有职业学校开设该专业的教学基本依据。专业标准的开发是国家汇集多方资源的行为，非学校教师个人的能力所及。

（2）职业院校编制专业人才培养方案，应在国家专业教学标准规定的框架内，根据当地经济社会发展情况和学生实际，进行具体实施方案的编制，设置专门化方向、开设选修课，形成自己的特点，建立符合当地实际又高于国标的培养目标。学校编制的人才培养方案不能偏离专业教学标准的基本方向，否则就是自行其是、胡乱建设，改变了专业目录对该专业的基本定位。

（3）专业教学标准建设是教育部委托行指委（教指委）等专家组织进行开发，由于开发难度大、开发力量有限，因此，发行的专业教学标准对专业目录的覆盖不全，有的专业，特别是专门化方向，没有开发出相应的专业教学标准，但每个学校举办的专业，必须要人才培养方案。

（4）专业教学标准和人才培养方案有着共同坚持的基本原则，在指导思想、开发理念、开发程序和方法上有高度一致性，因此，国家专业教学标准的开发程序方法、形成的经验做法，是学校开发人才培养方案的有效参考。

（5）专业教学标准聚焦课程结构、重在课程体系开发，对课程设置、教学条件、教学评价等有较为完整的设计，但在课堂外的"教育"涉及较少。学校开发人才培养方案，要把"育人"放在第一位，围绕立德育人根本任务，进行素质教育方案的整体设计，涵盖了课内课外教育教学的全部活动。因此，在内容结构上，两者存在差异。

（6）专业教学标准中对职业资格证书有推荐意见，基本遵循了专业目录列举的职业资格证书，这些证书主要来源于国家职业资格鉴定许可的资格证书。学校的人才培养方案在多证书的取得方面更加因地制宜，会较为灵活，动态纳入 1＋X 职业技能等级证书，有的会推荐社会认可度高的行业企业资格证书，有的还对外语和计算机证书做出要求。

（7）专业教学标准是国家指导和管理职业院校教学工作的主要依据，是保证教育教学质量和人才培养规格的基本教学文件。因此，教育部及第三方机构对职业院校人才培养质量进行评估检查，要依据专业教学标准来开展，学校的专业人才培养方案只是参考。

人才培养方案与专业教学标准在标准层级、适用范围和要求程度上存在不同，其区别见表 7－2。

表 7－2 人才培养方案与专业教学标准的区别

文件名称	专业教学标准	人才培养方案
标准层级	国家标准（上位）	校级标准（下位）
适用范围	全国通用（普适性）	学校使用（个性化、有特色）
要求程度	基本要求（达标）	高于要求（超标）

（三）人才培养方案与专业教学计划的关系

专业教学计划传承了学科教育体系的传统做法，承载了课程体系的基本内容，是学校组织教学的依据。人才培养方案包含了教学计划的全部内容，是对教学计划的继承和发展。两者的不同点主要体现在以下几个方面：

（1）在设计思路上，人才培养方案是对学生全面发展，素质、知识、能力全面培养过程的统筹安排，包括课内计划实施、课外培养内容与方式，而教学计划是按照学科体系要求制订的课内计划，缺少对学生素质及学生个性培养的设计。在编写体例上，教学计划在结构和内容上都比较传统、简单，而人才培养方案无论是目标、要素、内容还是体例，都更加全面、丰富。

（2）在教学目的上，人才培养方案注重人的培养，更重视质量保障体系建设、学习效果产出与学习评价、可持续改进与发展等方面，而教学计划更加聚焦"教学"本身。

（3）在教学内容上，人才培养方案既包括教学计划和学时安排，也包括职业岗位分析、师资队伍、实践条件、资源建设、校企合作机制和教学管理制度等各种因素，充分体现出"三全"育人的思路与措施，教学计划则注重对讲授内容的系统性和知识体系完整性的计划与规定。

（4）在教学模式和方法上，教学计划默认"粉笔加黑板"的普通教室、多媒体教室、实验室等教学方法，人才培养方案则强调校企合作基础上的工学结合教学，采用项目教学、案例教学，使学生在"做中学"。人才培养方案除了课内的计划性以外，更注重促进学生个性发展，调动学生自主学习的积极性。

（四）人才培养方案与课程标准的关系

人才培养方案的制订与实施，课程是关键。课程一般是指体系化、序列化的教学内容与配套的资源和方法，是支撑人才培养方案的基本单元与核心模块。课程需要通过课程标准来约定课程教学的目标、内容、方法手段、考核等内容，课程标准是人才培养方案重要的配套性教学文件。

为保证人才培养的素质、知识、能力等基本要求，教育部针对规定的公共基础课程和部分专业基础课发布了国家层面的课程标准，学校需要根据专业类别和特色制定校级层面的课程标准。职业教育的课程标准一般包括：课程类别、课程代码、课程名称、学时学分、预修课程、适用专业、开课部门、课程（实训）地位、目标和任务、与相关课程的联系与分工、教学（实训）内容与要求、必备教材（实训指导书）和参考资料、教学方法、实训环境与方式、课外学习要求、实训日志和实训报告要求、考核及成绩评定方式等内容，各专业应根据现代职业教育理论和理实一体化教学的特点，将实验、实训、实习等实践教学环节统筹纳入相关课程之中进行设计。

三、人才培养方案的编制

人才培养方案是实现专业培养目标、安排教学内容、组织教学活动的总体设计和实施计划，反映了学校在人才培养工作上的指导思想和整体思路。为了做好学校专业人才培养质量的制订（修订）工作，教务处应拟定人才培养方案编制的指导意见，规范各教学院系人才培养方案的制订（修订）工作。

（一）人才培养方案编制的依据与原则

依法治校、依法治教是现代学校治理的基本要求，要贯彻落实党的教育方针和国务院、教育部、团中央和省教育厅（市教委）发布的关于职业教育改革发展的文件精神，以习近平新时代中国特色社会主义思想为指导，深入贯彻党的历次全国代表大会精神，按照全国教育大会部署，落实立德树人根本任务，坚持面向市场、服务发展、促进就业的办学理念，健全德技并修、工学结合育人机制，构建德智体美劳全面发展的人才培养体系，突出职业教育的类型特点，深化产教融合、校企合作，推进教师、教材、教法改革，规范人才培养全过程，加快培养复合型技术技能人才。要依据国家专业教学标准、国家或行业企业职业标准，追踪行业发展趋势，突出专业建设的特色和优势，开发学校的人才培养方案。

1. 人才培养方案编制的依据

（1）政策文件依据。

《中共中央国务院关于深化教育改革全面推进素质教育的决定》（中发〔1999〕9 号）。

《国家中长期教育改革和发展规划纲要（2010—2020 年）》。

《教育部关于全面提高高等教育质量的若干意见》（教高〔2012〕4 号）。

《国务院关于加快发展现代职业教育的决定》（国发〔2014〕19 号）。

《关于全面提高高等职业教育教学质量的若干意见》（教高〔2015〕16 号）。

《高等职业教育创新发展行动计划（2015—2018 年）》（教职成〔2015〕9 号）。

《中共中央办公厅关于培育和践行社会主义核心价值观的意见》（中办发〔2013〕24 号）。

《"十三五"国家战略性新兴产业发展规划》（国发〔2016〕67 号）。

《关于印发〈中国制造 2025〉的通知》（国发〔2015〕28 号）。

《中共中央国务院关于全面深化新时代教师队伍建设改革的意见》（中发〔2018〕4 号）。

《教育部关于开展现代学徒制试点工作的通知》（教职成司函〔2015〕2 号）。

《国务院办公厅关于深化产教融合的若干意见》（国办发〔2017〕95 号）。

《职业学校校企合作促进办法》（教职成〔2018〕1 号）。

《教育信息化 2.0 行动计划》（教技〔2018〕6 号）。

《加快推进教育现代化实施方案（2018—2022 年）》。

《关于推动现代职业教育高质量发展的意见》（中共中央办公厅、国务院办公厅印发）

《国务院关于印发国家职业教育改革实施方案的通知》（国发〔2019〕4 号）。

《教育部 财政部关于实施中国特色高水平高职学校和专业建设计划的意见》（教职成〔2019〕5 号）。

《教育部办公厅关于制订中等职业学校专业教学标准的意见》（教职成厅〔2012〕5 号）。

《教育部办公厅关于做好高等职业学校专业教学标准修（制）订工作的通知》（教职成厅函〔2016〕46 号）。

《教育部关于职业院校专业人才培养方案制订与实施工作的指导意见》（教职成〔2019〕13 号）。

《教育部职业教育与成人教育司关于组织做好职业院校专业人才培养方案制订与实施工作的通知》（教职成司函〔2019〕61 号）等。

（2）国家标准依据。

教育部网站发布的"职业教育国家教学标准体系"，包括中等职业学校专业目录及专业简介、普通高等学校高等职业教育（专科）专业目录及专业简介、中等职业学校专业教学标准、高等职业学校专业教学标准、职业学校专业（类）岗位实习标准、职业院校专业实训教学条件建设标准（职业学校专业仪器设备装备规范）等，还有相关国家或行业企业的职业技能标准，是学校人才培养方案编制重要的技术性参考标准。

（3）区域发展依据。

国家发展和改革委员会发布的国家总体规划（如《国家新型城镇化规划（2014—2020年)》)、所在省市主体功能区规划（如《河北省主体功能区规划》《天津市主体功能区规划》)、所在地方总体规划（如《北京市国民经济和社会发展第十三个五年规划纲要》)、与本专业相关的国家级专项规划（如《太阳能发展"十三五"规划》《信息通信行业发展规划（2016—2020年)》等），是从全局上把握区域经济社会发展趋势和人才需求走向的参考文件，对学校调整专业发展方向具有指导意义。

产业发展的相关文件，特别是区域产业发展的文件，是编制学校人才培养方案的依据之一。例如北京市《关于印发加快科技创新构建高精尖经济结构系列文件的通知》，明确了十大高精尖产业结构，北京地区职业院校要主动适应产业结构升级需要，及时调整专业结构，更新专业教学内容。

（4）市场调查依据。

对行业企业的职业岗位分析和人才需求调查研究、对毕业生的追踪调查，是学校人才培养方案编制和修订的重要依据。

2. 人才培养方案编制遵循的原则

全面贯彻党的教育方针，坚持以服务为宗旨，以促进就业为导向，落实能力本位，走产学结合的发展道路，大力推进校企合作、工学结合、产教融合，创新人才培养模式，突出以学生为本的素质教育、职业技能教育和终身教育理念，适应新形势发展对高等职业教育人才培养的要求，制订具有高职特点及学校特色的人才培养方案。人才培养方案制订遵循的原则与国家专业教学标准制订的基本原则相一致，聚焦人才培养方案的特殊性。下面再强调几点原则：

（1）坚持育人为本，促进全面发展。全面推动习近平新时代中国特色社会主义思想进教材进课堂进头脑，积极培育和践行社会主义核心价值观。传授基础知识与培养专业能力并重，强化学生职业素养养成和专业技术积累，将专业精神、职业精神和工匠精神融入人才培养全过程。

（2）坚持标准引领，确保科学规范。以职业教育国家教学标准为基本遵循，贯彻落实党和国家在课程设置、教学内容等方面的基本要求，强化专业人才培养方案的科学性、适应性和可操作性。

（3）坚持遵循规律，体现培养特色。遵循职业教育、技术技能人才成长和学生身心发展规律，处理好公共基础课程与专业课程、理论教学与实践教学、学历证书与各类职业培训证书之间的关系，整体设计教学活动。

（4）坚持完善机制，推动持续改进。紧跟产业发展趋势和行业人才需求，建立健全行业企业、第三方评价机构等多方参与的专业人才培养方案动态调整机制，强化教师参与教学和课程改革的效果评价与激励，做好人才培养质量评价与反馈。

（二）人才培养方案编制的程序与方法

人才培养方案编制的程序与方法，与教育部专业教学标准开发的程序和方法有很多的相似性，都需要汇集多方资源、有序组织、审核把关、保证质量。

1. 组织分工

人才培养方案的制（修）订工作由教务处统一领导，实行院系（科）领导小组、专业工作组、学术委员会相结合的方式，整体部署，分步实施，分层管理，协调推进。

（1）教务处负责人才培养方案制（修）订工作的整体规划、组织协调和质量监控，负责确定制订（修）人才培养方案的原则、规范、框架。

（2）院系（科）领导小组由院系（科）主任、副主任（含学生工作副主任）、专业带头人（负责人）等组成，主要负责指导专业工作组开展人才培养方案的制（修）订工作；参与研究并解决制（修）订工作中出现的有关问题；负责人才培养方案的初步审核、汇总整理等组织工作。领导小组成员根据分工对口指导相应专业的人才培养方案制（修）订工作。

（3）专业工作组具体负责开发或修订相关专业的人才培养方案，按照专业学校人才培养方案制（修）订工作的统一规范和要求，依靠本专业面向的行业和骨干企业，组织骨干教师做好本专业的人才培养方案的制（修）订工作，严格按照工作流程有序推进各项工作。

（4）学术委员会负责审定各专业的人才培养方案。

2. 工作步骤

（1）规划与设计。学校应当统筹规划，制定专业人才培养方案制（修）订的具体工作方案。成立由行业企业专家、教科研人员、一线教师和学生（毕业生）代表组成的专业建设委员会，共同做好专业人才培养方案制（修）订工作。具体来说，教务处根据教育部关于人才培养方案编制的相关政策，结合学校实际情况，编制《关于××××年学校制（修）订专业人才培养方案的指导意见》，全面启动学校专业人才培养方案的制（修）订工作。各教学院系（科）成立领导小组，研究本部门各专业的具体情况，统筹安排开发和修订计划，成立各专业工作组，负责一个专业或相近专业的人才培养方案开发和修订任务。成立专业工作组，由专业带头人（负责人）、骨干教师、行业企业专家组成，其中行业企业专家不少于40%，企业专家来自目标就业企业，包含规模大中小企业，最好能涵盖当地行业龙头企业。专业工作组制订工作计划（计划包括目标、实施步骤、队伍构成情况以及保障等内容）。由学生处牵头成立专项工作组，负责素质教育方案的修订。

（2）调研与分析。各专业建设委员会要做好行业企业调研、毕业生跟踪调研和在校生学情调研，分析产业发展趋势和行业企业人才需求，明确本专业面向的职业岗位（群）所需要的知识、能力、素质，形成专业人才培养调研报告。具体来说，专业工作组根据《指导意见》《工作计划》，制订调研工作计划，编制调研提纲、访谈提纲和调查问卷，收集信息，组织相关调研工作，完成调研报告。根据需要举行职业分析会，填写岗位典型工作任务与职业能力表、专项能力解析表。调研工作可以包含素质教育活动有效性调研。

（3）起草与审定。结合实际落实专业教学标准，准确定位专业人才培养目标与培养规格，合理构建课程体系、安排教学进程，明确教学内容、教学方法、教学资源、教学条件保障等要求。学校组织由行业企业、教研机构、校内外一线教师和学生代表等参加的论证会，对专业人才培养方案进行论证后，提交校级党组织会议审定。具体来说，专业工作组根据调研结果，研究制订《专业人才培养方案》文本。在工作过程中，及时与院系（科）领导小组沟通工作进展，研究解决人才培养方案制（修）订工作中出现的有关问题。通过院系（科）组织内部审定会，审阅调研报告和专业人才培养方案，专业带头人、部门学术委员参加。专业工作组根据有关意见和建议修改并完成送审稿，报教务处，最终提交校级党组织会议批准。

（4）发布与更新。审定通过的专业人才培养方案，学校按程序发布执行，报上级教育行政部门备案，并通过学校网站等主动向社会公开，接受全社会监督。学校应建立健全专业人才培养方案实施情况的评价、反馈与改进机制，根据经济社会发展需求、技术发展趋势和教育教学改革实际，及时优化调整。

（三）人才培养方案的构成要素及要求

2019年教育部发布了《教育部关于职业院校专业人才培养方案制订与实施工作的指导意见》（教职成〔2019〕13号）和《关于组织做好职业院校专业人才培养方案制订与实施工作的通知》（教职成司函〔2019〕61号），明确规定专业人才培养方案应当体现专业教学标准规定的各要素和人才培养的主要环节要求，包括专业名称及代码、入学要求、修业年限、职业面向、培养目标与培养规格、课程设置、学时安排、教学进程总体安排、实施保障、毕业要求等内容，并附教学进程安排表等。学校可根据区域经济社会发展需求、办学特色和专业实际制订专业人才培养方案，但须满足以下基本要求。

1. 明确培养目标

依据国家专业教学标准及行业有关规定，结合学校办学层次和办学定位，科学合理确定专业培养目标，明确学生的知识、能力和素质要求，保证培养规格符合职业岗位要求。要注重学用相长、知行合一，着力培养学生的创新精神和实践能力，增强学生的职业适应能力和可持续发展能力。

坚持把立德树人作为根本任务，不断加强学校思想政治工作，持续深化"三全育人"综合改革，把立德树人融入思想道德教育、文化知识教育、技术技能培养、社会实践教育各环节，推动思想政治工作体系贯穿教学体系、教材体系、管理体系，切实提升思想政治工作质量。

2. 规范课程设置

课程设置分为公共基础课程和专业（技能）课程两类。

（1）严格按照国家有关规定开齐开足公共基础课程。

中等职业学校应当将思想政治、语文、历史、数学、外语（英语等）、信息技术、体育与健康、艺术等列为公共基础必修课程，并将物理、化学、中华优秀传统文化、职业素养等课程列为必修课或限定选修课。高等职业学校应当将思想政治理论课、体育、军事课、心理健康教育等课程列为公共基础必修课程，并将马克思主义理论类课程、党史国史、中华优秀传统文化、职业发展与就业指导、创新创业教育、信息技术、语文、数学、外语、健康教育、美育课程、职业素养等列为必修课或限定选修课。

全面推动习近平新时代中国特色社会主义思想进课程，中等职业学校统一实施中等职业学校思想政治课程标准，高等职业学校按规定统一使用马克思主义理论研究和建设工程思政课、专业课教材。结合实习实训强化劳动教育，明确劳动教育时间，弘扬劳动精神、劳模精神，教育引导学生崇尚劳动、尊重劳动。推动中华优秀传统文化融入教育教学，加强革命文化和社会主义先进文化教育。深化体育、美育教学改革，促进学生身心健康，提高学生审美和人文素养。

根据有关文件规定开设关于国家安全教育、节能减排、绿色环保、金融知识、社会责任、人口资源、海洋科学、管理等人文素养、科学素养方面的选修课程、拓展课程或专题讲座（活动），并将有关知识融入专业教学和社会实践中。学校还应当组织开展劳动实践、创新创业实践、志愿服务及其他社会公益活动。

（2）科学设置专业（技能）课程。

专业（技能）课程设置要与培养目标相适应，课程内容要紧密联系生产劳动实际和社会实践，突出应用性和实践性，注重学生职业能力和职业精神的培养。一般按照相应职业岗位（群）的能力要求，确定6~8门专业核心课程和若干门专业课程。

3. 合理安排学时

三年制中职、高职每学年安排40周教学活动。三年制中职总学时数不低于3 000，公共基础课程学时一般占总学时的1/3；三年制高职总学时数不低于2 500，鼓励学生自主学习，公共基础课程学时应当不少于总学时的1/4。中、高职选修课教学时数占总学时的比例均应当不少于10％。一般以16~18学时计1个学分。鼓励将学生取得的行业企业认可度高的有关职业技能等级证书或已掌握的有关技术技能，按一定规则折算为学历教育相应学分。

4. 强化实践环节

加强实践性教学，实践性教学学时原则上占总学时数50％以上。要积极推行岗位实习等多种实习方式，强化以育人为目标的实习实训考核评价。学生顶岗实习时间一般为6个月，可根据专业实际，集中或分阶段安排。推动职业院校建好用好各类实训基地，强化学生实习实训。统筹推进文化育人、实践育人、活动育人，广泛开展各类社会实践活动。

5. 严格毕业要求

根据国家有关规定、专业培养目标和培养规格，结合学校办学实际，进一步细化、明确学生毕业要求。严把毕业出口关，确保学生毕业时完成规定的学时学分和教学环节，结合专业实际组织毕业考试（考核），保证毕业要求的达成度，坚决杜绝"清考"行为。

6. 促进书证融合

鼓励学校积极参与实施"1+X"证书制度试点，将职业技能等级标准有关内容及要求有机融入专业课程教学，优化专业人才培养方案。同步参与职业教育国家"学分银行"试点，探索建立有关工作机制，对学历证书和职业技能等级证书所体现的学习成果进行登记和存储，记入个人学习账号，尝试学习成果的认定、积累与转换。

7. 加强分类指导

鼓励学校结合实际，制订体现不同学校和不同专业类别特点的专业人才培养方案。对退役军人、下岗职工、农民工和新型职业农民等群体单独编班，在标准不降的前提下，单独编制专业人才培养方案，实行弹性学习时间和多元教学模式。实行中高职贯通培养的专业，结合实际情况灵活制订相应的人才培养方案。

（四）人才培养方案的模板

围绕人才培养方案的内涵、核心要素，各职业院校可以自行设计人才培养方案的体例，体现本校特点。这里提供一套模板，仅供各校参考。

1. 专业名称（代码）

专业名称（代码）来源于专业目录。根据学校实际，可以设置专门化方向。

2. 入学要求、修业年限

入学要求（中职）：初中毕业生或具有同等学力者。

入学要求（高职）：高中阶段教育毕业生或具有同等学力人员。

修业年限（中职）：全日制，中职，修业年限一般为3年。

修业年限（高职）：全日制，专科，修业年限2~3年，一般为3年。

3. 职业面向

人才培养方案中必须明确就业范围，即能够去哪些职业岗位。开发人才培养方案，其中一项重要任务是对就业范围有较为清晰的描述，说清楚学生未来能去哪些职业岗位、这些职业岗位的典型工作任务是什么、在这些岗位就业真正发挥作用的职业资格证书是什么。通常需要制作一个表格，如表7-3所示。

表 7 - 3　就业岗位与职业证书

就业岗位（技术领域）	典型工作任务描述	行业企业标准和 职业技能等级证书等

就业岗位、典型工作任务、职业技能等级证书等，来源于人才市场调研，不能是个人的想象。这项工作是关乎专业特色创建能否落地的关键。这三个问题说得清，目标就业市场就是明确的，人才培养的服务对象就是明确的，对接标准就不是盲目的。

4. 培养目标与人才规格

培养目标要符合学校办学定位，要适应社会经济发展需要，要能够反映学生毕业后3年左右在经济社会与专业领域预期取得的成就。培养目标与国家专业教学标准的培养目标的体例基本一致。

人才规格体现"毕业要求"的细化要求，即学生毕业时应达成的知识目标、能力目标和职业素养目标。人才规格的表述要求具体、可测量。知识目标使用"掌握""熟悉""了解"来描述对知识运用的程度；能力目标使用"能…"来描述职业技能，要覆盖职业岗位典型工作任务。也可以采用"知识与技能目标"的体例，强调运用知识完成工作任务，格式如"能运用……完成……"，反映出利用工具、方法、流程等达成目标的程度等要素，使之可测量。素质目标是人才规格的重要组成部分，是衡量毕业生质量的关键指标。职业素质目标可以采用"毕业生具备……"的方式表述。

素质目标不明确、内涵不清晰，是传统教学计划普遍存在的问题。人才培养方案要特别重视对学生综合素质的培养，它属于通用能力、核心能力，覆盖社会能力和方法能力，形成职业素养，是未来长期发挥作用、影响学生一生的内在素质。例如：运用知识能力、问题分析能力、方案设计能力、调查研究能力、工具应用能力、自主学习能力、团队合作能力、职业沟通能力、项目管理能力、终身学习能力，并具备专业领域的职业道德、人文素质、工匠精神等。

"运用知识能力、问题分析能力、方案设计能力、工具应用能力、项目管理能力"都可以与知识目标、能力目标相融合，在知识目标、能力目标中体现。"自主学习能力、团队合作能力、职业沟通能力、职业道德、人文素质、工匠精神"是应重点关注的职业素养。职业素养培养应重视在问题分析、方案设计、工程实施过程中，能够适当考虑公共健康、安全、法律以及文化、社会、环境等因素，能分析具体工作的可持续性及其对可持续发展的影响，理解应承担的责任，形成批判性思维和创新意识、创新能力等。

落实成果导向教学，需要将素质目标分解到各门课程中，因此，在课程体系确定后，可以组织一次课程教学目标分析活动，明确各门课程对毕业要求的支撑关系，如表 7 - 4 所示。

表 7-4　课程对毕业要求的支撑关系

课程名称	知识运用	问题分析	方案设计	调查研究	工具应用	自主学习	团队合作	职业沟通	项目管理	职业道德	终身学习

5. 课程设置

学校应遵循国家专业教学标准给出的课程结构或课程体系设计本校本专业的课程体系，必要时要对核心技术课程的内在逻辑进行分析。

图 7-1 是中职地质调查与找矿专业的课程结构图。其课程体系由公共基础课、公共选修课、专业技能课组成，专业技能课包括专业核心课、专业（技能）方向课、实习实训课（含综合实训和顶岗实习等）、专业选修课。

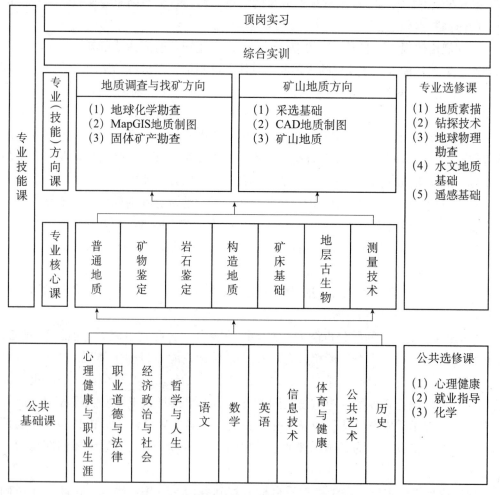

图 7-1　中职地质调查与找矿专业课程结构

表 7-5 是高职专业教学标准中铁道通信信号专业的课程体系。其课程体系包括公共基础课、专业课和素质拓展课，专业课细分为专业核心课、一般专业课、实践技能课

（即实习实训课）。一般专业课对专业核心课实现支撑，故可以称其为专业支撑课，也可以称其为专业方向课。素质拓展课即专业选修课和公共选修课。

表 7-5　高等职业学校铁道通信信号专业课程体系

公共基础课	专业课			素质拓展课
	一般专业课	专业核心课	实践技能课	
（1）思想道德修养与法治 （2）毛泽东思想和中国特色社会主义理论体系概论 （3）形势与政策 （4）职业发展与就业指导 （5）体育与健康 （6）公共英语 （7）信息技术 （8）高等数学 （9）军事理论或军事训练 （10）应用文写作	（1）电工基础 （2）模拟电子技术 （3）数字电子技术 （4）现代交换技术 （5）通信原理 （6）计算机网络（理实一体） （7）通信电源 （8）通信线路与综合布线（理实一体） （9）宽带接入技术 （10）数字通信技术	（1）数字传输系统（理实一体） （2）铁路专用通信 （3）铁路移动通信系统 （4）数字调度通信系统（理实一体） （5）列车无线调度通信	（1）电路认知与焊接实训 （2）电子产品组装与调试实训 （3）数字电子技术实训 （4）电工技能实训 （5）专业综合技能实训 （6）毕业设计（论文） （7）顶岗实习	（1）铁路新技术 （2）通信工程制图 （3）铁路信号运营基础 （4）铁路企业管理 （5）办公设备原理与维修 （6）计算机组装与维修 （7）用户通信终端原理与维修 （8）通信工程施工与管理 （9）通信工程概预算 （10）应用文写作 （11）演讲与口才

中等职业学校各专业的课程体系结构基本一致，而高等职业学校各专业大类的课程体系结构自成一体，略有区别。各校根据实际情况参照执行。

课程体系设计除了课程结构以外，要落实本专业的知识基础、实践比例、顶岗实践、自主选修等方面的要求，符合职业教育规律，服务学生未来发展。

6. 课程内容描述

人才培养方案中要对各门课程的定位、目标、内容等进行逐一表述，准确描述各门课程的课程目标、主要内容和教学要求，落实国家有关规定和要求。参考体例"本课程是一门……课，主要学习……学完本课程，学生应具备……的能力"，各校可以自定课程内容表述方式。

7. 教学进程总体安排

教学进程是对本专业技术技能人才培养、教育教学实施进程的总体安排，是专业人才培养方案实施的具体体现。以表格的形式列出本专业开设课程类别、课程性质、课程名称、课程编码、学时学分、学期课程安排、考核方式，并反映有关学时比例要求。

8. 实施保障

（1）师资队伍。

对本专业的双师结构教学团队提出有关要求，明确专兼职教师的数量、结构、素质等，并对团队建设进行说明。

（2）教学设施。

对教室、本专业的实验实训室、校内外实训基地、校外实习基地、顶岗实习基地等提出要求，列举并描述其基本功能。完善企业实习、岗位实习、毕业实践（设计）等管理制度。

岗位实习是职业教育专业教学的重要组成部分，是培养学生良好职业道德，强化学生实践能力和职业技能，提高综合职业能力的重要环节。顶岗实习标准是组织开展专业顶岗实习的教学基本文件，是明确实习目标与任务、内容与要求、考核与评价等的基本依据。教育部已发布了136个职业学校专业（类）顶岗实习标准，例如《中等职业学校美发与形象设计专业顶岗实习标准》《高等职业学校园林工程技术专业顶岗实习标准》等，各校应结合实际情况贯彻执行。

（3）教学资源。

对教材选用、图书文献配备、数字资源配备等提出有关要求。

教材选用优先使用校企"双元"合作开发的国家规划教材，倡导使用新型活页式、工作手册式教材并配套开发信息化资源。为支持学校教学改革，鼓励教学团队校企合作开发任务导向的活页式校本讲义、实验实训指导书等。专业教材随信息技术发展和产业升级情况及时动态更新。

学校应配备专业学习相关的图书文献资源，可以是纸质图书，也可以是电子图书，为教师提供教学参考书，向学生开放图书馆供学生借阅。部分专业教室、智慧教室、活动学习室等配备特殊的专用图书。

落实"教学应用覆盖全体教师、学习应用覆盖全体适龄学生"的要求，学校应提供基于互联网或移动互联的网络学习平台，引入国家、省市、校级数字化资源库，支持教师搭建网络课程，促进现代信息技术与教学的深度融合发展，推进虚拟工厂等网络学习空间建设和普遍应用。

（4）教学方法。

对实施教学应采取的方法提出要求和建议。贯彻工学结合人才培养模式，实现以学生为中心的教学组织实施，推行项目教学、案例教学、情境教学、模块化教学等教学方式，运用启发式、探究式、讨论式、参与式等教学方法，推广翻转课堂、混合式教学、理实一体教学等新型教学模式。适应"互联网＋职业教育"发展需求，运用现代信息技术改进教学方式方法，创造职业教育信息化新生态。

（5）学习评价。

对学生学习评价的方式方法提出要求和建议，包括过程性评价和终结性评价。人才培养方案应给出学习评价的方式、方法及其所占比例结构，特别是大型考核项目，推广实施基于学生学习成果的评价，通过学习成果证明学生达到了相应的知识、能力和素质目标。

（6）质量管理。

对专业人才培养的质量管理提出要求。有效利用学校的内部质量管理保障体系，从计划管理、运行管理、资源管理、督导专家听课、学生满意度调查、学生素质成长等多个维度进行质量监控、保障教育教学质量。

9. 毕业要求

约定学生毕业须修满专业人才培养方案所规定的学时学分，完成规定的教学活动，取得规定的技能等级证书，达到的素质、知识和能力等方面要求。实施学分制的学校应给出总分要求、各类学分数量要求以及规定的特殊要求，如素养类选修课应达到的学分要求等。

总结案例

某高职院校电子信息工程技术专业人才培养方案

一、专业名称及代码

电子信息工程技术（610101）。

二、入学要求

中等职业学校毕业、普通高级中学毕业或具有同等学力者。

三、修业年限

学制 3 年，最长修业年限 5 年。

四、职业面向

职业面向如表 7-6 所示。

表 7-6　职业面向

序号	就业岗位/专业领域	典型工作任务描述	职业技能等级证书（名称、等级）
1	电子产品设计制造	电子产品设计、装配、调试、检测	家用电子产品维修工（高级）
2	电子产品维修	电子产品调试、维修	无线电调试工（高级）无线电装接工（高级）
3	电子技术服务	电子产品营销、技术支持与服务	三者至少取得一个证书

五、培养目标与培养规格

（一）培养目标

培养理想信念坚定，德、智、体、美、劳全面发展，具有良好思想品质、职业道德、敬业精神和责任意识，身体健康灵活、心理素质良好，掌握电子产品组装工艺、PCB 设计与制作技能，能应用单片机与 EDA 工具开发、设计制作简单电子产品，具有一般电子整机产品的生产、管理、测试、维护、技术服务等本专业综合职业能力，具备较强的创新能力和可持续发展能力，在电子产品生产企业工艺管理、质量管理、技术支持、技术开发、电子产品营销等第一线工作的高素质技术技能人才。

（二）培养规格

本专业毕业生应在素质、知识和能力方面达到以下要求：

1. 素质目标

（1）坚定拥护中国共产党领导和中国特色社会主义制度，在习近平新时代中国特色社会主义思想指引下，践行社会主义核心价值观，具有深厚的爱国情怀和中华民族自豪感。

（2）热爱劳动，吃苦耐劳，有奉献精神，肯为他人和社会付出，积极参加公益活动。

（3）具有较强的质量意识、环保意识、安全意识，在生活和工作场所表现出较高的职业素养。

（4）运用所学知识和技能，融入守法、节能、环保、可持续发展等理念，有效分析解决工程问题。

（5）具有较高的信息素养，能够利用信息工具、方法，进行文献检索，开展调查研究，解决实际问题。

（6）具有自我管理能力、职业生涯规划的意识，有较强的集体意识和团队合作精神。

（7）具有精益求精、追求卓越的品质，有强烈的创新意识和批判性思维，具有工匠精神。

（8）崇德向善、诚实守信、尊重生命，履行道德准则和行为规范，具有社会责任感和社会参与意识。

（9）具有健康的体魄、心理和健全的人格，掌握基本运动知识和一两项运动技能，有良好的行为习惯。

（10）具有一定的审美和人文素养，表达能力强，善于沟通，有一定的社会活动能力。

2. 知识目标

（1）掌握必备的思想政治理论、科学文化基础知识和中华优秀传统文化知识。

（2）熟悉与本专业相关的法律法规以及环境保护、安全消防、文明生产等相关知识。

（3）掌握电路基础知识，包括电路的基本定理、定律以及基本分析方法。

（4）掌握典型的模拟电路基本结构、功能和原理，包括各种放大电路、集成运算放大器的应用电路等。

（5）掌握典型的集成电路基本结构、功能和工作原理，包括各种门电路、编码器和译码器、计数器和寄存器等。

（6）掌握频率变换电路的基本结构、功能和工作原理，包括各种调幅和检波、调频和鉴频等电路。

（7）掌握设计与制作各种功能电子电路、电子产品的基本方法。

（8）掌握电子整机装配、调试和维修的基本方法。

（9）掌握通信与网络技术的基本知识。

（10）熟悉工程项目管理的基本知识。

3. 能力目标

（1）能够识读电子设备的原理图和装配图。

（2）能够熟练使用电子测量仪器、仪表和工具。

（3）能够使用电子设计软件进行电子产品的电原理图和印制板图设计。

（4）能够熟练操作使用电子装配的相关设备和工具。

（5）能够进行实用电路的分析、设计与制作与测试。

（6）能够进行电子产品的设计、装配、调试和性能检测。

（7）能够对电子整机进行安装、调试与性能检验。

（8）能够根据复杂电路图对电子整机进行故障判断、测试与维修。

（9）能够对典型电子产品进行市场营销、售后技术支持与服务。

六、课程设置及要求

（一）课程体系结构

电子工程技术专业课程体系结构如图7-2所示。

本专业课程设置包括公共基础课程和专业课程。专业课程分为专业核心课、专业限选课、专业拓展选修课和实习实训课程。另外，设置10%的人文素质类公共选修课，供

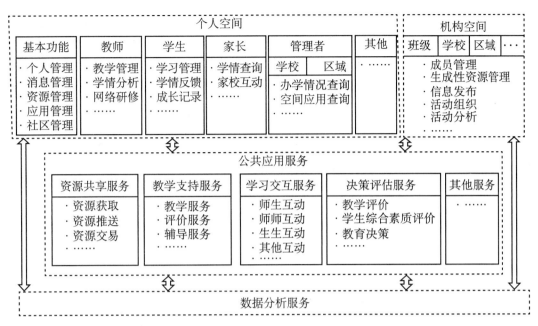

图 7-2　电子工程技术专业课程体系结构

学生自主选课。

专业核心课是保证专业人才培养的核心课程，充分体现就业岗位的典型工作任务，反映专业人才培养质量。专业限选课以专业基础课为主，是对专业核心课的有效支撑，根据就业岗位的实际需求，可以组合成课程模块，供学生针对具体的专门化方向选学。专业拓展课是拓展性选修课，培养学生的一专多能，或提供最新技术应用课程，帮助学生形成特色和优势。实习实训课以整周的形式开展教学，属实践教学环节。

（二）课程内容要求（仅列举专业核心课）

1. 实用电路分析与测试

本课程学习目标是：运用电路基本定律分析和计算简单直流、交流电路参数；使用常用电工仪表测量电压、电流等基本参数；对照实际电路绘制简单直流、交流电路原理图；按照原理图进行实用电路的分析与测试；对实用电路检查分析并排除简单故障。课程教学用四个教学载体来贯穿教学内容，这四个教学载体分别为：LED 灯电路的分析与测试、充电电筒的分析与测试、家庭配电线路的分析与设计、收音机选台电路的分析与测试，最后还安排了读图、安装训练以提高学生的技能水平。

2. 实用电子电路设计与制作 1

本课程内容为模拟电子电路部分，学习目标是：识别、检测和选用电子元器件；对典型电路进行分析和计算；读懂实用电子电路原理图；对照不同电路方案分析选择性价比高的电路；使用免焊面包板按照电路原理图搭接实用电路；使用标准板和 PCB 板焊接实用电路；使用万用表、信号发生器、模拟示波器等电子测量仪器进行电路基本参数的测试；能够对制作完成的电路进行调试以满足设计要求。主要项目包括直流稳压电源的设计与制作、音频前置放大器设计与制作、功率放大器设计与制作、扩音机的安装与调试等。

3. 实用电子电路设计与制作 2

本课程是实用电子电路分析与设计 1 的延续，学习内容为数字电子电路和高频电子电路部分，学习目标是：识别、检测和选用数字集成电子器件；对典型数字电路进行分析；使用免焊面包板按照电路原理图搭接实用电路；使用标准板和 PCB 板焊接实用电路。主要项目包括计时显示电路的设计与制作、自动报时电路的设计与制作、自动报时电路的设计与制作、数字钟的安装与调试、温度采集和调理电路的设计与制作、数据处理电路的设计与制作、汽车遥控器的设计与制作等。

4. 电子产品设计与制作

本课程的学习目标是：按照设计流程完成电子产品的分析设计；读懂简单电子产品电路原理图，会分析信号流程；熟练应用仿真平台完成单片机程序调试与仿真；识别、检测和选用电子元器件；手工制作简单印制线路板；正确布线和制作线缆；按照工艺要求完成电子产品的焊接与组装；使用相关仪器完成电子产品的参数测试及指标调试；规范撰写相关技术文件。本课程选用 1 个典型电子产品进行设计与制作。

5. 电子整机调试与检验

本课程选择典型电子整机设备，学习电子整机中的音视频技术，包括电子整机工作原理，整机装配与调试、维修等内容。通过本课程学习，使学生能阅读电子整机电路图和相应的印制电路板图，能叙述电子整机的系统组成、基本工作原理和信号流程，能运用静电防护知识和安全生产知识按照电原理图和装配图进行电子整机的组装，会使用调试软件，能用电视信号发生器、无线电信号综合测试仪、数字存储示波器、扫频仪、频谱仪等仪器进行电子整机的插板与整机进行调试与检验。判断电子整机的一般故障并加以解决，能正确填写产品的调试报告与检验报告。

6. 多层印制电路板的设计与制造

本课程的学习目标是：能用 EDA 软件绘制电路原理图；能根据电路原理图设计单面和双面 PCB；掌握 PCB 的制作方法与生产工艺，能够根据印制电路板工艺流程制作单面和双面 PCB；能运用电磁兼容知识根据电路原理图设计多层 PCB。主要项目包括单面板的设计与制作、双面板的设计与制作和多层板的设计。

七、教学进程总体安排

教学进程总体安排如表 7-7 所示。

表 7-7　教学进程总体安排

课程类型	课程性质	课程名称	理论学时	实践学时	课程学时	总学时	比例
公共基础课	必修课	数学	64	0	64	708	26.5%
		科学思维训练	54	10	64		
		公共英语	172	20	192		
		体育	6	58	64		
		思政课（基础）	56	8	64		
		思政课（概论）	56	8	64		
		信息技术	24	40	64		
		职业生涯准备	32	0	32		
		心理健康教育	32	0	32		
		职业沟通	22	10	32		
		国防教育	36	0	36		

续表

课程类型	课程性质	课程名称	理论学时	实践学时	课程学时	总学时	比例
专业核心课	必修课	实用电路分析与测试	34	30	64	416	15.6%
		实用电子电路设计与制作1	34	30	64		
		多层印制电路板的设计与制造	34	30	64		
		实用电子电路设计与制作2	48	48	96		
		电子产品设计与制作	28	36	64		
		电子整机调试与检验	28	36	64		
专业限选课	限选课	电子仿真技术	12	20	32	608	22.8%
		通信与网络技术	44	20	64		
		单片机原理及应用	24	40	64		
		电子工程制图	12	20	32		
		CPLD/FPGA 应用	34	30	64		
		有线电视网络组建与维护	48	48	96		
		电子产品制造技术	20	44	64		
		电子测量与产品检验	20	44	64		
		现代显示技术	34	30	64		
		数字电视技术	34	30	64		
实习实训课	必修课	电工技能实训	3	27	30	690	25.9%
		钳工实习	3	27	30		
		无线电装接工（取证）实训	9	81	90		
		电子整机维修实训	6	54	60		
		生产实习	6	114	120		
		顶岗实习与毕业设计	30	330	360		
专业拓展课	选修课	NGN 软交换系统	20	12	32	128（任选4门）	4.8%
		Proteus 应用	12	20	32		
		ISO9000 实务	32	0	32		
		视频会议系统	22	10	32		
		网络产品概述	22	10	32		
		可编程控制器应用	12	20	32		
		卫星通信技术	22	10	32		
		网络安全技术	12	20	32		
		3G 通信技术	22	10	32		
		GPS 技术应用	22	10	32		
		电波与天线	22	10	32		
公共选修课	选修课	人文素质类公共选修课（任选4门，30学时/门）	120	0	120	120	4.5%
合计			1 287	1 383	2 670	2 670	100%

注：此方案中，公共基础课>25%，理论与实践的比例基本相当，选修课接近10%。

八、素质教育活动

素质教育活动是专业教育落实立德树人根本任务的重要途径，通常又可分为常规教育活动和专题教育活动。常规教育活动是为了实现素质教育目标，有计划、定期组织的教育活动，是实现素质教育目标的主要途径。专题教育活动是一种较为灵活的教育活动，通常结合本专业的特点开展，丰富学生素质教育活动，对常规教育活动起到有效补充。下面列举常规教育活动和专题教育活动实施计划。

（一）常规教育活动计划（见表7-8）

表7-8　常规教育活动计划

序号	活动名称	时间进程安排	负责人（部门）
1	入学教育	第一学期（8～9月），共计2.5天	学生处（办）、教务处（办）、教学系正副主任、辅导员及班主任
2	开学典礼	第一学期（9月）	学院办公室、学生处、教学系
3	学生军训	第一学期（9月或10月）	学院武装部、学生处、教学系
4	升国旗仪式	每月一次	院团委、校区团委
5	主题（纪念日）教育活动	每学期两次	院团委、校区团委
6	科技艺术节	隔年一次	学院办公室、学生处（办）、科研处、团委、工会、教学系
7	体育节（运动会）	隔年一次	学生处（办）、体育部、教学系、工会、团委
8	青年志愿者活动	每学期多次	团委、青年志愿者协会
9	科技竞赛活动	根据学院统一安排或竞赛活动日程	科研处、教务处（办）、教学系
10	学术报告	第二、三、四、五学期各一次	通用能力发展中心、科研处、学生处、教学系
11	名著阅读	每学期一次	班主任、辅导员
12	组织学生应征入伍	每学年10～12月	学院武装部、学生处、保卫处、总务处
13	组织学生自愿无偿献血	每学年两次（3月、11月）	学生处、教学系、医务室、总务处
14	红十字会	每学年四次（4、9、11、12月）	院团委、学生处、工会、医务室
15	团课	每学期两次	院团委、校区团委
16	爱心教育	第一学期（9～11月）	班主任
17	诚信教育	每学期一次（第一至第四学期）	班主任、辅导员
18	责任教育	每学年八次（3、4、5、6、9、10、11、12月）	班主任、辅导员
19	法制教育	每学年四次（3、4、8、12月）	教学系、班主任、辅导员
20	形势与政策	每学期两次	教学系、班主任、辅导员
21	社会主义核心价值观主题教育	每学年四次（4、9、10、12月）	班主任、辅导员
22	学生精品社团评选	每学年一次（11～12月）	院团委、校区团委
23	毕业典礼	第六学期（7月）	学院办公室、学生处（办）、教务处（办）、教学系

（二）专题教育活动计划（见表7-9）

表7-9　专题教育活动计划

序号	活动名称	时间进程安排	负责人（部门）
1	感悟专业　热爱专业	第一学期	教学系副主任、技术中心主任
2	专业有发展　职业有前景	第二学期	教学系副主任、技术中心主任
3	比专业技能　促职业发展	第三学期	教学系副主任、技术中心主任
4	拓展视界　启迪未来	每学年一次	教学系副主任
5	成竹在胸　决胜千里	第四学期	教学系副主任

九、实施保障

（一）师资队伍

1. 专任教师任职的基本条件

（1）电子信息工程技术专业大学本科及以上学历，中级及以上职称，取得高等学校教师资格证书。

（2）具备良好的思想政治素质和职业道德，遵守宪法和法律，贯彻国家教育方针，履行《教师法》和学校规定的各项义务，爱岗敬业，为人师表，教书育人，管理育人。

（3）具有较强的实践能力，取得相关专业国家职业资格证书，或者行业的认证证书。

2. 实验实训指导教师任职的基本条件

（1）电子信息工程技术专业大学本科及以上学历，初级以上职称，取得高等学校教师资格证书。

（2）具备良好的思想政治素质和职业道德，遵守宪法和法律，贯彻国家教育方针，履行《教师法》和学校规定的各项义务，爱岗敬业，为人师表，教书育人，管理育人。

（3）具有较强的实验实训指导能力，取得相关专业国家职业资格证书，或者行业的认证证书；具有一定的工程实践能力。

3. 兼职教师任职的基本条件

（1）电子信息工程技术专业大学本科及以上学历，工程师及以上职称。

（2）具备良好的思想政治素质和职业道德，遵守宪法和法律，贯彻国家教育方针，爱岗敬业，为人师表，教书育人，管理育人。

（3）具有较强的工程实践能力，2年以上专业工程实践，取得相关专业国家职业资格证书或者行业的认证证书。

（二）教学设施

1. 教室环境

所有教室配备投影仪、中控台，形成多媒体教学环境。所有教室都能够联通 WIFI，支持移动端学习。

2. 校内实训基地（见表7-10）

表7-10　校内实训基地

序号	技术中心名称	实验/实训室名称	实验/实训项目名称	主要设备要求
1	电子技术中心	电工技术实验室	电工技术实验、电路基础实验	电工技术实验台
2		电子电路设计与制作实训室	电子电路设计与制作实训	直流电压源、示波器、晶体管电压表、函数信号发生器等
3		电子测量技术实训室	电子测量实验	各种电源、信号源、示波器、扫频仪
4		音视频技术实训室	电子整机调试与检验项目	电子整机模块教学机
5		有线电视系统实训室	有线电视设备的安装与调试实训	有线电视系统前端设备、终端设备、电缆与光缆等
6		EDA技术实训室	电子仿真设计实训、DSP技术实验	计算机、仿真软件、DSP实验箱
7		嵌入式系统实训室	可编程逻辑控制器实验	计算机、仿真软件、实验箱
8		电子产品装配与维修实训室	电子产品设计与制作项目电子整机装配与维修实训	电子整机装配与维修工作台
9		电工技能实训室	电工技能实训	常用电工器材与工具
10	通信技术中心	通信技术基础实训室	通信与网络技术实验	通信技术实验台
11		GPS技术实训室	GPS实验	GPS实验台

3. 校外实训基地

名称：电子信息工程技术校外实训基地——电子产品制造工厂（企业）。

项目：企业生产实习，顶岗实习。

时间：企业生产实习安排在第2学年内，时间为4周；顶岗实习安排在第3学年，时间为半年及以上。

（三）教学资源

（1）学校图书馆为电子信息工程技术专业提供图书资源，每年持续更新图书5种以上。

（2）教材选用，优先选择国家规划教材；鼓励教师配合教学改革，校企合作开发活页式教材，形成活页夹、工作页，创造真实的企业工作情境和氛围，引入企业质量管理模式，培养学生工匠精神。

（3）数字资源，利用学校的电子类专业群数字化教学资源，并持续开展数字化资源建设，达到每门课程500个资源以上，满足课程教学需求。使用学校网络课程教学平台，开展信息化教学，利用信息技术改变传统教学，为学生创造泛在学习的环境条件。

实施课程负责人制度，搭建标准化课程网站，规范课程教学网站资源，实现同一课程资源共享。

（四）教学方法

贯彻工学结合人才培养模式，以企业典型案例引领专业核心课、专业选修课教学，实现以学生为中心的教学组织，基于工作过程设计教学活动，推行项目教学、案例教学、情境教学、模块化教学等教学方式，运用启发式、探究式、讨论式、参与式等教学方法，推广翻转课堂、混合式教学、理实一体教学等新型教学模式。

有效利用数字化教学资源，搭建网络课程，构筑"互联网＋职业教育"教学环境，组织学生课前学习、课中讨论和练习、课后拓展训练，运用现代信息技术改进教学方式方法，创造职业教育信息化新生态。

（五）学习评价

各门课程独立进行教学评价，给出成绩。课程考核评价以课表标准或教学大纲为依据，按照大纲规定的考核项目给出成绩细项。课程考核采用过程性考核与结果性考核相结合的方式。每门课程的素质目标的考核针对规定的素质项来进行，在教学过程中以观察性纪实为主要依据，并结合课业报告完成情况来综合评价。专业核心课程的考核引入行业企业人员参与成果评价，把企业标准作为成果考核的质量标准。

（六）质量管理

执行学院 ISO9000 质量保证体系，按照相关工作规程开展专业建设、课程建设、教学运行和常规教学检查，保证教育教学工作有序进行。

十、毕业标准

（一）毕业生学分要求

本专业学生须修满 137 学分方可毕业。其中公共必修课 44 分，核心技术课程 28 分，专业限选课程 30 分，实习实训课程 21 分，任选课 14 分（其中，公共选修课程 8 分，专业拓展选修课程 6 分）。

（二）双证书要求

学生必须取得以下职业资格证书之一：家用电子产品维修工（高级）、无线电调试工（高级）、无线电装接工（高级）。

（三）培养规格举证要求

对照毕业规格所列的知识、能力、素质要求，学生举证已经达到目标要求的学习成果证据。学习成果夹保存至毕业后三年。

附：教学计划表（见表 7-11）

表 7-11　电子信息工程技术专业三年制教学计划表

序号	课程属性	课程名称	课程类型	统考学期	课程学分	学时分配			每学期周学时分配					
						理论	实践	小计	一 16	二 16	三 16	四 16	五 16	六 0
1	公共必修课	数学	A	1	4	64	0	64	4					
2		科学思维训练	A	/	4	54	10	64		4				
3		公共英语	A	1~4	12	172	20	192	4	4	2	2		
4		体育	A	/	4	6	58	64	2	2				
5		思想道德修养与法治	A	1~2	4	56	8	64	2	2				
6		毛泽东思想和中国特色社会主义理论体系概论	A	3~4	4	56	8	64			2	2		
7		信息技术	A	/	4	24	40	64	4					
8		职业生涯准备	B1	/	2	32	0	32		2				
9		心理健康教育	A	/	2	32	0	32	2					
10		职业沟通	A	/	2	22	10	32				2		
11		国防教育	A	/	2	36	0	36	0					

续表

序号	课程属性	课程名称	课程类型	统考学期	课程学分	学时分配			每学期周学时分配					
						理论	实践	小计	一	二	三	四	五	六
									16	16	16	16	16	0
		公共必修课小计			44	554	154	708	18	12	6	6	2	0
1	核心技术课	实用电路分析与测试	B3	1	4	34	30	64	4					
2		实用电子电路设计与制作1	B3	2	4	34	30	64		4				
3		多层印制电路板的设计与制造	B3	/	4	34	30	64		4				
4		实用电子电路设计与制作2	B3	3	6	48	48	96			6			
5		电子产品设计与制作	B3	/	4	28	36	64				4		
6		电子整机调试与检验	B3	/	4	28	36	64				4		
		核心技术课小计			26	206	210	416	4	8	6	8	0	0
1	专业限选课	电子仿真技术	B1	/	2	12	20	32		2				
2		通信与网络技术	B2	3	4	44	20	64			4			
3		单片机原理及应用	B3	/	4	24	40	64			4			
4		电子工程制图	B1	/	2	12	20	32	2					
5		CPLD/FPGA 应用	B2	4	4	34	30	64				4		
6		有线电视网络组建与维护	B2	5	4	48	48	96					6	
7		电子产品制造技术	B2	5	3	20	44	64					4	
8		电子测量与产品检验	B2	5	3	20	44	64					4	
9		现代显示技术	B2	/	3	34	30	64					4	
10		数字电视技术	B2	/	3	34	30	64					4	
		专业限选课小计			32	282	326	608	2	2	8	4	22	0
1	实习实训课	电工技能实训	C	/	1	3	27	30	1W					
2		钳工实习	C	/	1	3	27	30	1W					
3		无线电装接工（取证）实训	C	/	3	9	81	90		3W				
4		电子整机维修实训	C	/	2	6	54	60				2W		
5		生产实习	C	/	4	6	114	120			4W			
6		顶岗实习与毕业实践（设计）	C	/	12	30	330	360						17W
		实习实训课小计			23	57	633	690	2W	3W	4W	2W	0	17W
1	专业拓展选修课	NGN 软交换系统	B2	/	2	20	12	32	2	2	2			
2		Proteus 应用	B1	/	2	12	20	32	2	2	2			
3		ISO9000 实务	A	/	2	32	0	32	2	2	2			
4		视频会议系统	B2	/	2	22	10	32	2	2	2			
5		网络产品概述	A	/	2	22	10	32	2	2	2			
6		可编程控制器应用	B2	/	2	12	20	32	2	2	2			
7		卫星通信技术	B2	/	2	22	10	32	2	2	2			
8		网络安全技术	B2	/	2	12	20	32	2	2	2			
9		3G 通信技术	B2	/	2	22	10	32	2	2	2			
10		GPS 技术应用	B2	/	2	22	10	32	2	2	2			
11		电波与天线	B2	/	2	22	10	32	2	2	2			

续表

序号	课程属性	课程名称	课程类型	统考学期	课程学分	学时分配			每学期周学时分配					
						理论	实践	小计	一	二	三	四	五	六
									16	16	16	16	16	0
		专业拓展选修课小计			8	68	60	128		2	2	4	0	
		人文素质类公共选修课			8	120	0	120		2	2	2	2	
		合　计			163	1 287	1 383	2 670	24	26	24	24	24	0

📖 课后思考

1. 你能说出"专业教学标准"和"专业人才培养方案"的两个不同点吗？
2. 试着写出专业人才培养方案的 10 个要素。

单元二　教学条件建设

▶ 培训目标

◆ 了解校企合作、产教融合的重要意义和实现途径

◆ 对实训条件、教学资源建设有清晰的认知

◆ 具备推进校企合作、促进实训环境、数字化资源建设的意识和基本能力

导入案例

如何开展校企合作，促进教学条件建设？

小张研究生毕业后来到职业学校工作，承担专业课的教学任务。面对逻辑思维能力较弱的学生，他用自己上大学被教育的方法上课，学生趴倒了一大片，效果很不理想。小张老师很困惑，向专业带头人李老师请教，知道要采用工学结合的模式，运用项目教学、案例教学等方法，让学生在做中学，通过动手实践培养学生的知识运用、分析解决问题能力。

但如何才能把大学习惯的教学方法转变为职业教育的工学结合教学方式？项目从哪里来、案例从哪里来？小张老师对企业实际不熟悉，如何实施项目案例教学？需要准备什么材料、资源、环境、平台，才能更好地激发学生的学习积极性，让学生在实践中掌握知识、培养技能、培育素养，培养出深受一线欢迎的高素质技术技能型人才？这些问题困扰着小张老师。

教学条件通常是指教室条件、实验实训条件、实习教学条件、图书阅览资源条件；在信息时代开展信息化教学，还包括教学环境的信息化条件和数字化资源。对职业教育而言，一个更重要的条件是校企合作、产教融合的有效开展及其对教学的有效支撑。

4000

一、深化校企合作

习近平总书记在党的十九大报告中强调"着力加快建设实体经济、科技创新、现代金融、人力资源协同发展的产业体系",要把人才作为支撑发展的第一资源,实现人力资源培育和开发的供给侧结构性改革。随着我国产业转型升级,企业的产品不断更新,新技术、新工艺、新产品、新材料不断引入,需要一大批会最新技术应用、熟悉最新工艺、有创新意识、工作扎实、追求卓越的职业人才。当前,我国人才的教育供给和产业需求在结构、质量、水平上还不能完全适应,特别是随着新增劳动年龄人口增速下降,人才供需的结构性矛盾凸显。每年有大批的职业人才进入就业市场,但企业却反映找不到亟须的人才补充到工作岗位,在经济快速转型发展的时期,这种结构性短缺尤为突出。

职业教育是面向职业的教育,职业岗位的人才需求是职业教育的出发点,培养能够支撑企业发展的技术技能人才是职业教育的基本目的,企业最了解自己需要什么人。最新科技及其应用都在企业手里,职业学校只有与企业深度合作,才能跟上企业发展的步伐;企业只有与学校深度合作,才能把自己对一线人才的迫切需求转化为有针对性的人才培养方案,只有企业技术人员亲自参与到人才培养过程中来,才能确保培养的人才满足企业的最新需求,以有效解决人才结构性短缺问题。党的十八大以来,我国经济发展进入新常态,工业化、信息化深度融合带来新业态、新技术、新模式等新经济蓬勃发展。新兴产业发展对人才的创新性、实践性需求日渐渗透融入人才培养各个环节,迫切要求学校开放办学,创新人才培养模式、组织形态和服务供给,将教育内容向社会延伸,加快校企协同育人。

校企合作是职业教育的典型特征,是职业教育办学的基本路径,是办好职业教育的关键所在。校企合作是指职业学校和企业通过共同育人、合作研究、共建机构、共享资源等方式实施的合作活动。校企合作应实行校企主导、政府推动、行业指导、学校企业双主体实施的合作机制,发挥企业在实施职业教育中的重要办学主体作用,推动形成产教融合、校企合作、工学结合、知行合一的共同育人机制,职业院校要利用好各种政策环境,创新校企合作的体制机制,保障工学结合人才培养模式得到落实。

这里倡导企业作为办学主体参与职业教育,因此校企合作实际上是一个办学体制层面的概念,涉及谁来办职业教育的问题。德国的职业教育实施双元制,企业为主体招工即招生,学校承担区域内相关专业各企业新生的理论教学,企业的培训机构和生产经营部门负责新生的工作能力培训,校企合作开展人才培养。在我国现行体制中,职业教育以学校为办学主体,学校招生、学校培养、推荐到企业就业。企业根据自身发展的需要从学校或社会上招聘员工,从现有体制上讲企业还不是职业教育的直接参与方。但产业快速转型升级,企业亟须适应技术革新、产业转型和增长方式转变的新型职业人才补充到工作岗位,必须缩短学校培养与企业实际需求之间的距离,解决这些矛盾,要靠校企合作、协同育人。

（一）校企合作的内动力

校企合作经常呈现学校主动、企业被动，"剃头挑子一头热"的局面，关键是要解决校企合作的内生动力问题。互利共赢是校企合作的关键，企业以追求利润为目的，推进校企合作，首先要找到企业参与职业教育的利益点。劳动密集型企业，一线员工更替快，人员需求量大，能够通过学生实习实现减少用工成本，是企业降低成本的收益之一。企业参与职业教育改革创新，为学校提供新的教育装备和系统平台，实现产品销售，也是企业最直接的收益。企业利用学校的场地、设备资源，开展教学和生产经营，为学生提供便捷的实习顶岗机会，可以明显降低生产成本，更是快速发展的企业所希望的收益点。企业投资参股举办职业教育，获得政府购买教育服务收入，也是近年来试行的混合所有制学院的企业收益方式。企业新入职员工和在职员工需要接受培训，职业院校具有企业员工培训的职能，这是企业的受益之一。学校承担企业技术难题的研发，能够提出原理性、工艺性、产品性的改进措施，融合新技术，开发新产品，提高生产效率，提升产品质量，给企业带来更多的经济收益，提升企业竞争力，更是企业生存发展的最大收益。

（二）校企合作的内容

结合企业的利益诉求，以及职业学校的功能定位——人才培养、技术创新、就业创业、社会服务、文化传承，学校和企业在各方面开展 7 种形式合作，形成校企命运共同体。

（1）根据就业市场需求，合作设置专业，研发专业标准，开发课程体系、课程标准以及教材、教学辅助产品，开展专业建设。

（2）合作制订人才培养或职工培训方案，实现人员互相兼职，相互为学生实习实训、教师实践、学生就业创业、员工培训、企业技术和产品研发、成果转移转化等提供支持。

（3）根据企业工作岗位需求，开展学徒制合作，联合招收学员，按照工学结合模式，实行校企双主体育人。

（4）以多种形式合作办学，合作创建并共同管理教学和科研机构，建设实习实训基地、技术工艺和产品开发中心及学生创新创业、员工培训、技能鉴定等机构。

（5）合作研发岗位规范、质量标准等。

（6）组织开展技能竞赛、产教融合型企业建设试点、优秀企业文化传承和社会服务等活动。

（7）法律法规未禁止的其他合作方式和内容。

（三）校企合作的主要形式

1. 成立校企合作理事会/合作办学理事会

国务院《关于加快发展现代职业教育的决定》（国发〔2014〕19 号）文件指出，要同步规划职业教育与经济社会发展，协调推进人力资源开发与技术进步，推动教育教学改革与产业转型升级衔接配套，突出职业院校办学特色，强化校企协同育人。

学校要发挥主动性去适应经济社会发展，适应技术进步，与产业转型升级配套，必须把行业、企业、科研院所请进学校，让其参与学校办学的顶层设计，紧跟社会、技术、产业发展步伐。一种有效的做法就是成立校企合作理事会或合作办学理事会，理事会由政府部门、行业企业、科研院所、本校人员共同组成，形成政、行、企、校、研"目标共定、资源共建、人才共育、成果共享、责任共担"的"五共"紧密合作机制。

校企合作理事会的运行管理实施校院两级机制：学校层面的校企合作理事会和院系层面的校企合作委员会。校企合作理事会制定理事会章程，明确理事会的性质、机构设置、工作内容、权利义务、活动方式等，校企合作理事会设秘书处，处理日常事务。建立理事会议事规则、联席会议制度，审议学校发展规划、专业建设方案，共建生产性实训基地等关系学校事业发展的顶层问题。院系校企合作委员会由行业、企业、科研院所和本院系人员组成，共同研究落实院系层面的校企合作问题，包括共同制订人才培养方案，合作开发课程，共建课程资源，指导实训基地建设，落实学生企业实习、教师企业锻炼、兼职教师聘任、合作科研、合作就业等问题。

校企合作理事会和院系校企合作委员会是落实校企合作的一种机制设置，学校需要提供资金对校外委员参加各类研讨、共建支付专家费。

2. 校企共建工程师学院/技能大师工作室

校企共建的工程师学院一般在学校挂牌，以企业或专业领域命名，例如青岛职业技术学院的青建学院、北京市昌平职业学校的联想工程师学院、北京信息职业技术学院的信息安全工程师学院等。工程师学院由一家企业或多家企业参与，主要参与企业是业内知名企业，这些企业可能设置了教育板块业务，如联想、达内等。这些企业花精力设计具有企业文化特色的培训课程，把企业研发生产的成功案例转化为课程内容，精心打造优质线上线下课程资源，选派企业工程师到校授课，引入业界先进的装备和系统平台、承诺承接毕业生就业或推荐学生高端就业，能够快速提升职业院校相关专业的办学实力和人才培养水平，学校教师与企业工程师组建团队，共同研究人才培养方案，共同研究课程标准与教学内容，共同开展课程教学，及时根据学生情况调整教学进度，改变教学方式和考核形式，对提升学校专业建设水平、提供师资水平具有重要意义。

工程师学院教学可能存在的一种现象是依托企业工程师教学，一方面课时量巨大，学生全天上课甚至到晚上和双休日，精力付出超过常态，影响身体健康；另一方面企业工程师授课，讲解内容多、节奏快，学生实操和吸收的时间少，学生很可能没有形成整体概念，在最后完成工程项目开发任务时力不从心。因此，企业工程师授课，应配备校内师资同堂教学，弥补企业工程师重实操、轻理论，教学节奏快、学生吸收少的问题，同时学校教师也能够掌握企业教学的真实案例与任务，吸收企业教师的教学成功经验，帮助教师迅速掌握最新科技相关教学内容，提升学校教师的工程经验、教学能力和教学水平。

《关于加快发展现代职业教育的决定》提出"推动职业院校与行业企业共建技术工艺和产品开发中心、实验实训平台、技能大师工作室等，成为国家技术技能积累与创新的重要载体"。《国家职业教育改革实施方案》提出"建立国家技术技能大师库，鼓励技术技能大师建立大师工作室，并按规定给予政策和资金支持，支持技术技能大师到职业院校担任兼职教师，参与国家重大工程项目联合攻关"。校企共建技能大师工作室是技能传承、经验交流、技术创新、技术转化的平台，是学校实现技术技能积累的舞台。把非遗传承人、创新高手、首席技师请到学校，成立技能大师工作室，依托技能大师的研究、传承，改造老专业或创建新专业，把大师技能、工匠精神、创新精神在职业院校传播开来，培养技术技能型工匠。学校每年为大师工作室立项开展专题研究，学校教师加入技能大师工作室团队，合作开展科技攻关和技术革新项目，带领学生参与到技术应用实践中来，使之成为联合批量培养能工巧匠的"摇篮"。

3. 现代学徒制与企业新型学徒制

传统学徒制是手工作坊或店铺、工厂中师徒共同劳动，徒弟在师傅指导下习得知识或技能的传艺活动，学徒在真实的工作情境中观察师傅的实作，感知和捕捉师傅的知识和技艺，然后在师傅的指导下进行实作，逐渐学会师傅的技能。传统学徒制是中国传承数千年的技艺技能人才培养途径，形成了"名师出高徒"的典型特征，但人才培养量小。

现代学徒制是教育部于 2014 年提出的一项旨在深化产教融合、校企合作，进一步完善校企合作育人机制，创新技术技能人才培养的新模式。《教育部关于开展现代学徒制试点工作的意见》（教职成〔2014〕9 号）指出，以推进产教融合、适应需求、提高质量为目标，以创新招生制度、管理制度和人才培养模式为突破口，以形成校企分工合作、协同育人、共同发展的长效机制为着力点，创新具有中国特色的现代学徒制度。现代学徒制的工作内涵关键点在于：一是招生即招工、入校即入厂，企业、学校、学生签署协议，明确身份和待遇、责任和义务。二是学校与合作企业根据技术技能人才成长规律和工作岗位的实际需要，共同研制人才培养方案，校企签订合作协议，职业院校承担系统的专业知识学习和技能训练；企业通过师傅带徒弟形式，依据培养方案进行岗位技能训练，真正实现校企一体化育人。三是教学任务由学校教师和企业师傅共同承担，形成双导师制，建立教师流动编制或设立兼职教师岗位，加大学校与企业之间人员互聘共用、双向挂职锻炼、横向联合技术研发和专业建设的力度。四是根据学徒培养工学交替的特点，实行弹性学制或学分制，创新和完善教学管理与运行机制，探索全日制学历教育的多种实现形式，校企共同实施考核评价，将学徒岗位工作任务完成情况纳入考核范围。

企业新型学徒制是人力资源社会保障部 2015 年提出的新型企业技能人才培养模式，主要内容是适应现代企业发展和产业转型升级要求，着力提高劳动者职业能力和职业素养，实施"招工即招生、入企即入校、企校双师联合培养"即企业根据自身生产需要选择培养对象，并委托培训机构承担部分教育职责，企业和院校各自指派导师，采用工作实训和理论学习相互交替的方式对学徒进行联合培养。企业新型学徒制强调：一是学徒培养的主要职责由企业承担，企业结合生产实际自主确定学徒，学徒培训以与企业签订一年以上劳动合同的技能岗位新招用人员和转岗人员为培养对象；二是采取"企校双制、工学一体"的培养模式，即由企业与技工院校、职业院校、职业培训机构、企业培训中心等教育培训机构采取企校双师带徒、工学交替培养等模式共同培养学徒，以企业为主导确定具体培养任务，由企业与培训机构分别承担，在企业主要通过企业导师带徒方式，在培训机构主要采取工学一体化教学培训方式；三是企业与学徒、与培训机构签署协议，培训机构给学徒注册非全日制学籍，加强在校学习管理；四是学徒培养目标以符合企业岗位需求的中、高级技术工人为主，培养期限为1～2年，特殊情况可延长至3年。培养内容主要包括专业知识、操作技能、安全生产规范和职业素养，特别是工匠精神的培育；五是学徒培训期满，可参加职业技能鉴定或结业（毕业）考核，合格者取得相应职业资格证书（或职业技能等级证书、专项职业能力证书、培训合格证书、毕业证书），鼓励有条件的企业自主对学徒进行技能评价。

4. 企业要素投入共建混合所有制学院

根据国务院《关于加快发展现代职业教育的决定》文件中提出的"探索发展股份制、混合所有制职业院校"的精神，学校和企业充分发挥各自资源与优势，探索混合所有制校企合作新模式，企业利用资金、技术、知识、设施、设备和管理等要素参与办学，促进人力资源开发。

混合所有制职业学院一般是职业院校所属的某二级学院，通常有独栋建筑，便于折算学校投入成本。混合所有制的学院必须做到产权明晰、办学主体"权责利"明确、"管办评"分离，在建股权法制化的校企合作新模式上探索一条新路。

混合所有制二级学院是校企共同出资建设的共有学院，通常有三种组建方式：一是以学校的二级学院整体与企业合作开展混合所有制办学，例如沈阳职业技术学院与民营企业以混合所有制形式共建软件学院、物联网学院，东莞职业技术学院以学校建筑学院为基础联合行业企业共建混合所有制建筑学院；二是以学校原有实训基地为基础发起混合所有制办学，例如杭州职业技术学院的电梯实训基地利用企业提供的资金，建设"行企校"三方联合管理的实训基地，以此开展职业技能培训和社会服务；三是以重大建设项目为契机开展混合所有制办学，例如南通职业大学电子信息工程学院依托教育部"ICT行业创新基地"项目，与中兴通讯合作建设混合所有制"中兴通讯互联网学院"，类似的还有宁波职业技术学院的海天学院，温州职业技术学院的瑞安学院，辽宁机电职业技术学院的黄海汽车工程学院、北方黄金珠宝学院、华孚仪器仪表学院，德州职业技术学院的互联网学院等。企业出资投入设备是混合所有制学院的共同特征，企业有积极性办好职业教育，但合作育人模式存在较大差别。

混合所有制学院是我国职业教育发展过程中出现的新事物。混合所有制学院的发展面临着教育的公益性与营利性、建构良好的内部治理、优化制度环境等问题。从性质上看，混合所有制职业院校具有教育性、经济性和民办性。从功能上看，混合所有制职业院校具有创新办学模式、推进学校治理、增加办学经费、深化校企合作的作用。

（四）校企合作的实施

校企合作是工学结合人才培养的基本条件保障。因此，职业学校应当树立开放办学的理念，制定校企合作规划，建立适应校企合作育人的教学组织方式和管理制度，明确相关机构和人员，推进教学内容和方式、方法改革，健全成果导向质量评价制度，为合作企业的人力资源开发提供支持与服务；同时加强技术合作研发工作，增强学校服务企业特别是中小微企业的技术和产品研发的能力。

职业学校和企业开展合作，应当通过平等协商签订合作协议。合作协议应当明确规定合作的目标任务、内容形式、权利义务等必要事项，并根据合作的内容，合理确定协议履行期限，其中企业接收实习生的，合作期限应当不低于3年。

鼓励有条件的企业设置学生实习、学徒培养、教师实践岗位；鼓励规模以上企业在职业学校设置职工培训和继续教育机构。企业职工培训和继续教育的学习成果，可以依照有关规定和办法与职业学校教育实现互认和衔接。

职业学校和企业应建立校企合作的过程管理和绩效评价制度，定期对合作成效进行总结，共同解决合作中的问题，不断提高合作水平，拓展合作领域。

深化校企合作，需要政府、行业发挥规划引领、政策引导的重要作用。地方政府有关部门在制定产业发展规划、产业激励政策、脱贫攻坚规划时，应当将促进企业参与校企合作、培养技术技能人才作为重要内容，加强指导、支持和服务。行业主管部门和行业组织应充分发挥作用，根据行业特点和发展需要，组织和指导企业提出校企合作意向或者规划，参与校企合作绩效评价，并提供相应支持和服务，推进校企合作。教育行政部门应把校企合作作为衡量职业学校办学水平的基本指标，在院校设置、专业审批、招生计划、教学评价、教师配备、项目支持、学校评价、人员考核等方面提出相应要求。

二、促进产教融合

党的"二十大"报告指出："统筹职业教育、高等教育、继续教育协同创新，推进职普融通、产教融合、科教融汇，优化职业教育类型定位。"职业教育同时承载学历教育与职业培训的双重职责。职业教育的基本特征是产教融合、校企合作，培养模式是工学结合、知行合一，培养过程是德技并修、育训结合，终极目标是落实立德树人根本任务。

校企合作推进企业与学校合作举办职业教育，校企合作更加具体和微观，聚焦的是"学校"和"企业"双主体在人才培养、科技服务和社会培训等方面的合作，多数时候是由学校发起的。产教融合促进教育链、人才链与产业链、创新链有机衔接，实现人才培养供给侧和产业需求侧结构要素全方位融合，为加快建设实体经济、科技创新、现代金融、人力资源协同发展的产业体系，增强产业核心竞争力，汇聚发展新动能提供有力支撑，对新形势下全面提高职业教育质量、扩大就业创业、推进经济转型升级、培育经济发展新动能具有重要意义。简单来讲，"产教融合"是实现产业与教育、生产与教学、产品与科研、科技创新与成果转化等多维度的融合，"产"的主体更加宽泛和中观，主体覆盖产业、行业、企业、科研院所等，"教"主要指教育，包含了教育、教学、科研等更加丰富的内涵。"产教融合"具有职业教育科学发展的时代特征，反映了产业转型升级与职业教育内涵发展的水乳交融、互为因果的关系，不仅表达了院校、企业或产业在技术技能人才培养中的合作，共同肩负起社会责任，而且相互合作也延伸到了产业的整个价值链，彼此高度互补，并成为利益共同体和发展共同体。

《国家职业教育改革实施方案》提出"促进产教融合校企'双元'育人"，学校积极为企业提供所需的课程、师资等资源，企业应当依法履行实施职业教育的义务，利用资本、技术、知识、设施、设备和管理等要素参与校企合作，促进人力资源开发。在开展国家产教融合建设试点基础上，建立产教融合型企业认证制度，对进入目录的产教融合型企业给予"金融＋财政＋土地＋信用"的组合式激励，并按规定落实相关税收政策。厚植企业承担职业教育责任的社会环境，推动职业院校和行业企业形成命运共同体。

促进产教融合，就是要在人才培养供给侧和产业需求侧结构要素全方位融合，要素融合可以从以下几方面入手。

（一）调整专业设置，支撑产业转型

产教融合的第一融合要素就是专业与产业对接，根据产业转型升级调整专业设置，实现专业-产业要素深度融合，为产业发展提供人力资源支撑。

专业与产业对接是一个系统工程，需要教育系统、行业组织、龙头企业等协同工作，深入开展产业发展调研、人才需求调研、专业布局分析，响应产业新业态变化、新岗位诞生、岗位内涵整合，对老专业进行改造，或申请设立新专业。

专业与产业对接，要把产业发展的新标准引入教学，成为专业教学标准的重要组成部分，在专业教学中贯彻最新国家标准、行业标准、企业标准。当今时代，新一代信息技术与各产业结合，微营销、微电商、智慧健康管理等不断涌现，形成了新的工作模式，专业融合发展成为当今的教改主题。

（二）课程内容更新，生产与教学对接

实现生产与教学对接，就是要把真实的生产过程与教学过程深度融合，把企业真实生产项目、案例、任务转化为教学项目、案例、任务，基于生产过程设计教学活动，让学生在学习和实践中积累工程实际经验。

学校与一家或多家企业合作，校企共同开发教学案例，把真实的企业案例转换为教学项目或任务，根据中职、高职甚至本科的教学目标定位，针对企业真实案例的复杂度、影响因素，兼顾社会、法律、经济、节能、环保、可持续发展等，设计适合于教学的项目或任务。

党的十八大以来，我国经济发展进入新常态，工业化、信息化深度融合带来新业态、新技术、新模式等新经济蓬勃发展。新兴产业发展对人才的创新性、实践性需求日渐渗透融入人才培养各个环节，教学与生产对接，要求教学环节融入创新，增强实践性是时代的选择。

（三）政企校协同，建设产教融合实训基地

《国家职业教育改革实施方案》指出，要加大政策引导力度，充分调动各方面深化职业教育改革创新的积极性，带动各级政府、企业和职业院校建设一批资源共享，集实

践教学、社会培训、企业真实生产和社会技术服务于一体的高水平职业教育实训基地。面向先进制造业等技术技能人才紧缺领域，统筹多种资源，建设若干具有辐射引领作用的高水平专业化产教融合实训基地，推动开放共享，辐射区域内学校和企业。鼓励职业院校建设或校企共建一批校内实训基地，提升重点专业建设和校企合作育人水平。积极吸引企业和社会力量参与，指导各地各校借鉴德国、日本、瑞士等国家经验，探索创新实训基地运营模式。提高实训基地规划、管理水平，为社会公众、职业院校在校生取得职业技能等级证书和企业提升人力资源水平提供有力支撑。

国家发展改革委和教育部印发《建设产教融合型企业实施办法（试行）》，引导企业以校企合作等方式共建产教融合实训基地，或者捐赠职业院校教学设施设备等。学校提供实习实训教学场地，企业投入或捐赠典型企业文化特征的实训装备，形成高水平专业化产教融合实训基地。积极支持符合条件的企业在资本市场进行股权融资，发行标准化债权产品，加大产教融合实训基地项目投资。

（四）政行企校研共建职教集团/联盟

开展集团化办学是深化产教融合、校企合作，激发职业教育办学活力，促进优质资源开放共享的重大举措，是推进现代职业教育体系建设，系统培养技术技能人才，完善职业教育人才多样化成长渠道的重要载体，是服务经济发展方式转变，促进技术技能积累与创新，同步推进职业教育与经济社会发展的有力支撑。

教育部发布的《关于深入推进职业教育集团化办学的意见》（教职成〔2015〕4号）文件，对完善职教集团办学的实现形式、提升职教集团的综合服务能力、强化职教集团办学的保障机制等方面提供了指导性方案。职教集团是校企合作的大平台，是资源汇集的新机制。在政府的支持下，可以由行业部门、龙头企业或职业院校牵头成立职教集团或联盟，支持地方之间、行业之间的合作，组建跨区域、跨行业的复合型职业教育集团。

职教集团应建立理事会，健全工作章程、管理制度、工作程序，设立秘书处等内部工作和协调机构，完善决策、执行、协商、投入、考核、监督等日常工作机制。职教集团要建立职责明确、统筹有力、有机衔接、高效运转的运行机制。职业教育集团应当以章程或者多方协议等方式，约定集团成员之间合作的方式、内容以及权利义务关系等事项。

推动建设以相关各方"利益链"为纽带，集生产、教学和研发等功能于一体的生产性实训基地和技术创新平台，促进校企双赢发展。强化校校合作、贯通培养，系统培养技术技能人才，广泛开展职业培训，促进人才成长"立交桥"建设。强化校企合作，统筹教学、实习、培训三环节——集团提出专业优化方案，推动专业设置与产业需求对接；制定教学标准，建设资源库，推动课程内容与职业标准对接；共建共享实习实训基地、技能鉴定机构、培训中心，推动教学过程与生产过程对接；试行现代学徒制，探索校企深度合作、协同育人机制。强化区域合作，深化招生就业、专业建设、课程开发、资源共享、学校管理等合作，促进区域间职业教育协调发展。

《关于开展示范性职业教育集团（联盟）建设的通知》（教职成司函〔2019〕92号）

指出，要根据《建设产教融合型企业实施办法（试行）》，把职业教育集团化办学与产教融合型企业建设培育结合起来，积极支持深度参与集团化办学的符合条件的企业建设培育产教融合型企业，实现有关数据共享、平台互通，不断深化产教融合校企合作水平。

（五）深化产教融合，推进协同育人

《国务院关于深化产教融合的若干意见》指出，要坚持职业教育校企合作、工学结合的办学制度，推进职业学校和企业联盟、与行业联合、同园区联结。大力发展校企双制、工学一体的技工教育。深化全日制职业学校办学体制改革，在技术性、实践性较强的专业，全面推行现代学徒制和企业新型学徒制，推动学校招生与企业招工相衔接，校企育人"双重主体"，学生学徒"双重身份"，学校、企业和学生三方权利义务关系明晰。实践性教学课时不少于总课时的50％。

学校与企业建设职教集团或职教联盟，学校加入企业联盟，学校同行业联合，学校同园区链接，这些举措把学校、行业、企业、园区连接在一起，创造了产教融合协同育人环境，为方案共设、基地共建、师资共享、人才共育、技术共研、成果共享、责任共担搭建了融合发展新平台。

重点推动企业通过校企合作等方式构建规范化的技术课程、实习实训和技能评价标准体系，提升承担专业技能教学和实习实训能力，提高企业职工教育培训覆盖水平和质量，推动技术技能人才企业实训制度化。打造国际水平、中国特色职业教育标准，是时代赋予职业院校的历史责任。标准的建设，要具有先进性、科学性、示范性，学校应该与规模以上企业、创新引领示范企业合作，开展标准建设，把行业标准、企业标准、生产工艺、最新科技应用等吸收进来，切实形成产业转型升级的人才培养能力和水平。

（六）深化产教融合，推进协同创新

健全以企业为重要主导、高校为重要支撑、产业关键核心技术攻关为中心任务，形成高等教育产教融合创新机制。根据企业核心技术研发、产品＋服务创新、新产品研发、生产工艺改造等需求，校企共建协同创新中心，双方共同组建团队，或委托学校科研人员承接研发项目，积极推动双方资源、人员、技术、管理、文化全方位融合，形成产教融合创新平台。加强新产品开发和技术成果的推广转化，推动中小企业的技术研发和产品升级，促进民族传统工艺、民间技艺传承创新。

校企协同技术研发应签署合同（协议），明确研发目标、研发任务、研发责任、研发进度，设立里程碑，建立定期进度沟通机制、技术攻关交流机制，确保校企双方在共同平台下协作研究，同步推进，研究成果以论文、专利、方案等形式双方共享。校企合作技术研发的经费，一定比例可用于研发团队的绩效支出。合作企业作为成果转化的第一承接方，要积极促进成果转化，科研人员成果转化收益的70％可发放绩效，其余用于科研续研或成果转化相关工作。科研人员获得的绩效奖励，一次性计入当年学校工资总额，但不受当年学校工资总额限制、不纳入本单位工资总额基数。①

---

① 北京市进一步完善财政科研项目和经费管理的若干政策措施（京办发〔2016〕36号）.

三、实训环境建设

教育部已经发布了100多个职业院校专业实训教学条件建设标准（职业学校专业仪器设备装备规范），各校可结合实际参照执行，例如：

《中等职业学校焊接技术应用专业实训教学条件建设标准》

《中等职业学校现代林业技术专业仪器设备装备规范》

《中等职业学校农业与农村用水专业仪器设备装备规范》

《中等职业学校粮油储运与检验技术专业仪器设备装备规范》

《中等职业学校茶叶生产与加工专业仪器设备装备规范》

《中等职业学校太阳能与沼气技术利用专业（太阳能技术利用专业方向）仪器设备装备规范》

《高等职业学校智能控制技术专业实训教学设施建设标准》

《高等职业学校移动应用开发专业实训教学条件建设标准》

《高等职业学校物联网应用技术专业实训教学条件建设标准》

《高等职业学校城市轨道交通运营管理专业实训教学条件建设标准》

《高等职业学校风能与动力技术专业仪器设备装备规范》

《职业院校护理专业仪器设备装备规范》

实训条件是开展职业教育的基本保障。人才培养方案要对实训条件建设给出具体的方案。实训条件包括支持课程教学的实验室、实训室、机房、画室等，包括建在校内外的实习实训基地和生产性实训基地，支持实习实训教学，包括企业顶岗实习和就业基地，还包括落实素质教育的校外基地。

（一）校内实习实训基地建设

校内实习实训基地（包含实验室、实训室）是专业教学的主要场所，要根据学校场地、经费等因素做好顶层规划设计，保障课程教学有序进行。

校内实习实训基地通常在财政专项的支持下进行建设，要规范执行专项，按照立项申报、专家论证、学校审批、公开招投标、验收培训的基本流程执行，同时把实验指导书、实训指导书、实习指导手册、实训项目手册等同步建设，保障教学的有序进行。

（二）生产性实训基地建设

教育部《关于全面提高高等职业教育教学质量的若干意见》提出：高等职业院校要按照教育规律和市场规则，本着建设主体多元化的原则，紧密联系行业企业，积极探索生产性实训基地建设的校企组合新模式。生产性实训基地不同于一般的实习实训基地，生产性实训基地具有生产性，体现在：（1）实训的内容以企业生产任务为中心，将技能训练融入生产，实现训练、生产一体化，理论学习和实际工作一体化；（2）按照生产要求建立生产组织管理，改变传统的专业和行政班级管理模式；（3）按产品质量标准要求完成实际工作，不再是纯消耗性的技能操作训练或重复模拟；（4）具有真实的生产环境、企业文化和职业体验条件。真实的任务、真实的岗位、真实的管理，"三真"是生产性实训基地的显著特征。

生产经营不是学校教师的优势和长处，因此生产性实训基地的建设通常是以企业为主，校企共同建设，实现以资产为纽带的校企合作体制机制。生产性实训基地可以"校中厂"，也可以"厂中校"，但通常有靠近学校的需求，便于组织生产性实训教学。生产性实训基地要建立校企合作管理委员会或理事会，校方代表参与生产经营和实训教学管理，协调生产和教学安排，保障生产性实训基地的教学功能得到有效落实。

（三）校外实习实训基地建设

校外实习基地建设，由学校与企业签署实习基地合作协议，一般为三年，明确双方的责任义务。每次学生实习均应单独签署协议，细化本次实习的时间、岗位、人员、实习管理、实习保险、实习费用等具体问题。

校外实训基地一般依托企业职工培训中心来实施，利用企业的实训条件，以企业为主组织专业实训教学。在财政的支持下，学校可以与企业共建校外实训基地，但要做到产权明晰、共建共管。

（四）校外素质教育基地建设

专业教育与素质教育并重，是职业人才培养的基本要求。为了提高素质教育的有效性、生动性、实践性，学校与博物馆、展览馆、陵园、名人故居、禁毒基地、监狱、艺术区、职业体验基地、创新中心等签署协议，建立校外素质教育基地，学校有序组织学生参加校外素质教育活动，利用社会资源，促进素质教育。

总结案例

《职业院校护理专业仪器设备装备规范（JY/T 0457—2014）》（节选）

本标准是在广泛调研和反复论证的基础上，对接了护理行业用人标准、岗位能力标准、核心课程标准以及新技术发展标准而编制。

本标准分为基础护理技术、专项护理技术及拓展护理技术3个模块，涵盖了16个实训室的400多项实训设备，对接了需要仪器设备辅以技能训练的15门课程及162项教学目标。

本标准根据临床护理岗位技能要求，对中、高职护理专业仪器设备装备标准没有作出区别。考虑到护理行业的发展，学校教学改革、专业建设及评估等需要，本标准分为合格、示范两个等级，合格等级是学校开展护理专业教学对仪器设备装备的最低要求。

本标准以满足40位学生同时进行相关技能训练要求列出设备数量，低值易耗用品列在"其他"栏内，没有计入实训设备数。

各实训教学类别应具备的教学场所如表7-12所示。

表 7－12 各实训教学类别应具备的教学场所

实训教学类别	实训教学场所	
	合格装备要求	示范装备要求
基础护理	基础护理技术实训室（含传染科护理技术实训室）	
专项护理	1. 健康评估技术实训室 2. 内科护理技术实训室 3. 手术护理技术实训室（模拟手术室） 4. 外科护理技术实训室 5. 急救护理技术实训室 6. 重症监护技术实训室 7. 妇产科护理技术实训室 8. 儿科护理技术实训室	
拓展护理	1. 康复护理技术实训室 2. 中医护理技术实训室 3. 老年护理技术实训室 4. 社区护理技术实训室 5. 精神科护理技术实训室 6. 护理礼仪技术实训室 7. 心理护理技术实训室	

专项护理技术实训仪器设备的装备要求（节选）如表 7－13 所示。

表 7－13 专项护理技术实训仪器设备的装备要求（节选）

实训教学场所	实训教学目标	仪器设备				单位	数量		执行标准编号	备注
		序号	名称	规格、主要参数或主要要求			合格	示范		
内科护理技术实训室	胸腔穿刺技术 1. 能实施胸腔穿刺术前术后护理 2. 能协助医生完成胸腔穿刺操作	1	普通病床	2 000 mm×900 mm×（550 mm～600 mm）；符合临床护理要求		张	2	4	YY 0003	可与基础护理技术实训室共用
		2	床旁桌、床旁椅	与各种病床配套，床旁桌有抽屉、柜子		套	2	4		
		3	床上用品	床垫：2 000 mm×900 mm×100 mm； 材料：高弹海绵、半棕半海绵或全棕外包帆布； 床褥：2 000 mm×900 mm、有布套的棉褥； 棉胎：2 300 mm×1 600 mm； 枕芯：600 mm×400 mm（填充物为高弹棉等）		套	2	4		可与基础护理技术实训室共用
				大单：2 500 mm×1 800 mm； 被套：2 500 mm×1 700 mm； 枕套：750 mm×450 mm； 橡胶中单：850 mm×650 mm，两端各加白布 400 mm； 中单：1 400 mm×850 mm； 均为棉布制作		套	4	8		

续表

实训教学场所	实训教学目标	仪器设备							
		序号	名称	规格、主要参数或主要要求	单位	数量 合格	数量 示范	执行标准编号	备注
内科护理技术实训室	胸腔穿刺技术 1. 能实施胸腔穿刺术前术后护理 2. 能协助医生完成胸腔穿刺操作	4	治疗车	不锈钢或防腐塑钢； (600 mm～800 mm) × (400 mm～500 mm) ×850 mm； 上部带抽屉，静音滑道，抽拉灵活无噪音； 配污物桶或污物盆； 配置四个静音耐磨万向脚轮	辆	2	4		可与基础护理技术实训室共用
		5	胸腔穿刺模拟人	具有真实人体的仿真结构，各部位关节活动，可取坐位面向椅背，两前臂置于椅背上，前额伏于前臂上的胸穿体位；也可取重度患者半卧位，前臂上举抱于枕部的胸穿体位。可行胸腔穿刺术、气胸穿刺术，还可向胸腔内注射药物	个	2	4		也可采用"多种穿刺综合模拟人"
		6	胸腔穿刺包	能与胸腔穿刺模拟人配套使用（内含消毒洞巾、止血钳、胸腔穿刺针、针筒、注射用针头、连接套管、清洁试管、消毒纱布等）	套	2	4	YY 0321.1	
		7	治疗盘	不锈钢或搪瓷	个	2	4		
		8	其他：无菌手套、消毒溶液、棉签、培养试管等						

四、数字资源建设

党的十九大开启了加快教育现代化、建设教育强国的新征程。站在新的历史起点，聚焦新时代对人才培养的新需求，教育信息化将作为教育系统性变革的内生变量，支撑引领教育现代化发展，推动教育理念更新、模式变革、体系重构，使我国教育信息化发展水平走在世界前列，为国际教育发展提供中国智慧和中国方案。

教育部《教育信息化2.0行动计划》（教技〔2018〕6号）文件指出，教育信息化从1.0时代进入2.0时代，没有信息化就没有现代化，教育信息化是教育现代化的基本内涵和显著特征。职业院校要进一步提升职业教育信息化基础能力，推动优质数字教育资源共建共享，大力推进信息技术与教育教学深度融合，加快管理服务平台建设与应用，改进教学管理和质量监控。

（一）建设数字校园

落实"宽带网络校校通"，每所学校都要连接互联网，包括边远山区、海岛等自然条件特殊地区的学校。教育部发布了《职业院校数字校园建设规范》（教职成函〔2015〕1号）、《中小学数字校园建设规范》（教技〔2018〕5号），提出了学校数字校园的基本要求，各校的数字校园建设不低于文件规定的标准。数字校园为学生、教师、管理人员和校外人员等提供集成的数字化教学、数字化科研、数字化管理、数字化公共服务、数字化文化生活、数字化社会服务和数字化决策支持服务，对改变教师教学方式、学生学习方式，提升师生的信息素养具有重要意义。

在人才培养方案中，应该对数字校园环境提出要求，如教室和实践教学环境实现无线网络全覆盖，多数实训室具有信息化学习环境，能够通过电脑终端登录网络、上传文件、完成测试等。再如机房的数量及工位数要求、智慧教室的配置要求及相应支持平台的需求。例如搭建"异地同步课堂"环境，把拥有相对丰富教育资源的城市中心学校与边远地区上不齐课、上不好课的农村学校通过网络连接在一起，让他们同上一堂课，以共享优质教育资源，提高教学质量。

（二）开发优质数字资源

落实"优质资源班班通"，就是在大部分的教室或实践教学环境中，教师和学生都能够方便地使用优质数字教育资源，能够通过优质数字教育资源和信息技术手段提高教学质量和促进教育均衡发展。

例如，为推进优质教育资源的共享，学校建设"名师课堂"和"名校网络课程"的建设。"名师课堂"是指组织教学名师、特级教师开设网络课堂，形成更多更好的优质网络教育资源，让不同的教师共享名师教学资源，让学生可以随时利用名师网络资源。"名校网络课程"是指知名学校把成熟的、高质量的课堂搬上网络，理论讲解做成微课，实际操作拍成视频，开发试题库、测试题等，建成网络课程，方便本校和外校的学生学习，让学生受益。

优质数字化教学资源是实现教学信息化的基础和保障，要让学校的教师学会建资源，让学生的优秀作业和成果转化为新资源，学校能够通过多种渠道汇集社会上的优质资源。具备了丰富的数字化资源，教师和学生就可以运用信息技术和网络平台、移动平台，共享资源，改变教学模式，形成教学新业态。

信息技术的重要作用之一是突破难点，把学生想不通、看不见、进不去、摸不着、难复现的知识、原理、故障、现象，直观、清晰地呈现出来，支持动画、虚拟仿真实训系统的开发与应用。

在人才培养方案中，要对优质数字资源的开发与利用做出规划，明确课程建设的目标和任务，成为未来数字资源建设的顶层设计。

（三）网络学习空间与混合式教学

落实"网络学习空间人人通"，是构建网络化、数字化、个性化、终身化的教育体系与推动教育教学模式创新的有效途径。"网络学习空间"是由教育主管部门或学校认定的，融资源、服务、数据为一体，支持共享、交互、创新的基于网络的学习场所，俗称"网络学习平台"或"网络课程学习平台"。

1. 网络学习空间的功能

网络学习空间的功能框架如图 7-3 所示。

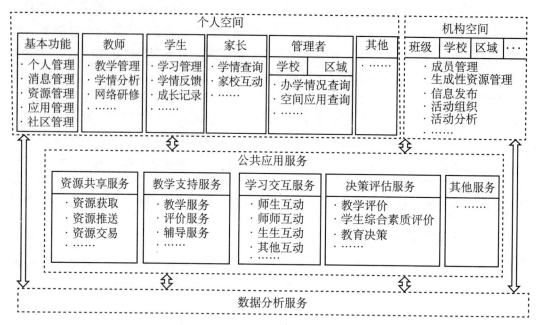

图7-3　网络学习空间的功能框架

　　网络学习空间为每个学生、教师、管理者甚至家长提供了个人空间，也为班级、学校、地区、省市等提供了机构空间。每个实名注册的学生在自己的空间里看到自己所选的课程，进入课程学习提供的资源，完成测试、提交作业，甚至申请考试，开展网络学习，参加师生、生生活动交流，可以查阅其他资源，网络会自动记载学生的学习行为。教师在自己的空间可以看到自己负责的课程，进入课程可以了解学生学习情况，查看学生测评结果，可以批改、催缴作业，组织学生评价，随时发布资源、完善网络课程内容，可以组织考勤、组织学生网上讨论、组织远程辅导，通过研修栏目与其他教师进行网络研修交流。班级、学校、区域的管理人员可以登录网络学习空间，维护所属机构和学生信息，查看统计数据，基于师生行为数据进行教学评价，还可以发布通知、组织调查等。

2. 线上线下混合式教学

　　基于网络学习空间的支持，教师可以搭建网络课程，学生可以通过网络学习，有的学习空间还支持移动终端学习，从而实现时时学习、处处学习，有效拓展教学时空，改变学习模式。教师通过网络布置预习作业、推送学习资源、布置检测任务、收缴预习或调研成果；课上教师可以通过网络组织学生在线讨论，系统汇总学生发言信息，利于总结归纳；借助丰富的数字资源，教师可以组织学生自主学习或团队学习，支持差异化、个性化学习；可以借助于网络空间，收集学生的学习成果，组织自评、互评、师评、专家评价等多元评价，改变传统教学每堂课难以完成评价的不足，随时根据学生学习情况调整教学；课后布置拓展任务或书面作业，学生提交成果证据，准备下次课的预习。通过线上线下混合式教学，可以落实以学生为中心的教育观，改变传统教育教学流程，实现线上线下相结合，支持自主、合作、探究学习，促进教学方式从以教为主向以学为主转变，从单一、被动的学习方式向多样化、个性化的学习方式转变。

3. 翻转课堂式教学

利用网络学习空间的支持，可以探索"翻转课堂"（Flipped Classroom）教学模式。学习的过程通常分为知识学习和内化吸收两个阶段，传统教学知识学习在课上，内化吸收多数在课外。现在有了网络学习空间，老师们可以制作学生乐学的微课，吸引学生利用课前学习知识，课上用更多的时间组织讨论，提升学生对知识的认知和理解，用更多的时间进行知识应用研究和实际操作，从而把内化吸收放到了课堂上，实现了课堂的翻转。

有效实施翻转课堂教学的关键因素，首先是视频资源受学生欢迎，而不是传统的课堂录像；其次是学生真的在课前进行了有效的学习，这需要教育和激励的双重作用；再次是检测学生的学习效果，决定课堂是否要补充讲解理论；最后是教师有丰富的实践经验，能够把控课堂，能够应对各种实践性、突发性问题。

4. 网络学习空间的类型

根据面向的群体和共享程度，网络学习空间可以划分为完全共享型、区域共享型、学校独享型。完全共享型网络学习空间没有范围限制，完全开放或授权开放使用网络学习空间，例如高教社的智慧职教平台、清华的学堂在线平台、世界大学城网络服务平台等。区域共享型是指在省教育厅、地区教育局主导下，开发的面向区域内学校共用的网络学习空间，例如湖南省职教新干线等。学校独享型网络学习空间是学校独立建设、独立使用的网络空间，例如学校采购清华大学的网络教学综合平台。高教社的智慧职教平台以国家职业教育专业教学资源库为依托，支持教师利用资源库共享资源搭建课程，直接解决了优质数字教学资源问题，有助于快速提升学校的信息化教学水平。

人才培养方案中需要结合区域、学校的实际，对网络学习平台的建设和利用提出建议，为信息化教学改革创造条件。

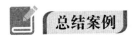 **总结案例**

职业教育专业升级与数字化改造的探索实践
——以南京信息职业技术学院为例

南京信息职业技术学院的前身是创建于1953年的南京无线电工业学校，是新中国成立后建设的第一所电子类中等技术学校。学校位于江苏省南京市仙林大学城，占地1 000余亩，在校生13 000余人，教职工800余人，是正在建设中的56所国家"双高计划"学校之一。

学校长期致力于国际化发展，与欧、亚、非国家合作办学，在东南亚地区建立"中文＋职业技能"培训基地，面向"一带一路"沿线国家和地区提供新能源产业技术服务。

国家"十四五"发展规划纲要中指出："促进数字技术与实体经济深度融合""加快

建设数字经济、数字社会、数字政府，以数字化转型整体驱动生产方式、生活方式和治理方式变革"，为技术技能人才培养和专业升级提供了战略指导。

《国家职业教育改革实施方案》中提到："及时将新技术、新工艺、新规范纳入教学标准和教学内容""专业教材随信息技术发展和产业升级情况及时动态更新"。教育部《职业教育专业目录（2021年）》（以下简称《目录》）的颁布，为贯彻《国家职业教育改革实施方案》，加强职业教育国家教学标准体系建设，落实职业教育专业动态更新要求，推动专业升级和数字化改造提供了具体指导。

南京信息职业技术学院基于国家"十四五"发展规划纲要和《目录》的指导，以服务于新基建等国家战略以及产业数字化转型升级为目标，从以下五个方面进行了专业升级与数字化改造的"南信实践"。

一、对接数字产业，构建人工智能"同心圆"专业集群

学校深入分析江苏及长三角地区产业发展趋势，适应传统产业数字转型、智能升级和数字产业发展需要，对接新基建的5G、新能源、大数据、人工智能、工业互联网、城轨交通等领域，全面梳理专业建设的基础和优势，以新一代信息技术、高端装备制造等战略性新兴产业为服务面向，全面升级专业定位，围绕智能网络、智能技术、智能设备三大基础技术和智能制造、智能交通、数字商务、数字创意四大应用，构建人工智能"同心圆"专业集群。按照"AI＋"思路，组建电子产品质量检测、通信技术、人工智能专业群，夯实智能技术基础；按照"＋AI"思路，组建智能制造、数字商务、数字创意、智能交通专业群，服务应用领域智能化改造。人工智能"同心圆"专业集群模型如图7-4所示

图7-4 人工智能"同心圆"专业集群模型

二、对接新职业，升级人才培养定位

学校围绕产业数字转型、升级和融合创新发展需求下的复合型人才培养要求，服务于新基建等国家战略以及产业数字化转型升级，对接新职业，升级人才培养定位。

以"现代通信技术专业"为例，产业升级后新增软件和信息技术服务、数字经济新兴技术等行业，驱使学校面向云计算工程技术人员、信息通信信息化系统管理员等行业内新增职业，及时升级调整信息化系统运维管理、云资源管理应用和服务、通信行业应

用方案设计与营销等新增岗位对人才培养的要求与定位。

三、对接新岗位，重构专业群"平台＋模块"课程体系

学校充分发挥专业群资源集聚效应，以服务复合型人才培养和学生个性化发展为出发点，对接数字技术与专业技术交叉融合的新趋势，按照"底层共享、中层分立、高层互选、顶层综合"的原则，重构专业群"平台＋模块"课程体系，实现人才培养链条上各要素的升级，群内专业协同培养"一岗精，多岗通"的复合型技术技能人才。其中，"底层共享"课程群主要设置专业群通识类和基础类课程，以及介绍专业群所服务领域的导论类课程；"中层分立"课程群主要针对专业领域开设的"专""精"课程；"高层互选"课程群主要要求学生选修群内其他专业的模块课程1～2门；而"顶层综合"课程群主要是开发群内跨专业的综合项目课程。现代通信技术专业群课程体系如图7-5所示。

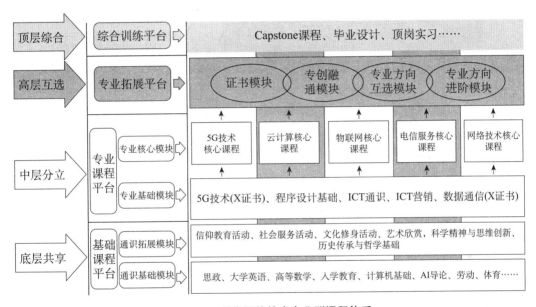

图7-5　现代通信技术专业群课程体系

发挥人工智能专业群的"圆心"作用，赋能"同心圆"集群中其他专业群。提供基础课程平台，建设"AI导论""人工智能与信息技术基础""人工智能应用素养"等群间共享课程；构建专业课程平台，在课程设置中有机融入"大（数据）、（人工）智（能）、物（联网）、云（计算）、移（动通信）"等技术，如现代物流管理专业中增开"智慧物流与大数据"课程；打造专业拓展平台，设置互选课程模块，服务复合型人才培养和学生个性化发展；形成综合训练平台，让学生整合并充分利用所学领域的知识，同时培养相关技能和态度的课程，其中Capstone课程同时用于检视学生在校期间的学习达成度。

基于上述四个平台的教学模式，采用教师分工协作的模块化教学组织方式，注重信息技术与课堂教学深度融合，提高学生数字工具的使用能力，培养其终身学习意识。

四、对接新技能，打造跨专业共享型实训基地

学校按照"系统导向、功能复用、虚实结合、内外联动"的思路，升级和完善各专

业群实训教学条件，促进校内外实训基地共建共享，借助平台生产设备和真实运营环境，重点突显"系统体现全生产过程"要求，打造跨专业、共享型、企业级实训基地群。结合 5G 技术在智能产业中的典型应用，选择智慧园区、智能交通和智慧供应链等应用场景作为"5G＋行业"的切入点，构建"技术平台＋应用场景"的 5G 智慧场景实训基地（见图 7-6），服务于通信技术、人工智能、智能交通、智能制造、数字商务等多个专业群的人才培养。

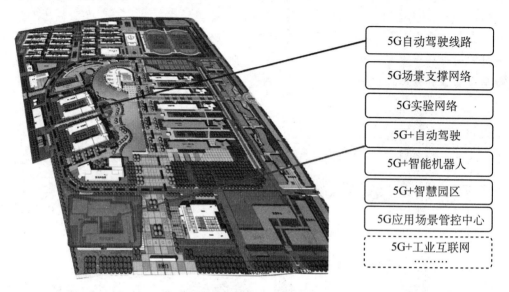

图 7-6　5G 智慧场景实训基地

同时，校企协同建设专业群虚拟仿真实训平台，建成系列虚拟仿真课程资源，解决各专业群"看不见、进不去、有危险、难再现"的实践教学难题；将线上平台、虚拟仿真资源和教师课程三方混合打通，让虚拟仿真资源真正帮助学生和教师解决学习和教学中的难点和问题。

以完成"工程、研发及服务项目"为学习引擎，以"基础项目、岗位项目、综合项目、企业项目"技能进阶为学习主线，构建基于项目导向的实践教学体系。学生逐级完成项目任务，辅以证书获取、学分置换，满足岗位能力需求。

五、对接新素养，提升教师数字化能力

探索信息化、人工智能等新技术与教师能力提升的深度融合，培养具有数字化特征的适应未来需要的教师，使教师成为具备数字化生存与适应能力、教育教学研究能力、教育教学创新实践能力、教师专业发展终身学习能力的教学资源开发者、学生学习活动组织者、教学方法创新者、职业发展终身学习者。

课后思考

1. 校企合作产教融合作为办学基本条件提出，你是如何理解的？
2. 谈谈你对职业教育专业升级与数字化改造的设想。

单元三　师资队伍建设

▶ 培训目标

◆ 了解新时代教师队伍建设、"双师型"教师培养的重要意义

◆ 能够针对不同的师资基础，选择适用的师资培养路径，提升教师的教学能力、专业能力、科研能力、信息化素养

导入案例

"工匠之师"养成不易

小李老师刚从某大学毕业，进入职业学校从事专任教师岗位工作，他对职业教育一点儿都不熟悉，进校不久学校就给他安排了一个班的课，他认真备课，几节课上下来，他的信心就丧失了一大半。自己认真讲课，但不一会儿学生就不爱听了，他感到很无奈。

教研室的田老师了解到这一情况后，和小李老师做了一次长谈，从职业学校定位、职教学生特点、职业教育规律、学生技能形成规律、常用教学方法等方面介绍了很多知识和经验，小李老师很受启发，但这么多内容他一时也掌握不了。他很感慨地说："我需要参加一个培训班，快速提升自己的教学能力。"你能帮他推荐吗？

教育大计，教师为本。没有一流的教师，就培养不出一流的学生。职业院校必须高度重视师资配备和师资队伍建设，更新教师职教理念，提升教师教育教学和管理能力。

一、师资队伍配备

根据教育部《中等职业学校设置标准》（教职成〔2010〕12号）和《高等职业学校设置标准（暂行）》（教发〔2000〕41号）的规定，参考教育部《高职高专院校人才培养工作水平评估方案（试行）》，学校师资队伍配备有如下要求：

在学校初创期，中等职业学校专任教师不少于60人，专任教师应具有大学本科及以上学历；职业高等学校专任教师不少于70人，专任教师原则上应具有硕士研究生及以上学历，或具有本科学历并具有三年以上企业工作经历，其中副高及以上职称的专任教师比例在20％以上，师生比应达到1∶20，师资不足，难以保证教学质量。每个专业至少配备副高级专业技术职务以上的专任教师2人，中级专业技术职务以上的本专业的"双师型"专任教师2人，每门主要专业技能课程（例如专业核心课程）至少配备相关专业中级技术职务以上的专任教师2人。

学校进入常态发展阶段（办学4年以后），中等职业学校办学规模不少于1 200名全

日制在校生，职业高等学校不少于 2 000 名全日制在校生，师生比应达到 1∶18～1∶16，其中包含校外兼职教师，校外兼课教师不超过专任教师的 30％。学校应深化校企合作、产教融合，校企共建"双师"结构教学团队。一方面，提高专任教师的"双师"素质，通过在合作企业设置"双师型"教师培训基地或专业教师企业实践基地，专业课教师每年至少累计 1 个月以多种形式参与企业实践或实训基地实训，提升他们的"双师素质"，职业院校的"双师型"教师占专业课教师的比例应超过一半，优质学校应达到 80％以上；另一方面，学校设立"流动岗"，实施现代产业导师特聘岗位计划，形成一定比例的特聘岗位，畅通高层次技术技能人才兼职从教渠道，规范兼职教师管理，从而形成专兼结合的实践导师队伍，形成"固定岗＋流动岗"、双师结构与双师素质兼顾的专业教学团队。

教育部发布《中等职业学校教师专业标准（试行）》（教师〔2013〕12 号），对中职教师的专业伦理、专业知识和专业能力做出了规定。《深化新时代职业教育"双师型"教师队伍建设改革实施方案》（教师〔2019〕6 号）提出要修订《中等职业学校教师专业标准（试行）》和《中等职业学校校长专业标准》，研制高等职业学校、应用型本科高校的教师专业标准。通过健全标准体系，规范教师培养培训、资格准入、招聘聘用、职称评聘、考核评价、薪酬分配等环节，推动教师聘用管理过程科学化。引进第三方职教师资质量评价机构，不断完善职业教育教师评价标准体系，提高教师队伍专业化水平。

二、把好职校教师入口关

加强师资队伍建设，首先是把好入口关，然后是做好新教师培养工作。

（一）加强入职教师专业和实践能力考核

进入职业院校的教师，要强化专业教学和实践要求，按照专业大类（类）制定考试大纲、建设试题库、开展笔试和结构化面试。职业院校的专任教师原则上从具有 3 年以上企业工作经历并具有本科及以上学历的人员中公开招聘；实验指导教师具有相关职业技能等级证书并具有高职及以上学历。

（二）建立高水平、高技能人才以直接考察方式公开招聘的机制

具有丰富工程经验、在职工大赛中取得优异成绩、获得首席技师称号等表征教师具有较强实践能力的高层次、高技能人才，不唯学历论，可以以直接考察方式、公开招聘方式入职。特殊高技能人才可适当放宽学历要求。

（三）建立高层次研究型人才招聘机制

聘请具有副高以上职称、拥有申报省（市）级以上科技计划、自然科学基金项目、人文社科项目经验的高水平人才进入职业学校，特别是职业高等学校，通过引进高端人才，以科研带动教研，促进教学水平提升。

（四）加强新教师培养

聚焦专业教师"双师"素质构成，强化新教师入职教育，结合新教师实际情况，探索建立新教师为期 1 年的教育见习与为期 3 年的企业实践制度，严格见习期考核与选留环节。新教师入职，应接受入职教育，至少安排半年的听课、试讲活动，考察其对职业教育的认识和体验；专业教师至少安排半年的企业锻炼，完成模拟毕业设计，提升他们指导实践环节的能力。结合教师自身特点，采取有效措施使教师尽快具有 3 年的工程实践经历。

职业院校的新教师多数来自非师范类院校，加强新教师的"师范"能力培养是一项重要的任务，这是提高教师能力的关键环节。学校应组织新教师参加国培项目或省（市）新教师培训项目，向他们开放新教师培训网上课程，让他们掌握教育学、心理学、教学技能、职业道德、职教理念等，补上教学短板。

三、提升教师"双师"素质

"双师"素质是职业院校教师的典型特征。职业学校要适应工学结合人才培养模式的需要，按照开放性和职业性的内在要求，必须全面提高职业院校教师的"双师"素质，建设一支师德高尚、技艺精湛、专兼结合、充满活力的高素质"双师型"教师队伍。

（一）"双师"素质的认定条件

根据教育部《高职高专院校人才培养工作水平评估方案（试行）》，"双师"素质认定的条件如下：

（1）有本专业实际工作的中级（或以上）技术职称（含行业特许的资格证书及有专业资格或专业技能考评员资格者）。

（2）近五年中有两年以上（可累计计算）在企业第一线本专业实际工作经历，能全面指导学生专业实践实训活动。

（3）近五年主持（或主要参与）两项应用技术研究，成果已被企业使用，效益良好。

（4）近五年主持（或主要参与）两项校内实践教学设施建设或提升技术水平的设计安装工作，使用效果好，在省内同类院校中居先进水平。

（二）"双师"素质提升途径

（1）根据教育部等七部门印发的《职业学校教师企业实践规定》，职业学校专业课教师（含实习指导教师）根据专业特点每 5 年必须累计不少于 6 个月到企业或生产服务一线实践锻炼，这是提升教师"双师"素质的主要途径。《深化新时代职业教育"双师型"教师队伍建设改革实施方案》进一步强化了对企业实践锻炼的要求，学校应深化校企合作，在企业建立教师实践基地，在校内建立"双师型"教师培养机制，轮流安排专业教师到企业顶岗实践或挂职锻炼，参加一线的生产、建设与管理，积累实际工作经验，提高工程实践能力，以提升教师的工程素养，提高教师的实践教学能力。

（2）参加技术应用项目研究，可以通过校企共建研究所、技能大师工作室、首席技师工作站等渠道，组建校企合作技术研发团队，教师加入其中，主持或主要参与技术应用研发项目，规范项目研究过程，提升科学研究的规范性，成果被企业使用同时转化为教学项目，取得了经济效益、社会效益和促进教学改革效果。

（3）在学校的资金支持下，主持或主要参与校内的实验实训装备制作、改造的设计、安装、调试工作，编制配套的实验实训指导书，并得到有效使用，显著改善实验实训条件，填补学校空白或取得了专利成果。这里的实验实训室建设不是指教师作为项目负责人承担设备采购专项任务。

（4）参加工程系列或相应专业对应系列的任职资格认定。工程系列专业技术职务资格认定，中级（工程师）可评可考，既可以参加评审，也可以参加考试。高级工程师一般参加评审。学校应准予专业基础和专业课教师参加工程系列任职资格认定。

（5）组织教师参加人才培养方案中规定的让学生取得的职业资格证书培训考试，教师所考取的证书等级要等于和高于人才培养方案中规定的级别。如要求学生取得国家4级（中级）电工证书，教师应取得国家4级和国家3级（高级）电工证书。此外，还可以组织教师参加需要学生参加认证的专业技能考评员证书，如信息处理技术员考评员证书。特别是特许职业资格证书，如低压电工运行操作证，教师应先取得，才能更好地培养学生。

四、打造"双师"结构教学团队

深化产教融合、校企合作，学校与行业企业合作共建、共享人才、共用资源，形成命运共同体，支持企业深度参与教师能力建设和资源配置，建立学校优秀教师与产业导师相结合的"双师"结构团队，教师分工协作进行模块化教学，深化职业院校教师、教材、教法"三教"改革，形成引领教育教学模式改革创新、推进人才培养质量持续提升的教师教学创新团队。团队建设主要内容如下。

（一）加强团队教师能力建设

学校应健全教学团队管理制度，制订教学团队建设方案，落实团队工作责任制。整合校内外优质人才资源，选聘企业高级技术人员担任产业导师，组建校企合作、专兼结合的"双师型"团队，不断优化团队人员配备结构。

组织团队教师全员开展专业教学法、课程开发技术、信息技术应用培训以及专业教学标准、职业技能等级标准等专项培训，提升教师模块化教学设计实施能力、课程标准开发能力、教学评价能力、团队协作能力和信息技术应用能力。

支持团队教师定期到企业实践，学习专业领域先进技术，促进关键技能改进与创新，提升教师实习实训指导能力和技术技能积累创新能力。

聘请行业企业的专业人才和能工巧匠到学校担任兼职教师，逐步形成实践技能课程由具有相应高技能水平的兼职教师讲授的机制。企业的高级经营管理人才很少有固定时间能够到校任教，他们适合参加专业建设活动、举办讲座和产业发展报告等。

（二）建立团队建设协作共同体

依托职教集团等，按照专业领域，由若干院校建立协作共同体，完善校企、校际协同工作机制，促进团队建设的整体水平不断提升，推进专业设置与产业需求对接、课程内容与职业标准对接、教学过程与生产过程对接。增强院校之间的人员交流、研究合作、资源共享，在团队建设、人才培养、教学改革、职业技能等级证书培训考核等方面协同创新。推动院校与企业形成命运共同体，共建高水平教师发展中心或实习实训基地，在人员互聘、教师培训、技术创新、资源开发等方面开展全面深度合作，促进"双元"育人，切实提高复合型技术技能人才培养质量。

（三）构建对接职业标准的课程体系

校企共同研究制订人才培养方案，按照职业岗位（群）的能力要求，制订完善课程标准，基于职业工作过程重构课程体系，及时将新技术、新工艺、新规范纳入课程标准和教学内容，将职业技能等级标准等有关内容融入专业课程教学，促进职业技能等级证书与学历证书相互融通。研究制订专业能力模块化课程设置方案，积极引入行业企业优质课程，建设智能化教学支持环境下的课程资源，每个专业按照若干核心模块单元开发专业教学资源。组织团队教师集体备课、协同教研，规范教案编写，严格教学秩序，做好课程总体设计和教学组织实施，推动课堂教学革命。

（四）创新团队协作的模块化教学模式

以学生为中心，健全德技并修、工学结合的育人模式，构建"思政课程"与"课程思政"大格局，全面推进"三全育人"，实现思想政治教育与技术技能培养融合统一。开展"双师"结构教师团队教学改革课题研究，创新模块化教学模式，打破学科教学的传统模式，探索"行动导向"教学、项目式教学、情景式教学、工作过程导向教学等新教法，支持每位教师形成特色教学风格。明确团队教师职责分工，每位教师要全面参与人才培养方案制（修）订、课程标准开发、教学流程重构、课程结构再造、学习管理与评价等专业建设全过程，教师分工协作进行模块化教学，不断提升教学质量。推动人工智能、大数据、虚拟现实等新技术在教育教学中的应用，有效开展教学过程监测、学情分析、学业水平诊断和学习资源供给，推进信息技术与教育教学融合创新。

（五）形成高质量、有特色的经验成果

鼓励教学团队与世界职业教育发达国家开展交流合作，学习先进经验并不断优化改进团队建设方案。总结、凝练团队建设成果并进行转化，推广应用于学校、区域、全国职业院校专业人才培养实践，形成具有中国特色、世界水平的职业教育教学模式。落实"走出去"战略，加强技术技能人才培养的国际合作，不断提升我国职业教育的国际影响力和竞争力。

五、提升教师的专业能力

(一)提升教师的教学能力

制约教学质量的关键因素是教师的教学水平。提升教师的教学能力是职业学校管理工作的重点。一个具有一流教学能力的教师应具备以下特点:了解学生,关爱学生,拥有先进的职教理念;熟悉专业发展趋势和职业岗位需求,掌握最新技术,具备扎实的理论功底和较强的实践能力;掌握工学结合的教学方法,能够使用教学装备和信息化工具,教学组织管理能力强,指导实习实训能力强;掌握教学评价的方法和手段。

1. 加强师德教育

教师应树立"育人为本、德育为先、能力为重"的理念,深刻理解"教书育人"的天职,培养社会主义建设者和接班人。学校要加强对意识形态工作的领导,把政治建设放在前面,推动习近平新时代中国特色社会主义思想进教材进课堂进头脑,培育和践行社会主义核心价值观。教师教学要把育人放在核心位置,让学生学会求知、学会做事、学会共处、学会做人,加强学生思想政治教育,把素质教育融入教学全过程。

2. 把握教学规律

学校应重视教师培训,帮助教师理解并遵循职业教育规律、技术技能人才成长规律和学生身心发展规律,促进学生职业能力的形成,将学生的知识学习、技能训练与品德养成相结合,重视学生的全面发展。职业教育与传统学科教育不同,职业教育是从职业出发的教育,是面向就业的教育,培养的是生产建设管理服务第一线的高素质技术技能人才,满足职业岗位对技术技能人才的要求。教育模式是工学结合、知行合一,基于工作过程设计教学活动,营造勇于探索、积极实践、敢于创新的氛围,培养学生的动手能力、人文素养、规范意识和创新意识。

3. 提升专业水平

教师通过终身学习、教师研修、进修培训、企业实践锻炼等途径,了解所在区域经济发展情况、相关行业现状趋势与人才需求、技术技能前沿水平等情况,掌握所教专业涉及的职业资格及其标准、对口单位用人标准,掌握新知识、新技术、新材料、新工艺、新应用,具备学科专业扎实的理论知识和操作技能,形成培养适应技术进步、与产业转型升级匹配、具有创新意识和创新能力的高素质职业人才的能力。

4. 改进课堂教学

课堂是教育教学的主战场,提升教师课堂教学能力是师资培养的核心内容。教师应能够根据教学标准,对接职业标准(规范),基于学情分析和职业岗位需要选取教学内容,科学设定教学目标,系统优化教学过程,合理运用技术、方法和资源等,实施课堂教学,组织学生自主学习、团队学习,完成教学任务,进行教学考核与评价,做出教学反思与诊改。教师应了解不同教育阶段学生的特点,用适合的教育方法和教学手段,使每个学生都可以平等均衡地获得资源，实施以学生为中心的教学活动，提升课堂组织与管理能力。

（二）提升教师的科研能力

职业教育以服务发展为宗旨、以促进就业为导向，走产学研相结合的发展道路，教师的教育科研能力、技术研发和社会服务能力直接影响教学质量、影响校企合作、影响学校职能发挥。

教育科学研究，简称教育科研，就是在教育科学理论的指导下，运用科学的方法，探求教育现象的真相、性质和规律，并取得科学结论，解决教育问题，促进教育事业发展的研究活动过程。教育科研主要是对教育改革和发展中的理论、政策与实践等宏观问题的研究，目的是探索教育的客观规律，表现形式是论文、研究报告、专著、调研报告、实施方案等。开展教育科研通常需要立项教育科研课题，教育科研课题一般有规划课题、各级教育学会课题、校级课题。教育部每四年组织一次职业学校教育教学成果奖的评选工作，这是职业教育界的一件大事。

教学研究是教育研究的一个子集。教学研究则是运用科学的理论和方法，有目的、有意识地对教学领域中的现象进行研究，以探索和认识教学规律，提高教学质量。教学研究主要是对教学的内容、方法、过程、手段以及教学管理的微观领域问题的研究。教研活动是以促进教师专业进步和教学能力提升为目的，以学校课程实施过程和教育教学过程中教师所面对的各种具体的教育教学问题为研究对象，以教师为研究主体，以专业研究人员为合作伙伴的校本实践性研究活动。教研活动通常由研究机构、教研室组织实施，主要目的是提高全体教师的专业素质，增强教师的课程教学能力，推进职业教育课程改革。作为一线教师，要经常开展教学研究，积极参加教研活动，持续提升自己的教学水平。

学校尤其是高等学校，其社会职能包括人才培养、科学研究、社会服务、文化传承创新、国际合作等方面。职业院校的科学研究主要包括教育科研和应用研究，不同于普通高校的发展知识、发展科学等方面的原创性、发现性研究。职业院校的教师在开展教育研究的同时，要在自然科学领域、人文社会科学领域开展应用研究，利用一般原理和原则，针对某个具体实际问题，深入考察其某一局部领域的特殊规律，提出针对性强的应用理论和解决方案。自然科学领域的应用研究主要在于技术研发和产品研制，以申请自然科学基金课题、科委立项研究课题为主。校企合作针对企业产品改造、新产品开发和工艺改进等开展技术研发和产品研制，是重要的技术应用研究方向，是学校服务企业的重要途径，是学校为企业做贡献的价值体现之一。学校需要编制科研规划，从自身优势出发，通过科研提升本校师资的技术实力水平。

人文社会科学是人文科学和社会科学的总称。人文科学是以人类的精神世界及其沉淀的精神文化为对象的科学，如哲学、古典文学、心理学、伦理学等；社会科学则是一种以人类社会现象为研究对象的科学，如经济学、政治学、社会学、法学等。人文社会科学研究能提高教师对人的本质和社会发展规律的认识，更加深入地理解育人规律，能够更好地实现育人目标。

（三）提升教师的信息素养

《教育信息化 2.0 行动计划》提出，要大力提升教师的信息素养，推动教师主动适应信息化、人工智能等新技术变革，积极有效地开展教育教学，具备培养学生信息素养的能力。

1. 信息素养的定义

1992 年美国学者道尔（Doyle）在《信息素养全美论坛的终结报告》中给信息素养下的定义是："一个具有信息素养的人，他能够认识到精确的和完整的信息是作出合理决策的基础，确定对信息的需求，形成基于信息需求的问题，确定潜在的信息源，制定成功的检索方式，从包括基于计算机的和其他的信息源获取信息，评价信息，组织信息用于实际的应用，将新信息与原有的知识体系进行融合以及在批判性思考和问题解决的过程中使用信息。"

2. 信息素养的内容

（1）信息意识。

信息意识是指人对信息敏锐的感受力、判断力和洞察力，即人的信息敏感程度。信息意识的培养，就是对推崇信息、追求新信息、掌握即时信息的观念树立和意识强化的过程。只有在强烈的信息意识的引导和驱动下，有强烈的求知欲、发现欲和浓厚的兴趣，才有可能使学生自觉地追寻信息，主动地用信息手段分析和解决实际问题。

在大数据时代，人们更要深刻认识到"精确的、完整的信息是作出合理决策的基础"，这是信息行为的内在动力。当今世界处于知识大爆炸的时代，新知识、新技术和新应用不断涌现，唯有具备较强信息意识的人，才会通过信息获取、评价和利用的过程不断提高自己，形成新认知，实现终身学习，才能不被社会发展所淘汰。

（2）信息知识。

具有信息素养的人，应了解信息获取的影响因素，包括信息提供方、信息接收者、信息环境等，了解信息获取成本、信息获取渠道。具有信息素养的人，应掌握信息获取、评价和有效利用的相关知识，特别是文献检索相关知识，熟悉主流搜索引擎、知网、维普、万方、人大报刊复印资料等全文数据库检索平台。

具有信息素养的人，应熟悉信息处理的流程。信息处理的基本流程主要包括信息的获取、储存、加工和发布。在大数据时代，数据处理的流程可能包括获取与汇聚、整理与清洗、数据标注、融合和分析、可视化输出等环节。

（3）信息能力。

信息能力主要表现为信息接收者利用信息技术分析解决实际问题的能力，如何利用信息技术分析和解决实际问题，是信息素养的核心内涵。1990 年，麦克·艾森伯格（Mike Eisenberg）和鲍勃·伯克维茨（Bob Berkowitz）提出了 Big6 信息问题解决方案，包括从工作任务中提取出信息任务、研究确定搜寻信息的策略、从不同的信息来源检索和获取信息、评估和使用信息形成新概念、信息集成分析和解决问题、对问题的解决过程和问题解决的结果进行评价。

（4）信息道德。

信息道德是指在信息的采集、加工、存贮、传播和利用等信息活动各个环节中，用来规范人们之间各种社会关系的道德意识、道德规范和道德行为的总和。合理规范地获取、评价和使用信息，要坚持不给社会带来负面影响、避免伤害他人、维护公正杜绝歧视、诚实守信、尊重知识产权、尊重他人隐私、遵守保密要求、履行个人责任、遵守相关法律法规。

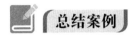 **总结案例**

关于专业课教师下企业锻炼的管理

职业学校专业课教师（含实习指导教师）根据专业特点，每5年必须累计不少于6个月到企业或生产服务一线实践锻炼。专业教师企业锻炼采用挂职锻炼、顶岗实践、合作研发等方式，到企业参加生产实践活动，向企业工程技术人员和能工巧匠学习，提高教师的专业技能、实践教学能力和研发服务能力。为了保证专业教师企业锻炼的成效，要加强过程管理，建立考核与奖励机制。

一、过程管理机制

（1）教师在暑假期间参加一个月的企业锻炼，或全学期参加企业锻炼。全学期参加企业锻炼，根据学校工作需要，周五可回学校参加教学院系相关活动。

（2）教师在企业锻炼期间，每周需填写"企业锻炼周工作记录"，周五提交教学院系。

（3）教师在企业锻炼期间，应自觉遵守企业的考勤制度、工作制度和工作纪律，发生业务、设备、人身事故立即向学校汇报。

（4）教师在企业锻炼期间，如有病假、事假等情况，需向企业所在部门请假，并记入"企业锻炼周工作记录"。

（5）教学系部领导对赴企业锻炼人员情况进行现场跟踪检查，及时了解教师的工作状况。

（6）锻炼结束后填写专业教师企业锻炼鉴定表，由企业和教学院系填写鉴定意见。

（7）教学院系或人事处组织专业教师企业锻炼成果汇报答辩会。

（8）教学院系或人事处根据鉴定意见和答辩结论，作出综合评价。

二、企业锻炼成果

为了提高企业锻炼的成效，在提升教师工程实践经历的同时，根据实践锻炼方式选择适合的成果形式。

（1）在企业锻炼期间，教师完成教学项目、教学案例开发工作。

（2）在企业锻炼期间，为企业开展技术研发和技术服务，解决了工程实际问题，相应研究成果转化为教学案例资源。

（3）在企业锻炼期间，参加企业在建的技术研发和技术改造项目，在技术服务工作中发挥重要作用，编制出一定量的问题解决型技术文档。

（4）在企业锻炼期间，与企业技术人员联合开发校本讲义或校本教材，通过学校或出版社审核。

（5）规范开展针对所在企业的调研，有调研计划，有调查记录，提交企业调研报告，对专业建设、课程改革、实训基地建设、学生教育管理等有参考价值。

三、周工作记录表（见表7-14）

表7-14　专业教师企业锻炼周工作记录

教师姓名		企业名称	
锻炼岗位		锻炼时间	
工作内容 及 工作任务			
本周考勤情况			

注：每周五交回教学系部。

课后思考

1. 请说出新入职专业教师的"双师"素质条件，并说明为什么这样要求。
2. 针对新入职教师的自身情况，编制新教师培养计划。
3. 请介绍"双师型"教师教学创新团队建设的主要内容。

单元四　专业建设的质量管理与持续改进

▶ 培训目标

◆ 了解专业建设质量管理的重要意义
◆ 能够持续健全质量保障体系，提高专业建设质量

导入案例

如何发现教学质量问题

小张老师经过学习，已经了解了专业教学标准、人才培养方案的关系，对师资队伍建设、实训条件建设、教学资源建设、教学方法与学习评价等有了一定的认识，形成了专业建设相对完整的概念。但如何对专业建设的质量进行管理，小张老师仍感到困惑，不知道该从哪里入手，如何去做。

小张老师入校一年多了，在不断思考质量管理方面的问题：如何才能发现问题？如何对发现的问题进行改进？如何证明改进确实有效？小张老师对这些问题尚未找到答案，需要专家的指导和引领。

专业建设作为职业院校人才培养的基础工作，是提高办学质量的关键。专业建设与

产业发展对接，持续提高专业与产业的匹配度，是职业院校专业建设的内在要求，因此，专业建设的质量保障体系是一个动态的过程。要动态地获得人才市场对职业人才的新需求，紧紧跟踪最新科技的应用，依此来设定人才培养目标和规格；要围绕人才培养目标，开展专业建设工作，包括课程建设、师资队伍建设、实训条件建设、数字资源建设等，各环节、各方面的建设质量都属于专业建设的组成部分，必须保证其建设质量；在条件保障基础上的专业教学实施过程，需要对教学过程质量进行有效监控，直接反映专业建设的效果；根据专业人才培养的社会认可度，来反映专业建设的最终质量，形成一个与人才培养质量融合在一起的专业建设质量管理体系。每一个环节发现问题，都要持续改进，形成专业建设和人才培养质量持续提升机制。

一、专业建设质量管理体系

ISO9000 是国际标准化组织（ISO）制定的质量管理体系，是现代质量管理通用的要求和指南。借鉴 ISO9000 的理念，以过程为基础的教学质量管理体系结构如图 7－7 所示。

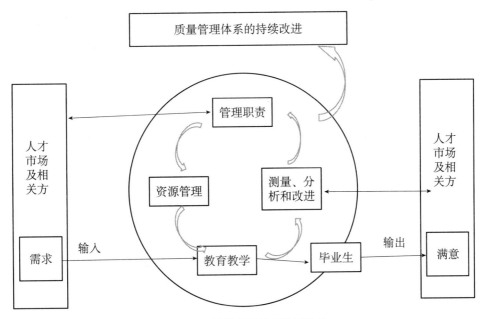

图 7－7　教学质量管理体系结构

图 7－7 说明，人才市场及相关方是人才培养的需求方和满意度评价方，相关方还涉及家长、学生等。根据人才市场需求，学校设立组织架构，履行管理职责，调配各种资源，实施教育教学过程，培养本专业的毕业生。学校要在学校内部和学校外部测量目标的达成度和服务对象的满意度，进行持续改进。持续改进包括对管理体系的改进。

专业教学管理体系如图 7－8 所示。根据人才市场需求调查和毕业生跟踪调查，掌握职业岗位人才需求信息和育人质量反馈信息，动态调整专业、课程和教学内容，调整教学资源配备与管理，调整质量监控管理，实现外部反馈的持续改进。在教学过程中，加强对教学计划管理、教学运行管理，保持教学秩序稳定。通过教学常规检查、督导听课评价、教师和学生座谈会、学生评价以及智慧教育大数据，对教育教学情况进行评价，实现内部诊断的持续改进。

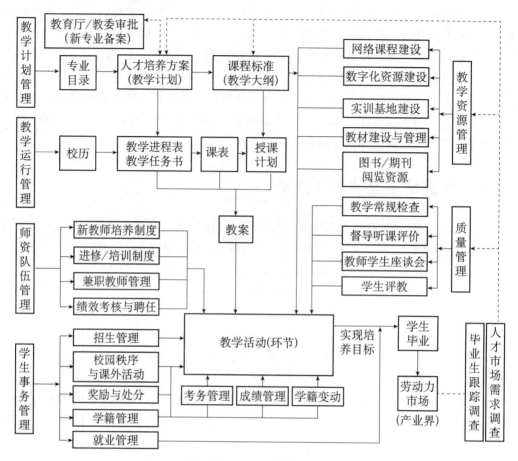

图 7-8 专业教学管理体系

因此，对专业建设进行质量管理，就是要保障专业设置及其培养目标和规格符合产业发展对人才的需求；要保障课程建设、实训条件建设、师资队伍建设、教学资源建设、教学方法手段改革支撑了专业培养目标的实现；要保障人才培养的最终质量达到了专业培养目标要求，并对此过程进行监督检查和持续改进，逐步形成专业办学特色。

二、开展专业建设相关调查

高质量专业人才培养，离不开精准、有效的产业发展和人才需求调研。职业教育以服务为宗旨，服务区域经济社会发展和人的全面发展需求，因此要做好定期的调研活动，包括人才市场需求调研、毕业生跟踪调查、新生素质调查等，把握人才培养实际需求，并以此为依据开展专业建设。

（一）人才市场需求调研

人才市场需求调研的主要目的是摸清市场对人才的需求，摸清职业岗位对毕业生的能力和素质要求，对专业设置、人才培养方案编制（修订）、教学内容更新等提供依据。

1. 调研方法

调研方法包括直接调查法和间接调查法。

（1）直接调查法。

通过对目标就业市场的行业组织、不同类型的企业、事业单位、研究院所等进行直接的电话交流与当面深度访谈，获取职业岗位人才需求的原始数据与资料。

（2）间接调查法。

充分利用各种资源和渠道，特别是互联网资源，获得他人的调研成果、历史数据与二手资料，及时获取关于行业人才的相关信息与动态数据。

2. 调研的主要内容

人才市场需求调研是新专业开发成功与否的关键步骤，必须通过有效的途径准确把握拟开设专业所对应的产业和职业岗位群、人才需求定位与规模，理清职业岗位人才培养规格要求。因此市场调研的主要内容包括以下方面：

（1）外部环境调研。

通过调研专业建设与发展的外部宏观环境，看准发展机会和面临的威胁，把握专业发展方向，找准专业服务面向，定位专业特色亮点。

①政策环境调研。以国家和地区经济与社会中长期发展规划为主要依据，以专业面向产业的发展鼓励政策及其技术发展方向为调研重点，同时调研相关法律对产业发展和从业人员的限制，找准技术领域和产业面向，确定专业发展方向，聚焦新技术的关键点。

②经济环境调研。调研相关产业国际发展趋势、全国和本地区该产业发展状况及所处的发展阶段、区域经济结构及其转型发展方向等，把握区域经济走向，确保专业与经济发展相匹配。找准就业的岗位群，初步分析人才需求的规模，判断人才需求量。分析相应岗位的薪酬状况及员工职业发展，判断本专业面向岗位群的就业竞争力。

③社会文化环境调研。社会文化环境是指一个国家或地区人们共同的价值观、生活方式、人口状况、文化传统、受教育程度、风俗习惯、宗教信仰等各个方面，这些因素影响人们的专业取向。分析当地人口总量、参加职业教育的学生比例对专业办学规模产生的影响，文化传统和社会发展趋势对相应专业的影响，学生和家长的消费心理及选择本专业的倾向和变化。

④竞争对手分析。分析全国和本地区职业院校（中职、高职专科、高职本科）开设本专业的情况，特别是要重点分析本地区、同类学校开设本专业及相关专业的情况，分析它们的特色和亮点，分析本校开设本专业面临的机会和挑战。

（2）内部资源分析。

内部资源分析是指从自身出发，判断开设本专业存在的优势和劣势，根据现有可调配资源，找出专业建设存在的不足。

①相关专业分析。学校的专业发展应从自身优势出发，进行跨专业整合与拓展，基于传统优势发展的专业具有明显的优势，纯粹跨领域新建的专业，形成优势具有较大难度。

②师资队伍分析。学校的专业水平取决于师资水平，一个专业群至少有一个专业领

军人物，他（她）熟悉专业发展方向，具有较高的专业水准和技术应用能力。进行师资队伍分析，首先要分析在本专业领域内学术带头人的水平和专长，判断其专业把关能力；其次分析本专业领域内的师资数量和水平、企业兼职教师数量等因素。

③实训条件分析。分析学校具备的校内实验实训条件、行业发展需要的新的实训条件及其建设预期、校外实习实训基地条件、校企合作建设校外实习基地的现状和可行性。

④校企合作资源分析。对现有校企合作资源进行分析，包括主持或参与职教集团（联盟）情况、集团（联盟）作用发挥情况、与区域内行业龙头企业的合作情况、与目标就业企业的合作情况及其用人情况。

（3）职业岗位调研。

对目标就业市场的职业岗位、岗位典型工作任务以及职业岗位对毕业生的知识、能力、素质需求等进行调研，形成人才培养定位、人才培养规格的具体描述。

①在进行经济环境总体分析的基础上，结合本地区的产业聚集区发展现状、知名企业分布情况、研究机构分布情况等，初步选定服务领域和服务对象。这是开展职业岗位调研的基础和前提。

②职业岗位分析。深入行业企业一线，调研本专业领域的职业岗位设置及其岗位职责、任职资格要求，分析各岗位之间的业务流程关联关系、职业层次等级构成，描绘出本技术领域的生产劳动组织方式。不同类型的企业、不同发展阶段的企业，岗位设置和生产劳动组织方式可能存在明显差异，因此调研对象的重点是目标就业额。通过职业岗位分析，明确就业目标岗位（群），初步判断本专业的人才需求规模，作出未来3～5年人才需求的结构和数量变化预测。

③典型工作任务分析。对就业岗位进行典型工作任务分析，研究工作内容、工作方法、工作过程（流程）、使用的技术和工具设备、依据的行业或企业标准、工作质量要求等。随着本专业技术进步和跨专业技术融合，工作流程、使用技术等会发展变化，需要进行技术进步、业态变化预测，并评估分析其对工作任务的影响。

④职业分析论证。在初步调研的基础上，组织行业和企业专家，对职业岗位设置、岗位职责、典型工作任务、任职资格、职业发展通道等进行深入分析，对典型工作任务（专项技能）进行详细分析，细化该工作任务对从业者的知识、能力、素质要求，对教师细化教学内容具有明显的指导意义。

3. 市场调研的实施

（1）调研准备。

制订详细的调研工作计划，设计调研提纲和相应的表格，设计调研方法。例如：走访政府、行业协会和相关企业，召开用人单位座谈会，研讨收集相关信息资料的途径和方法等。

（2）调研实施。

在计划的时间内开展调研工作，调研结果应形成初步的调研报告。

（3）形成结论。

开展专业建设SWOT分析，召开专业建设委员会或以其他形式征询专家对调研结论的意见，形成人才市场调研报告。调研报告对调研对象、调研组织、调研实施、形成结论等进行系统总结，对专业设置、专业更新、老专业撤销等提出建议，对更新教学内容提出建议，对师资培养和实训条件建设提出建议，形成专业建设的基础性技术文档（职业描述、职业分析表和专项技能解析）。

（二）毕业生跟踪调查

毕业生跟踪调查是指对学校的毕业生开展针对就业情况、职业发展情况和对学校教育满意度的调查活动，这是专业建设和教学质量反馈的主要形式之一。

1. 毕业生跟踪调查的方式

按照调查实施主体的不同，毕业生跟踪调查可以分为学校自主调查、教育行政主管部门调查和委托第三方社会机构调查，后者有更高的公平性、真实性，更加专业化。按照被调查对象的不同，毕业生跟踪调查可以分为新毕业大学生调查（在毕业后几个月的时间点开展调查）、毕业后三年大学生调查、毕业后五年大学生调查。根据调查方式的不同，毕业生跟踪调查可以分为通过邮件填表并返回的填表调查、通过网上调查系统进行问卷调查等。

2. 毕业生跟踪调查的内容

毕业生跟踪调查旨在了解毕业生的就业率、就业岗位、岗位变换等情况，了解学生的起薪值、岗位受奖情况、职业发展情况，以及毕业生对学校的课程设置、教学模式、师资水平、素质教育等的满意度及改进建议，从而更全面、准确地了解学校毕业生的就业质量和社会对人才需求的情况，为学校教育教学改革提供翔实、相对准确的参考意见。

调查对象不同，调查的内容就有所不同。针对新毕业大学生，主要是对就业岗位和起薪情况进行调查，考察一次就业率、就业去向分布、就业岗位、专业对口率、起薪水平等就业指标，以及对学校任课教师、实验实训指导教师、班主任、辅导员的满意度，对开设的各门课程的认可度，职业资格证书对就业的帮助作用，顶岗实习与就业的相关性，对学校的校舍、校园、实训装备的满意度，对学校教育管理的满意度等。针对毕业后三年或五年的大学生，调查的重点是专业人才培养质量，他们既是校友又是生产一线的技术人员，针对职业岗位需求的信息收集更为有效。因此，调查内容涉及目前的就业岗位、毕业后就业单位和岗位变换经历及调整原因，从业以来受到表彰奖励的情况，职业升迁情况及原因分析，当前的薪酬平均值，是否自主创业及成功与否，所获职业资格证书的有效性和对工作的帮助作用，接受继续教育和参加终身学习情况，以及从职业发展的视角，对学过的各门课程的价值、作用及该课程的教学质量进行评价，希望删除或添加的课程；对学校的通用能力（素质教育）各项指标的有效性进行评价和排序，添加新的指标以完善素质教育指标体系，对学校组织的各项素质教育活动的认可度。

调查实施者需要根据调查目标和内容，设计相应的调查问卷，根据问卷内容的相关性，设计出问卷分析结论的不同维度，为结果使用做好准备。

3. 跟踪调查的组织实施

毕业生跟踪调查对象是离开学校的毕业生，因此跟踪调查的组织实施有一定的难度。为了获得较高的毕业生参与率和问卷回收率，学校应通过班主任和辅导员加强毕业生的管理，做好校友管理工作。

毕业生跟踪调查的有效手段是通过邮件、微信群、QQ群、校友网站等渠道发布通知，通过电话确认，组织安排跟踪调查工作，学校应向跟踪调查实施方提供毕业生的联系方式（至少包括邮件地址、手机号码），班主任或辅导员应提前与毕业生取得联系，告知即将启动的跟踪调查工作，请毕业生积极予以配合。

跟踪调查的实施者应随时收集和整理反馈结果，了解尚未反馈调查数据的毕业生，通过手机取得直接联系，询问原因，督促进度，争取较高的调查参与率。

4. 跟踪调查结果的使用

根据毕业生跟踪调查反馈数据，跟踪调查实施者进行数据整理，剔除无效数据，根据设定的各项调查目标（就业状况、职业发展、专业课程评价、教育教学评价、职业能力需求、改革建议等）进行数据分析，得出数据统计结果和基本结论，形成毕业生跟踪调查报告。

毕业生跟踪调查的另一个维度是面向用人单位的调查，通常通过发放调查问卷的方式进行某届毕业生总体情况调查，了解用人单位对毕业生的满意度、对毕业生专业能力的认同度、对毕业生各方面素质的评价，对毕业生职业道德的看法，进而得出毕业生综合评价称职率。面向用人单位的调查是毕业生跟踪调查的一个重要组成部分，在毕业生跟踪调查报告中予以体现。

教学院系应组织专业带头人和骨干教师、管理干部对毕业生跟踪调查报告进行深入分析，从毕业生的反馈中提取改进教育教学各项数据信息、改革方向、改革重点，为专业调整、教育教学改革提供依据。

（三）新生素质基础调查

新生入学一个月内，由学生处和教务处联合开展新生素质调查，对新生入学动机、报考专业、家庭状况、入学成绩、信息素养基础、参加过的素质教育活动、取得过的奖励和荣誉、就业期望等进行综合调查，通过数据分析，初步掌握本届新生的基本状况和素质基础。

通过对入学动机、报考专业分析，能够了解到学生为什么选择了本校，对学校的招生工作方案调整提供依据。通过新生了解学校社会声誉、专业知名度，帮助学校和院系找到努力方向。通过对新生素质基础进行分析，对学生的学习能力、素质基础作出大致的判断，对教师以学生为中心调整教学、选择适合学生的教学方法和教学手段提供指导，对学校组织素质教育活动提供指导，选择有递进性的素质教育方案。通过对新生关于学校办学条件、教育管理方面的调查，了解学生的基本需求，对改进管理和服务提供指导。特别是通过调查新生对专业的认知，教学院系可设计有针对性的专业教育活动，强化新生的专业认同感，调动学生专业学习的积极性。

人才市场调查和毕业生跟踪调查，影响专业设置和培养目标定位。不符合区域产业发展的专业应该舍弃，不符合产业转型升级要求的专业需要进行改造。新生素质基础调查对人才培养过程调整提供了"材料"基础，对教学模式、教学方法、教学手段的选择具有重要意义。

三、专业建设文件的质量管理

教学工作是学校的中心工作，教学质量是学校的生命线，提高教学质量是学校生存和发展的永恒主题。为使学校的教学活动达到培养目标的要求，必须使影响教学质量的关键因素和关键环节在人才培养全过程中始终处于受控状态，学校应持续完善教学质量监控体系，保持教育教学工作有效、稳定运行。

做好专业建设文件管理，是保证专业建设的质量、水平，保障人才培养方案得到有效落实的重要手段。

（一）人才培养方案的质量管理

依据国家专业教学标准，结合当地经济社会发展实际，以及学校的自身优势和特点，开发专业人才培养方案，保障人才培养方案的质量，是有序、有效开展教学工作的前提。人才培养方案的质量监管通常由学术委员会来承担，对人才培养方案的质量监控，可以从以下几方面入手：

（1）专业定位清晰，有明确的就业目标市场。凡属"万金油"式的专业，缺少目标就业市场，在生源危机的情况下，将被第一批淘汰。专业定位一定要清晰，中职、高职、应用型本科、专业硕士、专业博士，都有相应的定位，不能错位。

（2）培养目标和培养规格准确、可测量。在人才培养方案开发阶段，就要对专业人才培养的结果给出一个清晰的画像（毕业画像），能够从知识、能力、人文素养、职业素质等方面对毕业生给出清晰的描述。能够对每一个目标做准确的、可测量性的表述，能够清楚地表述学生应使用什么成果来证明他达到了某一目标。规格表述与人才市场要求相对应。

（3）课程体系与培养目标具备实现关系。分析课程体系、核心课程设置，以及其他课程，能够让学生对核心职业能力进行充分有效的学习和实践，在校学习过程中积累工程经验，让学生具备直接上手工作的基本能力和经历。课程结构和学时数符合国家规定。

（4）课程设置支持学生个性化发展。"人人皆可成才"是职业教育的成才观，每个人都应该有自己的特点，不应该用唯一的标准来衡量所有的学生。为此，课程体系要有一定的灵活性、可选择性，可以形成若干课程模块组合（即职业方向课程），同时提供一定数量的课程供学生自主选择（即任选课程）。

（5）师资条件、实训条件、教学资源、教学方法、考核方式等具有自洽性，各因素互相支撑，能够利用相关资源和条件，实施相应的教学模式，开展相应的考核，能够确保专业人才培养质量得到保障。

师资条件要从现实出发，从教师数量、生师比、学历结构、职称结构、"双师"素质、双师结构等维度分析，衡量师资保障的质量。校外师资受聘来校教学，应有相应的制度保障，建有外聘师资库，并能够动态更新。

实训条件满足各门课程的教学需求。职业教育的典型特征是育训一体、工学结合，没有基本的实验实训实习条件，职业教育特征的教学就无法落实。要检查相应的实训条件，或用仿真系统替代、补充，让学生得到训练和体验。

教学资源包括教材、图书、数字化资源等，教材优选近三年国家规划教材、符合专业特点的活页式教材。图书资源应达到生均图书80本，每一种图书5本以上。在信息技术迅猛发展的今天，数字化教学资源至关重要，网络学习平台、移动端学习平台、丰富有效的数字化学习资源、相关课程的试题库和试卷库等，是开展信息化教学的资源保障，应纳入管理范畴，持续进行更新和完善。

教学方法和考核方式应具有专业特点，符合职业人才成长规律、技能形成基本规律，符合学生的学习习惯。

人才培养方案作为最重要的教学文件，其质量管理应定期开展，做出评价，提出相应措施，实现持续改进，定期修订。

（二）课程标准的质量管理

课程标准（教学大纲）是教师开展课程教学的主要依据，是落实人才培养目标的基本保证，因此课程标准（教学大纲）的编制和修订要经过集体研讨和审定，落实人才培养方案中课程应承担的目标责任，保证课程内容深度符合专业办学定位，保证课程之间衔接合理。课程标准（教学大纲）经过审定后发布实施。

（三）授课计划的质量管理

授课计划是教师开展课程教学的学期整体设计，是有效落实课程标准（教学大纲）的总体方案，是监控教学进度的文件依据。学期授课计划必须依据课程标准（教学大纲）来编制，明确课程教学进度和学时分配，给出课程考核方法，结合任课班级作出教学时间的具体安排，并明确每次课的目的要求、简要内容、作业、授课地点和教学设备需求。授课计划应经过教研室或教学院系的审批。

（四）教师教案的质量管理

教案是教师组织日常教学的必备教学文件。教案通常包含教案首页和教案内容两部分。教案首页是任课教师对本次课的教学设计，包括教学对象、教学时间、教学内容（标题）、教学目标、重难点、教学方法、教学手段的总体设计，以及教学环节、内容要点、学生活动、环境资源使用等的教学过程设计。教案内容以演示文稿、文档等形式呈现。认真写教案是认真备课的体现，是每次课授课质量的基本保障。教案通常要经过教研室主任的审批。

四、教学过程的质量管理

（一）教学运行管理

教学运行管理的重点是对教学进程、课表安排及其调整的监控，以及日常教学秩序的巡查管理。教学进程表是每个班级组织学期日常教学工作及其他工作的总体安排，是分配教学任务、组织教学过程的基本依据。教务处安排学校统考的时间，各院系对各班的实习实训周作出安排。课表是学校各门课程教学工作的日程表，可以编制学期课表，或周课表，规划每一天的教学活动安排，课表调整必须经过教学院系或教务处的审批，以达到稳定教学秩序、保证教学质量的目的。

（二）日常教学巡查与反馈

日常教学巡查是教学院系监控教学运行情况的基础性管理工作，检查项目包括教师到位情况、教学准备情况、课堂教学秩序、学生听课情况等，发现问题及时处理。学生迟到、教师迟到、教师串岗、课堂秩序失控等应及时查明原因，依据规章制度进行相应处理。

教风学风建设是日常教学巡查的重要内容。学校应加强教学、学风建设，定期进行教学学风的形势研判，从教学目标、意识形态、教学质量、就业能力、核心素养等方面分析，找自身差距，采取相应的教育管理措施，保持优良的教风学风，营造良好的育人环境。

（三）开展教学常规检查

教学常规检查是保障教学进度、落实授课计划、有效开展日常教学的常规性检查，通常包括开学前对学期授课计划、提前三周以上备课教案的检查；期中对教学进度、教学日历（教学记录）、教案、学生作业、实习实训执行情况、期中考试情况等的检查；期末对教学进度完成情况、课程考核结果分析等方面的检查。

（四）督导专家听课检查

教学督导听课通常是指学校聘请的校内外督导专家或院校两级领导深入课堂，对教师授课、学生学习情况进行督导检查、教学评价的质量监控模式。督导听课重点在"督"，关键在"导"，通过听课考察教师教学基本功，监督教师备课情况、教学组织情况、课堂管理情况、教书育人情况等，关注学生学的效果。根据学生学的效果，督导专家分析原因，对教师的教学进行指导，提出教改建议，促进教学质量提升。

某学校督导听课评价表如表 7-15 所示。

表 7-15　某学校督导听课评价表

评价项目	评价内容	满分
教学准备	备课充分，准备的辅助资料满足教学需要	5
	提前做好有关设备的准备，按时上课	5
教学组织	清晰地给出了本次课的能力目标，能力目标与就业岗位的职业能力和素质要求紧密结合	5
	授课内容符合课程标准（或教学大纲）的要求	10
	授课内容紧跟社会发展和技术进步，体现"四新"	5
	根据企业工作过程来设计教学活动	5

续表

评价项目	评价内容	满分
教学组织	讲练结合，做到教、学、做一体化	5
	引导学生思考问题、自主学习与团队合作	5
	严格考勤，关心需要帮助的学生	5
	教学环节完整，符合教学基本规范要求	5
	教材选用合理，内容处理得当	5
教学技能	教师理论功底扎实、实践经验丰富	5
	合理运用多种技术手段和设备辅助教学	5
	适度进行学生管理，教学秩序控制能力强	5
	语言规范、表达清楚，易于学生理解	5
教学效果	有效突出重点、突破难点	5
	围绕能力目标准确把握了理论知识的深广度	5
	学生的实践能力得到锻炼，达到了能力目标	5
	强调职业规范与职业道德养成，重视学生关键能力培养	5

（五）基于网络学习空间的教学监控

网络学习空间的建设与应用是教育信息化的重点工程，是利用信息技术改变传统教学的重要载体，是改变教与学过程的有效支撑。学校推广和应用网络学习空间，从教师个体到教学院系，再到学校教务督导部门，都拥有了基于网络学习行为和教学行为统计数据的量化管理新手段，使教学质量监控更加准确有效。由于不同的网络学习空间提供的管理功能各有不同，这里不再赘述。

五、教育教学的质量评价

（一）课程学习成果审查

专业人才培养方案规定的学习评价方式在课程中应得到落实。课程标准（教学大纲）规定的课程考核项目应得到执行。例如：文化基础课以理论考试为主，同时可设立主观性认识、分析、评价类任务，形成运用所学知识分析、解决问题的具体成果；专业课以理论考试、实验报告、调查研究、方案设计、实物制作等多种形式的成果来证明学生的学习效果。落实以学生学习成果为基础的考核评价是当代职业教育的典型特征，学生的学习成果是学生掌握知识、具备能力、达成素养的真实证据，能够直观反映学生具备了什么样的职业能力、职业素养和创业就业能力。

学校可建立课程学习成果内部审核机制，教学院系设立内审工作组，由课程负责人、骨干教师或专业带头人对其他教师任教课程的学生学习成果进行内审，确保学生成果覆盖相应学习目标、成果评价公平公正、学生成绩评定合理。

（二）学生素质成长测评

学生的综合素质可以用"理想信念坚定、爱党爱国爱民、遵守国法校纪、品德修养高尚、人文素养深厚、求真务实明理、乐观向上有为、拥有创新思维、尊重热爱劳动"

等关键词来表达。

素质的构成,不同学校有不同的研究,目前没有统一的标准。《教育部关于全面深化课程改革落实立德树人根本任务的意见》(教基二〔2014〕4 号)提出,要坚持系统设计,整体规划育人各个环节的改革,围绕育人目标,整合利用各种资源,统筹协调各方力量,实现全科育人、全程育人、全员育人。同时提出教育部要研究制订学生发展核心素养体系,明确学生应具备的适应终身发展和社会发展需要的必备品格和关键能力,突出强调个人修养、社会关爱、家国情怀,更加注重自主发展、合作参与、创新实践。北京师范大学等多所高校的近百名研究人员组成联合课题组,历时三年研究,于 2016 年 9 月发布了研究成果——中国学生发展核心素养体系。中国学生发展核心素养以培养"全面发展的人"为核心,分为文化基础、自主发展、社会参与三个方面,综合表现为人文底蕴、科学精神、学会学习、健康生活、责任担当、实践创新等六大素养,具体细化为国家认同等 18 个基本要点,如表 7-16 所示。

表 7-16　中国学生发展核心素养

三个方面	六大素养	基本要点
文化基础	人文底蕴	人文积淀、人文情怀、审美情趣
	科学精神	理性思维、批判质疑、勇于探究
自主发展	学会学习	乐学善学、勤于反思、信息意识
	健康生活	珍爱生命、健全人格、自我管理
社会参与	责任担当	社会责任、国家认同、国际理解
	实践创新	劳动意识、问题解决、技术运用

1. 文化基础

文化是人存在的根和魂。文化基础,重在强调能习得人文、科学等各领域的知识和技能,掌握和运用人类优秀智慧成果,涵养内在精神,追求真善美的统一,发展成为有宽厚文化基础、有更高精神追求的人。

(1) 人文底蕴。

它主要是指学生在学习、理解、运用人文领域知识和技能等方面所形成的基本能力、情感态度和价值取向,具体包括人文积淀、人文情怀和审美情趣等基本要点。

①人文积淀:具有古今中外人文领域基本知识和成果的积累;能理解和掌握人文思想中所蕴含的认识方法和实践方法等。

②人文情怀:具有以人为本的意识,尊重、维护人的尊严和价值;能关切人的生存、发展和幸福等。

③审美情趣:具有艺术知识、技能与方法的积累;能理解和尊重文化艺术的多样性,具有发现、感知、欣赏、评价美的意识和基本能力;具有健康的审美价值取向;具有艺术表达和创意表现的兴趣和意识,能在生活中拓展和升华美等。

(2) 科学精神。

它主要是指学生在学习、理解、运用科学知识和技能等方面所形成的价值标准、思维方式和行为表现,具体包括理性思维、批判质疑、勇于探究等基本要点。

①理性思维：崇尚真知，能理解和掌握基本的科学原理和方法；尊重事实和证据，有实证意识和严谨的求知态度；逻辑清晰，能运用科学的思维方式认识事物、解决问题、指导行为等。

②批判质疑：具有问题意识；能独立思考、独立判断；思维缜密，能多角度、辩证地分析问题，作出选择和决定等。

③勇于探究：具有好奇心和想象力；能不畏困难，有坚持不懈的探索精神；能大胆尝试，积极寻求有效的问题解决方法等。

2. 自主发展

自主性是人作为主体的根本属性。自主发展重在强调能有效管理自己的学习和生活，认识和发现自我价值，发掘自身潜力，有效应对复杂多变的环境，成就出彩人生，发展成为有明确人生方向、有生活品质的人。

（1）学会学习。

它主要是指学生在学习意识形成、学习方式方法选择、学习进程评估调控等方面的综合表现，具体包括乐学善学、勤于反思、信息意识等基本要点。

①乐学善学：能正确认识和理解学习的价值，具有积极的学习态度和浓厚的学习兴趣；能养成良好的学习习惯，掌握适合自身的学习方法；能自主学习，具有终身学习的意识和能力等。

②勤于反思：具有对自己的学习状态进行审视的意识和习惯，善于总结经验；能够根据不同情境和自身实际，选择或调整学习策略和方法等。

③信息意识：能自觉、有效地获取、评估、鉴别、使用信息；具有数字化生存能力，主动适应"互联网＋"等社会信息化发展趋势；具有网络伦理道德与信息安全意识等。

（2）健康生活。

它主要是指学生在认识自我、发展身心、规划人生等方面的综合表现，具体包括珍爱生命、健全人格、自我管理等基本要点。

①珍爱生命：理解生命意义和人生价值；具有安全意识与自我保护能力；掌握适合自身的运动方法和技能，养成健康文明的行为习惯和生活方式等。

②健全人格：具有积极的心理品质，自信自爱，坚忍乐观；有自制力，能调节和管理自己的情绪，具有抗挫折能力等。

③自我管理：能正确认识与评估自我；依据自身个性和潜质选择适合的发展方向；合理分配和使用时间与精力；具有达成目标的持续行动力等。

3. 社会参与

社会性是人的本质属性。社会参与重在强调能处理好自我与社会的关系，养成现代公民所必须遵守和履行的道德准则和行为规范，增强社会责任感，提升创新精神和实践能力，促进个人价值实现，推动社会发展进步，发展成为有理想信念、敢于担当的人。

（1）责任担当。

它主要是指学生在处理与社会、国家、国际等关系方面所形成的情感态度、价值取向和行为方式，具体包括社会责任、国家认同、国际理解等基本要点。

①社会责任：自尊自律，文明礼貌，诚信友善，宽和待人；孝亲敬长，有感恩之心；热心公益和志愿服务，敬业奉献，具有团队意识和互助精神；能主动作为，履职尽责，对自我和他人负责；能明辨是非，具有规则与法治意识，积极履行公民义务，理性行使公民权利；崇尚自由平等，能维护社会公平正义；热爱并尊重自然，具有绿色生活方式和可持续发展理念及行动等。

②国家认同：具有国家意识，了解国情历史，认同国民身份，能自觉捍卫国家主权、尊严和利益；具有文化自信，尊重中华民族的优秀文明成果，能传播弘扬中华优秀传统文化和社会主义先进文化；了解中国共产党的历史和光荣传统，具有热爱党、拥护党的意识和行动；理解、接受并自觉践行社会主义核心价值观，具有中国特色社会主义共同理想，有为实现中华民族伟大复兴中国梦而不懈奋斗的信念和行动。

③国际理解：具有全球意识和开放的心态，了解人类文明进程和世界发展动态；能尊重世界多元文化的多样性和差异性，积极参与跨文化交流；关注人类面临的全球性挑战，理解人类命运共同体的内涵与价值等。

（2）实践创新。

它主要是指学生在日常活动、问题解决、适应挑战等方面所形成的实践能力、创新意识和行为表现，具体包括劳动意识、问题解决、技术应用等基本要点。

①劳动意识：尊重劳动，具有积极的劳动态度和良好的劳动习惯；具有动手操作能力，掌握一定的劳动技能；在主动参加的家务劳动、生产劳动、公益活动和社会实践中，具有改进和创新劳动方式、提高劳动效率的意识；具有通过诚实合法劳动创造成功生活的意识和行动等。

②问题解决：善于发现和提出问题，有解决问题的兴趣和热情；能依据特定情境和具体条件，选择制订合理的解决方案；具有在复杂环境中行动的能力等。

③技术运用：理解技术与人类文明的有机联系，具有学习掌握技术的兴趣和意愿；具有工程思维，能将创意和方案转化为有形物品或对已有物品进行改进与优化等。

素质的测量难于知识和能力的测量，不完全能够用学生的语言、行动来测量，但又离不开学生的语言和行动。学校应把素质教育目标转化为学生的活动和表现，通过学生参与活动、行为表现以及是否转化为自觉行动来间接测量学生达成的素质。通常学校应每年对学生的素质进行测量，形成个人素质成长曲线。

例如"批判质疑"，即"拥有创新思维"，要通过学生参加活动、行为表现、自觉行动来进行评价。在每门课的教学过程中，"批判质疑"都可以进行评价，日常的讨论教学、提交的课业设计都能对"批评质疑"作出评价，通过教师评学、学生互评，可以得出数据性结论；课外的活动方案设计、科技创新活动等，也能够呈现学生把"批判质疑"用在日常活动和科学研究之中。"批判质疑"成为一种思维模式和行动自觉，这是创新人才的素养表现。

（三）学生满意度测评

学生满意度测评是教师教学工作质量的直接反映，是教师教学工作质量评价的重要组成部分。教师教得好，不一定学生学得好；只有学生学得好，才能认定教师教得好。因此，学生对课程教学的满意度调查是教学质量评价的重要环节。

学生满意度调查也称"学生评教"，可以每学期在期末前组织一次测评，也可以每次课根据学生的学习体验（感受）进行评价。

某学校的学期学生评价如表 7 - 17 所示。

表 7 - 17　教师教学质量学生评价表（期末测评用）

	评价项目	总是	经常	有时	很少	根本没有
教学准备	教学准备充分					
	能够有效使用教学时间					
	在本课程领域拥有丰富的知识和经验					
	引入新知识、新技术，能够跟上本专业（学科）的发展					
师生交流	第一次课就清楚地阐述了课程目标、考核方式和学习要求					
	让我确切地知道每次课后我应该获得的能力					
	教学中语言规范、表达清楚，易于我们理解					
	鼓励我们思考问题，开展讨论和交流					
关爱学生	关注我的学习需求，很令我感动					
	对待我们公平，一视同仁，无歧视					
	对我的进步给予表扬，经常鼓励我做得更好					
	对我的缺点和不足以我能接受的方式提出，并鼓励我改进					
教学方法	有效使用教学辅助设备和实验实训设备，能激发我们的学习兴趣					
	使用贴切的项目、任务、案例或例题来帮助我们学习和理解					
	讲练结合，使教、学、做融合在一起					
	引导和帮助我们自主学习、团队合作					
课程考核	对大型考核项目的内容、要求、考核标准给予了清晰的说明					
	在适当的时间向我们反馈主要考核项目的得分情况					
	按照预定的考核方案进行考核，没有随意性					
总体评价	你发现该教师在课堂教学、实操教学中有哪些对你学习特别有帮助的做法？					
	你认为该教师的哪些做法对学生学习是最没有帮助的或特别应该改进的？					
	总的来说，你认为该教师本课程的教学效果如何？（在相应项目打钩）	很好	好	尚可	一般	差

每次课课后学生对教师教学的满意度测评如表 7-18 所示。

表 7-18　学生对教师本次课教学评价表（每次课后使用）

1. 老师本次课： 　A. 没有迟到；B. 迟到 5 分钟以内；C. 迟到 15 分钟以内；D. 迟到更长时间
2. 老师本次课： 　A. 提前做好准备；B. 按时开始上课；C. 设备影响到上课；D. 耽误了 10 分钟以上
3. 老师对上次课的作业： 　A. 全批全改；B. 部分批改；C. 没有批改；D. 上次没有布置作业
4. 上课时，我感觉到老师： 　A. 备课充分，内容非常熟悉；B. 备课较充分，偶尔有不熟之处； 　C. 准备不充分，讲课时不够流畅；D. 备课很不充分，讲课时照本宣科
5. 对本次课的教学目标，老师是否告知给学生： 　A. 非常清楚；B. 很清楚；C. 清楚；D. 基本没讲清楚
6. 教师对本次课的知识讲解： 　A. 非常清楚；B. 较清楚；C. 还算清楚；D. 没讲清楚
7. 我对本次课的操作技能： 　A. 准确掌握；B. 基本会做；C. 勉强会做；D. 没有学会
8. 本次课内容的深浅度和内容量，对我来讲： 　A. 非常适合我；B. 很适合我；C. 适合我；D. 基本不适合我
9. 老师上课时，教学方法： 　A. 非常灵活，趣味性强；B. 灵活，有趣味；C. 一般；D. 不灵活
10. 老师上课时，对学生的要求： 　A. 非常严格；B. 严格；C. 不严格；D. 基本不管
11. 老师亲和力： 　A. 很好；B. 好；C. 一般；D. 不好

在进行学生满意度调查时，个别学生对教师管理存在负面认识，对认真负责、敢于管理的教师给出很低的评价，这些数据能够反映学生的一种强烈情绪，但很低的成绩不能真实反映教师教学的质量。因此，针对满意度调查，应设立明确的数据清洗规则，对于恶意打低分、按一定图形规则打分等情况进行辨识和剔除。

六、毕业要求达成度审核

学生是否达到专业人才培养目标，是否达到毕业标准的要求，是学校教育教学的质量监控环节。毕业要求达成度审核通常有以下方式。

（一）学分达标审核

最传统的方式是以教学计划规定的课程是否全部及格，作为是否达到毕业标准的评价依据。每门课程的考核评价是对毕业要求是否达成的过程把关。

实施学分制管理，毕业标准具有一定的灵活性，这与学校准予学生自主选择课程的比例和范围有直接关系。学校对毕业标准的学分要求作出规定，例如任选修分达到 12 学分，或再规定其中创新创业学分 3 分，作为限制性要求。准予学生灵活选课的学校，可能允许学生跨专业选课，但通常对本专业的核心技术课和专业基础课有明确的必修规定，学生应取得规定的学分，并完成规定课程的学习。

（二）证书达标审核

根据人才培养方案的规定，为了提高学生的就业竞争力，学生应取得多个技能等级证书。学校应对职业技能等级证书进行归口管理，例如由院校提出认可证书的申请、教务处进行审核备案、继续教育学院负责取证登记和管理。

（三）第三方认证审核

随着我国经济的快速发展，我国经济总量已经位居世界前列，打造中国职业教育标准成为当前职业教育界的一项重要任务。职业教育的中国特色方案，需要兼顾与国际标准的对接，以便更好地实现中国标准的国际认同。职业教育的中国标准应包括专业与课程标准、质量监控与保障体系等。近年来，西方经济发达国家基于国家资格框架、欧洲资格框架，分别建立了以学习者的学习结果为导向和标准的等级制标准，共同发布了工程技术教育认证体系，包括本科层次（4～5 年）的工程教育"华盛顿协议"认证、高职层次（3～4 年）的工程技术"悉尼协议"认证，中职层次（2～3 年）的工程技术"都柏林协议"认证，它们都秉承成果导向教育理念，毕业要求一脉相承。我国于 2016 年 6 月正式加入"华盛顿协议"，由中国工程教育专业认证协会负责普通高等学校本科工程教育的"华盛顿协议"认证工作。我国高职教育界有不少学校探索试行"悉尼协议"的认证标准，或通过台湾、香港的认证机构实施工程技术教育"悉尼协议"认证。

@ 案例

"华盛顿协议"工程教育认证标准

说明

1. 本标准适用于普通高等学校本科工程教育认证。

2. 本标准由通用标准和专业补充标准组成。

3. 申请认证的专业应当提供足够的证据，证明该专业符合本标准要求。

4. 本标准会使用到以下术语：

（1）培养目标：培养目标是对该专业毕业生在毕业后 5 年左右能够达到的职业和专业成就的总体描述。

（2）毕业要求：毕业要求是对学生毕业时应该掌握的知识和能力的具体描述，包括学生通过本专业学习所掌握的知识、技能和素养。

（3）评估：指确定、收集和准备各类文件、数据和证据材料的工作，以便对课程教学、学生培养、毕业要求、培养目标等进行评价。有效的评估需要恰当使用直接的、间接的、量化的、非量化的手段，评估过程可以采用合理的抽样方法。

（4）评价：评价是对评估过程中所收集到的资料和证据进行解释的过程，评价结果是提出相应改进措施的依据。

（5）机制：指针对特定目的而制定的一套规范的处理流程，包括目的、相关规定、责任人员、方法和流程等，对流程涉及的相关人员的角色和责任有明确的定义。

5. 本标准中所提到的"复杂工程问题"必须具备下述特征（1），同时具备下述特征（2）~（7）的部分或全部：

（1）必须运用深入的工程原理，经过分析才可能得到解决。

（2）涉及多方面的技术、工程和其他因素，并可能相互有一定冲突。

（3）需要通过建立合适的抽象模型才能解决，在建模过程中需要体现出创造性。

（4）不是仅靠常用方法就可以完全解决的。

（5）问题中涉及的因素可能没有完全包含在专业工程实践的标准和规范中。

（6）问题相关各方利益不完全一致。

（7）具有较高的综合性，包含多个相互关联的子问题。

通用标准

1. 学生

（1）具有吸引优秀生源的制度和措施。

（2）具有完善的学生学习指导、职业规划、就业指导、心理辅导等方面的措施并能够很好地执行落实。

（3）对学生在整个学习过程中的表现进行跟踪与评估，并通过形成性评价保证学生毕业时达到毕业要求。

（4）有明确的规定和相应认定过程，认可转专业、转学学生的原有学分。

2. 培养目标

（1）有公开的、符合学校定位的、适应社会经济发展需要的培养目标。

（2）定期评价培养目标的合理性并根据评价结果对培养目标进行修订，评价与修订过程有行业或企业专家参与。

3. 毕业要求

专业必须有明确、公开、可衡量的毕业要求，毕业要求应能支撑培养目标的达成。专业制定的毕业要求应完全覆盖以下内容：

（1）工程知识：能够将数学、自然科学、工程基础和专业知识用于解决复杂工程问题。

（2）问题分析：能够应用数学、自然科学和工程科学的基本原理，识别、表达，并通过文献研究分析复杂工程问题，以获得有效结论。

（3）设计/开发解决方案：能够设计针对复杂工程问题的解决方案，设计满足特定需求的系统、单元（部件）或工艺流程，并能够在设计环节体现创新意识，考虑社会、健康、安全、法律、文化以及环境等因素。

（4）研究：能够基于科学原理并采用科学方法对复杂工程问题进行研究，包括设计实验、分析与解释数据，并通过信息综合得到合理有效的结论。

（5）使用现代工具：能够针对复杂工程问题，开发、选择与使用恰当的技术、资源、现代工程工具和信息技术工具，包括对复杂工程问题的预测与模拟，并能够理解其局限性。

（6）工程与社会：能够基于工程相关背景知识进行合理分析，评价专业工程实践和复杂工程问题解决方案对社会、健康、安全、法律以及文化的影响，并理解应承担的责任。

（7）环境和可持续发展：能够理解和评价针对复杂工程问题的工程实践对环境、社会可持续发展的影响。

（8）职业规范：具有人文社会科学素养、社会责任感，能够在工程实践中理解并遵守工程职业道德和规范，履行责任。

（9）个人和团队：能够在多学科背景下的团队中承担个体、团队成员以及负责人的角色。

（10）沟通：能够就复杂工程问题与业界同行及社会公众进行有效沟通和交流，包括撰写报告和设计文稿、陈述发言、清晰表达或回应指令；具备一定的国际视野，能够在跨文化背景下进行沟通和交流。

（11）项目管理：理解并掌握工程管理原理与经济决策方法，并能在多学科环境中应用。

（12）终身学习：具有自主学习和终身学习的意识，有不断学习和适应发展的能力。

4. 持续改进

（1）建立教学过程质量监控机制，各主要教学环节有明确的质量要求，定期开展课程体系设置和课程质量评价。建立毕业要求达成情况评价机制，定期开展毕业要求达成情况评价。

（2）建立毕业生跟踪反馈机制以及有高等教育系统以外有关各方参与的社会评价机制，对培养目标的达成情况进行定期分析。

（3）能证明评价的结果被用于专业的持续改进。

5. 课程体系

课程设置能支持毕业要求的达成，课程体系设计有企业或行业专家参与。课程体系必须包括：

（1）与本专业毕业要求相适应的数学与自然科学类课程（至少占总学分的15%）。

（2）符合本专业毕业要求的工程基础类课程、专业基础类课程与专业类课程（至少占总学分的30%）。工程基础类课程和专业基础类课程能体现数学和自然科学对本专业应用能力的培养，专业类课程能体现系统设计和实现能力的培养。

（3）工程实践与毕业设计（论文）（至少占总学分的20%）。设置完善的实践教学体系，并与企业合作，开展实习、实训，培养学生的实践能力和创新能力。毕业设计（论文）选题要结合本专业的工程实际问题，培养学生的工程意识、协作精神以及综合应用所学知识解决实际问题的能力。对毕业设计（论文）的指导和考核有企业或行业专家参与。

（4）人文社会科学类通识教育课程（至少占总学分的15%），使学生在从事工程设计时能够考虑经济、环境、法律、伦理等各种制约因素。

6. 师资队伍

（1）教师数量能满足教学需要，结构合理，并有企业或行业专家作为兼职教师。

（2）教师具有足够的教学能力、专业水平、工程经验、沟通能力、职业发展能力，并且能够开展工程实践问题研究，参与学术交流。教师的工程背景应能满足专业教学的需要。

（3）教师有足够时间和精力投入本专业教学和学生指导中，并积极参与教学研究与改革。

（4）教师为学生提供指导、咨询等服务，并对学生职业生涯规划、职业从业教育有足够的指导。

（5）教师明确他们在教学质量提升过程中的责任，不断改进工作。

7. 支持条件

（1）教室、实验室及设备在数量和功能上满足教学需要。有良好的管理、维护和更新机制，使得学生能够方便地使用。与企业合作共建实习和实训基地，在教学过程中为学生提供参与工程实践的平台。

（2）计算机、网络以及图书资料资源能够满足学生的学习以及教师的日常教学和科研所需。资源管理规范、共享程度高。

（3）教学经费有保证，总量能满足教学需要。

（4）学校能够有效地支持教师队伍建设，吸引与稳定合格的教师，并支持教师本身的专业发展，包括对青年教师的指导和培养。

（5）学校能够提供达成毕业要求所必需的基础设施，包括为学生的实践活动、创新活动提供有效支持。

（6）学校的教学管理与服务规范，能有效地支持专业毕业要求的达成。

"华盛顿协议"认证允许学校自主设定涵盖认证标准所规定的12条标准的明确、公开、可衡量的毕业要求，专业教育应提供学生的学习成果证据，以证明所有学生的各项毕业要求已经达成，课程体系符合要求，师资队伍和支持条件满足要求，教学过程质量监控有效并被用于专业的持续改进。

为了做好内部教学质量监控，做好认证机构外部审核的准备工作，学校应建立质量管理内部审核机制。内审工作组根据学校确定的毕业要求，及每门课程承担达成毕业要求的责任，兼顾知识、能力目标要求，对每门课程的学生学习成果进行内部审核，考察每一项目标的达成度、证据的有效性、真实性。为此，每门课程都应该建立学生学习成果档案，通过理论考试试卷、实验/实训报告、课业报告及照片、录像、过程记录等佐证材料，来证明学生个体达到了课程目标要求。

总结案例

国家质量监督与诊改体系

2015年教育部发布的《关于深入推进教育管办评分离，促进政府职能转变的若干意见》提出：要以落实学校办学主体地位、激发学校办学活力为核心任务，加快健全学校自主发展、自我约束的运行机制；以进一步简政放权、改进管理方式为前提，加快建设法治政府和服务型政府，主动开拓为学校、教师和学生服务的新形式、新途径；以推进科学、规范的教育评价为突破口，建立健全政府、学校、专业机构和社会组织等多元参与的教育评价体系。文件强调，职业院校是办学主体，是保证职业教育质量的第一责任主体；教育行政部门是质量的第二责任主体，负责监督和指导学校建立起能够履行第一责任主体的制度、机制和能力；专业机构和社会组织是质量的第三责任主体，承担第三方评价责任，以结果为导向，向学校提出持续改进要求。

2015年教育部发布《关于建立职业院校教学工作诊断与改进制度的通知》（教职成厅〔2015〕2号），要求全国职业院校建立健全常态化周期性的职业院校自主保证人才培养质量的机制，引导和支持学校全面开展多层面多维度的教学诊断与改进工作，构建校内全员全过程全方位的质量保证制度体系，切实发挥学校的教育质量保证主体作用，不断完善内部质量保证制度体系和运行机制。一批试点单位积极探索建立符合本校特点的教学工作诊断与改进制度。

继建立高等职业院校人才培养工作状态数据采集与管理平台之后，在全国职业院校教学工作诊断与改进专家委员会的指导下，建立起了全国中等职业学校人才培养工作状态数据管理系统，对所有中职学校的人才培养状态数据进行采集、分析，搭建了及时掌握和分析人才培养状况的数据平台。人才培养状态数据向职业院校、教育行政部门提供了基于真实数据的办学情况分析数据，院系领导、专业带头人可以对专业办学的统计数据进行分析，考察专业课程设置、教学任务、理实比例、校企合作课程、师资配备、企业兼职教师占比、师资队伍结构、实训基地数量、校企实习基地、顶岗人数、顶岗企业、学生取证率、就业率等具体数据和状况，从而清晰地衡量专业办学实力与水平，看到专业办学的不足，针对性地改进。

高等职业教育人才培养质量年度报告从2012年首发以来，已经连续多年发布。报告从学生满意度和社会满足度这两个维度，主要包括学生发展、教育教学改革与成效、政府履责、服务地方、国际影响等方面，向社会作出了质量承诺，体现学校对提供教育服务水平的承诺以及持续改进质量的决心和信心，并接受社会、行业企业、学生及家长等社会各方的监督。质量年度报告聚焦人才培养质量，高度重视专业人才的就业率、专业对口率、就业满意率、起薪点和毕业五年后的薪酬增长、办学经费、财政专项投入、社会捐助、创新创业、留学生教育、跟踪企业走出去培训服务等，用数据说话，展示学校办学和专业发展水平。目前，高职院校基本实现了学校质量年报全覆盖，近千家企业发布了《企业参与高等职业教育人才培养年度报告》。

优质校建设是《高等职业教育创新发展行动计划（2015—2018年)》的重要内容，是继国家示范（骨干）性高职院校建设计划之后又一项重大发展战略。高职的优质校建设类似于普通高校的"双一流"建设，目标是建设一批中国特色高水平高职院校，建设一批中国特色高水平专业群。高职院校要从市场需求侧和人才供给侧入手，变革教育资源组织方式，创新产学研协同模式，尊重办学积淀，立足服务面向，对接产业结构，确定合理的专业群构建原则和方式，厘清群内专业间的关系，构建底层可共享、中层可融合、上层可互选的专业群课程体系，明确专业群管理运行方式，实现人、财、物的统筹，校内外资源的整合，明确专业群建设的成效表征（如适应性、开放性、协同性等），形成导向清晰的评价机制。

课后思考

1. 你能说出专业建设质量管理体系的构成吗？
2. 教学过程质量监控包括哪些方面？

参考文献

[1] 周建松 . 高等职业教育专业建设理论与探索 [M]. 杭州：浙江大学出版社，2010.

[2] 管丹 . "校企合作"与"产教融合"概念辨析 [J]. 职教通讯，2016 (15)：41 - 42.

[3] 王丹中 . 基点·形态·本质：产教融合的内涵分析 [J]. 职教论坛，2014 (35)：79 - 82.

[4] 中国就业培训技术指导中心 . 职业课程 [M]. 北京：北京师范大学出版社，2011.

[5] 何清儒 . 职业教育学 [M]. //米靖 . 二十世纪中国职业教育学名著选编 . 北京：教育科学出版社，2011.

[6] 徐国庆 . 职业教育课程论 [M]. 上海：上海教育出版社，2008.

[7] 徐涵 . 关于我国职业教育课程改革的思考 [J]. 职业技术教育，2005 (31).

[8] 申家龙 . 20 世纪 90 年代以来我国中等职业教育发展实证研究 [J]. 河南职业技术师范学院学报（职业教育版），2006 (5).

[9] 徐涵 . 就业导向的职业教育反思 [J]. 教育与职业，2006 (15).

[10] 徐涵 . 学习领域课程方案的基本特征 [J]. 教育发展研究，2008 (3).

[11] 徐国庆 . 基于工作任务的职业教育项目课程研究 [J]. 职业技术教育，2005 (22).

[12] 徐国庆 . 从任务到项目：职业教育课程模式发展的逻辑 [J]. 机械职业教育，2016 (3).

[13] 徐涵 . 工作过程导向的职业教育理论与实证研究 [M]. 北京：商务印书馆，2013.

[14] 刘文华，徐国庆 . 职业教育国家专业教学标准开发工作的组织问题研究 [J]. 职教论坛，2014 (34).

[15] 徐涵 . 山西省职业能力建设调研报告 [R].

[16] 叶肇芳 . 关于职业教育课程改革的思考 [J]. 职教论坛，2001 (5).

[17] 马树超 . 职业教育经费保障机制研究报告 [R].

[18] 徐涵 . 广东省世界银行职业教育贷款项目受益人评估报告 [R].

[19] 马君，郭湘婕 . 美国 CCTC 标准与我国职业学校专业教学标准的比较与启示 [J]. 职业技术教育，2019 (16).

[20] 北京物联网协会 . 物联网安装调试员就业景气现状分析报告 [J]. 中国培训，2019 (9).

［21］徐涵，韩玉．基于学习成果的职业教育课程标准开发与实践［M］．北京：北京师范大学出版社，2021.

［22］许远．职业教育教材开发与论文写作［M］．北京：中国人民大学出版社，2019.

［23］李平．企业培训课程开发综述［J］．新课程研究，2003（11）.

［24］RALPH W TYLER. 课程与教学的基本原理［M］．罗康，张阅，译．北京：中国轻工业出版社，2008.

［25］郝德永．课程研制方法论［M］．北京：教育科学出版社，2000：151.

［26］王文槿．教产结合课程改革实践研究：高、中职院校电子信息类能力本位课程［M］．北京：海洋出版社，2010.

［27］庞世俊，姜广坤，王庆江．"能力本位"教育理念对职业教育的理论意义与实践启示［J］．中国大学教学，2010（10）.

［28］叶奕乾，何存道，梁宁建．普通心理学［M］．6版．上海：华东师范大学出版社，2021.

［29］陈鹏．职业能力观演变的历史逻辑及其理论述评：基于能力本位教育与培训发展的研究［J］．中国职业技术教育，2010（6）.

［30］吴晓义．"情境达标"式职业能力开发模式研究［D］．长春：东北师范大学，2006.

［31］田英玲．CBE 课程模式评价［J］．职教通讯，2012（25）.

［32］徐涵．中德中等职业教育课程改革比较研究［M］．北京：中国社会科学出版社，2015.

［33］姜大源．职业教育学研究新论［M］．北京：教育科学出版社，2007.

［34］赵志群．对职业能力的再认识［J］．职教论坛，2008（3下）.

［35］刘新科．国外教育发展史纲［M］．北京：中国人民大学出版社，2007.

［36］严中华．职业教育课程开发与实施：基于工作过程系统化的职教课程开发与实施［M］．北京：清华大学出版社，2009.

［37］庞世俊．美、英、德、澳四国综合职业能力内涵的比较［J］．中国职业技术教育，2009（4）.

［38］庞世俊．职业教育视域中的职业能力研究［D］．天津：天津大学，2010.

［39］张元．职业院校学生职业能力的获得及其培养［J］．高等教育研究，2008（7）.

［40］S I ROBERTSN. 问题解决心理学［M］．张奇，等译．北京：中国轻工业出版社，2004.

［41］赵志群．职业教育与培训学习新概念［M］．北京：科学出版社，2003.

［42］欧盟 Asia-Link 项目"关于课程开发的课程设计"课题组．职业教育与培训：学习领域课程开发手册［M］．北京：高等教育出版社，2007.

［43］姜大源，吴全全．当代德国职业教育主流教学思想研究［M］．北京：清华大学出版社，2007.

［44］江小明，王国川，李志宏．优化高职专业目录，服务现代职教体系建设［J］．中国职业技术教育，2016（4）.